Vilmos Ágel, Maria Gallinat, Kristin George, Laura Sievers
Grammatische Textanalyse

Germanistische Arbeitshefte

Herausgegeben von
Thomas Gloning und Jörg Kilian

Band 51

Vilmos Ágel, Maria Gallinat, Kristin George,
Laura Sievers

Grammatische Textanalyse

Eine Einführung in die Syntax

DE GRUYTER

ISBN 978-3-11-066995-4
e-ISBN (PDF) 978-3-11-066996-1
e-ISBN (EPUB) 978-3-11-067053-0
ISSN 0344-6697

Library of Congress Control Number: 2023947845

Bibliografische Information der Deutschen Nationalbibliothek
Die Deutsche Nationalbibliothek verzeichnet diese Publikation in der Deutschen Nationalbibliografie; detaillierte bibliografische Daten sind im Internet über http://dnb.dnb.de abrufbar

Druck und Bindung: CPI books GmbH, Leck

www.degruyter.com

Vorwort

Dieses Buch ist eine Einführung in die Syntax des Gegenwartsdeutschen. Es fußt theoretisch auf der Grammatischen Textanalyse (= GTA (2017)) und folgt deren ‚von oben nach unten gerichtetem' Konzept. Das bedeutet, dass die Analyse grammatischer Einheiten nicht bei den kleinsten Einheiten (= Wörter), sondern bei den größten (= Texte) ansetzt. Mit anderen Worten: Die Analyse führt von der Textebene (= Makroebene) über die Satzebene (= Mesoebene) zu der Wortgruppenebene (= Mikroebene).

Die GTA stellt also eine Grammatiktheorie dar, deren hierarchiehöchste Beschreibungsebene nicht der Satz ist, sondern der Text, denn: Wir kommunizieren in Texten und nicht in Wörtern oder Sätzen.

Das Ziel dieses Studienbuchs ist es, das theoretische Grundgerüst der GTA durch erklärende oder weiterführende Hinweise sowie zahlreiche Belegerklärungen und Übungsangebote für ein breiteres Publikum zugänglich zu machen. Damit richtet es sich in erster Linie an Studierende und Lehrende an Hochschulen und Schulen sowie Grammatik- und Syntaxinteressierte im Allgemeinen.

Zum Verhältnis dieser Einführung zur GTA sei des Weiteren gesagt, dass die in den einzelnen Kapiteln des vorliegenden Buches vorgestellten Klassifikationen keine Vollständigkeit (wie die GTA) anstreben, sondern einen ersten Überblick über das jeweilige grammatische Feld ermöglichen sollen.

Entsprechend der Textzentriertheit arbeiten wir in der vorliegenden Einführung mit Originalbelegen aus unterschiedlichen Textsorten. Denn es ist wichtig zu zeigen, dass sich mithilfe des Modells eine große Bandbreite grammatischer Phänomene beschreiben lässt. Ob dies gelingt, zeigt sich eben nicht an konstruierten Belegen, sondern an solchen aus der ‚freien Wildbahn'. Als Originalbeleg-Produkt seiner Zeit bildet dieses Buch daher auch einige gesellschaftspolitisch aktuell relevante Diskurse ab. An dieser Stelle sei deshalb hervorgehoben, dass eine umfassende inhaltliche Diskussion und Kontextualisierung jedes einzelnen Belegs im Rahmen dieses einführenden Grammatikbuches weder möglich ist noch angestrebt wurde.

Darüber hinaus stammen einige Belege aus der jüngeren Geschichte des Deutschen (dem sog. GiesKaNe-Korpus (https://gieskane.com)), um punktuell auch den historischen Blick auf das Gegenwartsdeutsche zu schärfen. Aufgrund ihrer sprachlichen Auffälligkeit werden solche Belege in eckigen Klammern übersetzt.

Die Textsortenvielfalt der eingesetzten Belege spiegelt sich in der Untergliederung des Quellenverzeichnisses für die Primärquellen wider, das neben literarischen Texten, GiesKaNe-Korpustexten und Online-Quellen auch die Rubriken ‚Musik', ‚Video' und ‚Werbung/Informationsmaterial/Produkte' umfasst.

https://doi.org/10.1515/9783110669961-202

Als *deskriptive Grammatik* zielt dieses Buch darauf ab, ein probates Analyseinstrumentarium für grammatische Strukturen anzubieten und dieses anhand von unterschiedlichen Anwendungen zu exemplifizieren. Dabei werden Grenzen der Theorie an konkreten Belegbeispielen offengelegt und diskutiert sowie Hinweise für mögliche Analyseentscheidungen gegeben.

Der Aufbau des Buches ist folgendermaßen angelegt:
Zunächst werden in Kap. 1 die *Grundlagen* für das Verständnis der folgenden Kapitel vermittelt. Dies umfasst theoretische Kernkonzepte wie *Deszendenz*, *Valenz*, *Recycling* und *Restlosigkeit* sowie Grundgedanken der signifikativen Semantik.

Im Sinne einer ‚von oben nach unten' gerichteten Syntax beginnt Kap. 2 auf der *Makroebene* (= Textebene). Dort werden mit Begriffsklärungen, Subklassifikationen sowie Abgrenzungshinweisen die grammatischen Einheiten dieser obersten Ebene eingeführt: die Makroglieder (= Textglieder) *Satz*, *Nichtsatz* und *Kohäsionsglied*. Im Bereich der *Sätze* erfolgt eine erste Erklärung des Konzepts von *Statik und Dynamik*.

In Kap. 3 folgt die *Mesoebene* (= Satzebene) mit den Mesogliedern (= Satzgliedern im weiteren Sinne), die entsprechend des Valenzgedankens geordnet sind in: *Prädikat*, *Komplemente*, *Supplemente* und *Kommentarglieder*. Innerhalb der Unterkapitel wird das Konzept von *Statik und Dynamik* für das Prädikat und die Komplemente vertiefend vermittelt und exemplifiziert.

Das Buch schließt mit Kap. 4 und damit der untersten Analyseebene, der *Mikroebene* (= Wortgruppenebene). Neben der Klärung des Wortgruppenbegriffs erfolgt dort eine eingehende Betrachtung der Mikroglieder (= Wortgruppenglieder): *Kopf*, *Kern* und *Attribut*. Im letzten Unterkapitel von Kap. 4 wird der Frage nachgegangen, inwiefern sich aus der Betrachtung der Mikroebene Konsequenzen für die Wortarten ergeben könnten.

Eine didaktische Erweiterung zur GTA stellt der Übungsapparat dar: Zu ausgewählten Inhalten werden in den Kapiteln Übungen bereitgestellt, deren Bearbeitung mit Musterlösungen im Anhang abgeglichen werden kann, um den erworbenen Kenntnisstand und die Anwendungssicherheit zu überprüfen.

Die Markierungskonventionen in diesem Buch entsprechen formal denen der GTA und werden jeweils in einer Legende zusammengefasst den einzelnen Großkapiteln vorangestellt. Inhaltlich ergeben sich aufgrund des Einführungscharakters des vorliegenden Studienbuches z.T. Abweichungen in Bezug auf die analytische Tiefe der Markierungen – denn die Analysen sind immer genau so markiert, wie es im jeweiligen Kapitel sinnvoll erscheint, um einen Fokus auf das gerade behandelte Thema zu setzen. Unterscheidungen der Belegmarkierungen folgen also aus der gezielten Entscheidung zugunsten einer sukzessiven Einführung verschiedener Theoriebausteine sowie der didaktischen Reduktion um einige Kategorien aus der GTA.

Der Fließtext und die Belege werden durch Info-Boxen ergänzt, die zusätzliche Erklärungen und Hinweise beinhalten. Darüber hinaus schließen sowohl die Haupt- als auch die Unterkapitel jeweils mit kurzen Zusammenfassungen.

Danksagung

Dieses Buch greift verschiedene Überlegungen des 2017 ins Leben gerufenen GTA-Lesekreises der damaligen Kasseler Mitarbeiter:innen auf. Dem Zirkel als solchen und allen Teilnehmenden im Speziellen sei für die fruchtbaren, kritischen und intensiven Diskussionen um die Inhalte gedankt, die uns auf dem Arbeitsweg in Erinnerung und häufig eine Hilfe waren.
Für ihre weit über das Normalmaß hinausgehende kritische und scharfsinnige Lektüre und Kommentierung danken wir Monika Henkel und Paula Nerke.
Den Reihenherausgebern Jörg Kilian und Thomas Gloning danken wir für die sehr genaue Lektüre und die umfassende Kommentierung, die das Buch definitiv bereichert hat.
Uns als Kollegin und Freundin in allen Fragen stets unterstützt hat Nina Reichenbach, bei der wir uns in aller Form bedanken möchten.
Für die technische Unterstützung danken wir Hannah Peinemann, Osna Tarzi, Marcel Linnenkohl und Patrick Nöding.
Zudem sei Svetoslava Antonova-Baumann für ihre organisatorische Unterstützung und ihre wertvollen technischen Hinweise sowie Gabriela Rus für jedweden technischen Support gedankt.
Ein besonderer Dank sei den Studierenden der Hauptseminare *Studienbuchprojekt Mini-GTA* und *Projekt Mini-GTA: ein Studienbuch zur Grammatischen Textanalyse* in den Sommersemestern 2021 und 2022 ausgesprochen, die wertvolle Hinweise aus Benutzer:innenperspektive gaben.

Inhaltsverzeichnis

1 Theoretische Grundlagen

Markierungskonventionen:
Hauptprädikate = **fett**
Kohäsionsglieder = unterstrichen
Nichtsätze = Punkt-Strich-unterstrichen
Angaben zur semantischen Grundstruktur = in KAPITÄLCHEN

i

Die in der *Grammatischen Textanalyse* (= GTA) eingeführten Hierarchiebenen *Makro*, *Meso* und *Mikro* werden auch in diesem Studienbuch Schritt für Schritt besprochen. Zuvor wird das vorliegende Kapitel 1 einen Überblick über die wichtigsten theoretischen Grundlagen geben, die zum Verständnis der zugrundeliegenden Syntax-Theorie notwendig sind. Dabei gilt es zunächst, das Zusammenspiel von Grammatik und Bedeutung (1.1.) ausführlich darzulegen. Anschließend wird präsentiert, inwiefern die methodische Richtung der GTA (von oben nach unten = *deszendent*) auch theoretisch fruchtbar ist (1.2.). Abschließend wird die für die GTA zentrale Theoriebasis mithilfe einer logischen Formel (1.3.) dargestellt.

1.1 Die Bedeutung der Grammatik

Grammatik – bedeutungsfrei?

Es ist ein – auch in der Schulgrammatik – weit verbreitetes Missverständnis, dass in einer Sprache der Wortschatz die Bedeutungen trage, während die grammatischen Strukturen bedeutungsfrei seien. Hinsichtlich des Zusammenhangs von Wortschatz und Grammatik wird nach dieser Vorstellung der Grammatik lediglich eine Hilfsfunktion in der Kommunikation zugewiesen: eine Art Paketdienst, der die Wörter aufnimmt und von A nach B transportiert.

Die weit verbreitete Vorstellung einer formalen, bedeutungsfreien Grammatik ergibt sich u.E. aus zwei Gründen:

1) aus einer semantisch inadäquaten Modellierung des Satzzentrums (und somit auch der Grundstruktur des Satzes) und
2) aus der Annahme, dass Sprachzeichen nur Wortschatzeinheiten, jedoch keine grammatischen Strukturen sein könnten.

https://doi.org/10.1515/9783110669961-001

Ziele

Da wir der gegenteiligen Auffassung sind, wollen wir im vorliegenden Kapitel einerseits für eine semantisch adäquate Modellierung des Satzzentrums plädieren, andererseits zeigen, dass grammatische Grundstrukturen, sog. *Satzbaupläne*, für semantische Grundstrukturen stehen, sodass Satzbaupläne Sprachzeichen darstellen.

Satzzentrum

Die Frage nach dem Zentrum des Satzes, nach dessen archimedischem Punkt, hängt aufs Engste mit der *Valenz* zusammen.

Betrachten wir den folgenden Beleg:

(1) (Sub- Leonidas [...] und seinesgleichen jekt) **hatten** (Akkusativ- das Regieren objekt) **gelernt** (Modal- wie Musiker den Kontrapunkt lernen in jahrelang unablässiger Übung adverbial).
(Werfel, Blassblau: 67)

Valenz

Im Satzzentrum steht das Prädikat *hatten gelernt,* das eine Form des Verbs *lernen* darstellt. Das Verb *lernen* verlangt zwei Satzglieder, nämlich ein Subjekt (= SUB) und ein Akkusativobjekt (= AO). Entsprechend fallen uns zu *lernen* die Subjekt- und die Akkusativobjektfrage ein:

»Wer hatte was gelernt?«

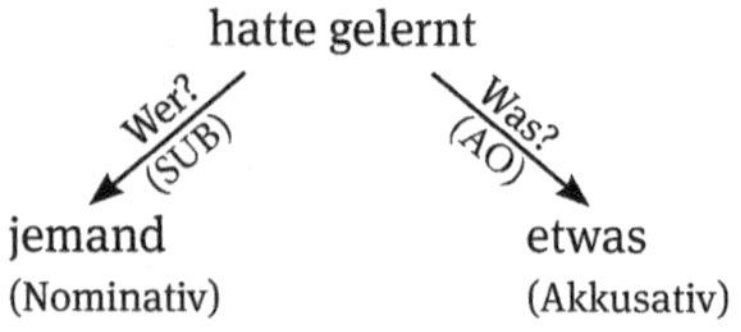

Die Fähigkeit von *lernen*, genau diese zwei Satzglieder zu verlangen, ist die Valenzpotenz, kurz: die Valenz von *lernen*.

Prädikat = verbaler Valenzträger

Im obigen Satz stellt *hatten gelernt* qua Valenzpotenz von *lernen* den *verbalen Valenzträger* dar. Den verbalen Valenzträger nennen wir entsprechend der terminologischen Tradition *Prädikat*. Der Gedanke, dass das Prädikat der verbale Valenzträger ist und dass es das Satzzentrum bildet, wurde schon recht früh, am Ende des 18. Jhs., eingängig formuliert:

> Das Prädikat ist der vornehmste Theil des Satzes; denn aus ihm entwickelt sich der ganze Satz. Es gleichet einer vollen Frühlingsknospe. Wie diese bey ihrer Entwickelung aus sich einen ganzen Zweig sammt Nebenzweigen und Blättern hervor treibet; also liegen auch in dem einzigen Prädikat nicht nur alle Haupttheile, sondern auch Nebentheile des Satzes verschlossen, die sich daraus herleiten lassen.
> (Meiner 1781/1971: 127)

Die Beschreibung ist treffend, weil gesagt wird, dass das Prädikat als „Frühlingsknospe“, als der archimedische Punkt des Satzes, im Keim die *Grundstruktur des Satzes* enthält, nämlich sich selbst (als Quelle dieser Grundstruktur) und die „Haupttheile“, die in der Frühlingsknospe schlummern und die bei deren „Entwickelung“ sichtbar werden. In der Valenztheorie heißen diese „Haupttheile“ *Komplemente.* Die Komplemente von *lernen* sind das Subjekt und das Akkusativobjekt.

Grundstruktur = Prädikat und Komplemente

Prädikat (= verbaler Valenzträger) und Komplemente bilden also die Grundstruktur des Satzes. Nicht valenzgebundene Satzglieder wie das Modaladverbial oben (*wie Musiker den Kontrapunkt lernen in jahrelang unablässiger Übung*) nennt man *Supplemente.* Diese gehören nicht mehr zur Grundstruktur.

Supplemente

Unser erklärtes Ziel ist es ja, zu einer semantisch adäquaten Modellierung des Satzzentrums und generell des Satzes zu kommen. Deshalb stellt sich die Frage, worin genau die semantische Leistung des Prädikats besteht, wie das *grammatische* Zentrum des Satzes namens Prädikat zu modellieren ist, damit es die *semantische* Grundidee des Satzes genau abbildet.

Nun lässt sich die Idee der Frühlingsknospe auch semantisch deuten: Das Prädikat stellt qua seiner Bedeutung und qua seiner Valenz die Grundidee, den Entwurf, eines einzelsprachlichen Sachverhalts, eines *Szenarios* (Fischer 2003: 28ff.; Welke 2005: 96) dar. In einem Satz wird dann dieser *Szenarioentwurf* durch die Realisierung der *Szenariobeteiligten*, der Komplemente, zu einem Szenario ausgerollt.

Szenario

Im obigen Beleg (1) geht es also um ein LERNEN-Szenario, um den Inhalt des obigen *deutschen* Satzes. Und da der obige Satz ein deutscher Satz ist, ist das LERNEN-Szenario ein *einzelsprachlicher* Sachverhalt, der eben etwas anderes bedeutet als z.B. ein englisches LEARN-Szenario oder ein französisches APPRENDRE-Szenario. Dass Szenarios einzelsprachlich sind, ist keinesfalls banal. Dahinter steckt eine semantische Auffassung, die wir unten nutzen wollen, um Satzbaupläne als Sprachzeichen modellieren zu können.

Semantisch stellt der Satz einen qua Bedeutung und Valenz des Prädikats entworfenen und qua Prädikat und Komplementen (= valenzbezogenen Satzgliedern) realisierten einzelsprachlichen Sachverhalt, ein Szenario, dar. Prädikat und Komplemente bilden die Grundstruktur des Satzes, wie sie sich in den Satzbauplänen manifestiert (s. unten).

Aufgrund der Bestimmung des Prädikats als *verbaler* Valenzträger, aber auch aufgrund des einführenden Werfel-Beispiels (1), bei dem das Prädikat eine Verbform ist, könnte man nun evtl. zu dem Schluss kommen, dass Prädikate gleich Verben (oder Verbkomplexe) seien. Es ist jedoch wichtig zu betonen, dass dem nicht so ist. Denn unter ‚verbal‘ in dem Begriff des verbalen Valenzträgers ist nicht zu verstehen, dass das Prädikat unbedingt ein Verb sein muss. Vielmehr geht es darum, dass Prädikate *verbale*

verbal(e Kategorien)

Kategorien realisieren. Im Werfel-Satz realisiert das Prädikat *hatten gelernt* die Kategorien Plusquamperfekt (Tempus), Aktiv (Verbalgenus), Indikativ (Modus), 3. Person (Person) und Plural (Numerus).

Prädikat ≠ Verb

Dass Prädikat und Verb nicht gleichzusetzen sind, soll an den folgenden Belegen gezeigt werden:

(2) Der Mann schenkte mir schon wieder das Glas voll.
(Timm, Johannisnacht: 86)

(3) Alles an ihm ist zielgerichtet.
(Kirchhoff, Widerfahrnis: 6)

Würde man von der jeweiligen Verbform (*schenkte* bzw. *ist*) als verbaler Valenzträger ausgehen, würden sich folgende Satzgliedfragen ergeben:

»Wer schenkte wem was wie?«
»Was ist wie?«

Satzbaupläne

Die entsprechenden grammatischen Grundstukturen, die Satzbaupläne, würden wie folgt aussehen:

Subjekt	– Verbform –	Dativobjekt	Akkusativobjekt	Prädikativum
Der Mann	schenkte	mir	das Glas	voll

Subjekt	– Verbform –	Prädikativum
Alles an ihm	ist	zielgerichtet

Es ist unschwer zu erkennen, dass diese Art Satzgliedanalyse im wahrsten Sinne des Wortes Sinn-los ist. Denn sie führt zu Szenarios, die den tatsächlichen Bedeutungen der Sätze nicht entsprechen: Uwe Timm schreibt nicht von einer Schenkung, d.h., im Satz wird kein SCHENKEN-Szenario entworfen, und Bodo Kirchhoff schreibt auch nicht über die irgendwie geartete Existenz von etwas, also kein SEIN-Szenario. Trotzdem gelten Prädikativa traditionell – so auch in der Schulgrammatik – als eigene Satzglieder (z.B. Duden 2016: 799ff.; Verzeichnis 2020: 32), sodass aus der Sicht der traditionellen Satzgliedanalyse die obige Sinn-lose Analyse bevorzugt wird.

Doch eine Sinn-haft modellierte Grammatik kann nicht allein die jeweilige Verbform ins Zentrum des Satzes stellen. Man braucht, wie erwähnt, ein grammatisches Zentrum, das die semantische Grundidee des Satzes, den Szenarioentwurf, enthält.

Prädikatsbegriff

Es ist ein langer Weg, um einen semantisch halbwegs kohärenten grammatischen Prädikatsbegriff zu entwickeln (GTA: 300–452). Wichtig ist dabei, dass man die Idee des archimedischen Punktes nie aus den Augen verliert. Was heißt das aber methodisch?

Man sollte das Pferd von hinten aufzäumen: Der archimedische Punkt namens Prädikat ist grammatisch so zu fassen, dass von ihm ausgehend die semantische Modellierung des Satzes Sinn-haft wird. Das Prädikat ist folglich dasjenige verbale (= verbale Kategorien realisierende) Glied der Satzgliedebene, das, wie erwähnt, den Szenarioentwurf enthält.

Im Beispiel oben entwirft Uwe Timm ein VOLLSCHENKEN-Szenario: einen einzelsprachlichen Sachverhalt mit drei Komplementen (Subjekt, Dativobjekt, Akkusativobjekt). Und Bodo Kirchhoff entwirft ein ZIELGERICHTET SEIN-Szenario mit einem einzigen Komplement (Subjekt).

Satzbaupläne, korrigiert

Die Satzgliedfragen und Satzbaupläne zu den obigen Sätzen sehen entsprechend wie folgt aus:

»Wer schenkte wem was voll?«

Subjekt	– Prädikat –	Dativobjekt	Akkusativobjekt
Der Mann	schenkte voll	mir	das Glas

»Was ist zielgerichtet?«

Subjekt	– Prädikat –
Alles an ihm	ist zielgerichtet

Diese, wie wir meinen, Sinn-hafte Modellierung der grammatischen Grundstruktur bedeutet, dass die Prädikativa (*voll, zielgerichtet*), die ja keine Verben sind, nicht als Komplemente, sondern als Bestandteile des jeweiligen verbalen Valenzträgers zu modellieren sind (zu unseren Argumenten vgl. Kap. 3.1.2.1.4).

theorie-abhängiges Modellieren

Wer das Satzzentrum bedeutungsfrei modelliert, der modelliert auch die Bedeutungsfreiheit der Grammatik mit. Wer vom ptolemäischen Weltbild mit der Erde im Mittelpunkt des Sonnensystems ausgeht, der dürfte die Umlaufbahnen der Planeten kaum berechnen können. Aber selbst, wenn er sie berechnen könnte, wäre dabei wohl kein Sinn-haftes Funktionieren des Sonnensystems zu erkennen.

Genau so steht es um das Verhältnis von Grammatik und Semantik: Wer ein Grammatikmodell entwirft, in dem ausschließlich die Grammatik im Mittelpunkt steht, in dem also die Grammatik von der Semantik entkoppelt ist, der wird zwingenderweise auch zu dem Schluss kommen, dass Grammatik und Semantik unabhängig (autonom) seien. Modellabhängiger Input führt zu modellabhängigem Output.

Prädikat als ein besonderes Satzglied

Dass das als Szenarioentwurf konzipierte Prädikat der archimedische Punkt des Satzes, gewissermaßen der Fels in der Satzbrandung, ist, spiegelt sich übrigens auch operational wider (GTA: 294): Das Prädikat lässt sich nicht erfragen (Frageprobe), vielmehr ist das Prädikat die Basis, von der aus erfragt wird. Es lässt sich als Ganzes nicht verschieben (Verschiebeprobe, Permutationstest) und schon gar nicht weglassen (Weglassprobe, Eliminierungstest) (vgl. Satzgliedproben in Kap. 3). Deshalb ist es richtig, dass es ein besonderes Satzglied, ein *eigener Satzgliedtyp* ist (zu unseren Satzgliedtypen vgl. Kap. 3). Das Prädikat ist der Chefdirigent, aber als solcher Teil des Orchesters. Würde man das Prädikat „aus dem Inventar der Satzglieder" eliminieren (Christ 2017: 170), wäre das für eine Sinn-hafte Satzgliedanalyse verheerend. Eine Satzgliedlehre, mit der man beliebige Texte grammatisch und Sinn-haft beschreiben kann, würde, wie oben gezeigt, mit der grammatischen Form ‚Verb' im Satzzentrum nicht funktionieren. Auch für den schulischen Grammatikunterricht braucht(e) man ein umfangreiches Prädikatskonzept als archimedischen Punkt für den Satz, um die Grundstruktur des Satzes verständlich machen und überhaupt den Sinn des Grammatikunterrichts und der Satzgliedanalyse vermitteln zu können.

Soweit unsere kurze Antwort auf die Frage, wie eine semantisch adäquate Modellierung des Satzzentrums und der Grundstruktur des Satzes aussehen könnte. Ausführlich wird dieser Frage in Kap. 3 (Mesoebene) nachgegangen werden.

die Bedeutung der Grammatik

Nun wurde oben auch noch ein zweiter möglicher Grund für die weit verbreitete Vorstellung einer formalen, bedeutungsfreien, Grammatik genannt, nämlich die Annahme, dass Sprachzeichen nur Wortschatzeinheiten, jedoch keine grammatischen Strukturen sein könnten. Wir teilen diese Auffassung nicht und wollen zeigen, dass Satzbaupläne nicht nur grammatische, sondern auch semantische Grundstrukturen sind, dass sie also Sprachzeichen darstellen.

Sprachzeichen

Was genau sind aber Sprachzeichen? Sprachzeichen im Saussure'schen Sinn bestehen bekanntlich aus einer Ausdrucksseite, die ihre lautliche oder schriftliche Form ist, und einer Inhaltsseite, den Bedeutung(en). Beispielsweise hat das Wort *Boot* eine uns allen bekannte lautliche bzw. schriftliche Form und (nach dem Duden 2003) die Bedeutung ‚kleines, meist offenes Wasserfahrzeug'.

Bedeutung als Differenz

Weniger bekannt ist, dass nach Ferdinand de Saussure die Inhaltsseite von Sprachzeichen differenziell zu denken ist (Saussure 2003: 129f.). Mit anderen Worten, die eigentliche Bedeutung eines Wortes wie *Boot* ist ihre *Differenz* zu den Bedeutungen anderer Wörter, mit denen es ein Paradigma bildet (*Schiff, Kahn, Barke, Frachter* usw.). Jede positive Bedeutungsbeschreibung wie eben ‚kleines, meist offenes Wasserfahrzeug' kann demnach nur

Hilfsmittel sein, nicht aber Beschreibung der Inhaltsseite des Sprachzeichens.

Saussures Konzept ist also, dass die Form eines Sprachzeichens einen semantischen Differenzwert anzeigt. *Boot* ist also, was *Kahn*, *Schiff* usw. nicht sind.

grammatisches Sprachzeichen

Genau diese Art von Sprachzeichenauffassung lässt sich auf die Grammatik übertragen mit dem Unterschied, dass die Ausdrucksseite eines grammatischen Sprachzeichens nicht seine lautliche oder schriftliche Form, sondern seine grammatische Grundstruktur ist. Die Inhaltsseite, die semantische Grundstruktur, beschreiben wir mit Hilfe von (signifikativ-)semantischen Rollen, auf die wir gleich zu sprechen kommen. Vorweg aber zwei Beispiele, das erste bereits bekannt:

(3) Alles an ihm **ist zielgerichtet**.
(Kirchhoff, Widerfahrnis: 6)

(4) sie **tippte** gegen das Scheitern **an**.
(Kirchhoff, Dämmer: 174)

Subjekt	–Prädikat–	
ZUSTANDSTRÄGER	– ZUSTAND –	
Alles an ihm	ist zielgerichtet	
Subjekt	–Prädikat –	Präpositionalobjekt
TÄTIGKEITSTRÄGER	– TÄTIGKEIT –	OPPONENTUM
sie	tippte an	gegen das Scheitern

Inhaltsseite

Wie man sieht, wurden den Satzgliedern semantische Beschreibungen zugeordnet: jedem Satzglied der grammatischen Grundstruktur genau eine semantische Rolle. Die Gesamtheit der semantischen Rollen, die einer gramma-tischen Grundstruktur zugeordnet ist, bildet die semantische Grundstruktur, also die Inhaltsseite des Satzbauplanzeichens.

semantische Rollen

Was aber sind semantische Rollen? Das Mainstream-Modell der Rollensemantik ist denotativ. „Denn es werden – bewusst oder unbewusst – nicht die Bedeutungen einzelsprachlicher Strukturen (Signifikate) analysiert, sondern die Bezeichnungen (Denotate).“ (Ágel/Höllein 2021: 129) Z.B. wäre in einem Satz wie *Der Schlüssel öffnet die Tür* die denotativ-semantische Rolle des Subjekts INSTRUMENT, da Schlüssel in der Wirklichkeit Werkzeuge sind.

Dieses Rollenverständnis ist aus unserer Sicht alleine schon deshalb inadäquat, weil es die außersprachliche und übereinzelsprachliche Wirklichkeit im Blick hat (vgl. Höllein 2019: 5ff.).

signifikative Semantik

Unser Rollenverständnis hingegen ist ein strikt einzelsprachliches, das nicht die außer- und übereinzelsprachlichen Bezeichnungen (Denotate), sondern die einzelsprachlichen Bedeutungen (Signifikate) im Blick hat und deshalb *signifikativ-semantisch* heißt (vgl. etwa Welke 2005, 2011 und 2019; Höllein 2017 und 2019; GTA; Ágel/Höllein 2021). Signifikativ-semantisch geht es also nicht um die Beschreibung der Welt, sondern um die eines einzelsprachlichen Systems. Entsprechend ist das Subjekt *Der Schlüssel* in dem Satz *Der Schlüssel öffnet die Tür* nicht INSTRUMENT/WERKZEUG, sondern HANDLUNGSTRÄGER (AGENS), da es das Subjekt eines gegenwartsdeutschen Handlungsprädikats (*öffnen*) ist.

signifikativ-semantischer Differenzwert

Tatsächlich konnte (in Ágel/Höllein 2021) gezeigt werden, dass sich die überwiegende Mehrheit der Satzbaupläne des Gegenwartsdeutschen signifikativ-semantisch interpretieren lässt und somit Satzbaupläne komplexe grammatisch-semantische Sprachzeichen darstellen. Dabei besteht ein Satzbauplanzeichen ausdrucksseitig aus der grammatischen Grundstruktur (= Prädikat und Komplementen), inhaltsseitig aus signifikativ-semantischen Rollen. Grammatische Grundstrukturen haben also im Saussure'schen Sinn einen *signifikativ*-semantischen Differenzwert.

Auch (signifikativ-)semantisch steht das Prädikat im Zentrum. Denn es sind die semantischen Rollen von Prädikaten, die den semantischen Grundcharakter des Szenarios bestimmen.

Perspektivrollen

Prädikate szenieren einzelsprachliche Sachverhalte entweder als HANDLUNG, TÄTIGKEIT, VORGANG oder ZUSTAND. Diese vier Prädikatsrollen nennen wir *Perspektivrollen*. So wie es auf der syntaktischen Ebene Satzglieder gibt (also Hauptsatzglieder in Sätzen und Nebensatzglieder in Nebensätzen), genauso kann man semantische Rollen in Haupt- und Nebensätzen identifizieren. In den nachfolgenden Belegen werden wir sowohl Satzbaupläne in Sätzen wie auch Satzbaupläne in Nebensätzen zeigen.

Beispiele für ZUSTAND und TÄTIGKEIT haben wir bereits in (3) und (4) gesehen (*ist zielgerichtet* bzw. *tippte an*). Die Prädikate des nachfolgenden Belegs exemplifizieren die Rollen HANDLUNG und VORGANG:

(5) sie [= das Mädchen, ÁGGS] **reichte** ihm, dem Mann, die Zigaretten und [...] Reither **sperrte** die Haustür **auf**, das **passierte** dann auch, aber ihm **passierte** es, seiner Hand, seinem Rückgrat.
(Kirchhoff, Widerfahrnis: 146)

Subjekt	–Prädikat–	Dativobjekt	Akkusativobjekt
HANDLUNGSSTRÄGER	– HANDLUNG –	HANDLUNGSBETROFFENER	HANDLUNGS-GEGENSTAND
sie	reichte	ihm, dem Mann,	die Zigaretten
Subjekt	–Prädikat–	Akkusativobjekt	
HANDLUNGSSTRÄGER	– HANDLUNG –	HANDLUNGSGEGENSTAND	
Reither	sperrte auf	die Haustür	
Subjekt	–Prädikat–		
VORGANGSTRÄGER	– VORGANG –		
Das	passierte		
Dativobjekt	–Prädikat–	Subjekt	
VORGANGSBETROFFENER	– VORGANG –	VORGANGSTRÄGER	
ihm..., seiner Hand, seinem Rückgrat	passierte	es	

Handlungssätze haben also ein Akkusativobjekt (*reichen, aufsperren*), Tätigkeitssätze nicht (*antippen, arbeiten*). Typische Zustandssätze sind Sätze mit der Kopula *sein* (*zielgerichtet sein, Lehrer sein*) oder eben Zustandspassivsätze (*sein*-Passiv, z.B. *Die Aufgabe ist erledigt*). Typische Vorgangssätze sind Sätze mit sich-Verben nur in der 3. Person (*sich einprägen*), mit der Kopula *werden (enger werden)* und Vorgangspassivsätze (*zurückgeküsst werden*):

(6) Ein Moment, der sich einprägen würde – er **spürte** es förmlich, an den Armen und dem verletzten Finger, als sich seine Haut verengte.
(Kirchhoff, Widerfahrnis: 147)

(7) Und wir **müssen** in die Straße, die sich krümmt und dann immer enger wird.
(Kirchhoff, Widerfahrnis: 142)

(8) Aber den Kopf seiner Mitbewohnerin zu umarmen und sie zu küssen, ohne noch ein Wort zu verlieren [...], und von ihr, Leonie Palm, zurückgeküsst zu werden, **war unfassbar** und auch **paradiesisch.**
(Kirchhoff, Widerfahrnis: 149)

Subjekt	–Prädikat–
VORGANGSTRÄGER	– VORGANG –
Der Moment	würde sich einprägen

seine Haut	verengte sich	
die Straße	krümmt sich	
die Straße	wird enger	
Subjekt	– Prädikat –	Präpositionalobjekt
VORGANGSTRÄGER	– VORGANG –	VORGANGSAUSLÖSER
er	wird zurückgeküsst	von ihr, Leonie Palm

Über die vier Perspektivrollen hinaus lassen sich im gegenwartsdeutschen System der Satzbauplanzeichen 15 *Kernrollen* und 26 *Präpositionalrollen* identifizieren (Ágel/Höllein 2021: 146–150).

Die Kernrollen sind die semantischen Rollen der Kasusobjekte (Dativobjekt, Akkusativobjekt) und des Subjekts. Da die Kernrollen von der Perspektivrolle des jeweiligen Prädikats abhängig sind, werden sie auch entsprechend benannt. Die wichtigsten Kernrollen sind die folgenden:

Tab. 1: semantische Rollen mit Satzgliedentsprechungen

Prädikat	Subjekt	Akkusativobjekt	Dativobjekt
HANDLUNG	HANDLUNGSTRÄGER	HANDLUNGSGEGENSTAND	HANDLUNGSBETROFFENER
TÄTIGKEIT	TÄTIGKEITSTRÄGER	/	TÄTIGKEITSBETROFFENER
VORGANG	VORGANGSTRÄGER	/	VORGANGSBETROFFENER
ZUSTAND	ZUSTANDSTRÄGER	/	ZUSTANDSBETROFFENER

Präpositionalrollen

Die Präpositionalrollen sind die semantischen Rollen der Präpositionalobjekte. Das System der gegenwartsdeutschen Präpositionalrollen wurde in Höllein 2019 modelliert.

In den obigen Beispielen (4) und (8) kamen zwei verschiedene Präpositionalobjekte vor: das Präpositional$_{\text{gegen+AKK}}$-objekt mit der Rolle OPPONENTUM und das Präpositional$_{\text{von+DAT}}$-objekt mit VORGANGSAUSLÖSER. Die Bedeutung von OPPONENTUM ist „Gegengröße/Antipode“, die von VORGANGSAUSLÖSER „Initiator des Vorgangs“ (Höllein 2019: 211 und 269).

Zwei weitere Belege für Präpositionalrollen (BENEFACTUM kodiert den „Nutznießer“, PROSPECTUM ein „zukünftiges Ereignis“ (Höllein 2019: 178 und 205)):

(9) Was **kann** ich für Sie **tun**?
(Kirchhoff, Widerfahrnis: 12)

(10) [die sommerlich Gekleidete] **rieb** sich jetzt die nackten Arme, was auf eine Entscheidung hindrängte, sie schnell zu verabschieden oder ihr, unter Umständen, die alte Lederjacke anzubieten.
(Kirchhoff, Widerfahrnis: 14)

Akkusativobjekt	–Prädikat–	Subjekt	Präpositionalobjekt
HANDLUNGSGEGENSTAND	– HANDLUNG –	HANDLUNGSTRÄGER	BENEFACTUM
Was	kann tun	ich	für Sie
Subjekt	–Prädikat–	Präpositionalobjekt	
TÄTIGKEITSTRÄGER	– TÄTIGKEIT –	PROSPECTUM	
was	drängte hin	auf eine Entscheidung	

Soweit die knappe Einführung in das gegenwartsdeutsche System der Satzbauplanzeichen. Ein tabellarischer Überblick aller Satzbauplanzeichen mit Beispielen findet sich in Ágel/Höllein (2021: 235–241).

zurück zum semantischen Differenzwert

Wie oben erwähnt, haben grammatische Grundstrukturen im Saussure'schen Sinn einen *signifikativ*-semantischen Differenzwert. Dieser Befund ist jedoch nicht nur theoretisch relevant. Denn in konkreten Texten realisierte grammatische Grundstrukturen haben auch in dem Sinne einen semantischen Differenzwert, dass sie vor der Folie nicht realisierter alternativer Strukturen interpretiert werden (GTA: 4–10 und Ágel 2019a: 282–286). Zwei Beispiele:

(11) »**Muß** man **stinken**, wenn man wird zu Erde?« [...]
»Man **muß**, Schenkel.«
»Auch Unteroffiziere?«
»Ja, auch Unteroffiziere. Erst vom Major aufwärts **wird** nicht mehr **gestunken**.«
(Lenz, Überläufer: 203)
→ ... Erst Offiziere (vom Major aufwärts) stinken nicht mehr.

(12) Am auffallendsten **benahm sich** Vater Kuttelwascher. Anstatt, wie man füglich erwarten durfte, sich seines wiedergewonnenen Lebens zu freuen, **wies** er unwirsch, ja feindselig den dargebotenen Kaffee **zurück** und **schwieg** ingrimmig auf alle Fragen.
(Penzoldt, Squirrel: 17)
→ ... und antwortete ingrimmig nicht auf Fragen.

Lenz wählte die (unpersönliche) Passivstruktur (mit dem Prädikat *wird gestunken*), obwohl er eine aktivische Alternative (mit dem Prädikat *stinken*) gehabt hätte. Doch der Sarkasmus, der im Text mitschwingt, war nur durch eine Szenierung als (unpersönlicher) VORGANG zu verwirklichen. Eine

Szenierung als (persönliche) TÄTIGKEIT wäre einfallslos gewesen und hätte nicht den sarkastischen Ton evozieren können.

Im Penzoldt-Beleg (12) wird ein Präpositional$_{\text{auf+AKK}}$-objekt (*auf alle Fragen*) mit der semantischen Rolle AUSDRUCK EINER FOLGE (Bouillon 1984: 105) realisiert. Interessant ist hier die semantische Spannung zwischen der realisierten und der erwartbaren, jedoch nicht realisisierten Perspektivrolle: Erwartbar wäre ein TÄTIGKEITsprädikat (*antworten* oder auch *reagieren, kontern, erwidern, entgegnen*), realisiert wurde ein ZUSTANDsprädikat (*schweigen*). Letzteres spiegelt deutlich besser die Tatsache wider, dass Vater Kuttelwascher Selbstmord begehen wollte, was ihm misslang. Seiner Gemütslage entsprach eher der ZUSTAND des Schweigens als die TÄTIGKEIT des Nichtantwortens.

Resümierend können wir feststellen, dass grammatische Strukturen durchaus Sinn-haft, bedeutungstragend, sind, nur dass grammatische Bedeutungen erst sichtbar werden, wenn man sie (a) im System erschließt und (b) in Texten – im Hinblick auf mögliche Alternativstrukturen – untersucht. Ein zentrales Anliegen des vorliegenden Buches besteht gerade darin zu zeigen, dass die Grammatik einen wichtigen Beitrag zur semantischen Erschließung von Texten und somit generell zur Sinn-haften und erfolgreichen Kommunikation leistet. Voraussetzung hierfür ist ein deszendentes Grammatikkonzept, um das es in Kap 1.2 geht.

1.2 Deszendenz: Textglieder und Restlosigkeit

Aszendenz

Der Blick auf die Syntax und generell auf die Grammatik ist traditionell *aszendent*, d.h. ‚von unten nach oben' gerichtet: Einer Wortgrammatik folgt eine Satzgrammatik und dieser evtl. eine Textgrammatik. Die Idee ist, dass Sprache ganz im Sinne des *Frege-Prinzips* (= *Kompositionalitätsprinzip*) funktioniere: Wörter werden zu grammatisch korrekten Wortgruppen, diese zu grammatisch korrekten Sätzen und diese wiederum evtl. zu grammatisch korrekten Texten zusammengefügt. Dabei müsse man nur die Bedeutungen der einzelnen Wörter und die (grammatischen) Kategorien, Strukturen und Regeln, die sich an deren Zusammenfügung beteiligen, kennen, um die Bedeutungen der Sätze und Texte zu verstehen.

Deszendenz

Was spricht nun gegen diesen aszendenten und was rechtfertigt einen *deszendenten*, ‚von oben nach unten' gerichteten Blick auf die Grammatik?

Einerseits schreiben und sprechen wir weder in Wörtern noch in Sätzen, sondern wir produzieren Texte und führen Gespräche. Und wenn wir lesen, lesen wir nicht Wörter, auch nicht Sätze, sondern Texte. Verstehen und interpretieren wollen wir in erster Linie die Texte, nicht die einzelnen Wörter und Sätze.

Andererseits ist die Chance, dass sich beliebig komplexe Texte ausgehend von einfachen Wörtern exhaustiv (= restlos) und widerspruchsfrei modellieren lassen, selbst innerhalb des Satzes gering. Beim folgenden Satz, der in Kap. 1.1 verkürzt wiedergegeben wurde, würde man bereits bei der Bestimmung des Subjekts kapitulieren müssen:

das Restlosigkeitsproblem

(1) Leonidas aber und seinesgleichen **hatten** das Regieren **gelernt** wie Musiker den Kontrapunkt lernen in jahrelang unablässiger Übung.
(Werfel, Blassblau: 67)

Ein Subjekt wie *Leonidas aber und seinesgleichen* ist keine kompositionale Wortgruppe und es stellt ganz offensichtlich auch keine sinnvolle Antwort auf die Subjektfrage dar. Das Subjekt des Satzes ist nämlich *Leonidas und seinesgleichen*:

»Wer hatte das Regieren gelernt wie...?«
»Leonidas und seinesgleichen.«

Woraus eben folgt, dass *aber* nicht zum Subjekt gehört. Woraus wiederum die Frage nach dem Satzgliedstatus von *aber* folgen müsste. Denn die Analyseebene, auf der wir uns mit der Subjektfrage befinden, ist die der Satzglieder. Traditionell (aszendent) wäre hier jedoch nur eine wortartbezogene Antwort – *aber* ist ein Konjunktor – möglich, was theoretisch allerdings nicht widerspruchsfrei wäre, da sie die Vermischung von zwei verschiedenen grammatischen Ebenen – Satzglieder vs. Wortarten – implizieren würde.

das Problem der vermischten Ebenen

Um solche Probleme zu lösen, bietet es sich an, mit einer deszendenten Grammatik zu arbeiten. Eine solche Grammatik liegt mit der GTA vor, die das grammatische System ‚von oben nach unten' – von der Text- (Textglieder) über die Satz- (Satzglieder) zur Wortgruppenebene (Wortgruppenglieder) – modelliert. Die GTA ist somit keine Textgrammatik am Ende der aszendenten Nahrungskette, sondern eine ‚auf den Kopf gestellte' Syntax, die auf der Textebene ansetzt. Dasselbe gilt für das vorliegende Studienbuch.

eine deszendente Grammatik

Wie erwähnt, ist die Chance, dass sich beliebig komplexe Texte ausgehend von einfachen Wörtern exhaustiv und widerspruchsfrei nach oben hin ableiten lassen, gering. Denn nicht nur Satzglieder sind Glieder von Sätzen, auch Sätze sind Glieder von Texten. Deshalb ist die Rekonstruktion der – grammatischen (und nicht der orthographischen!) – Satzgrenze keine bloße ‚innere Angelegenheit' des Satzes, sondern sie hängt auch von der Modellierung der Textglieder ab.

Umgekehrt zwingt der Ausgang vom Text dazu, gemäß dem Matroschka-Prinzip zu agieren: Man hat alle Textglieder (Makroglieder) zu beschreiben, dann alle Satzglieder von allen Sätzen (Mesoglieder) und schließlich auch alle Wortgruppenglieder von allen Satzgliedern (Mikroglieder).

Der ‚Weg nach unten' betrifft also drei Ebenen und drei Analyseeinheiten, denen jeweils ein grammatischer Wert, eine ‚Matroschka', zugeordnet ist:

Tab. 2: Ebenen, Analyseeinheiten und Werte

Ebene	Analyseeinheit	Grammatischer Wert
Makroebene	Text	Textglied (Makroglied)
Mesoebene	Satz	Satzglied (Mesoglied)
Mikroebene	Wortgruppe	Wortgruppenglied (Mikroglied)

Betrachten wir die folgende Textstelle (Anfang des Kap. 5) von Bodo Kirchhoffs Novelle *Widerfahrnis*:

(13) Reither sah auf die Straße, er hatte das schon fast vergessen, wie gut es tun konnte, nachts neben einer Frau Auto zu fahren. Und von der Seite kein Wort, Stille im Wagen, nur das Motorgeräusch; unzählige Male hatte er so die Nacht überwunden, neben sich eine Schlafende, irgendwie in den Sitz gekauert, ein Bein bedeckt und eines nackt und auf dem nackten seine Hand. Aber Leonie Palm war hellwach, sie zündete eine Zigarette an und reichte sie ihm, das war auch ein Wort, dann rauchte sie selbst und öffnete etwas ihr Fenster, und er machte seins ganz auf, weil sie schon zur Mautstelle für die Brennerautobahn kamen; nur eines der Kassenhäuschen war besetzt in der Stunde des geringsten Verkehrs, neun Euro betrug jetzt die Maut, da hatten sie schon wieder aufgeschlagen, seit er im vorigen Sommer die Strecke fuhr.
(Kirchhoff, Widerfahrnis: 55)

orthographischer vs. grammatischer Satz

Nach der amtlichen Regelung der deutschen Rechtschreibung bestehen Texte aus Ganzsätzen, d.h., sie fangen mit einem Großbuchstaben an und enden mit einem Satzzeichen „zur Kennzeichnung des Schlusses von Ganzsätzen" (Duden 2009: 1138). Ganzsätze sind also *orthographische* Sätze. Die zitierte Textpassage enthält insgesamt drei orthographische Sätze.

Würde man die *grammatische* Analyse ausgehend von der *orthographischen* Gliederung vornehmen, hätte man keine grammatischen Kriterien für die Bestimmung von Sätzen. Man müsste eine komplexe und heterogene Struktur wie z.B. den zweiten orthographischen Satz, der vor dem Semikolon gar keine Satzglieder enthält, genauso als Satz beschreiben (können) wie den ersten orthographischen Satz, der eine klassische Satzverbindung darstellt. Und noch schlimmer: Niemand kann Schriftsteller:innen daran hindern, einen ganzen Roman zu schreiben, der mit einem Großbuchstaben anfängt und mit einem Satzschlusszeichen endet, also aus einem einzigen orthographischen Satz besteht.

Kurzes Zwischenfazit: Orthographische Sätze bzw. deren Relationen zu grammatischen Sätzen können zwar durchaus relevant etwa für literarische Analysen sein (Ágel 2015). Doch grammatische Analyse und Interpretation setzen eine grammatische Gliederung der Texte voraus.

Textglieder

In der GTA wurden drei Typen von Textgliedern (Makrogliedern) eingeführt: *Satz*, *Nichtsatz* und *Kohäsionsglied*. Unter ‚Satz' (ohne weitere Attribuierung) wird dabei immer der *grammatische* Satz verstanden.

Die obige Kirchhoff-Textstelle enthält insgesamt 28 Textglieder. 15 davon sind Sätze, sechs Nichtsätze und sieben Kohäsionsglieder:

1. Reither **sah** auf die Straße,
2. er **hatte** das schon fast **vergessen**, wie gut es tun konnte, nachts neben einer Frau Auto zu fahren.
3. Und
4. von der Seite kein Wort,
5. Stille im Wagen,
6. nur das Motorgeräusch;
7. unzählige Male **hatte** er so die Nacht **überwunden**,
8. neben sich eine Schlafende,
9. irgendwie in den Sitz gekauert,
10. ein Bein **bedeckt**
11. und
12. eines **nackt**
13. und
14. auf dem nackten seine Hand.
15. Aber
16. Leonie Palm **war hellwach**,
17. sie **zündete** eine Zigarette **an**
18. und
19. **reichte** sie ihm,
20. das **war** auch **ein Wort**,
21. dann **rauchte** sie selbst
22. und
23. **öffnete** etwas ihr Fenster
24. und
25. er **machte** seins ganz **auf**, weil sie schon zur Mautstelle für die Brennerautobahn kamen;
26. nur eines der Kassenhäuschen **war besetzt** in der Stunde des geringsten Verkehrs,
27. neun Euro **betrug** jetzt die Maut,
28. da **hatten** sie schon wieder **aufgeschlagen**, seit er im vorigen Sommer die Strecke fuhr.

Die drei Sorten von Textgliedern lassen sich wie folgt kurz charakterisieren (mehr dazu in Kap. 2):

– Das Textglied ‚Satz' enthält ein einziges *Hauptprädikat* (= Prädikat eines einfachen Satzes wie bei Textglied Nr. 1 oder Hauptsatzprädikat eines Satzgefüges wie bei Textglied Nr. 2) und realisiert genau ein *Szenario*, also genau einen einzelsprachlichen Sachverhalt (bei den Textgliedern Nr. 1 und 2 SEHEN- bzw. VERGESSEN-Szenario).
– Das Textglied ‚Nichtsatz' hat kein Hauptprädikat. Deshalb realisiert es kein Szenario. Semantisch sind Nichtsätze eher impressionistischen Gemälden ähnlich, weshalb ihr semantisches Potenzial – analog zu *Szenario* – mit dem Kunstwort *Impressio* beschrieben wurde (GTA: 27). Gut nachvollziehbar ist das ‚Impressionistische' an den Textgliedern Nr. 4, 5 und 6.
– Das Textglied ‚Kohäsionsglied' schließlich stellt eine grammatisch-semantische Verbindung zwischen zwei Sätzen, zwischen zwei Nichtsätzen, zwischen einem Satz und einem Nichtsatz oder eben zwischen ganzen Textsequenzen dar, die sich wiederum als Satz- und Nichtsatzverbindungen beschreiben lassen.

Texte bestehen aus Textgliedern

Die Gliederung von Texten in Textglieder macht deutlich, dass sich die grammatische Analyse von Texten nicht auf die von Sätzen reduzieren lässt. Auch wenn der obige Textauszug noch recht satzlastig ist, ist immerhin knapp die Hälfte der Textglieder – insgesamt 13 Nichtsätze und Kohäsionsglieder (vs. 15 Sätze) – kein Satz. Würde man die grammatische Analyse von Texten auf die von Sätzen reduzieren, blieben diese 13 Textglieder aus der grammatischen Analyse ausgeklammert.

Nichtsatz

Wollte man Nichtsätze nicht als genuine Textglieder akzeptieren, bestünde theoretisch nur die Möglichkeit, die sechs Nichtsätze als Ellipsen, als irgendwie unvollständige Sätze, zu analysieren, d.h., sie allesamt auf ein Satzformat zu beziehen. Dies wäre einerseits grammatiktheoretisch problematisch. Denn in der Fachliteratur versucht man höchstens nur sog. *Koordinationsellipsen* auf das Satzformat zu beziehen (vgl. Ágel/Kehrein 2013). Bei den sechs Nichtsätzen des Kirchhoff-Textes handelt es sich jedoch nicht um Koordinationsellipsen.

---

i Bei einer Koordinationsellipse werden zwei gleichrangige Teilsätze miteinander verbunden, meist durch einen Konjunktor *und*. Ein Element oder mehrere sind für beide Sätze gültig, werden aber nur in einem der Sätze realisiert. Wir werden dieses Phänomen gesondert in Kap. 2.1.3.2 betrachten und dort als *virtuellen Satz* kennenlernen.
Beispiel:

Der alte Herr **setzte sich** und **drückte** Fabian ein Kuvert in die Hand. (Kästner, Fabian: 129)
In dem Beispiel ist das Subjekt (*Der alte Herr*) für beide Sätze gültig.

Andererseits wäre die Interpretation von Nichtsätzen als unvollständige Sätze textrealitätsfern. Denn Nichtsätze (als Realisierungen von Impressios) und deren Wechsel mit Sätzen (als Realisierungen von Szenarios) sind elementar wichtig für den jeweiligen Textsinn. Ein besonders deutliches Beispiel ist der Anfang von Finn-Ole Heinrichs Erzählung *Soweit kein ungewohntes Wort*:

(14)

1. Sechs Schubladen insgesamt.
2. Links Stifte, Zeichenutensilien, Schere und Messer,
3. rechts Papier, Briefumschläge und Heftchen,
4. karierte, linierte und französisch linierte.
5. In der Mitte: Pfeife, Tabak, Pfeifenreiniger,
6. von allem eine beträchtliche Auswahl.
7. Darüber ein Klappfach, in dem er die Dokumente aufbewahrte,
8. Zeugnisse von Marie und mir, Geburtsurkunden, Impf- und Reisepässe, Meldebescheinigungen, den Trauschein;
9. Alles fein säuberlich sortiert
10. und
11. in Plastikmappen geheftet.
12. Unter der Arbeitsfläche ein Flügelklappfach,
13. gehalten von zwei kleinen Magneten,
14. geteilt von zwei Brettern in drei Kammern.
15. Oben Briefe und Postkarten,
16. darunter Steuererklärungen und Belege auf zwei Ebenen.
17. Er **hat** nichts **mitgenommen**.
18. Über seinem Schreibtisch, zentral, ein Foto seiner Mutter,
19. oval gerahmt,
20. wie aus einem Ei geschnitten.
21. Auf der Ablagefläche darunter eine etwas seltsam anmutende Mischung kleiner, unnützer Dinge;
22. einige Gläser, Skulpturen, ein ausgeblasenes Straußenei,
23. vielleicht Erinnerungen,
24. aber
25. vor allem:
26. Schüttelwelten, Schneekugeln, Mikrokosmen.
27. Darüber ein Klappfach, in dem er die Dokumente aufbewahrte.
28. Ich **werde** über all das **nachdenken müssen**.

(Heinrich, Soweit: 67)

23 der insgesamt 28 Textglieder stellen Nichtsätze dar. Erst nach fünfzehn Impressios gibt es ein erstes Zwischenfazit in Form eines Satzes (MITNEHMEN-Szenario). Danach erneut acht Impressios, bevor der nächste Satz kommt (NACHDENKEN MÜSSEN-Szenario). Dieser zweite Satz ist einerseits Zwischenfazit, andererseits schließt er die epische Vorausdeutung ab. Mit anderen Worten, er resümiert einerseits die Eindrücke, die sich Sinn-haft nur in Form von Nichtsätzen präsentieren ließen, andererseits deutet er an, dass auf der Grundlage dieser Eindrücke nun der Auftakt zur eigentlichen Begebenheit erfolgt. Wir halten es also für notwendig, mit der Textglied-Kategorie ‚Nichtsatz' zu arbeiten.

Kohäsionsglied

Aber wie steht es um die Kategorie ‚Kohäsionsglied'? Könnte man nicht einfach sagen, dass die Wörter, die in den obigen Texten eine grammatisch-semantische Verbindung zwischen zwei Sätzen, zwischen zwei Nichtsätzen oder zwischen einem Satz und einem Nichtsatz herstellen, einfach bestimmten Wortarten angehören?

schon wieder: das Problem der vermischten Ebenen

Abgesehen davon, dass Kohäsionsglieder nicht immer Einzelwörter sind (vgl. etwa Textglied Nr. 25 (des Heinrich-Textes (14)), wäre ein solches Verfahren theoretisch genauso inadäquat wie die oben angesprochene Vermischung der Satzglied- mit der Wortartebene. Beispielweise enthält das Textglied Nr. 17 (*Er hat nichts mitgenommen*), das ein Satz ist, gleich zwei Satzglieder, die jeweils aus einem Wort bestehen: Subjekt = *Er*, Akkusativobjekt = *nichts*. Adäquat wäre sowohl eine reine Satzglied- wie auch eine reine Wortartanalyse:

Satzgliedanalyse:

Subjekt	–Prädikat–	Akkusativobjekt
Er	hat mitgenommen	nichts

Wortartanalyse:

Personalpronomen	–Verbform –	Indefinitpronomen
Er	hat mitgenommen	nichts

Inadäquat wäre jedoch jede Form der Vermischung beider grammatischer Ebenen, z.B.

Subjekt	–Verbform –	Akkusativobjekt
Er	hat mitgenommen	nichts
Subjekt	–Prädikat–	Indefinitpronomen
Er	hat mitgenommen	nichts

Auch im Alltag registrieren wir die Vermischung von offensichtlich unterschiedlichen Analysedimensionen als ‚schräg'. Entsprechend meidet man Aussagen der Sorte *Das Buch ist gut geschrieben und hat 222 Seiten.*

Dass uns das analoge Problem mit der Vermischung der Textglied- mit der Wortartebene nicht so leicht auffällt, liegt einerseits daran, dass grammatische Analysen herkömmlicherweise nicht von Texten ausgehen. Andererseits daran, dass Kohäsionsglieder vielfach zwischen den Textgliedern, die sie verbinden, stehen, sodass sie von diesen strukturell klar unterscheidbar sind (Textglieder Nr. 17 bis 19 des Kirchhoff-Textes):

Kohäsionsglied zwischen Textgliedern

sie **zündete** eine Zigarette **an**	und	**reichte** sie ihm

Dies ist allerdings nur die eine Option. Die andere ist, dass Kohäsionsglieder, die zwei Textglieder verbinden, in eines dieser Textglieder integriert sind. Betrachten wir hierzu zwei Belege.

integriertes Kohäsionsglied

Der erste ist der bereits bekannte Werfel-Beleg, diesmal mit Kontext und Textgliedmarkierungen:

(1) Sie [= die Minister, ÁGGS] **besaßen** keinen rechten Einblick in die Labyrinthe des Geschäftsganges [...]. Leonidas aber und seinesgleichen **hatten** das Regieren **gelernt** wie Musiker den Kontrapunkt lernen in jahrelang unablässiger Übung. (Werfel, Blassblau: 67)

Hier steht das Kohäsionsglied *aber* nicht zwischen den beiden Sätzen, die es verbindet, sondern ist in den zweiten Satz integriert. Es ist also ein *integriertes Kohäsionsglied*, ein Textglied innerhalb eines Satzes. Auch Kirchhoff hätte *aber* integrieren können (*Leonie Palm aber war hellwach*), hat es aber nicht getan.

Der zweite Beleg stammt ebenfalls aus demselben Werfel-Text:

(15) Warum dieser Schreck, den er noch in allen Gliedern spürte? Es **ist** doch **nichts als eine alte dumme Geschichte**.
(Werfel, Blassblau: 18)

Das integrierte Kohäsionsglied *doch* verbindet den *Warum*-Nichtsatz mit dem darauffolgenden Satz. Seine Bedeutung lässt sich mit der eines konzessiven Junktors vergleichen (‚*obwohl* es nichts als eine alte dumme Geschichte ist').

schon wieder: das Problem der Restlosigkeit

Während *aber* ein Konjunktor ist, ist *doch* von der Wortart her Abtönungspartikel. Was beide Wörter verbindet, ist, dass sie zwar einen Textgliedwert, jedoch keinen Satzgliedwert haben. Eine aszendente Satzgliedanalyse würde auch im Falle des *doch*-Belegs (15) zu einer inadäquaten Ebenenvermischung führen:

Subjekt	–Prädikat–	Abtönungspartikel
es	ist nichts als eine alte dumme Geschichte	doch

Satzglieder ≠ Glieder im Satz

Wie man sieht, betrifft die Restlosigkeitsproblematik nicht nur die Textebene, sondern sie wirkt sich auch auf die Satz(glied)analyse aus. Denn integrierte Kohäsionsglieder (wie der Konjunktor *aber* und die Abtönungspartikel *doch* in den Werfel-Belegen (1) und (15)) befinden sich per definitionem im Satz, stellen jedoch keine Satzglieder dar. Sie sind eben *Kohäsionsglieder im Satz* (GTA: 46). Mit anderen Worten, *Sätze enthalten nicht nur Satzglieder, sondern sie können auch integrierte Kohäsionsglieder enthalten.* Dies ist unproblematisch für eine deszendente Grammatikauffassung, in der sowohl Sätze wie auch Kohäsionsglieder als Textglieder modelliert werden. Aszendent – von den Wortarten zu den Satzgliedern – ist man jedoch mit dem unlösbaren theoretischen Problem konfrontiert, dass bestimmte Wortarten, wie z.B. Personal- und Indefinitpronomen (s. oben), Satzglieder (mit) konstituieren können, andere, wie z.B. Konjunktoren und Abtönungspartikeln (s. oben), dagegen nicht. Das in dem vorliegenden Studienbuch vertretene Grammatikmodell bietet sowohl für Texte wie auch für Sätze die Möglichkeit restloser grammatischer Analysen.

Aus unserer Sicht gibt es zwei Gründe, warum es notwendig ist, Textglieder zu etablieren: einerseits wegen des deszendenten, ‚von oben nach unten' konzipierten, und von der Textebene ausgehenden Grammatikmodells, andererseits wegen des damit zusammenhängenden Prinzips der Exhaustivität, d.h. der Restlosigkeit grammatischer Analysen. Denn es ist sehr wichtig: Auf unserem ‚Analyseweg nach unten' darf keine Vereinfachung vorgenommen werden und auch keine Struktur unberücksichtigt bleiben – etwas, was sich, wie wir gesehen haben, aszendent nicht verwirklichen lässt.

1.3 Theoriebasis: Form, Funktion und Wert

Mithilfe von Tab. 2 in Kap. 1.2 wurden die grammatischen Ebenen, Analyseeinheiten und die *grammatischen Werte* unseres Modells kurz eingeführt. Die drei Typen von Textgliedern, die alle grammatische Werte darstellen, wurden auch behandelt. Offensichtlich ist der grammatische Wert ein zentraler Theoriebaustein in unserem Modell. Was aber sind grammatische Werte?

Die Grundidee des Konzepts der Grammatischen Textanalyse ist, dass sich die Architektur der Grammatik in Analogie zu einer einfachen logischen Formel beschreiben lässt (siehe Allwood/Andersson/Dahl 1973: 8ff.):

Funktion-Argument-Wert-Formel

F (A) = W

Diese Formel besagt, dass die Anwendung einer bestimmten Funktion (= F) auf ein bestimmtes Argument (= A) einen bestimmten Wert (= W) ergibt. Wenn man ein bestimmtes Argument in einen bestimmten Zusammenhang stellt wie z.B. die Betrachtung einer Stadt unter dem Aspekt der Einwohnerzahl oder die Betrachtung eines Menschen in seiner Rolle als Studierender, betrachtet man das Argument in einer bestimmten Funktion. Das Ergebnis sind Werte, d.h. funktionale Einordnungen von Argumenten:

F (A) = W
Einwohnerzahl (Kassel) = 203.479
studieren (Mensch) = Studierende:r

Funktion-Argument-Wert-Formel in der Grammatik

Überträgt man die Funktion-Argument-Wert-Formel auf grammatische Beschreibungen, entspricht dem logischen Begriff des Arguments der grammatische Begriff der Form. Beispielsweise fängt der Roman *Ende einer Dienstfahrt* von Heinrich Böll mit einer Präpositionalgruppe an:

(16) $_{\text{(Präpositional-}}$ Vor dem Amtsgericht in Birglar $_{\text{gruppe)}}$ **fand** im Frühherbst des vorigen Jahres eine Verhandlung **statt**.
(Böll, Dienstfahrt: 5)

Diese Präpositionalgruppe wird von der Präposition *vor* eingeleitet, die ihrerseits den Dativ (*dem...*) regiert (= fordert). Die genaue grammatische Form (= A) ist also Präpositional$_{\text{vor+DAT}}$-gruppe.

Diese Präpositionalgruppe funktioniert im konkreten Beispiel adverbial, also F = Adverbial.

Wendet man im Sinne der Funktion-Argument-Wert-Formel diese Funktion auf die Form ‚Präpositional$_{\text{vor+DAT}}$-gruppe' an, erhält man den grammatischen Wert (= W), im konkreten Fall den Satzgliedwert ‚Lokaladverbial':

Adverbial (Präpositional$_{\text{vor+DAT}}$-gruppe) = Lokaladverbial

Expliziter formuliert: Im obigen Satz (= *Vor dem Amtsgericht in Birglar fand im Frühherbst des vorigen Jahres eine Verhandlung statt*) hat die grammatische Form, die Präpositionalgruppe *Vor dem Amtsgericht in Birglar*, adverbiale Funktion. Und da eine adverbial verwendete Präposition *vor*$_{\text{DAT}}$ lokale

Bedeutung hat, hat die Präpositionalgruppe *Vor dem Amtsgericht in Birglar* im obigen Satz lokaladverbialen Wert.

Die obige Angabe der grammatischen Form lässt sich entsprechend durch die des grammatischen Werts ersetzen:

(16) $_{\text{(Lokal-}}$ Vor dem Amtsgericht in Birglar $_{\text{adverbial)}}$ **fand** im Frühherbst des vorigen Jahres eine Verhandlung **statt**.

identische Form, andere Funktion, anderer Wert

Der jeweilige Wert ist also sowohl von der Form wie auch von der Funktion abhängig. Ändert sich die Funktion, ändert sich auch der Wert, auch wenn die Form identisch bleibt:

(16') $_{\text{(Präpositional-}}$ Vor dem Amtsgericht in Birglar $_{\text{gruppe)}}$ **haben** alle **Respekt**.

Dadurch, dass die Präpositionalgruppe *Vor dem Amtsgericht in Birglar* in dem neuen Satz als Objekt fungiert, hat die Präposition *vor*$_{\text{DAT}}$ keine lokale Bedeutung mehr. Vielmehr hat sie die Funktion, die Bedeutung des Satzgliedwerts ‚Präpositional$_{\text{vor+DAT}}$-objekt' von der anderer Präpositionalobjekte zu unterscheiden (Höllein 2019). Andere Prädikate haben eben andere Valenzen, entwerfen andere Szenarios und fordern andere Präpositionalobjekte mit anderen Bedeutungen wie z.B. *Alle freuen sich auf / reden über / verlieren gegen das Amtsgericht in Birglar* (vgl. auch Kap. 1.1 oben).

Der Satzgliedwert ‚Präpositional$_{\text{vor+DAT}}$-objekt' des obigen Beispiels lässt sich wie folgt herleiten:

Objekt (Präpositional$_{\text{vor+DAT}}$-gruppe) = Präpositional$_{\text{vor+DAT}}$-objekt

Die obige Angabe der grammatischen Form lässt sich entsprechend durch die des grammatischen Werts ersetzen:

(16') $_{\text{(Präpositional-}}$ Vor dem Amtsgericht in Birglar $_{\text{objekt)}}$ **haben** alle **Respekt**.

Die Anwendung der Funktion-Argument-Wert-Formel auf die drei grammatischen Ebenen unseres Modells ergibt folgendes Schema:

Makroebene:
textgrammatische Funktion (Textsequenz) = Textglied
Mesoebene:
satzgrammatische Funktion (Satzsequenz) = Satzglied
Mikroebene:
wortgruppengrammatische Funktion(Wortgruppensequenz) = Wortgruppenglied

Funktion-Argument-Wert-Formel auf drei Ebenen

Eine Sequenz ist eine grammatische Form auf der jeweiligen Ebene, der sich eine bestimmte grammatische Funktion auf derselben Ebene zuordnen lässt. Qua grammatischer Funktion erhält dann die grammatische Form ihren grammatischen Wert.

Mesoebene

Die obigen Beispiele bezogen sich beide auf die Mesoebene mit den satzgrammatischen Funktionen ‚Adverbial' und ‚Objekt', der Satzsequenz, ‚Präpositional$_{\text{vor+DAT}}$-gruppe' und den Satzgliedwerten ‚Lokaladverbial' und, ‚Präpositional$_{\text{vor+DAT}}$-objekt'. Auf die sonstigen Satzgliedwerte – kurz: Satzglieder – wird in Kap. 3 einzugehen sein.

Mikroebene

Was die Mikroebene anbelangt, etabliert sind die wortgruppengrammatischen Funktionen ‚Kopf', ‚Kern' und ‚Attribut'. Die Anwendung dieser Funktionen auf Wortgruppensequenzen ergibt die Wortgruppengliedwerte, kurz: Wortgruppenglieder. Auf diese wird in Kap. 4 einzugehen sein.

Makroebene

Nicht etabliert sind hingegen die textgrammatischen Funktionen, Formen und Werte. Diese wurden zuerst in der GTA (24–28 und 61–246) eingeführt, im Sinne der Funktion-Argument-Wert-Formel hergeleitet und ausführlich begründet. Herleitung und Begründung sollen im vorliegenden Studienbuch nicht wiederholt werden. Die Textglieder, die in Kap. 1.2 eingeführt wurden, sollen jedoch in Kap. 2 ausführlicher behandelt werden.

Um zu verstehen, was ein Satzglied ist, und um die Anschlussfrage nach evtl. analog herleitbaren Gliedern oberhalb und unterhalb der Satzgliedebene zu stellen, sind wir davon ausgegangen, dass Satzglieder sich als grammatische Werte (= W) auf Mesoebene, d.h. als Anwendungen von satzgrammatischen Funktionen (= F= auf satzgrammatische Formen (= A), modellieren lassen (F (A) = W). Analog wurden Textglieder als grammatische Werte auf Textebene und Wortgruppenglieder als grammatische Werte auf Wortgruppenebene modelliert. Auf diese Art und Weise hat unsere Grammatik eine einheitliche Theoriebasis mit Formen, Funktionen und Werten auf allen drei Analysebenen.

---

2 Makroebene

2.1 Satz
  2.1.1 Satzbegriff
  2.1.2 Wortstellung: Satz (Stellungsfeldermodell)
    2.1.2.1 Satzklammer
    2.1.2.2 Mittelfeld und Nachfeld
    2.1.2.3 Vorfeld
  2.1.3 Satzklassen
    2.1.3.1 Einfacher und komplexer Satz
      2.1.3.1.1 Komplexität grammatischer Sätze
      2.1.3.1.2 Satzverbindungen
    2.1.3.2 Realer und virtueller Satz
    2.1.3.3 Statischer und dynamischer Satz
    2.1.3.4 Satzklassenübersicht
2.2 Nichtsatz
  2.2.1 Nichtsatzbegriff
  2.2.2 Nichtsätze im (syntaktisch-semantischen) Kontext
  2.2.3 Nichtsatzklassen
    2.2.3.1 Externe Prädikation
    2.2.3.2 Existenzialnichtsatz
    2.2.3.3 Fragmentarischer Nichtsatz
    2.2.3.4 Nichtsatzklassenübersicht
    2.2.3.5 Probleme der Abgrenzung
2.3 Kohäsionsglied
  2.3.1 Kohäsionsgliedbegriff
  2.3.2 Kohäsionsgliedklassen
    2.3.2.1 Junktoren
    2.3.2.2 Übersicht
    2.3.2.3 Konnektoren
    2.3.2.4 Probleme der Abgrenzung

https://doi.org/10.1515/9783110669961-002

i

Markierungskonventionen:
Hauptprädikate = **fett**
Kohäsionsglieder = unterstrichen
Nichtsätze = Punkt-Strich-unterstrichen
Angaben zur semantischen Grundstruktur: in KAPITÄLCHEN

Wir zeigen in diesem Buch, wie bereits erwähnt, drei Analyseebenen: Makroebene (Textebene), Mesoebene (Satzebene) und Mikroebene (Wortgruppenebene). Wir bewegen uns dafür deszendent, also von oben nach unten, und beginnen auf der Makroebene, also der Textebene. Wir setzen auf Textebene an, weil (a) wir nicht in isolierten Sätzen, sondern in Texten sprechen und schreiben, weil (b) auch Sätze Bestandteile von Texten sind, weil (c) Texte auch noch andere Bestandteile als Sätze haben und weil (d) es Elemente in Sätzen gibt, die keine Satzglieder, sondern Textglieder sind und deshalb der Satzgliedanalyse nicht zugänglich sind. Im vorliegenden Kapitel geht es um die Textglieder, also um die der Satzgliedebene übergeordneten Glieder der grammatischen Analyse: Sätze, Nichtsätze und Kohäsionsglieder.

2.1 Satz

Das Kapitel zum Satz beginnt mit einem Unterkapitel zum Satzbegriff (Kap. 2.1.1), in dem wir den *grammatischen* dem *orthographischen* Satz gegenüberstellen. In Kap. 2.1.2 befassen wir uns mit der Wortstellung in Sätzen und gehen dabei u.a. auf Charakteristika der Satzklammer im Stellungsfeldermodell und auf Zusammenhänge zwischen Satzklammer und synthetischen und analytischen Verbformen ein. Daran anknüpfend unterteilen wir den Satz nach drei möglichen Kriterien in Satzklassen (Kap. 2.1.3), d.h.: *einfacher* und *komplexer Satz*, *realer* und *virtueller Satz* und *statischer* und *dynamischer Satz*.

2.1.1 Satzbegriff

In der Grammatischen Textanalyse (= GTA) gibt es drei Textglieder: Sätze, Nichtsätze und Kohäsionsglieder.

Wenn vom Textglied ‚Satz' die Rede ist, ist immer der grammatische Satz und damit eine schriftliche wie mündliche Struktureinheit gemeint. Der grammatische Satz ist vom orthographischen Satz, einer Art Mitteilungseinheit in der Schriftlichkeit, zu unterscheiden. Nur der grammatische Satz kann als Grundlage für grammatische Analysen dienen und stellt dementsprechend ein Textglied dar. Bei orthographischen Sätzen handelt es sich hingegen um rein formale Einheiten. Wir können sie an den Satzschlusszeichen Punkt, Ausrufzeichen und Fragezeichen erkennen.

So bestehen die folgenden Belege (1) und (2) aus jeweils genau einem orthographischen Satz, der mit einem Punkt abgeschlossen wird. Beleg (3) enthält hingegen zwei orthographische Sätze, die jeweils mit einem Punkt enden:

(1) Behutsam **öffnet** Sonto die Dose.
(Boie, Dinge: 28)

(2) Alle **gewinnen, so leicht ist** die Welt.
(Ruppel, Waldfee: 12)

(3) Jetzt **kommt** sie einmal pro Jahr. Zu mir.
(Heinrich, Gummistiefel: 5)

Großschreibung als Kriterium?

Es deutet sich schon in (3) an, dass Interpunktion von den Schreibenden abhängig ist und beispielsweise dazu dienen kann, etwas inhaltlich hervorzuheben und den Lesefluss zu steuern. Im Gegensatz dazu existieren von der Interpunktion unabhängige Kriterien für die Identifikation grammatischer Sätze. Selbst Großbuchstaben, die für die schriftsprachliche Norm als Identifikationsmerkmal orthographischer Sätze dienen, stellen kein zuverlässiges Identifikationskriterium mehr dar, sobald auch die modernen Medien mit einbezogen werden:

ich danke dir tausendfach von großem ganzen Herzen.
12:11

Da unser Fokus nicht auf orthographischen, sondern auf grammatischen Sätzen liegt, spielen die orthographiebezogenen Überlegungen für unsere grammatischen Analysen keine Rolle. Denn wir arbeiten nicht mit einem orthographischen, sondern einem grammatischen Satzbegriff.

grammatischer Satz

Einen grammatischen Satz erkennen wir daran, dass er genau ein *Hauptprädikat* enthält. Dieses Hauptprädikat ist der *Valenzträger*, d.h., es gibt Satzglieder, die vom Prädikat gefordert sind (Subjekt, Objekte), und andere, die nicht valenzgefordert sind, also frei hinzutreten (die meisten Adverbiale, Kommentarglieder). Zusammen mit dem Hauptprädikat realisieren die valenzgeforderten Satzglieder ein *Szenario*. Der grammatische Satz besteht also aus einem Hauptprädikat und dessen *Komplementen* (= Grundstruktur) sowie gegebenenfalls den *Supplementen* (= Erweiterung der Grundstruktur) und *Kommentargliedern* (= Szenariokommentierung). Worum es sich bei Komplementen, Supplementen und Kommentargliedern handelt, wird in Kap. 3 erklärt. Wichtig ist, dass diese Elemente zusammen mit dem Hauptprädikat – und somit jeder grammatische Satz – genau *ein* Szenario darstellen.

orthographischer vs. grammatischer Satz

Wie die Belege (1–3) zeigen, können die grammatischen Satzgrenzen zwar mit den orthographischen übereinstimmen, sie müssen es allerdings nicht. Betrachten wir dazu erneut die Belege der Reihe nach:

(1) Behutsam **öffnet** Sonto die Dose.

In Beleg (1) entspricht der orthographische Satz genau einem grammatischen Satz, weil es nur ein Hauptprädikat *öffnet* und entsprechende Komplemente (Subjekt = *Sonto*; Akkusativobjekt = *die Dose*) und ein Supplement (Modaladverbial = *behutsam*) gibt. Die Satzgrenzen stimmen also überein. In Beleg (2) ist das nicht der Fall. Hier liegt ein asymmetrisches Verhältnis zwischen orthographischer und grammatischer Perspektive vor:

(2) Alle **gewinnen, so leicht ist** die Welt.

Beleg (2) verfügt zwar über genau einen orthographischen Satz, dieser enthält jedoch zwei grammatische Sätze, weil zwei Hauptprädikate identifizierbar sind:

(2)
(a) Alle **gewinnen**
(b) **so leicht ist** die Welt

Bei Beleg (3) ist die Asymmetrie genau umgekehrt:

(3) Jetzt **kommt** sie einmal pro Jahr. Zu mir.

Obwohl zwei orthographische Sätze vorliegen, besteht der Beleg aus nur einem grammatischen Satz, weil kein zweites Hauptprädikat vorliegt und somit kein neues Szenario entworfen wird. Durch die Aufteilung in zwei orthographische Sätze wird das zum Szenario gehörende Satzglied *zu mir* (= Direktivum) graphisch abgegrenzt und auf diese Weise der Rezeptionsfluss beeinflusst.

Asymmetrie Satzgrenzen

Ein asymmetrisches Verhältnis von grammatischen und orthographischen Satzgrenzen findet sich in vielen verschiedenen Texten und „vermittelt dem Leser eine Art vom Autor intendierte ‚Textdramaturgie'" (Ágel 2015: 164). Schauen wir uns das an einem kurzen Auszug aus dem Roman *Die Hauptstadt* von Robert Menasse an (4):

(4) Unschlüssig **stand** er da, **schaute** den Mantel **an.** Es **war Zeit zu gehen.** Ja. Hier **war** nichts mehr. **Zu tun.** Die Wohnung **war** vollständig **ausgeräumt.** (Menasse, Hauptstadt: 37)

Der grammatische Satz, um den es konkret geht, ist:

Hier **war** nichts mehr. **Zu tun.**

An der entsprechenden Stelle (4) geht es um einen älteren Mann, der in eine Seniorenresidenz umzieht und am Tag des Auszugs noch einmal durch die leeren Zimmer streift. Durch die orthographische Aufspaltung des grammatischen Satzes spielt der Autor mit zwei Lesarten, die nacheinander bei den Rezipient:innen aktiviert werden: *nichts ist da* und *nichts ist zu tun.* Auf diese Weise – so lässt sich interpretieren – unterstreicht Menasse die im Roman an dieser Stelle vorherrschende Stimmung einer tiefgreifenden Leere auch sprachlich.

Von der Struktur her ähnelt Beleg (4) Beleg (3). In beiden finden sich jeweils zwei orthographische Sätze und nur ein grammatischer Satz. In (4) wird im Gegensatz zu Beleg (3) aber kein ganzes Satzglied durch Interpunktion abgegrenzt. Vielmehr wird hier ein Teil eines Satzglieds, genauer: ein Teil des Hauptprädikats (*war zu tun*), in einen zweiten orthographischen Satz ausgelagert.

Das Verhältnis von grammatischen und orthographischen Sätzen kann also unterschiedlich ausgeprägt sein. Es lässt sich auch schematisch darstellen, was Tab. 3 illustriert:

Tab. 3: Verhältnis von grammatischem und orthographischem Satz

Beleg	Grammatischer Satz	:	Orthographischer Satz
Behutsam **öffnet** Sonto die Dose.	1		1
Alle **gewinnen, so leicht ist** die Welt.	2		1
Jetzt **kommt** sie einmal pro Jahr. Zu mir.	1		2
Hier **war** nichts mehr. **Zu tun.**	1		2

Diese schematische Darstellung liefert einen ersten Einblick in mögliche Kombinationen von grammatischen und orthographischen Eigenschaften innerhalb eines Belegs. Sie bezieht sich nur auf die bisher besprochenen Belege und deckt damit natürlich nicht alle möglichen Phänomene ab. Da Interpunktion – wie gezeigt – oft auch als Stilmittel zur Steuerung des Rezeptionsflusses verwendet wird (z.B. in Literatur und Werbung), ist es darüber hinaus kaum möglich, eine allumfassende Liste von Grammatik-Orthographie-Verhältnissen anzufertigen.

Übung 1: grammatischer vs. orthographischer Satz

Bestimmen Sie das Verhältnis von grammatischen zu orthographischen Sätzen in den folgenden Belegen.

Es gibt Lücken. Zwischen der Sprache und der Welt. (Gümüşay, Sprache: 45)

Marta stand, sie wankte, wischte sich die Spucke aus den Mundwinkeln, guckte mich an wie ein kleines Kind, das man mitten in der Nacht aus dem Schlaf gerissen hatte. (Heinrich, Marta: 64)

Die Suche nach ihrer Herkunft endete vor dem Schweigen unter dem Schnauzbart ihres Vaters und den unberechenbar tränenreichen und dann wieder wie erstarrten Phasen ihrer Mutter. (Aydemir, Dschinns: 182)

2.1.2 Wortstellung: Satz (Stellungsfeldermodell)

Die Struktur des Satzes kann mithilfe eines in der Linguistik häufig genutzten Modells beschrieben werden: dem *Stellungsfeldermodell*. Da der Gegenstandsbereich der Wortstellung *Topologie* genannt wird, ist auch die Bezeichnung *topologisches Modell* gängig.

Vorfeld	linker Klammerteil (= LK)	Mittelfeld	rechter Klammerteil (= RK)	Nachfeld

Die Wortstellung des Satzes kann vom Prädikat aus modelliert werden:
- Die beiden Teile des Prädikats bilden die Satzklammer (auch: *Verbalklammer*).
- Der linke und der rechte Klammerteil umschließen das Mittelfeld.
- Links vom linken Klammerteil befindet sich das Vorfeld.
- Rechts vom rechten Klammerteil befindet sich das Nachfeld.

2.1.2.1 Satzklammer

Im Zentrum des Modells steht die *Satzklammer*, die durch die potentielle Zweiteiligkeit des Prädikats begründet ist:

(5) Ich [**konnte**]$_{LK}$ hinten [**einsteigen**]$_{RK}$.
(Herrndorf, Tschick: 194)

(6) So [**hatte**]LK ich in aller Ruhe erstmal die Augen [**zugemacht**]RK.
(Shafak, Schau: 27)

Wie die Beispiele (5) und (6) zeigen, werden im Deutschen zweiteilige Prädikate in der Regel diskontinuierlich, also nicht unmittelbar aufeinanderfolgend, realisiert:

	Vorfeld	LK	Mittelfeld	RK	Nachfeld
(5)	Ich	**konnte**	hinten	**einsteigen.**	
(6)	So	**hatte**	ich in aller Ruhe erstmal die Augen	**zugemacht.**	

Da das Prädikat für das Stellungsfeldermodell konstitutiv ist, muss mindestens der linke Klammerteil immer besetzt sein. Hier steht das finite Verb, an dem grammatische Kategorien wie z.B. *Person* und *Numerus* ablesbar sind. Bezogen auf (5) sind das zum Beispiel:

ich *konnte* (1. Person; Singular)

Prädikate sind aber nicht zwangsläufig zweiteilig realisiert, sodass der rechte Klammerteil auch unbesetzt bleiben kann:

(7) Sonto **weiß,** dass es jetzt Zeit ist.
(Boie, Dinge: 25)

(8) Dann **holte** er aus dem Hühnernest vierzehn Hühnereier,
(Janosch, Grünbär: 2)

Das lässt sich auch im Stellungsfeldermodell erkennen:

	Vorfeld	LK	Mittelfeld	RK	Nachfeld
(7)	Sonto	**weiß,**			dass es jetzt Zeit ist.
(8)	Dann	**holte**	er aus dem Hühnernest vierzehn Hühnereier,		

analytische und synthetische Verbformen

Die Unterscheidung zwischen einteiligen und zweiteiligen Prädikaten lässt sich auch über die Begriffe *analytisch* und *synthetisch* erklären.

Die Verbform *weiß* aus Beleg (7) ist eine synthetische Verbform, d.h., sie besteht nur aus einem Element und lässt damit innerhalb des Stellungsfeldermodells den rechten Klammerteil frei. Das Deutsche ist eine sogenannte *Klammersprache* oder auch *analytische Sprache,* denn es ist der Regelfall, dass Prädikate zweiteilig vorkommen. In diesen Fällen liegen immer *analytische Verbformen* vor. Wie aber diese analytische Form entsteht, ist unterschiedlich.

synthetische Verbformen

Die Verben *holen* und *wissen* scheinen dazu prädestiniert zu sein, synthetische, also einteilige, Verbformen zu bilden. Bei *holen* und *wissen* handelt es sich nämlich um *Simplexverben*, die in Kap. 3.1.2.1.1 genauer betrachtet werden. Eine den Simplexverben inhärente Eigenschaft ist es, dass sie in der Lage sind, solche synthetischen Verbformen bilden zu können, ohne dass ein Wortbestandteil abgetrennt wird. Neben ihrer Zugehörigkeit zu einer bestimmten Verbklasse ist es die Tempusform der Belege, durch die die synthetische Verbform erst möglich ist.

(7) steht im Präsens und (8) im Präteritum. Das Tempussystem des Deutschen spielt für die Unterscheidung zwischen analytischen und synthetischen Verbformen eine bedeutende Rolle, weshalb es sich lohnt, sich dieses einmal genauer anzusehen:

Tab. 4: Tempusformen

Tempus	synthetisch	analytisch
Präsens	Sonto weiß es.	
Präteritum	Sonto wusste es.	
Perfekt		Sonto hat es gewusst.
Plusquamperfekt		Sonto hatte es gewusst.
Futur I		Sonto wird es wissen.
Futur II		Sonto wird es gewusst haben.

morphologische Zweiteiligkeit

Tab. 4 zeigt, dass ein Verb zwar grundsätzlich synthetische Verbformen bilden kann, dies jedoch nicht muss. Sobald ein Verb nicht im Präsens oder Präteritum steht, wird eine analytische Verbform gebildet. Das liegt dann aber nicht am Lexem selbst, sondern an der Flexion – man könnte auch sagen an der *Flexionsmorphologie* – weshalb wir in diesen Fällen von *morphologischer Zweiteiligkeit* sprechen.

So wie das Tempus für die Zweiteiligkeit des Prädikats eine Rolle spielt, tun es auch die grammatischen Kategorisierungen ‚Modus' (Indikativ, Konjunktiv, Imperativ) und ‚Genus Verbi' (Aktiv vs. Passiv). Die synthetischen Verbformen (7) und (8) stehen beide im Aktiv. Werden im Deutschen Sätze ins Passiv gesetzt, ist dazu ein Hilfsverb nötig:

(9) Es (Hilfs- **wurde** verb) ein Schaden **gemeldet** und der Absender (Hilfs- **wird** verb) **benachrichtigt**.
(Paketda, Schaden: 27.04.21)

(10) Das (Hilfs- **ist** verb) alles von der Kunstfreiheit **gedeckt**.
(Danger Dan, Kunstfreiheit)

(11) jeder der zwölf Fußballer (Hilfs- **bekommt** verb) die Haare **frisiert**.
(FC Hansa, Profis: 02.02.06)

Die Flexion des Verbs führt also auch bei Passivsätzen dazu, dass analytische Verbformen vorliegen. Das Gleiche gilt für den Konjunktiv mit *würde*, den man deshalb auch *analytischen Konjunktiv* nennt:

(12) Ich **würde** meine Riesenjacke sofort für dich **verbrennen** und **würde**, wenn's dir wichtig ist, den Hund auch **Wolfgang nennen**.
(Judith Holofernes, Ich lass)

Während Simplexverben wie *holen* und *wissen* im Präsens und Präteritum synthetische Verbformen bilden können, ist dies bei einem Verb wie *aufwachen* anders:

(13) Davon **wacht** Rüdi **auf**.
(Janosch, Grünbär: 18)

lexikalische Zweiteiligkeit

Das Verb in (13) steht ebenfalls im Präsens, ist also dahingehend mit (7) (*weiß*) vergleichbar. Doch hier sind die lexikalischen Grundvoraussetzungen anders: *Aufwachen* ist ein *Partikelverb*, das sich in Aussagesätzen immer auf die beiden Teile der Satzklammer verteilt. Das Prädikat ist also zweiteilig, und zwar aufgrund der schon im Lexem, also im Wort selbst, angelegten Struktur. Anders ausgedrückt: Um das Verb *aufwachen* in einem Aktivsatz als Hauptprädikat zu nutzen, *muss* es, unabhängig von der jeweiligen grammatischen Kategorie, zwangsläufig zwei Teile geben.

syntaktische Zweiteiligkeit

Neben der Flexionsmorphologie und den lexikalischen Eigenschaften kann auch die syntaktische Einbettung des Verbs im Satz den Ausschlag dafür geben, ob ein Prädikat ein- oder zweiteilig ist. Schauen wir uns dazu erneut Beleg (8) mit einer synthetischen Verbform an und verändern diesen so, dass ein zweiteiliges Prädikat entsteht:

(8) Dann **holte** er aus dem Hühnernest vierzehn Hühnereier.

(8') Dann **sollte** er aus dem Hühnernest vierzehn Hühnereier **holen**.

Wir haben bereits gezeigt, dass in (8) keine lexikalische Zweiteiligkeit vorliegt. Was in (8') nun verändert wurde, ist nicht die Flexion. Es liegt also keine Perfekt- oder Konjunktivbildung vor. Vielmehr wurde hier die Prädikatsklasse verändert. D.h., das Verb *holen* ist in einen sogenannten *Modalkomplex*, der in Kap. 3.1.2.1.5 eingeführt wird, eingebettet, der mit einem Modalverb – hier *sollte* – und einem Verb im Infinitiv gebildet wird. Hier liegt *syntaktische Zweiteiligkeit* vor.

2.1.2.2 Mittelfeld und Nachfeld

Nachdem wir nun die Merkmale der Satzklammer im Stellungsfeldermodell vorgestellt haben, werden im Folgenden die drei Stellungsfelder und deren Unterscheidungskriterien in den Blick genommen.

In Bezug auf Mittelfeld und Nachfeld ist zunächst wichtig, dass beide Felder auch unbesetzt bleiben können, was die wieder aufgenommenen Belege (7) und (13) zeigen:

	Vorfeld	LK	Mittelfeld	RK	Nachfeld
(7)	Sonto	**weiß,**			dass es jetzt Zeit ist.
(13)	Davon	**wacht**	Rüdi	**auf.**	

Da Mittelfeld und Nachfeld sowie der rechte Teil der Satzklammer unbesetzt sein können, bleiben nur das Vorfeld und der linke Klammerteil übrig, die im prototypischen Aussagesatz zwangsläufig besetzt sein müssen. Wenn aber nicht alle Positionen besetzt sind, ergeben sich mitunter Probleme, die verschiedenen Positionen voneinander abzugrenzen. Das betrifft insbesondere die Grenze zwischen Mittelfeld und Nachfeld.

Diese Grenze soll an Beleg (7) einmal probeweise dargestellt werden. In (7) liegt eine synthetische Verbform vor. Für die Analyse stellt sich daher nun die Frage, ob der Nebensatz (*dass es jetzt Zeit ist*), der auf den linken Klammerteil folgt, ins Mittel- oder Nachfeld einzuordnen ist.

Perfekt-Probe

Für die Abgrenzung von Mittelfeld und Nachfeld kann die *Perfekt-Probe* angewendet werden. Dazu können wir uns die bisherigen Erkenntnisse über analytische Verbformen zunutze machen. Wir haben gesehen, dass synthetische Verbformen durch Flexion in (morphologisch) analytische Verbformen umgewandelt werden können. Für die Perfekt-Probe wird der Originalbeleg also ins Perfekt gesetzt. Die so entstandenen Belegvarianten lassen sich dann ins Stellungsfeldermodell einordnen. Für Beleg (7) bedeutet das Folgendes:

	Vorfeld	LK	Mittelfeld	RK	Nachfeld
(7)	Sonto	**weiß,**			dass es jetzt Zeit ist.
(7')	Sonto	**hat**		**gewusst,**	dass es jetzt Zeit ist.
(7'')?	Sonto	**hat,**	dass es jetzt Zeit ist,	**gewusst.**	

Vergleichen wir die Einordnungsvarianten (7') und (7''), so ist (7') die eindeutig bessere bzw. unauffälligere Variante. (7'') stellt eine mindestens fragwürdige Formulierungsvariante dar:

(7'')? Sonto **hat,** dass es jetzt Zeit ist, **gewusst.**

Aufgrund des Ergebnisses der Perfekt-Probe können wir also davon ausgehen, dass der Nebensatz in (7) im Nachfeld steht, dass also die Variante in (7') die angemessenere Variante ist. Doch wir merken schon hier, dass grammatische Proben bzw. Tests nur im begrenzten Umfang hilfreich sind und eine eindeutige ‚Lösung' oder Einordnung in richtig und falsch nicht immer möglich ist. Noch deutlicher wird das, wenn wir die Perfekt-Probe auf den folgenden Satz anwenden, denn für Beleg (14) z.B. gibt es nicht eine, sondern mehrere grammatisch korrekte Varianten:

(14) Selma **arbeitete** an einem silbernen Armreif für einen Antiquitätenhändler in der Schweiz, der auf antike Kunst der Hopi spezialisiert war.
(Timm, Vogelweide: 58)

Die Varianten lassen sich im Stellungsfeldermodell wie folgt abbilden:

	Vorfeld	LK	Mittelfeld	RK	Nachfeld
(14)	Selma	**hat**	an einem silbernen Armreif	**gearbeitet**	für einen Antiquitätenhändler in der Schweiz, der auf antike Kunst der Hopi spezialisiert war.
(14'')	Selma	**hat**	an einem silbernen Armreif für einen Antiquitätenhändler in der Schweiz,	**gearbeitet,**	der auf antike Kunst der Hopi spezialisiert war.
(14''')?	Selma	**hat**	an einem silbernen Armreif für einen Antiquitätenhändler in der Schweiz, der auf antike Kunst der Hopi spezialisiert war,	**gearbeitet.**	

Diese Varianten zeigen, dass die Perfekt-Probe nicht immer eindeutige Ergebnisse liefert. Dies ist auch nachvollziehbar, schließlich müssen die Testergebnisse – im Gegensatz zu den Originalbelegen – isoliert, d.h. außerhalb von möglichen Texten, in denen die jeweiligen Varianten vorkommen könnten, beurteilt werden. Doch der Vergleich von (7) mit (14) zeigt, dass die Perfekt-Probe durchaus sinnvoll ist, da sie das Potential hat, echte Varianz (= (14)) von unechter (= (7)) zu unterscheiden.

Während wir bisher von der Abgrenzung zwischen Mittelfeld und Nachfeld gesprochen haben, soll es im Folgenden um Strukturen gehen, die für das Vorfeld von besonderer Bedeutung sind.

2.1.2.3 Vorfeld

Das Vorfeld spielt in grammatischen Arbeiten häufig eine wichtige Rolle. Da es prototypisch von einem Satzglied besetzt wird, hilft es bei der Identifizierung von Satzgliedern. Zunächst möchten wir jedoch auf die Relevanz der Vorfeldbesetzung für die Beschreibung von Sätzen insgesamt eingehen.

Satzarten

Sätze können entsprechend ihrer Satzart (auch: *Satztyp*) unterschieden werden. Satzarten sind pragmatisch und syntaktisch definiert. Beispiele für pragmatisch definierte Satzarten sind *Optativ-* und *Exklamativsätze* (Wunsch- und Ausrufesätze). Nur syntaktisch definierte Satzarten (= Satzarten im engeren Sinne) verfügen jeweils über eine charakteristische Struktur. Wir zeigen an einem Beleg und seinen Varianten, wie dies im Stellungsfeldermodell abbildbar ist:

(15) Der Mensch **hatte** seinen ärgsten Feind **domestiziert.**
(Schalansky, Giraffe: 132)

	Satzart	Vorfeld	LK	Mittelfeld	RK	Nachfeld
(15)	Aussagesatz	Der Mensch	**hatte**	seinen ärgsten Feind	**domestiziert.**	
(15')	Ergänzungsfragesatz	Wer	**hatte**	seinen ärgsten Feind	**domestiziert?**	
(15")	Entscheidungsfragesatz		**Hatte**	der Mensch seinen ärgsten Feind	**domestiziert?**	
(15"')	Aufforderungssatz		**Domestiziere**	deinen ärgsten Feind!		

Wie die Beispiele zeigen, ist für Aussage- und Ergänzungsfragesätze (15 und 15') *Verbzweitstellung* charakteristisch, während Entscheidungsfragesätze und Aufforderungssätze *Verberststellung* haben (15" und 15"'). Ausschlaggebend für die Unterscheidung zwischen Verberst- und Verbzweitsätzen ist die Frage, ob es in einem Satz ein Vorfeld gibt oder nicht.

---

i

Es lassen sich zwei verschiedene Positionierungen des finiten Verbs in Sätzen unterscheiden: *Verberststellung* (kurz: *Verberst* oder *V1*) und *Verbzweitstellung* (kurz: *Verbzweit* oder *V2*).
In Verberstsätzen gibt es kein Vorfeld. Das finite Verb steht dementsprechend an erster Satzgliedposition. In Verbzweitsätzen gibt es hingegen ein Vorfeld, weshalb das finite Verb an zweiter Satzgliedposition steht. Vor dem finiten Verb befindet sich in der Regel also genau ein Satzglied.

---

leeres Vorfeld

Nicht immer ist allerdings aufgrund einer lexikalischen Füllung sofort klar, dass ein Satz über ein Vorfeld verfügt. Unter bestimmten Kommunikationsbedingungen kann das Vorfeld nämlich auch unbesetzt bleiben, obwohl es existiert. Vergleichen wir dazu folgende Belege, bei denen es sich um ein (schriftlich inszeniertes) mündliches Gespräch (16) und einen Gesprächsauszug aus einem Messenger-Dienst (17) handelt:

(16) »Forschst du gern?«, **fragte** Bruno nach einer Weile. »**Weiß** nicht, das **habe** ich noch nie **gemacht**«.
(Boyne, Junge: 143)

(17) **Steht** das Kaffeeangebot (sic!) morgen noch? **Habe** ab 15:00 Zeit. **Drück** euch ganz fest :-)
(zit. n. Kim/Wall/Wardenga 2014: 71)

In beiden Belegen liegen jeweils mehrere Sätze vor, wobei manche davon ein leeres Vorfeld aufweisen. Das lässt sich am besten im Stellungsfeldermodell abbilden:

	Vorfeld	LK	Mittelfeld	RK	Nachfeld
(16)		»**Weiß**	nicht,		
	das	**habe**	ich noch nie	**gemacht**.«	
(17)		**Steht**	das Kaffeeangebot morgen noch?		
		Habe	ab 15:00 Zeit.		
		Drück	euch ganz fest :-)		

Wie die Einordnung ins Stellungsfeldermodell zeigt, gibt es im zweiten Teil von Beleg (16) einen Satz mit Vorfeldbesetzung (*das habe ich noch nie gemacht*), in Beleg (17) einen Satz ohne Vorfeld (*Steht das Kaffeeangebot morgen noch?)* und insgesamt drei Sätze, in denen kein Vorfeld realisiert ist:

(16) **Weiß** nicht,
(17b) **Habe** ab 15:00 Zeit.
(17c) **Drück** euch ganz fest :-)

Die Vorfeldposition ist in allen drei Fällen potentiell besetzbar und lässt sich syntaktisch wie semantisch aus dem Kontext ableiten:

(16') Ich **weiß** nicht,
(17b') Ich **habe** ab 15:00 Zeit.
(17c') Ich **drück** euch ganz fest :-)

Allen drei Belegen ist also gemein, dass es sich um Verbzweitsätze – genauer: Aussagesätze – handelt, deren Vorfeldpositionen lediglich aufgrund des Kontextes nicht besetzt sind. In allen drei Fällen handelt es sich um sog. „Situative Ellipse(n)" (IDS-Grammatik 1997/1: 413ff.), d.h. um die Verzahnung einer sprachlichen Äußerung mit einem „Element der Sprechsituation" (IDS-

Grammatik 1997/1: 413). In (16) liegt eine Gesprächssituation zwischen zwei Figuren vor, in der die Dialogpartner zur selben Zeit am selben Ort sind, sodass klar ist, auf wen sich die Aussage *Weiß nicht* bezieht – nämlich auf den fiktionalen Sprecher selbst. Auch in (17b) und (17c) kann die Vorfeldposition eindeutig besetzt werden. Das liegt v.a. daran, dass die Prädikate *habe* und *drück* im Indikativ nur mit der 1. Person Singular (*ich*) kongruent sind. Trotz der hier vorliegenden Kommunikationssituation – die Sätze sind digital vermittelt, Sender und Empfänger befinden sich nicht zur selben Zeit am gleichen Ort – wissen die Empfänger der Nachricht aber auch hier, von wem diese jeweils stammt.

Neben der konkreten Dialogsituation gibt es auch andere Aspekte, die bedingen können, dass ein leeres Vorfeld vorliegt. Auch in der Werbung wird dieses Wortstellungsmuster auf kreative Weise genutzt:

(18) **SETZT** ENDORPHINE **FREI**. AUCH BEIM TANKEN. High Performance. Der neue Golf GTD.
(VW Golf GTD 2013, Werbeplakat)

Anders als bei den Belegen (16) und (17) ist den Rezipient:innen dieses Werbeplakates eines Autoherstellers (18) nicht sofort klar, auf wen oder was sich die Aussage bezieht. Das leere Vorfeld am Anfang des Werbetextes „dient dem Spannungsaufbau und lenkt das Interesse auf die fehlende semantische Rolle bzw. den nachfolgenden Text“ (Krieg-Holz 2018: 310). Mit der Verwendung dieser Struktur versuchen die Produzent:innen von Werbetexten also, die Aufmerksamkeit der Adressat:innen zu gewinnen und folglich auch deren Interesse für das Produkt zu wecken.

Schriftsprache vs. Interaktion

Wie die Beispiele gezeigt haben, sind Sätze mit leerem Vorfeld in der Interaktion durchaus typisch, sowohl in mündlichen Gesprächen (16) als auch in Messenger-Apps (17) oder in der Werbung (18). Da sie nur unter bestimmten Kommunikationsbedingungen vorkommen, stellen Sätze mit leerem Vorfeld nach wie vor für prototypisch schriftsprachliche Textsorten eine Besonderheit dar. Mit anderen Worten, Sätze mit leerem Vorfeld sind schriftsprachlich *markiert*.

---

i

In der Linguistik wird zwischen *markierten* und *unmarkierten* Kategorien, Strukturen, Bedeutungen oder Gebräuchen unterschieden. Als markiert werden dabei jene bezeichnet, die auffällig in Bezug auf ein bestimmtes Merkmal sind, während unmarkierte Einheiten hinsichtlich dieses Merkmals „unspezifiziert“ (Eisenberg 2020/2: 21) sind. (Un-)Markiertheit setzt also immer (kategoriale, strukturelle, semantische oder pragmatische) Vergleichbarkeit voraus, bei der die Vergleichsgrößen nicht gleichberechtigt sind: Eine stellt den unauffälligen Normalfall dar, während die jeweils andere als davon abweichend oder abgeleitet beschrieben wird. Sehr gut nachvollziehen lässt sich diese Unterscheidung an der markierten Vorfeldbesetzung (s.u.) oder an der Ablösung des Genitivobjekts durch andere Satzglieder, z.B. *Er wurde des Mordes* (markiert) / *wegen Mord* (unmarkiert) *angeklagt.* Für markiert/unmarkiert-Paare lassen sich durchaus auch alltägliche Beispiele finden. So müssen Linkshänder:innen z.B. nach spezifischen Modellen fragen, wenn sie eine Schere kaufen wollen, weil links die markierte und rechts die unmarkierte Variante darstellt. Und wenn von der Fußball-WM die Rede ist, ist damit der unmarkierte Typ der Männerfußball-WM gemeint, während die *Frauen*fußball-WM als solche sprachlich explizit genannt werden muss.

Ikonizität

Sowohl markierte als auch unmarkierte Strukturen sind Teil eines regelhaften Systems. Wir gehen davon aus, dass das System der Wortstellung des Deutschen ikonisch ist. Das bedeutet, dass die jeweiligen topologischen Strukturen immer für eine bestimmte Bedeutung und/oder für bestimmte Kommunikationsbedingungen stehen. Denn Ikone sind diejenigen Zeichentypen, die etwas abbilden, weil sie dem, was sie bezeichnen, ähnlich sind und sich daher „mittels assoziativer Schlüsse“ (Keller 2018: 156) interpretieren lassen. D.h.: Weicht eine Struktur von der gewöhnlichen Wortstellung ab, nehmen wir an, dass sie das nicht grundlos tut, sondern weil damit eine Abweichung in der Bedeutung bzw. den Kommunikationsbedingungen einhergeht.

Leeres Vorfeld beispielsweise ist eher im mündlichen Sprachgebrauch üblich, während besetztes Vorfeld weder Mündlichkeit noch Schriftlichkeit anzeigt. Eine unmarkierte Form/Struktur steht also für einen unmarkierten Inhalt bzw. Gebrauch, während eine markierte Form/Struktur einen markierten Inhalt oder Gebrauch anzeigt:

Form (Wortstellung)	Form (Wortstellung)
-markiert	+markiert
Inhalt (Gebrauch)	Inhalt (Gebrauch)

Im Folgenden wollen wir weitere topologisch markierte Strukturen vorstellen und uns dabei vornehmlich auf Vorfeldbesetzungen konzentrieren. Wir erinnern uns: In der Regel befindet sich im Deutschen genau ein Satzglied im Vorfeld von Aussagesätzen. Dabei ist es nicht unerheblich, *welches* Satzglied sich im Vorfeld befindet:

Vorfeldbesetzungen

Als typische Vorfeldbesetzungen gelten beispielsweise Subjekte sowie Temporal- und Lokaladverbiale. Das überrascht nicht, denn das Subjekt stimmt häufig mit dem *Thema* (= *topic*) des Satzes, also dem Element, über das eine Aussage getroffen wird, überein. Für Temporal- und Lokaladverbiale spricht Konstantin Speyer (2008) auf der anderen Seite von sogenannten „rahmenbildenden Elementen“ (ebd.: 11), die den Satz vor der Hauptaussage räumlich und/oder zeitlich einordnen. Beides sind Beispiele für unmarkierte

Vorfeldbesetzungen. Zu markierten Phänomenen der Vorfeldbesetzung gehören dagegen *Topikalisierung* und *Doppelte/mehrfache Vorfeldbesetzung*. Diese wollen wir uns im Folgenden genauer ansehen.

Topikalisierung von Prädikaten

Topikalisierung liegt dann vor, wenn zweiteilige Prädikate nicht wie gewöhnlich beide Klammerteile besetzen, sondern der rechte Klammerteil ins Vorfeld verschoben wird:

(19) In dem zweiminütigen Video **erklären** sie, dass es natürlich nicht ihre Absicht gewesen sei, die Periode als etwas Ekliges darzustellen. Im Gegenteil: **Enttabuisieren wollten** sie sie.
(Taz Online, Pinky Gloves: 15.04.21)

(20) Zur Erinnerung in vielen afrikanischen Ländern **gehört**, wie die Kolonialherren große Gebiete umzäunten und die heimische Bevölkerung daraus vertrieben, um sich in den so entstandenen Nationalparks an der vermeintlich unberührten Wildnis zu erfreuen. **Gejagt wurde** natürlich trotzdem, von Weißen.
(Zeit Online, Jagd: 25.05.21)

Den Belegen (19) und (20) ist gemein, dass die Prädikatsteile nicht wie gewöhnlich als Verbalklammer das Mittelfeld umschließen, was zur Folge hat, dass der rechte Klammerteil frei bleibt:

	Vorfeld	LK	Mittelfeld	RK	Nachfeld
(19)	**Enttabuisieren**	**wollten**	sie sie.		
(20)	**Gejagt**	**wurde**	natürlich trotzdem,		von Weißen.

Doch warum wird die Topikalisierung hier genutzt? Wir haben oben bereits dargestellt, dass eine Abweichung von unmarkierten Wortstellungsregeln nicht grundlos geschieht. Wenn wir davon ausgehen, dass Form und Inhalt ikonisch sind, so müssen in (19) und (20) auch Abweichungen von der unmarkierten Inhaltsbeziehung zwischen den Elementen vorliegen. Beleg (19) zeigt, dass ein Gegensatz aufgemacht wird: Die beabsichtigte Wirkung der Autorin des Zeitungsartikels wurde verfehlt. Die Topikalisierung von *Enttabuisieren* zeigt genau diesen Gegensatz an.
Diese Wirkung ist bei der unmarkierten topologischen Variante (19') nicht gegeben:

(19') Sie **wollten** sie **enttabuisieren**.

Beleg (20) ist in doppelter Hinsicht für markierte Wortstellung interessant:

	Vorfeld	LK	Mittelfeld	RK	Nachfeld
(20)	**Gejagt**	**wurde**	natürlich trotzdem,		von Weißen

Ausklammerung

Auch hier geht es darum, ein Satzglied (*von Weißen)* inhaltlich hervorzuheben. Es wird mit einem Gegensatz zwischen vermeintlich unberührter Wildnis und dennoch stattfindender Jagd – ausgerechnet von Weißen – gespielt. Diese Information wird durch eine Pause abgehoben, die graphisch durch das Komma realisiert und auch phonisch wahrscheinlich ist. Denn „Intonation und Syntax sind eng miteinander verzahnt, sodass auch ein syntaxzentriertes Kommamodell verlässliche Vorhersagen machen kann, an welchen Stellen eine intonatorische Grenze zu erwarten ist" (Huesmann/Kirchhoff 2021: 217). Das zeigt sich auch in der Analyse in Form des frei gebliebenen rechten Klammerteils. Die Topikalisierung von *gejagt* dient also dazu, den rechten Klammerteil freizumachen und bietet dadurch erst die Möglichkeit, *von Weißen* besonders hervorzuheben. Topologisch würde man *von Weißen* als *Ausklammerung* einordnen, die von ihrem üblichen Platz im Mittelfeld, also zwischen den Klammerteilen, ins Nachfeld verschoben wurde. In unmarkierten Varianten dieses Satzes wäre das Element *von Weißen* sowohl im Vorfeld als auch im Mittelfeld denkbar:

	Vorfeld	LK	Mittelfeld	RK	Nachfeld
(20')	Von Weißen	**wurde**	natürlich trotzdem	**gejagt.**	
(20'')	Es	**wurde**	natürlich trotzdem von Weißen	**gejagt.**	
(20''')	Trotzdem	**wurde**	natürlich von Weißen	**gejagt.**	
(20'''')	Natürlich	**wurde**	trotzdem von Weißen	**gejagt.**	

Die Gegenüberstellung der Varianten (20'-20'''') zeigt, dass die Ursprungsvariante mit der Ausklammerung im Nachfeld den größtmöglichen Kontrast zwischen den Elementen im Satz herstellt. Wenn die Topikalisierung und die Ausklammerung aufgelöst werden, lässt sich u.E. keine besondere Betonung eines Elements feststellen.

Wir identifizieren also für (20) zwei besondere topologische Phänomene (Topikalisierung und Ausklammerung), die beide als Marker für markierte Wortstellung anzusehen sind. In beiden Fällen tauschen Elemente im Kontrast zu den jeweilig unmarkierten Varianten ihre Positionen.

Wie oben dargestellt, nehmen wir Topikalisierung für all diejenigen Phänomene an, bei denen bestimmte Teile von Sätzen ins Vorfeld verschoben werden, obwohl sie im Regelfall an anderer Stelle stünden. Das betrifft also nicht nur Prädikatsteile. Auch bestimmte andere Satzglieder sind eher untypische Vorfeldbesetzungskandidaten:

Topikalisierung von anderen Satzgliedern

(21) »Dringend nötigen Optimismus« **will** Mick Jagger mit seiner neuen Single »Eazy Sleazy« **ausstrahlen.**
(Spiegel Online, Mick Jagger: 14.01.21)

In diesem Beleg ist es nicht das Prädikat, das von seiner Normalstellung im Satz abweicht, sondern es sind die Satzglieder Subjekt (*Mick Jagger*) und Akkusativobjekt (*Dringend nötigen Optimismus*), die in unmarkierter Variante den Platz tauschen würden. Das lässt sich auch im Stellungsfeldermodell abbilden:

	Vorfeld	LK	Mittelfeld	RK	Nachfeld
(21)	»Dringend nötigen Optimismus«	**will**	Mick Jagger mit seiner neuen Single »Eazy Sleazy«	**ausstrahlen.**	
(21')	Mick Jagger	**will**	mit seiner neuen Single »Eazy Sleazy« »dringend nötigen Optimismus«	**ausstrahlen.**	

Wir konnten bisher an der Topikalisierung (ohne und mit Ausklammerung) zeigen, dass markierte Wortstellung für markierten Inhalt/Gebrauch steht. Im Folgenden wollen wir eine andere ikonische Relation am Beispiel der *doppelten/mehrfachen Vorfeldbesetzung* näher betrachten:

doppelte Vorfeldbesetzung

Die Regel, dass in Aussagesätzen des Deutschen nur ein Satzglied im Vorfeld steht, scheint unumstößlich. So wird im Grammatikunterricht für die Satzgliedbestimmung häufig der Vorfeld-Test genutzt, bei dem Elemente allein ins Vorfeld gesetzt werden, um zu überprüfen, ob diese den grammatischen Wert ‚Satzglied' erhalten, also einem Satzglied entsprechen.

Sobald „Überdehnungen des Vorfelds" (Eroms 2000: 367) vorliegen, muss mit Abweichungen von dieser Regel gerechnet werden. Es liegen dann markierte Vorfeldbesetzungen vor, die mit Ágel/Sievers (2020) in *einfache* und *mehrfache markierte Vorfeldbesetzungen* eingeteilt werden können (ebd.: 468):

(22) Auf meine Bitte <u>jedoch</u> **wurde** ihr nichts davon **geschrieben.**
(Koralek, 19. Jhd.)

(23) das Lager, in folge des schlechten Absatzes **ist** auch **groß.**
(Koralek, 19. Jhd.)

Im Falle einer einfachen markierten Vorfeldbesetzung wie in (22) steht neben einem Satzglied (*auf meine Bitte*) ein Kohäsionsglied (*jedoch*) im Vorfeld. Die Markiertheit besteht hier nicht darin, dass ein zweites Satzglied im Vorfeld vorkommt, sondern darin, dass ein Satzglied mit einem Kohäsionsglied kombiniert wird. Dieses Textglied ist wiederum aus der Sicht der Textbildung unmarkiert, da es eine inhaltliche (adversative) Verbindung zum Vorgängerkontext herstellt. Typ (22) stellt in einer deszendenten Grammatik, die mit Textgliedern arbeitet, keine Abweichung von der obigen Regel (= ein Satzglied pro Vorfeld) dar, sehr wohl jedoch in traditionellen aszendenten Grammatiken.

Ungewöhnlicher dürfte Beleg (23) sein, in dem tatsächlich Satzglieder nebeneinander im Vorfeld stehen. Hier liegt *mehrfache markierte Vorfeldbesetzung* vor, da eine Kombination von Satzglied+Satzglied das Vorfeld besetzt.

Betrachten wir Beleg (23) einmal genauer. Das Vorfeld enthält zwei Satzglieder (*das Lager*; *in folge des schlechten Absatzes*), die beide jeweils auch allein im Vorfeld stehen könnten (23' und 23"), ohne dass der Satz ungrammatisch würde:

	Vorfeld	**LK**	**Mittelfeld**	**RK**	**Nachfeld**
(23')	das Lager	**ist**	in folge des schlechten Absatzes auch	**groß**	
(23")	in folge des schlechten Absatzes	**ist**	das Lager auch	**groß**	

(23') und (23") stellen hier die unmarkierten Varianten dar, vor deren Folie die Markiertheit von (23) zu interpretieren ist. Da es sich hier um eine Struktur aus dem 19. Jhd. handelt, die wir heute in derselben Form wohl kaum verwenden würden, können wir nur Vermutungen anstellen, was der markierte Inhalt/Gebrauch gewesen sein könnte, für den die markierte Struktur steht. Vermutlich wurden hier das Subjekt (*das Lager*) und das Kausaladverbial (*in folge des schlechten Absatzes*) im Vorfeld zusammengelegt, um den lexikalischen Prädikatsteil (*groß*) ins Zentrum der Satzaussage zu stellen.

Mit Topikalisierung, Ausklammerung und doppelter Vorfeldbesetzung haben wir drei Möglichkeiten der markierten Wortstellung in Sätzen gezeigt. Unabhängig davon, wie die Sätze nach topologischen Kriterien analysiert werden können, ist ihnen gemein, dass sie im Wortstellungssystem des Deutschen angelegt sind. Sie stellen damit keine Ausnahmen oder ungrammatischen Abweichungen dar. Es handelt sich immer um markierte Formen/Strukturen, die für markierte Inhalte/Gebräuche stehen, die sich also vor der Folie unmarkierter Formen/Strukturen ikonisch interpretieren lassen.

Nachdem wir nun einige wortstellungsbezogene Eigenschaften von Sätzen in den Blick genommen haben, wollen wir uns anschauen, inwiefern man innerhalb der Klasse der Sätze Unterscheidungen bezüglich bestimmter Unterklassen treffen kann.

Übung 2: Wortstellung

Beim Blick auf Nachrichtenkanäle in Sozialen Netzwerken fallen die dort genutzten syntaktischen Muster ins Auge. Welche Wortstellungsphänomene liegen in den Belegen vor und welche Wirkung wird dadurch erzielt?

2.1.3 Satzklassen

Satzklassen stellen mögliche Unterteilungen von (grammatischen) Sätzen nach grammatischen Kriterien dar. Unsere Satzklassifikation ergänzt somit die traditionelle Unterteilung in Satzarten (Aussage-, Frage-, Aufforderungs-, Wunsch- und Ausrufesatz), die sowohl nach grammatischen als auch pragmatischen Kriterien unterschieden werden.

Wir unterteilen den (grammatischen) Satz nach den folgenden drei grammatischen Kriterien:

a) Komplexität: einfacher und komplexer Satz
b) Realisierung: realer und virtueller Satz
c) Status des Hauptprädikats: statischer und dynamischer Satz

2.1.3.1 Einfacher und komplexer Satz

Die Unterscheidung zwischen *einfachem* und *komplexem Satz* ist unabhängig vom orthographischen Satzbegriff. Sie beruht lediglich auf dem Vorhandensein von Nebensätzen und/oder Infinitivkonstruktionen. Einfache Sätze bestehen nur aus Hauptsätzen. Komplexe Sätze (= *Satzgefüge*) enthalten zusätzlich mindestens ein Nebenprädikat (= Prädikat eines Nebensatzes) oder ein Infinitivprädikat (= Prädikat einer Infinitivkonstruktion).

Im Falle eines einfachen Satzes ist das Hauptprädikat mit dem einzigen Prädikat identisch, beim komplexen Satz stellt das Prädikat des Hauptsatzes das Hauptprädikat dar.

(24) Dann **nahm** er den Deckel des Schlangenkorbs **ab**.
(Shafak, Schau: 227)

(25) Timofei Ankidinow **glaubte** bedingungslos alles, was über den Pogitscha (Neben- erzählt wurde prädikat).
(Shafak, Schau: 89)

(26) Um Schimmel auf Holz zu (Infinitiv- vermeiden prädikat), **sollten** Sie Holzmöbel wie Schränke oder Kommoden unbedingt im Abstand von zehn Zentimetern an den gefährdeten Wandbereichen **platzieren**!
(Flamme, Schimmel: 27.11.18)

Beleg (24) stellt ein Beispiel für einen einfachen Satz dar, weil es nur ein Prädikat (= Hauptprädikat) gibt (*nahm ab*). Die Belege (25) und (26) sind komplexe Sätze, da in (25) ein Nebensatz mit Nebenprädikat, d.h. ein dem Hauptprädikat untergeordnetes Prädikat (*erzählt wurde*) und in (26) eine Infinitivkonstruktion mit Infinitivprädikat, d.h. ein ebenfalls dem Hauptprädikat untergeordnetes Prädikat vorliegt (*vermeiden*).

Unterordnung

Nebensätze und Infinitivkonstruktionen stellen Struktureinheiten unterhalb der Satzebene dar. Sie sind keine Sätze und damit keine Textglieder, sondern Teile von (komplexen) Sätzen. Sie haben keine Satzklammer und deshalb keine eigene Felderstruktur. In der Fachliteratur werden sie häufig auch *Verbletzt-Sätze* (*Vletzt*) genannt.

i

V1, V2 und Vletzt werden häufig als Trio vorgestellt. Weil die Begriffe sich aber auf unterschiedliche Ebenen beziehen, ist das trügerisch. V1 und V2 beziehen sich auf Sätze, Vletzt bezieht sich lediglich auf Nebensätze.

Prädikatsstellung im Nebensatz

Aber nicht das finite Verb allein ist es, das zwangsläufig an letzter Stelle im Nebensatz steht, sondern das gesamte Prädikat. Daraus ergeben sich auch Wortstellungsvarianten, in denen das finite Verb nicht die letzte Position besetzt:

(27) Im St. Galler, ja im Ostschweizer Kulturleben **bleibt** eine Lücke, die so leicht niemand sonst $_{\text{(Neben-}}$ wird füllen können $_{\text{prädikat)}}$.
(Variantengrammatik 2018, St. Galler Tagblatt)

(28) Michael W. **ist keiner der Täter, die man ein Leben lang** $_{\text{(Neben-}}$ **wegsperren wird können** $_{\text{prädikat)}}$.
(Variantengrammatik 2018, Augsburger Allgemeine)

(29) Dennoch **ist** der Ex-Hertha-Trainer davon **überzeugt,** dass die Mannschaft am Ende der Saison den Aufstieg $_{\text{(Neben-}}$ feiern dürfen wird $_{\text{prädikat)}}$.
(Variantengrammatik 2018, Oberösterreichische Nachrichten)

Die Belege stammen aus dem Projekt Variantengrammatik (2018). Die Autor:innen verfolgten das Ziel, regionalspezifische grammatische Merkmale für verschiedene deutsche Sprachräume herauszuarbeiten. Die hier zitierten Belege stammen alle aus dem oberdeutschen Sprachraum (= regionale Varietäten in Süddeutschland, Österreich und der Schweiz), für den verschiedene Varianten belegt sind. Für die Stellung des finiten Verbs (in den Belegen jeweils: *wird; würde*) sind Voran- (27), Zwischen- (28) und Nachstellung (29) möglich. Es soll aber keinesfalls der Eindruck entstehen, dass diese Varianten ausschließlich im oberdeutschen Sprachraum belegt sind. Lediglich die Zwischenstellung (28) ist ein oberdeutsches Phänomen.

Wenn wir uns nun die Prädikatsstellung noch einmal in Relation zur gängigen Bezeichnung *Vletzt* anschauen, stellen wir fest, dass es nur die Nachstellung (29) ist, bei der die übliche Bezeichnung *Vletzt* passend ist. Wir halten fest: Es geht um die Prädikats- und nicht um die Verbstellung, die in Nebensätzen immer an letzter Position erfolgt.

Nebensatzeinleiter

Neben der Prädikatsstellung gelten die einleitenden Elemente (Subjunktoren, Relativpronomina und -adverbien, Interrogativpronomina und -adverbien) als Erkennungsmerkmale für Nebensätze:

(30) Aber ich **weiß,** (Sub- dass junktor) du auf nichts anderes (Neben- geachtet hast prädikat), (Sub- während junktor) er mit dir (Neben- sprach prädikat).
(Hoffer, Bieresch: 14)

Beleg (30) enthält zwei Nebensätze, die durch die beiden Subjunktoren *dass* und *während* eingeleitet werden. Infinitivkonstruktionen enthalten in der Regel ein zu + Infinitiv. Das zeigt Beleg (31), in dem das Nebenprädikat *pflanzen* im Infinitiv steht und durch die Infinitivpartikel *zu* eingeleitet wird:

(31) Zugleich **hat** der Senat aber auch das Gartenamt **angewiesen**, ringsum Büsche (Infinitiv- zu partikel) (Neben- pflanzen prädikat).
(Timm, Sommer: 148)

Das *zu* funktioniert ähnlich wie der Subjunktor in Nebensätzen, d.h., es dient als Erkennungsmerkmal für Unterordnung. Aber für Infinitivkonstruktionen gibt es historische wie aktuelle Sprachbeispiele, die belegen, dass *zu* nicht obligatorisch enthalten sein muss:

(32) Ich **halff** ihme (Infinitiv- ein Wagen mit Frichten (Neben- abladen prädikat) konstruktion).
[= Ich half ihm, einen Wagen mit Früchten abladen]
(Güntzer, 17. Jhd.)

(33) **Kannst** du mir mal **helfen,** (Inifinitiv- Kisten (Neben- ausladen prädikat) konstruktion)?
(Hörbeleg)

Insgesamt zeigen die Belege also, dass es ein breites Spektrum an möglichen Varianten von Nebensätzen und Infinitivkonstruktionen gibt. Allen ist jedoch gemein, dass sie dem Hauptsatz untergeordnet sind. Subjunktoren und Infinitivpartikeln sowie die Prädikatsstellung sind dabei Erkennungsmerkmale für untergeordnete Strukturen in komplexen Sätzen.

2.1.3.1.1 Komplexität grammatischer Sätze

einfache Sätze

Wie bereits deutlich geworden ist, basiert die Unterscheidung zwischen einfachen und komplexen Sätzen auf der Frage, ob mindestens ein Nebensatz bzw. eine Infinitivkonstruktion vorliegt oder nicht. Anders als die Termini vielleicht vermuten lassen, lässt sich diese Unterscheidung aber nicht 1:1 auf generelle Fragen grammatischer Komplexität übertragen. Mit anderen Worten: Nicht nur komplexe Sätze weisen spezifische Komplexitätsgrade auf, auch einfache Sätze können hinsichtlich ihrer Komplexität auf unterschiedlichen grammatischen Ebenen beschrieben werden. Im Folgenden wollen wir kurz einen Einblick in Komplexitätsparameter einfacher Sätze geben, bevor wir anschließend ausführlicher auf unterschiedliche Komplexitätsarten von komplexen Sätzen eingehen.

Wenn wir uns komplexe Sätze vorstellen, denken wir oft an hoch verdichtete Textsorten, die schwer verständlich sind. Nicht selten assoziieren wir Komplexität daher z.B. mit Verwaltungs- oder Gesetzestexten. Schauen wir uns dazu ein konkretes Beispiel aus einer Modulprüfungsordnung an:

(34) Diese Modulprüfungsordnung **regelt** auf der Grundlage des Hessischen Lehrerbildungsgesetzes vom 29.11.2004 und der Verordnung zur Umsetzung vom 16.03.2005 (UVO) die nähere Gestaltung und die Inhalte des Studiums, die Gewichtung der Pflicht- und Wahlpflichtmodule sowie die Modulprüfungen für den Teilstudiengang Deutsch für das Lehramt an Gymnasien der Universität Kassel. (Modulprüfungsordnung, Universität Kassel, Deutsch Lehramt §1(1))

Aus satzgrammatischer Perspektive handelt es sich bei Beleg (34) um einen einfachen grammatischen Satz, weil nur ein Prädikat (*regelt*) identifizierbar ist und es keine Nebenprädikate oder Infinitivprädikate und dementsprechend weder einen Nebensatz noch eine Infinitivkonstruktion gibt. Dennoch weist dieser Beleg Komplexitätsmarker (vgl. Hennig 2020: 151–190) auf. Verantwortlich für die Dichte des Belegs sind z.B. die satzgliedinternen Koordinationen bzw. Aufzählungen, wie die reduzierte Variante (34') verdeutlicht:

(34') Diese Modulprüfungsordnung **regelt** die Gestaltung des Studiums.

Komplexität als Reichhaltigkeits- bzw. Schwierigkeitsgrad liegt hier also v.a. auf Wortgruppenebene vor (vgl. Kap. 4). Darüber hinaus ist die inhaltliche Verdichtung des Belegs aber auch an den einzelnen Wörtern erkennbar: die vielen deverbalisierten (= von einem Verb abgeleiteten) Substantive wie *Umsetzung*, *Gestaltung* oder *Gewichtung* tragen ebenfalls zur internen Komplexität des einfachen Satzes bei. So lässt sich aus dem Substantiv *Umsetzung* das Szenario *etwas wurde umgesetzt* ableiten.

komplexe Sätze

Nachdem wir nun einen ersten Eindruck von Komplexitätsmarkern einfacher Sätze gewonnen haben, wollen wir unseren Blick im Folgenden nur auf komplexe Sätze richten. D.h., wir konzentrieren uns auf grammatische Sätze mit mindestens einem Nebensatz oder mindestens einer Infinitivkonstruktion. Für diese lassen sich verschiedene Arten der Komplexität unterscheiden. Wir sprechen von *formaler* im Unterschied zu *funktionaler Komplexität*.

(a) Formale Komplexität

Die formale Komplexität eines komplexen grammatischen Satzes lässt sich sowohl quantitativ als auch qualitativ beschreiben. Aus quantitativer Perspektive steht die Anzahl der Nebensätze/Infinitivkonstruktionen im Fokus. Qualitativ wird die Art der Nebensätze/Infinitivkonstruktionen genauer betrachtet, indem 1.) deren Unterordnungsgrad und 2.) die Anzahl der Unterbrechungen analysiert wird.

Tab. 5: Quantitative und qualitative formale Komplexität

Quantitativ	**Qualitativ**
Wie viele Nebensätze/Infinitivkonstruktionen kommen in einem konkreten komplexen Satz vor?	1.) Nebensätze/Infinitivkonstruktionen wievielten Grades kommen in einem konkreten komplexen Satz vor? 2.) Wie viele Unterbrechung von Nebensätzen/Infinitivkonstruktionen durch andere Nebensätze/Infinitivkonstruktionen kommen in einem konkreten komplexen Satz vor?

Betrachten wir diese Analyseaspekte an einem konkreten Beispiel:

(35) Sonstige Änderungen des Gebietsbestandes der Länder **können** durch Staatsverträge der beteiligten Länder oder durch Bundesgesetz mit Zustimmung des Bundesrates **erfolgen**, (Neben- wenn das Gebiet, (Neben- dessen Landeszugehörigkeit *geändert werden soll* satz Nummer 2), nicht mehr als 50.000 Einwohner *hat* satz Nummer 1). (Grundgesetz, Artikel 29(7))

Wie die Markierung zeigt, besteht Beleg (35) aus einem Hauptsatz, auf den ein Nebensatz folgt (erstes Nebenprädikat: *hat*), der durch einen weiteren Nebensatz unterbrochen wird (zweites Nebenprädikat: *geändert werden soll*). Je nach Perspektive kann der Beleg hinsichtlich seiner formalen Komplexität wie folgt untersucht werden:

quantitative formale Komplexität

Bei der *quantitativen formalen Perspektive* geht es allein um die Gesamtanzahl aller untergeordneten Prädikate. In unserem Beleg sind es 2. Die Anzahl der Nebenprädikate bzw. Infinitivprädikate ist immer mit der Anzahl an Nebensätzen und/oder Infinitivkonstruktionen identisch. Wir merken uns: Ein komplexer Satz ist formal umso komplexer, je mehr Nebensätze bzw. Infinitivkonstruktionen er enthält.

qualitative formale Komplexität

Beleg (35) lässt sich aber nicht nur quantitativ, sondern auch hinsichtlich seiner *qualitativen formalen Komplexität* untersuchen.

Die folgende Belegmarkierung zeigt die Abhängigkeitsverhältnisse, die zwischen dem Hauptsatz und den Nebensätzen bestehen:

(35) Sonstige Änderungen des Gebietsbestandes der Länder **können** durch Staatsverträge der beteiligten Länder oder durch Bundesgesetz mit Zustimmung des Bundesrates **erfolgen**, (Neben- wenn das Gebiet, (Neben- dessen Landeszugehörigkeit geändert werden soll satz 2. Grades), nicht mehr als 50.000 Einwohner hat satz 1. Grades).

1) Grad der Unterordnung

Bei der qualitativen Betrachtung geht es also nicht um die Anzahl der Nebensätze, sondern die Art ihrer Unterordnung. Aus dieser Perspektive fällt auf, dass der Unterordnungsgrad der beiden Nebensätze in Bezug auf den Hauptsatz unterschiedlich ist. Der erste Nebensatz *wenn das Gebiet nicht mehr als 50.00 Einwohner hat* bezieht sich direkt auf den Hauptsatz und ist damit ein Nebensatz 1. Grades, wie die tiefgestellte Belegmarkierung zeigt. Der zweite Nebensatz *dessen Landeszugehörigkeit geändert werden soll* hängt hingegen vom ersten Nebensatz ab und ist damit ein Nebensatz 2. Grades:

Tab. 6: Darstellung der Nebensatzhierarchien

Hauptsatz	Sonstige Änderungen des Gebietsbestandes der Länder **können** durch Staatsverträge der beteiligten Länder oder durch Bundesgesetz mit Zustimmung des Bundesrates **erfolgen**			
Nebensatz 1. Grades		wenn das Gebiet		nicht mehr als 50.000 Einwohner hat
Nebensatz 2. Grades			dessen Landeszugehörigkeit geändert werden soll	

Tab. 6 zeigt, dass der Nebensatz zweiten Grades in der internen Satzhierarchie weiter vom Hauptprädikat entfernt ist als der Nebensatz ersten Grades.

Wir können festhalten: Ein komplexer Satz ist formal umso komplexer, je tiefer der Unterordnungsgrad der Nebensätze/Infinitivkonstruktionen innerhalb des Satzes ist.

2) Art der Unterbrechung

Ein weiteres Unterscheidungskriterium der qualitativen formalen Komplexität ist die Anzahl und Art der Unterbrechung. Grundsätzlich muss dabei zwischen 2a) der Gesamtzahl der Unterbrechungen und 2b) der Häufigkeit der Unterbrechungen ein und derselben Struktur unterschieden werden. Auch diese Aspekte wollen wir nun an Beleg (35) exemplifizieren:

(35) Sonstige Änderungen des Gebietsbestandes der Länder **können** durch Staatsverträge der beteiligten Länder oder durch Bundesgesetz mit Zustimmung des Bundesrates **erfolgen**, wenn das Gebiet, (Unterbrech- dessen Landeszugehörigkeit geändert werden soll ung), nicht mehr als 50.000 Einwohner hat.

Nur der Nebensatz *wenn das Gebiet nicht mehr als 50.000 Einwohner hat* ist diskontinuierlich, d.h. mit Unterbrechung der eigenen Linearstruktur, realisiert. Er wird genau einmal von dem Nebensatz *dessen Landeszugehörigkeit geändert werden soll* unterbrochen. Die Gesamtzahl der Unterbrechungen und die Häufigkeit der Unterbrechungen ein und derselben Struktur sind demnach identisch.

Bei der qualitativen Perspektive geht es also zusätzlich zu den Abhängigkeitsgraden, die wir unter 1) gezeigt haben, auch um die Linearisierungsform von Strukturen. Mit Strukturen meinen wir an dieser Stelle *Hauptsätze*, *Nebensätze* und *Infinitivkonstruktionen*. Sie alle können durch eine jeweils andere Struktur unterbrochen werden.

Wir merken uns: Ein komplexer Satz ist formal umso komplexer, je mehr diskontinuierliche Realisierungen er enthält.

(b) Funktionale Komplexität

Im Gegensatz zur formalen Komplexität bezieht sich die funktionale Komplexität auf die Form konkreter Satzglieder innerhalb des komplexen Satzes. Denn komplexe Sätze haben nicht zwingend mehr Satzglieder als einfache. Häufig ist stattdessen die interne Struktur der Satzglieder komplexer.

Funktionale Komplexität liegt also vor, wenn Satzglieder in Form von Nebensätzen oder Infinitivkonstruktionen wiederum Nebensätze oder Infinitivkonstruktionen enthalten, usw. Wie bei den russischen Schachtelpuppen (= Matroschkas) ist innerhalb eines Elements ein anderes enthalten, das ggf. selbst wiederum ein weiteres Element enthält. Das lässt sich auf funktionale Komplexität übertragen:

(35) (Sub- Sonstige Änderungen des Gebietsbestandes der Länder jekt) **können** (Präpositional- durch Staatsverträge der beteiligten Länder oder durch Bundesgesetz mit Zustimmung des Bundesrates objekt) **erfolgen,** (Konditional- wenn das Gebiet, dessen Landeszugehörigkeit geändert werden soll, nicht mehr als 50.000 Einwohner hat adverbial).

Nebenglieder in Nebensätzen und Infinitivkonstruktionen sind das, was Satzglieder auf Satzebene sind. Wir übertragen also den Begriff von Hauptsatz- auf Nebensatzebene. Denn auch auf hierarchieniedrigeren Ebenen kann es eigene Valenzträger geben (im Beispiel: *hat*). Wir haben diese bereits als *Nebenprädikate* kennengelernt. Wir nutzen zur Veranschaulichung Beleg (35) in gekürzter Version und formen den Nebensatz in einen Hauptsatz um:

(a) Sonstige Änderungen **können** durch Staatsverträge **erfolgen**, wenn das Gebiet 50.000 Einwohner *hat*.

(b) Das Gebiet **hat** 50.000 Einwohner.

Wir sehen, dass der Valenzträger *hat* aus dem Nebensatz in (a) zwei Nebenglieder (*das Gebiet* und *50.000 Einwohner*) fordert. Diese Nebenglieder sind in (b) zu regulären Satzgliedern der Hauptsatzebene geworden. Der Subjunktor *wenn* ist kein Nebenglied, sondern dient der Einleitung des Nebensatzes.

Darüber hinaus trägt auch die interne Struktur des nebensatzförmigen Konditionaladverbials selbst zur funktionalen Komplexität des Satzes bei. Betrachten wir dazu eine reduzierte Belegvariante:

(35') Sonstige Änderungen des Gebietsbestandes der Länder **können** durch Staatsverträge der beteiligten Länder oder durch Bundesgesetz mit Zustimmung des Bundesrates **erfolgen**, wenn das Gebiet nicht mehr als 50.000 Einwohner hat.

Beide Belege verfügen zwar über gleich viele Satzglieder, dennoch ist der Originalbeleg funktional komplexer als die Variante (35'). Denn im Originalbeleg (35) enthält das Konditionaladverbial selbst wiederum einen eingeschobenen Nebensatz. Dadurch gibt es auch auf zweiter Unterordnungsebene wieder ein Nebenprädikat, das eigene Nebenglieder fordert. Wir merken uns also: Je mehr Nebenprädikate ein Satzglied enthält, desto funktional komplexer ist der Satz. Auch bei der funktionalen Komplexität geht es also in gewisser Weise um die Anzahl an Nebensätzen und/oder Infinitivkonstruktionen. Anders als bei der quantitativen formalen Perspektive betrachten wir aber nicht einen ganzen Satz, sondern ein Satzglied.

An dieser Stelle lässt sich festhalten, dass Komplexität verschiedene Ausprägungen haben kann. Daraus folgt, dass ein Text zwar hinsichtlich einer Analyseperspektive zunächst sehr komplex erscheinen kann, gemessen an einem anderen Kriterium aber möglicherweise weniger komplex ist.

Übung 3: Komplexität

Komplexität: 1. Schritt
Bestimmen Sie die Nebenprädikate des folgenden komplexen Satzes. Machen Sie typische Merkmale für Nebensätze oder Infinitivkonstruktionen aus.

Wenn man am Wittenbergplatz auf den Autobus I klettert, an der Potsdamer Brücke in eine Straßenbahn umsteigt, ohne deren Nummer zu lesen, und zwanzig Minuten später den Wagen verläßt, weil plötzlich eine Frau drinsitzt, die Friedrich dem Großen ähnelt, kann man wirklich nicht wissen, wo man ist: (Kästner, Fabian: 12)

Komplexität: 2. Schritt
Welche Komplexitätsmarker können Sie im folgenden Textauszug festmachen? Setzen Sie diese Erkenntnis ins Verhältnis zu Ihrem allgemeinen Leseeindruck der Textstelle.

Als Gregor Samsa eines Morgens aus unruhigen Träumen erwachte, fand er sich in seinem Bett zu einem ungeheuren Ungeziefer verwandelt. Er lag auf seinem panzerartig harten Rükken und sah, wenn er den Kopf ein wenig hob, seinen gewölbten, braunen, von bogenförmigen Versteifungen geteilten Bauch, auf dessen Höhe sich die Bettdecke, zum gänzlichen Niedergleiten bereit, kaum noch erhalten konnte. Seine vielen, im Vergleich zu seinem sonstigen Umfang kläglich dünnen Beine flimmerten ihm hilflos vor den Augen. (Kafka, Verwandlung: 5)

2.1.3.1.2 Satzverbindungen

Unter *Satzverbindung* verstehen wir die Nebenordnung von grammatischen Sätzen. Anders als in der Schule beziehen wir den Begriff aber nicht nur auf orthographische Sätze, innerhalb derer mehrere grammatische Sätze nebengeordnet vorkommen. Hier zeigt sich erneut die Notwendigkeit, für grammatische Analysen lediglich grammatische und nicht orthographische Satzgrenzen zu nutzen, da Satzverbindung eine grammatische Beziehung zwischen zwei Sätzen beschreibt, die ganz unterschiedlich orthographisch markiert sein kann. Betrachten wir dazu zunächst einen prototypischen Beleg:

(36) Am Donnerstag **ist** es in weiten Landesteilen **wechselhaft** und neben Sonnenschein **gibt** es dichte Wolken mit Regen oder Schauern.
(Tagesschau, Wettervorhersage vom 24.06.21)

In Beleg (36) liegt eine Satzverbindung vor, weil das Kohäsionsglied *und* zwei einfache grammatische Sätze auf Textebene miteinander verbindet. Diese Verbindung ist in einen orthographischen Satz eingebettet. Anders ist das in Beleg (37):

(37) »Das **sind türkische Zigaretten.**«
»Und die **sind etwas Besonderes,** [...]?«
(Heinrich, Räuberhände: 93)

Auch hier liegt eine Satzverbindung vor. Allerdings ist diese nicht in einen orthographischen Satz eingebettet, sondern erstreckt sich über zwei orthographische Sätze. Hier zeigt die Markierung an, dass es sich bei (37) um zwei Redebeiträge unterschiedlicher Sprecher:innen handelt, die durch das Kohäsionsglied *und* miteinander verbunden werden.

Es zeigt sich also, dass mit dem Begriff der Satzverbindung eine grammatische Beziehung zwischen Sätzen beschrieben werden kann, die unabhängig von orthographischen Markierungen existiert. Nicht alle orthographischen Sätze stellen Satzverbindungen dar und das gilt auch umgekehrt: nicht alle Satzverbindungen sind orthographische Sätze.

Satzverbindung vs. Satzgefüge

Aus einer orthographisch dominierten Perspektive auf Satzverbindungen resultiert auch der Umstand, dass sie häufig als Gegenstücke zu Satzgefügen diskutiert werden, v.a. in der Schule. Dabei spielt der orthographische Status eines Belegs für keinen dieser beiden Begriffe eine Rolle. Und, was noch viel wichtiger ist: Die Begriffe ‚Satzverbindung' und ‚Satzgefüge' sind nicht komplementär zueinander, denn sie liegen auf unterschiedlichen logischen Ebenen.

Satzgefüge ist nämlich nur eine andere Bezeichnung für einen komplexen Satz, also einen einzelnen grammatischen Satz, der neben einem Hauptprädikat mindestens ein Neben- oder Infinitivprädikat aufweist.

Eine Satzverbindung ist hingegen immer eine Verbindung von mindestens zwei grammatischen Sätzen, wie die Beispiele (36) und (37) gezeigt haben. Ob diese grammatischen Sätze dabei jeweils einfach oder komplex sind, spielt für den Status eines Belegs als Satzverbindung keine Rolle.

Bei Satzgefügen/komplexen Sätzen handelt es sich also um eine Unterklasse von Sätzen. Die Bezeichnung ‚Satzverbindung' resultiert hingegen aus einer übergeordneten Perspektive auf Sätze. Ein komplexer Satz kann daher Teil einer Satzverbindung sein, aber nicht umgekehrt.

Arten von Satzverbindungen

Wie bereits beschrieben, spielt es für den Status einer Satzverbindung keine Rolle, ob diese aus einfachen und/oder komplexen Sätzen gebildet wird. Allerdings lassen sich Satzverbindungen in Bezug auf dieses grammatische Merkmal sehr gut subklassifizieren. Wir unterscheiden drei Klassen: *einfache* (e-), *komplexe* (k-) und *gemischte* (g-) Satzverbindungen (= *ekg-Satzverbindungen*):

(38) $_{\text{(Einfacher}}$ Ein Nachbar **schläft** $_{\text{Satz)}}$. $_{\text{(Einfacher}}$ Ein andrer **klagt** $_{\text{Satz)}}$. $_{\text{(Einfacher}}$ Der dritte **redet** viel $_{\text{Satz)}}$. E
(Kästner, Eisenbahngleichnis: 13)

K (39) (Komplexer Ich **entschuldigte** mich kurz, um Zeit zu gewinnen Satz), und (Komplexer **nahm** beim Vorbeigehen an der Bar einen Schnaps, der zwar nicht nach kubanischem Rum schmeckte, der mich aber auf einen hochinteressanten Gedanken brachte Satz).
(Glattauer, Geschenkt: 133)

G (40) (Einfacher Es **sind ihre Spielchen** Satz) und (Komplexer wenn ich versuche mitzuspielen, **fühle** ich **mich ertappt** Satz).
(Heinrich, Gedanke: 49)

E(infache)-Satzverbindungen zeichnen sich dadurch aus, dass nur einfache Sätze miteinander verknüpft werden. Dabei ist es unerheblich, ob diese durch Interpunktionszeichen (Komma, Semikolon, Gedankenstrich) oder durch Kohäsionsglieder (z.B. *und*, *aber*, *oder*) verbunden werden. In Beleg (38) werden drei einfache Sätze durch Punkte miteinander verbunden.

K(omplexe)-Satzverbindungen zeichnen sich dadurch aus, dass nur komplexe Sätze miteinander verknüpft werden. Auch hier spielt die Art der Verknüpfung keine Rolle. Beleg (39) enthält zwei komplexe Sätze. Diese werden durch das Kohäsionsglied *und* miteinander verbunden.

G(emischte)-Satzverbindungen zeichnen sich dadurch aus, dass einfache und komplexe Sätze miteinander verknüpft werden. Die Reihenfolge ist dabei unerheblich. In Beleg (40) wird ein einfacher Satz mit einem komplexen Satz durch das Kohäsionsglied *und* verbunden.

2.1.3.2 Realer und virtueller Satz

Auch die Unterscheidung von *realen* und *virtuellen Sätzen* ist unabhängig vom orthographischen Satzbegriff. Sie setzt voraus, dass mindestens zwei (grammatische) Sätze koordiniert, d.h. nebengeordnet werden. Bei solchen Nebenordnungen stellt sich nämlich die Frage nach der evtl. satzübergreifenden Gültigkeit einzelner Satzglieder.

Während in einem realen Satz alle Satzglieder sichtbar oder hörbar *realisiert* sind, gelten für einen virtuellen Satz manche Satzglieder aus anderen realen Sätzen mit. Diese Satzglieder sind in einem anderen Satz realisiert und sind von dort aus für den virtuellen Satz gültig.

Genau das ist in Beleg (41) der Fall. Der Originalbeleg ist etwas länger, betrachten wir in einem ersten Schritt diese reduzierte Variante:

(41) Der alte Herr **setzte** sich und **drückte** Fabian ein Kuvert in die Hand.
(Kästner, Fabian: 129)

Der alte Herr setzte sich ist ein grammatischer Satz, in dem alle Satzglieder sichtbar sind, und damit ein realer Satz. Es folgt ein weiterer grammatischer Satz *drückte Fabian ein Kuvert in die Hand*, in dem nicht alle Satzglieder sichtbar sind. Dieser zweite grammatische Satz ist demnach ein virtueller Satz. Das Kohäsionsglied *und* stellt ein Signal für den Übergang vom realen zum virtuellen Satz dar. (Auf die Stellung von Kohäsionsgliedern kommen wir in Kap. 2.3.2 zu sprechen.)

Für die Darstellung von virtuellen Sätzen wurde in der GTA die *Partiturschreibweise* vorgeschlagen. Hierbei werden die einzelnen Sätze nicht linear, sondern vertikal angeordnet, um die Positionen der virtuellen Satzglieder hervorzuheben.

Partiturschreibweise

Wenn wir eine andere Darstellungsweise wählen, wird deutlich, welches Satzglied im virtuellen Satz nicht sichtbar aber dennoch gültig ist. Die virtuellen Satzglieder gelten dort, wo der Pfeil es anzeigt:

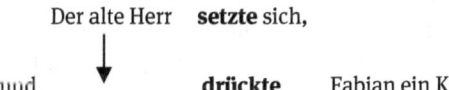

	Der alte Herr	**setzte** sich,	
und	↓	**drückte**	Fabian ein Kuvert in die Hand.

Durch die veränderte Schreibweise wird optisch hervorgehoben, dass es das Subjekt *der alte Herr* ist, das ebenso für den ersten wie für den zweiten grammatischen Satz gilt, obwohl es nur in dem ersten Satz realisiert wurde.

Für das Stellungsfeldermodell haben virtuelle Sätze folgende Konsequenz:

	Vorfeld	**LK**	**Mittelfeld**	**RK**	**Nachfeld**
(41)	Der alte Herr	**setzte**	sich,		
		drückte	Fabian ein Kuvert in die Hand.		

Wie die Darstellung zeigt, können in virtuellen Sätzen gewisse Felder scheinbar unbesetzt bleiben. Häufig ist wie in (41) das Vorfeld nur im realen Satz sichtbar besetzt, während das entsprechende Satzglied im virtuellen Satz nicht sichtbar ist.

Schauen wir uns nun den umfangreicheren Originalbeleg an:

(41) Der alte Herr **setzte** sich, **hustete**, **stülpte** den Hut auf den Schirmknauf und **drückte** Fabian ein Kuvert in die Hand.

Auch hier wollen wir zur Veranschaulichung den Beleg in die Partiturschreibweise bringen:

(41) Der alte Herr **setzte** sich,
↓ **hustete,**
stülpte den Hut auf den Schirmknauf
und **drückte** Fabian ein Kuvert in die Hand.

Der Originalbeleg (41) besteht wie auch die reduzierte Variante aus einem realen Satz *Der alte Herr setzte sich*, insgesamt aber zusätzlich aus drei virtuellen Sätzen ((a) *hustete*; (b) *stülpte den Hut auf den Schirmknauf*; (c) *drückte Fabian ein Kuvert in die Hand*). Manche der Sätze sind durch Kommata verknüpft und andere durch ein *und* miteinander verbunden. Das Subjekt *der alte Herr* des ersten grammatischen Satzes ist in den virtuellen Sätzen weiterhin gültig, aber nicht erneut genannt.

Wir haben bereits festgestellt, dass virtuelle Satzglieder immer das reale Vorhandensein dieser Satzglieder in einem anderen Satz voraussetzen. Nur dann können wir die Gültigkeit eines virtuellen Satzgliedes annehmen.

vorwärts und rückwärts

Dabei muss nicht zwangsläufig jeder virtuelle Satz in Verbindung mit einem realen Satz vorkommen wie Beleg (42) zeigt:

(42) Als Virologin **entdeckte** und **benannte** sie 1964 das erste Coronavirus. (Bayerischer Rundfunk, Coronavirus-Entdeckerin: 03.06.21)

Beide Sätze in (42) sind virtuell. Und das lässt sich spezifizieren: Während der erste Satz *Als Virologin entdeckte* hinsichtlich des Subjekts *sie* und des Akkusativobjekts *das erste Coronavirus* virtuell ist, ist der zweite Satz *benannte sie 1964 das erste Coronavirus* hinsichtlich des im Vorfeld stehenden Freien Prädikativs (*Als Virologin*) virtuell:

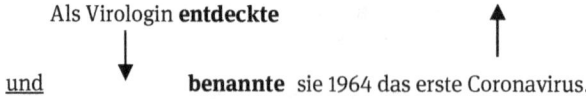

Als Virologin **entdeckte** ↑
↓
und **benannte** sie 1964 das erste Coronavirus.

Virtualität kann also sowohl vorwärtsgerichtet als auch rückwärtsgerichtet vorkommen, und das sogar gleichzeitig.

Virtualität ist normal

In der Fachliteratur werden virtuelle Sätze teilweise als *Ellipsen* (z.B. Duden 2022: 284) bezeichnet und mitunter als reduzierte Sätze angesehen. Virtuelle Sätze stellen aber keine reduzierten oder mangelhaften, sondern vollständige und normale Strukturen dar. Stellen wir uns Beleg (41) nur mit realen Sätzen vor:

(41') Der alte Herr **setzte** sich,
der alte Herr/er **hustete**,
der alte Herr/er **stülpte** den Hut auf den Schirmknauf
und der alte Herr/er **drückte** Fabian ein Kuvert in die Hand.

Es wird deutlich, dass die mehrfache Wiederholung des Subjekts *der alte Herr*, bzw. die mehrfache pronominale Wiederaufnahme untypisch für eine Erzählstruktur ist. Solange ein Satzglied gültig bleibt, wäre es unnatürlich, es ständig zu wiederholen oder pronominal wiederaufzunehmen. Denn die Gültigkeit eines virtuellen Satzglieds besteht so lange, bis ein neues an die Stelle des ursprünglichen Satzglieds tritt und es ablöst:

(41'') Der alte Herr **setzte** sich,
hustete,
↓ **stülpte** den Hut auf den Schirmknauf
und sein Kumpel **drückte** Fabian ein Kuvert in die Hand.

Es war bisher nur die Rede davon, dass die immer wieder erfolgende Wiederholung ein und desselben Elements der natürlichen Kommunikation widerspricht. Ein anderer Fall liegt aber dann vor, wenn ganz bewusst ein Element wiederholt wird, weil es hervorgehoben werden soll, obwohl die virtuelle Variante auch möglich gewesen wäre. So etwa in Beleg (43), der einer politischen Rede entstammt:

(43) Klimaschutz **ist** nicht nur **Umweltpolitik**.
Klimaschutz **ist Sozialpolitik,**
Klimaschutz **ist Industriepolitik,**
und Klimaschutz **ist Sicherheitspolitik.**
(Baerbock, Klimaschutzgesetz: 07.05.21)

Hier wird die Wiederholung von *Klimaschutz* als rhetorisches Mittel eingesetzt, um das Thema der Rede besonders zu betonen.

reale Sätze als Stilmittel

Zeigen lässt sich die Gültigkeit virtueller Satzglieder auch an Belegen aus der gesprochenen Sprache, z.B. Dialogstrukturen. Schauen wir uns das anhand eines inszenierten Dialogs aus einem Kinderbuch an:

(44) »Was **hast** du **gegessen**, Kröte?«
»Schlick, einen Wurm.«
»Was **hast** du **getrunken**, Kröte?«
»Wein aus der Pfütze [...].«
(Janosch, Grünbär: 35)

gesprochene Sprache

Die Antworten auf die Fragen *Was hast du gegessen* und *Was hast du getrunken* stellen auch virtuelle Sätze dar, denn die Prädikate der Fragen gelten auch für die Antworten. Solche Antworten, in der bestimmte Satzglieder nicht sichtbar/hörbar sind, sind üblich und unauffällig. Anders als in der politischen Rede in (43) sind Antworten als reale Sätze in der Interaktion weniger üblich und auffälliger, was die Abwandlung des Originalbelegs demonstriert:

(44') »Was **hast** du **gegessen**, Kröte?«
»Ich **habe** Schlick, einen Wurm **gegessen**.«
»Was **hast** du **getrunken**, Kröte?«
»Ich **habe** Wein aus der Pfütze **getrunken**.«

Die Antworten auf die Fragen *Was hast du gegessen* und *Was hast du getrunken* sind in (44) aus grammatischer Sicht virtuell, obwohl formal nicht die gleichen Elemente gültig sind. Das liegt aber nur am Perspektivwechsel in der Dialogsituation. Entsprechend wechselt die Flexion von *haben* der 2. Person (*hast*) zur 1. Person (habe).
Vor diesem Hintergrund muss die inzwischen gängige Forderung aus der Schule „Sprich in ganzen Sätzen" in Frage gestellt werden, da diese zu unnatürlichen Gesprächsstrukturen, wie in (44') führen kann. Auch wenn es aus didaktischer Perspektive gute Gründe für explizite Formulierungen gibt, ist es aus linguistischer Sicht fragwürdig, eine Abweichung von der Norm – die Redundanz – zur Regel zu erheben.

Übung 4: virtueller Satz

Der vorliegende Text stammt aus *Und die Menschen blieben zu Hause* von Kitty O'Meara. Das Gedicht entstand zu Beginn der Corona-Pandemie als Facebookpost. Die illustrierte Ausgabe (erschienen im Dezember 2020) wurde von der Presse u.a. als „Mutmach-Buch" gefeiert und als „Klassiker von morgen" beworben.
Welche Zusammenhänge können Sie zwischen der grammatischen Gestaltung und der inhaltlichen Dimension der Belege ausmachen? Wo liegen reale und wo virtuelle Sätze vor? Interpretieren Sie mithilfe einer grammatischen Analyse.

Und die Menschen blieben zu Hause.
Und sie hörten einander zu und lasen Bücher
und ruhten sich aus
und machten Sport
und wurden kreativ
und spielten Spiele
und sie lernten, auf eine neue Art zu leben
und kamen zur Ruhe.
Und sie hörten genauer hin.
Manche meditierten, manche tanzten.
Manche begegneten ihren Schatten.

Und die Menschen begannen, anders zu denken.
Und die Menschen heilten.
Und in Abwesenheit der rücksichtslosen, gefährlichen und herzlosen Lebensweisen der Menschen begann die Erde zu heilen.
Und als die Gefahr vorüber war und die Menschen wieder zusammenkamen,
betrauerten sie ihre Verluste
und trafen neue Entscheidungen
und träumten von neuen Ideen
und schufen neue Lebensweisen, um die Erde vollständig zu heilen,
so wie auch sie geheilt worden waren.

2.1.3.3 Statischer und dynamischer Satz

Neben den Kriterien *Komplexität* und *Realisierung* klassifizieren wir die Sätze nach dem Kriterium des Status des Hauptprädikats. Schauen wir uns dazu das folgende Beispiel an:

(45) Wir **impfen** in unserer Praxis Kinder und Jugendliche gegen das Coronavirus. (Praxis Stange/Stegat, Akademische Lehrpraxis der Uni Münster, Stand: 03.12.21)

Der Beleg ist zunächst unauffällig für Sätze, die eine Form von *impfen* als Prädikat enthalten. Mit anderen Worten: Wenn wir an das Wort *impfen* denken, fallen uns auf Anhieb Fragen wie *Wer?*, *Wen?* oder *Wogegen?* ein, und genau diese Fragen werden in dem Beleg beantwortet. Die syntaktisch-semantische Struktur von (45) entspricht also im Allgemeinen den Erwartungen. Aus Sicht der Valenztheorie lässt sich diese Beobachtung damit begründen, dass in (45) die *Grundvalenz* von *impfen* realisiert ist.

statische Sätze

Wird die Grundvalenz eines Prädikats nun 1:1 realisiert, handelt es sich um einen *statischen Satz*. Mit einer 1:1-Realisierung ist gemeint, dass nicht mehr, aber auch nicht weniger, und auch keine anderen Komplemente realisiert sind als im Lexikoneintrag des Valenzträgers festgehalten (vgl. z.B. *Elektronisches Valenzwörterbuch deutscher Verben* = E-VALBU). Beleg (45) ist dementsprechend ein Beispiel für einen statischen Satz.

Das Gegenstück zu statischen Sätzen bilden *dynamische Sätze*.

i

Dynamische Prädikate sind in diesem Kapitel zur Veranschaulichung an der Türkismarkierung zu erkennen.

dynamische Sätze

Sie zeichnen sich dadurch aus, dass sie eine von der Grundvalenz abweichende Valenzstruktur haben. Wir sprechen in diesen Fällen von *Umszenierung*. Eine derartige Änderung eines Szenarios tritt ein, wenn in einem konkreten Satz mehr oder weniger oder eben andere Komplemente realisiert sind als in der Grundvalenz des entsprechenden Prädikats angelegt.

Schauen wir uns auch dazu Beispiele an:

(46) Hessen **impft**: Firewall für den Körper
(Impfkampagne Land Hessen)

(47) **Können** wir uns aus der vierten Welle noch **herausimpfen**?
(ARD extra, Die Corona-Lage: 15.11.21)

Im Gegensatz zu (45) wird in Beleg (46) nicht genannt, wer geimpft wird oder wogegen die Impfung erfolgt. Die Verständlichkeit der Aussage ist dennoch gesichert, denn zum Zeitpunkt der Äußerung ist allen Rezipient:innen des Slogans aufgrund der Omnipräsenz der Corona-Pandemie sofort klar, dass es sich um eine Impfung gegen Covid-19 handeln muss, die möglichst vielen Menschen, für die bereits Impfstoffe freigegeben sind, verabreicht werden soll. Nur vor dem Hintergrund einer präpandemischen Ära wird klar, dass Beleg (46) syntaktisch-semantisch nicht der prototypischen Verwendung von *impfen* entspricht.

Ähnlich verhält es sich mit Beleg (47). Auch hier schlägt sich die besondere gesamtgesellschaftliche Situation sprachlich nieder, und zwar am auffälligsten in Form der morphologischen Veränderung des Prädikats (*impfen* > *herausimpfen*). Aus dieser konkreten Neuerung resultiert zudem eine Änderung des Szenarios, die erst bei einer syntaktischen Analyse des Belegs deutlich wird:

(47) **Können** $_{\text{(Sub-}}$ wir $_{\text{jekt)}}$ $_{\text{(Akkusativ-}}$ uns $_{\text{objekt)}}$ $_{\text{(Direkti-}}$ aus der vierten Welle $_{\text{vum)}}$ noch **herausimpfen**?

Beleg (47) enthält mit dem Direktivum ein Satzglied, das Sprecher:innen des Deutschen in einem IMPFEN-Szenario vor Beginn der Pandemie nicht erwartet hätten. Semantisch lässt sich der Beleg als Verschmelzung von ‚einen Ausweg aus einer Situation finden' und ‚Menschen gegen einen Krankheitserreger impfen' beschreiben. Syntaktisch erwartbar wäre wie in (45) eine Nennung dessen, wogegen geimpft wird und nicht woraus herausgeimpft wird.

Analogiebildung

Das HERAUSIMPFEN-Szenario ist im Laufe der Zeit für die Sprecher:innen des Deutschen zu einem für die Diskussionen zum Umgang mit der Pandemie naheliegenden syntaktisch-semantischen Muster geworden. Das zeigt sich daran, dass es auch als syntaktisch-semantisches Modell für Analogiebildungen dient:

(48) Wir **können** uns ziemlich sicher aus der Pandemie **herausimpfen**, aber wir **können** uns ganz bestimmt nicht **heraustesten**.
(t-online, Virologin erklärt: 24.09.21)

Ob diese Partikelverbbildungen mit *impfen* und *testen* zum festen Bestandteil des Wortschatzes werden (wie z.B. *herausarbeiten*, *-bekommen* oder *-bilden*), lässt sich noch nicht beantworten. Fest steht nur, dass das Muster, das der dynamischen Verwendung von *herausimpfen* und *heraustesten* zugrunde liegt, in Bezug auf das Sprechen in der und über die Pandemie produktiv geworden ist.

Wie die Beispiele gezeigt haben, können Sätze nach dem Status des jeweiligen Hauptprädikats entweder als statisch oder dynamisch klassifiziert werden. Kriterium dieser Unterscheidung ist das Verhältnis der konkreten Valenzrealisierung zur Grundvalenz des entsprechenden Valenzträgers. Bei einer 1:1-Realisierung der Grundvalenz handelt es sich um einen statischen Satz, bei einer Abweichung um einen dynamischen. Auf die Arten von Dynamik und die Folgen dieser Theorie für die Satzgliedlehre wird in Kap. 3 noch genauer einzugehen sein.

2.1.3.4 Satzklassenübersicht

Aus den vorgestellten Perspektiven auf Sätze ergeben sich sechs einfache Satzklassen:

Tab. 7: Satzklassen

Klassen hinsichtlich Komplexität:
einfacher Satz
komplexer Satz (= Satzgefüge)
Klassen hinsichtlich Realisierung:
realer Satz
virtueller Satz
Klassen hinsichtlich des Status des Hauptprädikats:
statischer Satz
dynamischer Satz

Da sich die drei Perspektiven nicht gegenseitig ausschließen, sondern ergänzen, ergibt die Klassifikation eines konkreten Satzes immer drei Werte, z.B. einfach, virtuell und statisch oder komplex, virtuell und dynamisch usw. Das zeigt Tab. 8:

Tab. 8: Kombi-Satzklassen

einfacher, realer und statischer Satz	Manchmal **bietet** mir auch niemand einen Platz **an**. (Shafak, Schau: 29)
einfacher, realer und dynamischer Satz	Er **hat** »mutmaßlich« ein bißchen Geld an der Steuer **vorbeivergessen**. (Hildebrandt, achtzig: 42)
komplexer, realer und statischer Satz	Timofei Ankidinow **glaubte** bedingungslos alles, was über den Pogitscha erzählt wurde. (Shafak, Schau: 89)
komplexer, realer und dynamischer Satz	Der Zug **rattert** durch eine Landschaft, die aussieht wie ein Wintermärchen. (Deutschlandfunk, Stimmungsbild: 01.03.03)
einfacher, virtueller und statischer Satz	Der alte Herr **setzte sich**, **hustete**, **stülpte** den Hut auf den Schirmknauf und **drückte** Fabian ein Kuvert in die Hand. (Kästner, Fabian: 129)
einfacher, virtueller und dynamischer Satz	Der himmelblaue Plymouth **fuhr** am Tor **vorbei** und **knirschte** über den Kies [...]. (Roy, Gott: 199)
komplexer, virtueller und statischer Satz	Er **muss** zu sich **kommen** und **begreifen können**, dass er verloren hat. (Kehlmann, F: 192)
komplexer, virtueller und dynamischer Satz	Der Ausnahmeschauspieler **grunzt**, **brüllt** und **schnauzt sich** durch die Hauptrolle des farbigen Films, in dem kein Dialog im üblichen Sinne stattfindet. (Woitschig, Themroc: 03.08.08)

Wie man sieht, ergeben sich aus den Dreierkombinationen der sechs einfachen Satzklassen acht Kombi-Satzklassen.

Damit beenden wir unsere Betrachtungen zum Satz und wenden uns im Folgenden dem zweiten Textglied zu: dem *Nichtsatz.*

Der grammatische Satz ist vom orthographischen Satz zu unterscheiden. Grundlage für grammatischen Analysen bildet nur der grammatische Satz. Er enthält immer ein Hauptprädikat, das gewisse Satzglieder fordert. Hauptprädikat und Komplemente bilden zusammen ein Szenario. Die gesamte Satzstruktur lässt sich in dem Stellungsfeldermodell abbilden. Dabei steht die Zweiteiligkeit des Prädikats als Klammer im Zentrum des Satzes. In der

Regel steht das finite Verb an zweiter Satzgliedposition, d.h. in Verbzweitstellung (kurz: V2). Ebenso ist Verberststellung (kurz: V1) möglich, z.B. in Aufforderungssätzen. Nach verschiedenen Kriterien lassen sich Satzklassen unterscheiden: a) Komplexität (einfacher oder komplexer Satz) = Wenn ein Nebenprädikat vorhanden ist, handelt es sich um einen komplexen Satz, andernfalls um einen einfachen. Es lässt sich zwischen formaler (qualitativ vs. quantitativ) und funktionaler Komplexität unterscheiden; b) Realisierung (realer oder virtueller Satz) = Wenn alle Satzglieder in dem Satz realisiert sind, in dem sie gültig sind, so ist er real, andernfalls virtuell; und c) Status des Hauptprädikats (statischer oder dynamischer Satz) = Wenn genau diejenigen Komplemente realisiert werden, die in der Grundvalenz des jeweiligen Prädikates angelegt sind, ist der Satz statisch, andernfalls dynamisch. In Kombination dieser Unterscheidungen a)-c) ergeben sich aus den 6 einfachen Satzklassen 8 Kombi-Satzklassen, denen ein grammatischer Satz angehören kann.

Übung 5: Satz

Bestimmen Sie die grammatischen Satzgrenzen im folgenden Textauszug und ordnen Sie die Sätze ins Stellungsfeldermodell ein.
Bestimmen Sie für jeden Satz die Parameter Komplexität (einfacher oder komplexer Satz) und Realisierung (realer oder virtueller Satz).

Seit 143 Jahren stellt das Familienunternehmen genau ein Produkt her. Die Bonner arbeiten neuerdings mit Baristas und Influencern zusammen, um ihre Spirituose in die Zukunft zu retten. Das Familienunternehmen wurde nie aufgekauft, hat niemanden je übernommen. Verpoorten sieht, dass Eierlikörkäufer in so manchem Land immer älter werden. Eierlikör kann nie vegan sein. Von jeder Palette, die per Lkw an der Fabrik ankommt, gehen einige Eier als Stichprobe ins Labor.
(Süddeutsche Online, Tante Irmgard: 15.04.19)

2.2 Nichtsatz

Das Kapitel zum *Nichtsatz* beginnt mit einem Unterkapitel zum Nichtsatzbegriff (Kap. 2.2.1), in dem wir einige Besonderheiten des Nichtsatzes beschreiben. Dazu erfolgt zunächst eine Gegenüberstellung zentraler Eigenschaften der Textglieder Satz und Nichtsatz. In Kap. 2.2.2 wird dann der Blick auf die Wortstellung von Nichtsätzen gerichtet, die ebenfalls wichtig für deren Beschreibung ist. Hier spielt z.B. die Frage nach der Einordnung von Nichtsätzen ins Stellungsfeldermodell eine Rolle. Anschließend betrachten wir die drei Nichtsatzklassen (Kap. 2.2.3), in die Nichtsätze aufgrund ihrer verschiedenen Merkmale unterteilt werden können und beleuchten zuletzt Schwierigkeiten bei deren Abgrenzung voneinander.

2.2.1 Nichtsatzbegriff

Wie bereits oben erwähnt, gibt es in der GTA drei Typen von Textgliedern: Sätze, Nichtsätze und Kohäsionsglieder. Der Nichtsatz, um den es in diesem Kapitel gehen soll, enthält als wichtigstes Erkennungsmerkmal *kein* Hauptprädikat und unterscheidet sich darin vom Satz.

Szenario vs. Impressio

Es wurde schon erläutert, dass im Satz das Hauptprädikat zusammen mit seinen Komplementen ein Szenario entwirft. Im Gegensatz dazu kommt der Nichtsatz ganz ohne Hauptprädikat aus, sodass nur der Eindruck eines Szenarios entsteht. Nichtsätze sind semantisch eher mit impressionistischen Gemälden vergleichbar: Es ist in groben Zügen etwas erkennbar, aber nicht in allen Details. Deswegen wird ihr semantisches Potential mit dem Kunstwort *Impressio* belegt:

Tab. 9: Gegenüberstellung Satz/Nichtsatz

Satz	**Nichtsatz**
(1) Marie **geht** gleich nach dem Abendbrot in ihre Kammer, neben der Küche. (Schenkel, Tannöd: 36)	(2) Auf der Kommode die Waschschüssel mit Krug. (Schenkel, Tannöd: 36)

kein Hauptprädikat in Nichtsätzen

Die Struktur von Sätzen lässt sich ausgehend von der Valenz des Hauptprädikats beschreiben (1), während das bei Nichtsätzen nicht möglich ist, weil sie kein Hauptprädikat enthalten (2). Sätze haben Satzglieder, Nichtsätze nicht. Zwar lassen sich auch die Bestandteile von Nichtsätzen beschreiben (vgl. Hennig 2009), doch sind diese nicht vergleichbar mit den Mesowerten (= Satzgliedwerten) wie Subjekt oder Akkusativobjekt in Sätzen.
Nichtsätze sind genauso wie die anderen beiden Textglieder normale, unauffällige Textglieder in Texten. Denn der Unterschied bedeutet nicht, dass Nichtsätze unvollständige oder ‚defekte Sätze' wären. Sie sind vielmehr eigenständige syntaktisch-semantische Strukturen mit einem offeneren Anschlusspotential als Sätze.

Wir wollen uns einmal anschauen, wie sich Nichtsätze in Bezug auf ihre orthographische Gestalt beschreiben lassen und betrachten dazu Beleg (3):

(3) Senfsuppe.
(Tokarczuk, Fledermäuse: 278)

Nichtsatz und orthographischer Satz

Grammatisch betrachtet handelt es sich in (3) um einen Nichtsatz, denn hier lässt sich kein Hauptprädikat identifizieren. Gleichzeitig stellt dieser

Nichtsatz einen orthographischen Satz dar, denn er endet auf ein Satzschlusszeichen (hier: Punkt).

Aus dem Satzkapitel wissen wir bereits, dass die Grenzen grammatischer Einheiten zwar mit den Grenzen orthographischer Einheiten übereinstimmen *können*, aber nicht *müssen* (vgl. Kap. 2.1.1). Diese Erkenntnis gilt auch für Nichtsätze. Schauen wir uns dazu zwei weitere Belege im Vergleich an:

(4) Oben Briefe und Postkarten, darunter Steuererklärungen und Belege auf zwei Ebenen.
(Heinrich, Soweit: 67)

(5) Spä. Ter.
(Roy, Gott: 169)

In beiden Belegen zeigt sich ein asymmetrisches Verhältnis zwischen grammatischen und orthographischen Einheiten. Während in Beleg (4) zwei Nichtsätze (*Oben Briefe und Postkarten* und *darunter Steuererklärungen und Belege auf zwei Ebenen*) in einem orthographischen Satz enthalten sind, liegt in (5) der umgekehrte Fall vor. Hier erstreckt sich ein Nichtsatz auf zwei orthographische Sätze, was deutlich ungewöhnlicher erscheint.

Eine Erklärung für diese Aufspaltung findet sich im Kontext von Beleg (5): In dem Roman *Der Gott der kleinen Dinge* weigert sich ein Kind, Höflichkeitsfloskeln auszusprechen und zieht so den Zorn seiner Mutter auf sich. Die Eltern einigen sich, dass es die Höflichkeiten zu anderer Zeit nachholen müsse, was für das Kind verbunden mit dem Wort *später* zu einer Drohung wird:

(5) Und Später **wurde ein schreckliches, bedrohliches Gänsehautwort**.
Spä. Ter.
Wie eine tief klingende Glocke in einem moosbewachsenen Brunnen.

Die Aufspaltung des Wortes *später* in zwei orthographische Sätze lässt sich als Verschriftlichung einer ganz bestimmten Betonung interpretieren. Damit ist Beleg (5) ein weiteres Beispiel dafür, dass Interpunktion oft als Stilmittel zur Steuerung des Rezeptionsprozesses verwendet wird.

Die bis hierhin besprochenen Verhältnisse zwischen Nichtsätzen und orthographischen Sätzen lassen sich in folgender Tabelle zusammenfassen:

Tab. 10: Verhältnis von Nichtsätzen und orthographischen Sätzen

Beleg	**Nichtsatz**	**:**	**Orthographischer Satz**
(3) Senfsuppe.	1		1
(4) Oben Briefe und Postkarten, darunter Steuer erklärungen und Belege auf zwei Ebenen.	2		1
(5) Spä. Ter.	1		2

Aufgrund der hohen Varianz in der Sprachverwendung ist es nicht möglich, eine allumfassende Liste von möglichen Verhältnissen zwischen grammatischen und orthographischen Einheiten zu erarbeiten. Zwei Belegtypen, die vergleichsweise häufig vorkommen, aber bislang noch nicht tabellarisch erfasst wurden, möchten wir aber noch ergänzen. So sind die Belege (6) und (7) prototypische Beispiele für Überschriften:

(6) Radler in Stadt und Kreis Kassel **werden** jetzt **gezählt**
(HNA, Radfahrer: 06.12.21)

(7) Wettervorhersage
(z.B. tagesschau.de)

orthographischer Nichtsatz?

Auch in der Werbung oder Chatkommunikation sowie in Kurztexten (Straßenschilder, Klingelschilder, Grabinschriften) finden sich zahlreiche ähnliche Belege. Ihnen allen ist gemein, dass sie über keines der eingeführten Satzschlusszeichen (Punkt, Ausrufezeichen, Fragezeichen) verfügen. Sie stellen folglich *keine* orthographischen Sätze dar. In Henckel (2018) wurde in Analogie zur bisherigen Terminologie vorgeschlagen, solche Einheiten *orthographische Nichtsätze* zu nennen. Auf diese Weise lassen sich alle unterschiedlichen Kombinationen gezielt benennen. Je nach Perspektive haben wir es mit *grammatischen Sätzen* bzw. *Nichtsätzen* oder mit *orthographischen Sätzen* bzw. *Nichtsätzen* zu tun. Für die grammatische Perspektive behalten wir in Erinnerung, dass das Vorhandensein eines Hauptprädikats einen grammatischen Satz definiert. Das Nicht-Vorhandensein eines Hauptprädikats kennzeichnet den grammatischen Nichtsatz. Für die orthographische Perspektive fragen wir hingegen, ob am Ende ein Satzschlusszeichen steht (= orthographischer Satz) oder nicht (= orthographischer Nichtsatz). Ein orthographischer Satz kann also ein grammatischer Nichtsatz (3–5) und ein grammatischer Satz kann ein orthographischer Nichtsatz sein (6).

Nachdem wir nun Nichtsätze im Verhältnis zu ihrer orthographischen Gestalt beleuchtet haben, wenden wir uns im folgenden Kapitel der Verbindung von Nichtsätzen zu grammatischen Sätzen zu. Dabei werden auch ihre Positionen im Stellungsfeldermodell vorgestellt.

Übung 6: Nichtsatzbegriff

Erklären Sie die Begriffe *Impressio* und *Szenario* anhand des folgenden Textauszugs. Welche Wirkung erzielt der Einsatz von Nichtsätzen in diesem Auszug?

Herbst. Allein das Wort. Den fang ich immer mit Geburtstag an. Herbst, dagegen ist Frühling Magerquark. Na klar, die Wolken, das Grau, ja, der Regen. Aber auch die satten Äpfel, die man auf Märkten suchen geht und die die Vorjahreszeit in sich aufgespeichert haben, die man sich jetzt würzig und süß in den Kopf beißen kann. Herbst, das ist Sommerernte. Im Herbst sitzen, Beine auf dem Tisch und den Gaumen voll Spätsommer. (Heinrich, Herbst: 39)

2.2.2 Nichtsätze im (syntaktisch-semantischen) Kontext

Genauso wie der Satz kann auch der Nichtsatz auf seine topologischen Eigenschaften hin untersucht werden. Da Nichtsätze aber anders als Sätze nicht über Hauptprädikate verfügen, werden sie nicht auf dieselbe Weise in das Stellungsfeldermodell eingeordnet wie Sätze. Denn – wie oben bereits beschrieben (vgl. Kap. 2.1.2) – konstituieren sich die Stellungsfelder über die Satzklammer, die im Nichtsatz per definitionem nicht vorhanden ist. Die Elemente eines Nichtsatzes können also nicht wie die eines Satzes den Stellungsfeldern zugeordnet werden. Die Nichtsätze können aber als ganze Textglieder im erweiterten Stellungsfeldermodell abgebildet werden, und zwar entweder in der Zwischenstelle oder am Satzrand. Diese Einordnung richtet sich danach, ob ein Nichtsatz an einen Satz angebunden ist oder nicht. Beide Positionen werden in diesem Kapitel eingeführt.

angebundene und nicht-angebundene Nichtsätze

Nichtsätze können sowohl (a) nicht-angebunden als auch (b) angebunden vorkommen. Betrachten wir dazu im Vergleich zwei Belege:

(a) nicht-angebunden

(8) In der Halbzeit **stieg** er **hinunter** in den Keller und **schaltete** das Telefon **ein.** Keine Nachricht. Er **wartete.**
(Kehlmann, Ruhm: 15)

(b) angebunden

(9) Bedrückend **stand** er zwischen dem Kind und der Welt, ein verbissener, gequälter und quälender Vorschriftsmensch, der die Gegenwart seines Kindes mißbrauchte, um sich selber ins Recht zu setzen.
(Meckel, Suchbild: 111)

Zwischenstelle

Der Nichtsatz *keine Nachricht* in (8) wird deshalb als nicht-angebunden verstanden, weil es keinerlei syntaktische Anbindung an die umliegenden Sätze, d.h. keinen konkreten Bezug zwischen dem Nichtsatz und einem Satzglied eines grammatischen Satzes gibt. Er hat keinen Bezug zu den Stellungsfeldern, was durch eine Verortung in der Zwischenstelle abgebildet wird. Die Zwischenstelle ist eine Position, in der Textglieder stehen, die sich außerhalb von Sätzen befinden, die mit anderen Worten also keinen Satzanschluss haben. Dazu gehören nicht-angebundene Nichtsätze wie *keine Nachricht* in (8) und einige Kohäsionsglieder wie *und* (vgl. Kap. 2.3.2). Die Zwischenstelle könnte im Modell sowohl links als auch rechts angeordnet werden. Aus praktischen Gründen reduzieren wir ihre Darstellung auf die linke Seite.

Betrachten wir nun (8) einmal im Stellungsfeldermodell, das um die Zwischenstelle erweitert wurde:

	ZS (= Zwischen-stelle)	**VF**	**LK**	**MF**	**RK**	**NF**
(8)		In der Halbzeit	**stieg**	er	**hinunter**	in den Keller
	und		**schaltete**	das Telefon	ein.	
	Keine Nachricht.	Er	**wartete.**			

Wie bereits angedeutet wurde, verhalten sich angebundene Nichtsätze anders als der nicht-angebundene Nichtsatz *Keine Nachricht* in (8). Schauen wir uns zunächst ihre Charakteristika anhand von (9-11) an, bevor wir auch ihre Positionierung im Stellungsfeldermodell in den Blick nehmen.

Thema und Thematisierungsausdruck

Der an den Satz angebundene Nichtsatz *ein verbissener... zu setzen* in (9) hat im Gegensatz zu *Keine Nachricht* in (8) Satzgliedbezug. Satzgliedbezug bedeutet, dass der Nichtsatz in Verbindung zu einem bestimmten Satzglied aus dem grammatischen Satz steht. Für das Beispiel bedeutet das, dass das Subjekt *er* durch den Nichtsatz erneut thematisiert wird. Das Subjekt des grammatischen Satzes ist in Beleg (9) also das *Thema* (= Bezugswort), das durch den Nichtsatz, den *Thematisierungsausdruck* (IDS-Grammatik 1997/1: 518ff. und 548), präzisiert wird.

links- und rechtsangebundene Thematisierungsausdrücke

In der Gesprochene-Sprache-Forschung werden Sätze als „mögliche Sätze", die sich prinzipiell verlängern lassen, aufgefasst (Selting 1995). Bei diesen Verlängerungen handelt es sich um angebundene Nichtsätze. Diese können unterschiedlich positioniert sein und sie können die Sätze in beide Richtungen verlängern. Wird dies auf die Thematisierungsausdrücke übertragen, können wir von *linksangebundenen* und *rechtsangebundenen*

Thematisierungsausdrücken sprechen, d.h. links- oder rechtsangebundenen Nichtsätzen. Die linksangebundenen Thematisierungsausdrücke kündigen das Thema an (*es* in (10)), während die rechtsangebundenen das Thema präzisieren (*sie* in (11)):

(10) Das neue Jahr, es **hat** schlechter **begonnen** als das Alte. (Koralek, 19. Jhd.)

(11) Wer **kann** sie **ahnen** die Kämpfe in meinem Innern. (Koralek, 19. Jhd.)

So wird mit dem Nichtsatz *Das neue Jahr* in (10) bereits angekündigt, worauf sich *es* in der nachfolgenden Aussage (*es hat schlechter begonnen als das Alte*) bezieht. In Beleg (11) präzisiert der angebundene Nichtsatz *die Kämpfe in meinem Innern* das Thema *sie* im Satz (*Wer kann sie ahnen*). In beiden Fällen können die Thematisierungsausdrücke zum Verständnis und zur Interpretation der Sätze beitragen.

linker und rechter Satzrand

Angebundene Nichtsätze können im Gegensatz zu nicht-angebundenen Nichtsätzen Teil des Stellungsfeldermodells sein. Die Position dieser Nichtsätze kann durch eine Erweiterung des Modells abgebildet werden: *Linker Satzrand* (= LSR) vor dem Vorfeld und *rechter Satzrand* (= RSR) nach dem Nachfeld. Dabei befindet sich der linke Satzrand aber noch rechts von der Zwischenstelle: Es gibt noch einen Satzbezug. Diese an den Satz angebundenen Nichtsätze im linken bzw. rechten Satzrand werden *Satzrandglieder im engeren Sinne* genannt. Betrachten wir jeweils einen Beispielbeleg für ein Satzrandglied am linken (10) und eines am rechten Satzrand (11) im Stellungsfeldermodell:

	ZS	Linker Satzrand	Vorfeld	LK	Mittelfeld	RK	Nachfeld	Rechter Satzrand
(10)		Das neue Jahr,	es	**hat**	schlechter	**begonnen**	als das Alte.	
(11)			Wer	**kann**	sie	**ahnen**		die Kämpfe in meinem Innern.

In Beleg (10) kündigt der Thematisierungsausdruck *Das neue Jahr* im linken Satzrand das Subjekt *es* an, das als Thema im Vorfeld steht. In Beleg (11) steht das Akkusativobjekt *sie* als Thema im Mittelfeld und wird durch den Thematisierungsausdruck *die Kämpfe in meinem Innern* am rechten Satzrand präzisiert.

Während angebundene Nichtsätze entweder am linken oder rechten Satzrand stehen, kann das jeweilige Thema, auf das sie sich beziehen, in jedem der Felder dazwischen positioniert sein.

Im folgenden Kapitel betrachten wir die verschiedenen Nichtsatzklassen. Dabei stehen mit den *externen Prädikationen* zunächst noch einmal die angebundenen Nichtsätze im Fokus. Im Rahmen der *Existenzialnichtsätze* und der *fragmentarischen Nichtsätze* werden auch die nicht-angebundenen Nichtsätze näher beleuchtet.

Übung 7: Nichtsätze im Stellungsfeldermodell

Ordnen Sie den folgenden leicht gekürzten Textauszug in das erweiterte Stellungsfeldermodell ein.

Eine Weile beobachtete Juli, wie Hella hektisch das Fahrzeug dirigierte, dann betätigte sie den FM-Suchlauf, diesmal klappte es beim ersten Versuch. Bei dem dritten Sender stoppte sie und drehte die Lautstärke auf. Wolfang Ambros. Juli lehnte sich zurück, lauschte einen Moment dem Text. Juli lehnte den Kopf zu Hella, die sie lachend anblickte. »Hella Licht, ist das dein echter Name?« (von Rönne, Ende: 120f.)

2.2.3 Nichtsatzklassen

Die Klassifikation von Nichtsätzen in der GTA umfasst 3 Klassen:
a) externe Prädikationen,
b) Existenzialnichtsätze und
c) fragmentarische Nichtsätze.

Sie erfolgt in Anlehnung an die Klassifikation „verbloser Sätze“ von Irmtraud Behr und Hervé Quintin (1996: 41ff.). Im Folgenden stellen wir die drei Klassen vor und nennen wichtige Merkmale, anhand derer sie erkannt und voneinander unterschieden werden können.

2.2.3.1 Externe Prädikation

elementbezogene externe Prädikation

Externe Prädikationen sind angebundene Nichtsätze. Die Anbindung erfolgt an Sätze oder auch größere Texteinheiten. Je nachdem, worauf sie sich beziehen, handelt es sich dann um eine *elementbezogene externe Prädikation* oder um eine *globale externe Prädikation*. Betrachten wir in einem ersten Schritt elementbezogene externe Prädikationen anhand eines Beispielbelegs:

(12) Rahel **wandte sich** wieder den Kröten **zu**. (elementbezogene Fett externe Prädikation). (elementbezogene Gelb externe Prädikation). Von einem schaumigen Stein zum nächsten. Vorsichtig **berührte** sie eine.
(Roy, Gott: 217f.)

Die beiden externen Prädikationen in (12) *Fett* und *Gelb* liegen jeweils in Form von Adjektivgruppen vor und beziehen sich auf das Dativobjekt *den Kröten* aus dem voranstehenden Satz. Das Besondere ist, dass jeweils zwischen einer externen Prädikation und dem Bezugselement eine ist-Beziehung besteht. Wenn wir den Kasus anpassen, d.h., wenn aus *den Kröten* (Dativ) *die Kröten* (Nominativ) wird, lässt sich diese ist-Beziehung paraphrasieren als: {Bezugselement} ist {externe Prädikation}. Für die externen Prädikationen in (12) lauten die Paraphrasen dann:

{Die Kröten} sind {fett}
{Die Kröten} sind {gelb}

Eine elementbezogene externe Prädikation kann formal aber auch anders aussehen. Sie muss nicht als Adjektivgruppe (*fett* oder *gelb*) realisiert sein. Im veränderten Beleg (12') hat die externe Prädikation die Form einer Substantivgruppe.

(12') Rahel **wandte sich** wieder den Kröten **zu**. (elementbezogene Wundersame Amphibien externe Prädikation).

Auch diese externe Prädikation lässt sich zusammen mit dem Bezugselement als ist-Beziehung darstellen, sodass die Paraphrase dann lautet:

{Die Kröten} sind {wundersame Amphibien}

Das Bezugselement im Satz (*den Kröten*) könnte in diesem Fall durch die externe Prädikation ersetzt werden, wenn der Kasus angepasst wird (*den wundersamen Amphibien*):

(12'') Rahel **wandte** sich wieder den wundersamen Amphibien **zu**.

Es gibt also verschiedene Möglichkeiten, ein Bezugswort durch eine externe Prädikation näher zu beschreiben. In Form von Adjektiven erfolgt eine Eigenschafts- oder Zustandszuschreibung, in Form von Substantiven wird das Bezugswort durch eine andere Klasse derselben Wortart genauer bestimmt.

Wie oben bereits erwähnt wurde, können angebundene Nichtsätze sowohl am linken (10) als auch am rechten Satzrand (11) stehen. Externe Prädikationen sind daher nicht ausschließlich nach ihrem Bezugselement positioniert, sie können es auch vor dem Bezugselement sein, wie der wiederaufgenommene Beleg (3) mit mehr Kontext zeigt:

(3) (elementbezogene externe Senfsuppe Prädikation). Die **ist** schnell **fertig**, sie **macht kaum Arbeit**, also **schaffte** ich es.

In (3) greift das Bezugselement *die* – also das Thema aus dem Folgesatz – den vorherstehenden Thematisierungsausdruck *Senfsuppe* wieder auf. Bei elementbezogenen externen Prädikationen handelt es sich immer um *Satzrandglieder im engeren Sinne* (vgl. Kap. 2.2.2) bzw. andersherum: Satzrandglieder im engeren Sinne stellen immer externe Prädikationen dar (vgl. George 2022: 75). Die externe Prädikation stellt entsprechend den Thematisierungsausdruck zu dem Bezugswort eines benachbarten Satzes dar.

globale externe Prädikation

Nachdem wir Beispiele für die elementbezogene externe Prädikation gesehen haben, schauen wir uns nun die globale externe Prädikation an. Auch sie ist ein Nichtsatz mit Anbindung an eine Bezugsgröße, nur ist diese viel umfassender als ein einzelnes Satzglied. Es kann von einem ganzen Satz bis hin zu Textabschnitten mit mehreren Sätzen reichen, wie in Beleg (13) sichtbar wird:

(13) »Ja, ja«, **sage** ich. »Aber jetzt mal unter uns. Ich **hab** mir das Video noch mal **angekuckt**. Der blaue Krug mit den Blumen, den man da auf dem Fensterbrett sieht… Der **ist** doch schon vor ein paar Monaten **zerbrochen**.«
»Das **stimmt**«, **sagt** das Känguru plötzlich eiskalt. »Aber das **kannst** du mir nicht **nachweisen**.«
Ich **lächle**.
»Ich **habe** nicht umsonst fünf Staffeln »The Wire« **gekuckt**«, **sage** ich und **hole** eine kleine Videokamera aus ihrem Versteck im Spiegelschrank.
» (globale externe Ganz miese Tour… Prädikation) «, **sagt** das Känguru.
(Kling, Känguru-Chroniken: 54)

Hier bezieht sich die globale externe Prädikation *Ganz miese Tour* auf die gesamte Vorgeschichte. Der Dialog, in dem das Känguru erst zu einem Geständnis gebracht wird und dann die Auflösung erfolgt, dass das Geständnis durch eine Videoaufnahme aufgezeichnet wurde, bilden einen Überführungskomplex, den das Känguru als *Ganz miese Tour* bewertet.

2.2.3.2 Existenzialnichtsatz

Im Gegensatz zur externen Prädikation sind Existenzialnichtsätze nicht an Sätze angebunden. Deshalb lässt sich die Relation eines Existenzialnichtsatzes zu voranstehenden oder nachfolgenden Sätzen nicht als ist-Beziehung beschreiben:

(14) Sein Stuhl **ist** ordentlich unter den Tisch **geschoben.** (Existenzial- Das Käsebrot auf der Box nichtsatz).
(Heinrich, Soweit: 68f.)

Existenzialnichtsätze sind dadurch charakterisiert, dass sie das Vorhandensein eines Elementes ausdrücken. Sie verhelfen gewissermaßen einem Element zur Existenz. Deshalb können basierend auf den Vorschlägen von Behr/Quintin (1996: 68) folgende Paraphrasen für sie verwendet werden:

{X} *ist/kommt vor/gibt es/befindet sich* {DA/DORT}
{DA/DORT} *ist/kommt vor/gibt es/befindet sich* {X}

Paraphrasentest

In Beleg (14) gibt es zwei Elemente: zum einen *Das Käsebrot* als zentrales Element, dessen Existenz begründet wird, und *auf der Box* als Ort, der angibt, wo sich dieses Element befindet. Entsprechend kann folgende Paraphrase gebildet werden:

{Das Käsebrot} befindet sich {auf der Box}

Ebenso verhält es sich mit dem hier wiederaufgenommenen Beleg (4), der zwei Existenzialnichtsätze mit ähnlicher Struktur enthält:

(4) (Existenzial- Oben Briefe und Postkarten nichtsatz), (Existenzial- darunter Steuererklärungen und Belege auf zwei Ebenen nichtsatz). Er **hat** nichts **mitgenommen.**
(Heinrich, Soweit: 67)

zweigliedrige Existenzialnichtsätze

Einerseits wird die Existenz von *Briefe und Postkarten* sowie *Steuererklärungen und Belege auf zwei Ebenen* bekundet, andererseits werden diese existierenden Elemente *oben* sowie *darunter* verortet. Auch hier lässt sich die Struktur des zweigliedrigen Existenzialnichtsatzes gut erkennen, wenn paraphrasiert wird:

{Oben} sind {Briefe und Postkarten}
{darunter} befinden sich {Steuererklärungen und Belege auf zwei Ebenen}

eingliedrige Existenzialnichtsätze

Bei der Identifikation von Existenzialnichtsätzen kann wie in (14) und (4) das Vorhandensein zweier Elemente (z.B. die Existenz des Käsebrots und die Box als Ort) als Indiz helfen. Allerdings müssen Existenzialnichtsätze nicht zwingend zwei Elemente enthalten – die Realisierung der {Da}-Position ist also fakultativ, wie Beleg (15) zeigt:

(15) Er **macht** sich schon Hoffnungen, dass sie bloß übergeschnappt ist und er nur einen Krankenwagen zu rufen braucht – da **zieht** sie einen noch viel größeren Sack **heraus** und **hält** ihn direkt vor sein Gesicht. (Existenzial- Ein Kopf nichtsatz). Ein Menschenkopf, das **sieht** der Arno sofort.
(Fischler, Schnitzelparadies: 14)

Auch bei solcher Eingliedrigkeit lässt sich paraphrasieren:

{Da} ist {ein Kopf}

Das Charakteristikum des Existenzialnichtsatzes, die Anwesenheit eines Elements zu konstatieren, wird also nicht davon beeinflusst, ob der Nichtsatz eingliedrig oder zweigliedrig ist. Besonders gut erkennbar sind Existenzialnichtsätze aber dann, wenn sie zweigliedrig sind.

2.2.3.3 Fragmentarischer Nichtsatz

Während sich die externe Prädikation und der Existenzialnichtsatz recht klar voneinander unterscheiden lassen, gibt es für den fragmentarischen Nichtsatz bisher keine trennscharfen Abgrenzungskriterien. Wir verstehen ihn daher nicht als ‚echte' Klasse, sondern eher als eine Art ‚Reste-Kategorie' (vgl. George 2022: 74).

Einige Eigenschaften des fragmentarischen Nichtsatzes lassen sich jedoch beschreiben. Diese werden wir im Folgenden darstellen.

Fest steht, dass es sich bei fragmentarischen Nichtsätzen um nicht-angebundene Nichtsätze handelt. Es besteht also keine Relation zu Satzgliedern angrenzender Sätze:

(16) Er **drückte** mir nochmal **die Hand.** »(fragmentarischer Armes Mädchen Nichtsatz).« Ich **drehte** ihnen den Rücken **zu** und **rannte** davon.
(Scheub, Leben: 23)

Der fragmentarische Nichtsatz zeichnet sich dadurch aus, dass er
(1) von außen „minimal strukturgestützt" und
(2) in sich „minimal strukturiert" ist (Hennig 2016: 112f.).

Minimal strukturgestützt bedeutet, dass ein fragmentarischer Nichtsatz (16) keine syntaktische Beziehung zu einem externen Textglied oder Teil eines externen Textgliedes hat. Im Gegensatz zu Existenzialnichtsätzen, die relativ autonom sind, lassen sich fragmentarische Nichtsätze deshalb semantisch nur abhängig vom aktuellen Kontext interpretieren. *Minimal strukturiert* bedeutet, dass er in seiner internen Struktur nur ein Element aufweist. Bei der Identifikation von fragmentarischen Nichtsätzen kann das Vorhandensein nur eines Elementes daher als Indiz helfen. minimal strukturgestützt

Ein *Element* kann ein einzelnes Wort oder auch eine Wortgruppe sein.

2.2.3.4 Nichtsatzklassenübersicht

Tab. 11: Nichtsatzklassen

Nichtsatztyp	**Externe Prädikation**	**Existenzialnichtsatz**	**Fragmentarischer Nichtsatz**
Beleg	Hanna **zeigte** mir das Boot. Frisch gestrichen.	Hanna **zeigte** mir das Boot. Frische Farbe auf dem Deck.	Hanna **zeigte** mir das Boot. Neuanstrich.
(prototypische) Eigenschaft	ist-Beziehung zum Bezugselement	Begründung der Existenz eines Elements	minimale Strukturiertheit und Strukturgestütztheit

Übung 8: Nichtsatzklassen

Die beiden folgenden Textauszüge stammen aus Arundhati Roys Roman *Der Gott der kleinen Dinge*. Analysieren Sie die Nichtsatzklassen. Nehmen Sie, wo es möglich ist, die entsprechenden Paraphrasen zu Hilfe.

Der himmelblaue Plymouth fuhr am Tor vorbei auf die Einfahrt und knirschte über den Kies, zermalmte kleine Muscheln, verspritzte rote und gelbe Steinchen. Kinder torkelten heraus. Zerknitterte gelbe Hosen mit Schlag und eine geliebte Handtasche. (Roy, Gott: 199)

Mammachi spielte eine WILLKOMMEN-ZU-HAUSE-UNSERE-SOPHIE-MOL-Melodie auf ihrer Geige. Eine süßliche Schokoladenmelodie. Klebrigsüß und schmelzbraun. Schokoladenwellen an einem Schokoladenstrand. [...] Sie legte die Geige zurück in den schwarzen geigenförmigen Kasten. Er klappte zu wie ein Koffer. Und schloss die Musik ein. Klick. Und Klick. (Roy, Gott: 211f.)

2.2.3.5 Probleme der Abgrenzung

Die Zuordnung von Nichtsätzen zu Nichtsatzklassen ist oft nicht leicht oder trennscharf. Es handelt sich bei Nichtsätzen um Textglieder, die meist mit nur wenigen Elementen auskommen, v.a. aber niemals Hauptprädikate enthalten. Ohne Hauptprädikate, die eine zentrale Organisation übernehmen würden, ist es schwierig, Aussagen über vertiefende grammatische Details und die Binnenstruktur zu treffen.

Existenzialnichtsatz vs. fragmentarischer Nichtsatz

Einen Orientierungspunkt bilden die Bezugselemente aus angrenzenden Sätzen. Daher können etwa *elementbezogene externe Prädikationen* recht gut identifiziert und von den anderen Nichtsatzklassen unterschieden werden. Die Abgrenzung zwischen Existenzialnichtsatz und fragmentarischem Nichtsatz ist hingegen schwieriger, weil beide nicht an Sätze angebunden sind. All das zeigt folgender Beleg:

(17) Dienstag. Heiß. Diese Meute von der anderen Seite der Marsch **hat** es schon wieder **getrieben**. Dieses dumme Spiel auf Besen.
(Rowling, Quidditch: 8)

In Beleg (17) lässt sich zunächst recht eindeutig die elementbezogene externe Prädikation *Dieses dumme Spiel auf Besen* am rechten Satzrand identifizieren. Es präzisiert das Bezugswort *es* aus dem vorangehenden Satz nicht nur, es füllt dieses überhaupt erst mit Inhalt. Wir können wie weiter oben beschrieben eine ist-Relation ausmachen, die sich paraphrasieren lässt als:

{Es} ist {dieses dumme Spiel auf Besen}

Paraphrasentest

Schwieriger ist die Entscheidung, ob es sich bei den Nichtsätzen *Dienstag* und *Heiß* jeweils um Existenzialnichtsätze oder um fragmentarische Nichtsätze handelt. Keiner der beiden Nichtsätze ist zweigliedrig (vgl. (14) *Das Käsebrot auf der Box*). Wenn dem so wäre, läge eine Analyse als Existenzialnichtsatz auf der Hand. So könnten es jedoch entweder Existenzialnichtsätze oder fragmentarische Nichtsätze sein.

Es bleibt noch ein weiteres Kriterium, das wir überprüfen können, nämlich ob eine Paraphrase im Sinne des Existenzialnichtsatzes gebildet werden kann:

{X} *ist/kommt vor/gibt es/befindet sich* {DA/DORT}
bzw
{DA/DORT} *ist/kommt vor/gibt es/befindet sich* {X}

Hier stellen wir nun fest, dass sich keine Paraphrasen wie für den Existenzialnichtsatz bilden lassen:

*{DA/Dort} *ist/kommt vor/gibt es/befindet sich* {Dienstag/heiß}
*{Dienstag/heiß} *ist/kommt vor/gibt es/befindet sich* {DA/Dort}

Durch das Ausschlussverfahren können wir *Dienstag* und *heiß* nun recht sicher als fragmentarische Nichtsätze klassifizieren.

Nichtsatz vs. virtueller Satz

Eine zusätzliche Schwierigkeit bei der Bestimmung von Nichtsätzen kann die Abgrenzung von virtuellen Sätzen darstellen. Denn virtuelle Sätze können vermeintlich ohne Prädikat auftreten, und zwar dann, wenn das Prädikat so wie *fahren los* in (18) dasjenige Element ist, das virtuell für andere Sätze gültig ist:

(18) Wir **lächeln** uns solidarisch **zu**, **heulen** beide nicht und **fahren** mit unseren Kindern **los**. (virtueller Ich mit einem Kloß im Hals Satz), (virtueller sie vielleicht auch Satz).
(Kaiser, Mutter: 87)

Hier liegen also zwei virtuelle Sätze vor, die zwar kein neues Prädikat enthalten, aber neue Komplemente, sodass das Szenario sich geändert hat. Sobald jedoch *kein* Prädikat oder andere Satzglieder aus vorherigen oder nachfolgenden Sätzen für den fraglichen Satz gültig sind, liegt ein Nichtsatz vor.

Nichtsätze sind (ebenso wie Sätze und Kohäsionsglieder) Textglieder. In Abgrenzung zum Satz enthält der Nichtsatz kein Hauptprädikat. Sein semantisches Potential ist mit impressionistischen Gemälden vergleichbar. Er bildet also kein Szenario wie der Satz, sondern ein Impressio. Der Nichtsatz kann durch Bezug zu einem Satzglied an einen Satz angebunden sein. Dann stellt er einen Thematisierungsausdruck zu einem Thema und ein Satzrandglied dar. Es gibt aber auch nicht-angebundene Nichtsätze. Es lassen sich drei Nichtsatzklassen unterscheiden: a) externe Prädikationen = Thematisierungsausdruck mit Anbindung zu einem Satzglied in einem Satz; b) Existenzialnichtsätze = autonomer, anbindungsloser Nichtsatz, der das Vorhandensein eines Elements ausdrückt; und c) fragmentarische Nichtsätze = ein Nichtsatz ohne syntaktische aber mit semantischer Anbindung und starkem Kontextbezug.

Übung 9: Nichtsatz

Identifizieren Sie alle Nichtsätze im folgenden Textauszug und argumentieren Sie für die entsprechende Nichtsatzklasse.

Babygetapse, Kinderschreie, Mädchenhaut, Jungswaden, Unfrisuren. Das Schwimmbecken strahlte hellblau im Gewimmel. Eine Aura lag über dem Bad, feucht und licht, eine Glocke aus kleinen Tröpfchen. Die Farben Magenta, Pink, Ultramarin und Knallrot standen in der Luft. Das Gras war grün und grau, darauf flitzten kleine Füße, drückten es platt und ins Braune. Eine Bananenschale, eine Leichtmetalldose, flach gedrückt. Kippen, Decken, Polyester.
(Melle, Leben: 73)

2.3 Kohäsionsglied

Die Klassifikation von *Kohäsionsgliedern* folgt nicht den gleichen Kriterien wie die der Sätze und Nichtsätze. Deshalb ist das folgende Kapitel anders als die bisherigen aufgebaut. Wir beginnen mit einem Kapitel zum Kohäsionsgliedbegriff, in dem wir einen Einblick geben, welche Phänomene in diese Klasse gehören. Danach werden *Junktoren* als die wohl typischsten Kohäsionsglieder vorgestellt und deren wortstellungsbezogene Eigenschaften (*Integrierbarkeit* vs. *Nichtintegrierbarkeit*) in den Blick genommen. Es geht also darum, welche Positionen Junktoren in Texten einnehmen können. Hierfür werden an einigen Stellen bestimmte Wortartenkenntnisse vorausgesetzt. Abschließend geben wir einen Überblick über weiterführende, besondere Kohäsionsgliedtypen – die *Konnektoren* – und stellen Abgrenzungsprobleme vor.

2.3.1 Kohäsionsgliedbegriff

In der GTA werden Kohäsionsglieder als Mörtel-Textglieder vorgestellt, weil sie andere Textglieder miteinander verbinden. *Kohäsion* bezeichnet den „Oberflächenzusammenhang zwischen Teilen des Texts, der durch sprachliche Mittel hergestellt wird“ (Averintseva-Klisch 2013: 7). Kohäsionsglieder sind dabei nur eines von vielen Kohäsionsmitteln (vgl. Adamzik 2016: Kap. 7.1, GTA: 199ff.).

Warum das so ist, lässt sich gut anhand zweier Belege nachvollziehen:

(1) Marie **wohnt** im Nachbarhaus. Paul **klingelt** an ihrer Tür.
(Lestrade/Docampo, Wörterfabrik: 18)

(2) Mama **lernt**, meine Mama zu sein und ich **lerne**, ihr Kind zu sein.
(Galindo, Mama: 27)

In Beleg (1) liegen zwei Sätze vor, die auf verschiedene Weise grammatisch zusammenhängen. So trägt beispielsweise die inhaltliche Wiederaufnahme von *Marie* im ersten Satz durch *ihrer* im zweiten Satz zur Textkohäsion bei. Dadurch, dass sich die verschiedenen Sprachzeichen auf ein und dasselbe Referenzobjekt beziehen, wird eine grammatische Verbindung zwischen den Sätzen hergestellt. Diese Verbindung hat aber keinen eigenen Wert auf Textebene, sondern liegt im ersten Satz grammatisch auf der Mesoebene (nämlich innerhalb des Subjekts *Marie*) und im zweiten auf der Mikroebene (nämlich innerhalb der Präpositionalgruppe *an ihrer Tür*).

Anders ist es bei Beleg (2): Hier liegen auch zwei Sätze vor, die u.a. aufgrund der Wiederaufnahme von identischen Referenzobjekten grammatisch miteinander verbunden sind (*Mama* – *ihr*; *meine* – *ich*). Allerdings liegt hier zusätzlich ein *und* vor, das zwischen den Sätzen als Mörtel fungiert und für den grammatischen Zusammenhalt der beiden Sätze auf Textebene sorgt. Dieses *und* übernimmt eine kohäsive Funktion auf Textebene und ist damit gleichwertig mit den anderen beiden vorgestellten Textgliedern Satz und Nichtsatz.

Jedes Kohäsionsglied stellt also genau ein Textglied dar. Da aber nicht jedes Kohäsionsmittel ein Kohäsionsglied ist, werden wir im Rahmen unserer syntaxbasierten Grammatik nicht über Kohäsionsmittel im Allgemeinen sprechen – dieses Feld gehört zum Kompetenzbereich der Textlinguistik.

2.3.2 Kohäsionsgliedklassen

Kohäsionsglieder fungieren also als Bindeglieder zwischen anderen Textgliedern oder auch ganzen Textsequenzen. Daraus ergeben sich zwei Kohäsionsgliedklassen, nämlich a) Textgliedverbinder: *Junktoren* und b) Textsequenzverknüpfer: *Konnektoren*. Schauen wir uns einmal zwei Belege für Junktoren an:

(3) Danach **hatte** André keinen neuen Hund **haben wollen**. <u>Aber</u> irgendwo in ihm **war** Buster noch **lebendig**.
(Steinhöfel, Anders: 53)

(4) Nun **wende** ich mich noch einmal **um** <u>und</u> **winke** ihnen **zu.**
(Schnitzler, Else: 7)

Junktoren

Vorgestellt werden hier zwei Kohäsionsglieder: *aber* und *und*. Bei beiden handelt es sich um Junktoren, genauer: Konjunktoren. Wir finden sie hier in der für sie typischen Position und Funktion: Sie stehen zwischen Sätzen und stellen semantisch unterschiedliche Relationen her.

i

Häufig vorkommende semantische Relationen sind die Folgenden:
additiv/kopulativ = anneinanderreihend
adversativ = entgegensetzend
disjunktiv = zur Wahl stellend
Ulli **kommt** von der Schule heim <u>und</u> **freut sich**. (Maar, Eisenbahn-Oma: 5)
Ulli **kommt** von der Schule heim <u>aber</u> **wäre** gern dort **geblieben**.
Ulli **kommt** von der Schule heim <u>oder</u> **bleibt** er noch dort?

Konnektoren

Die zweite Klasse der Kohäsionsglieder bilden die Konnektoren. Die Klasse der Konnektoren ist breit gefächert und enthält viele Subtypen. In (5) finden wir zwei *Ordnungsglieder* (*erstens* und *zweitens*):

(5) Drei Dinge **lassen sich** aus dem diesjährigen Eurovision Song Contest **lernen**. Erstens: Das ESC-Europa **hat** wieder Geschmack. Zweitens: Die Zeit des Glitzer-Gähnpops **ist vorbei**.
(Süddeutsche Online, Eurovision: 23.05.21)

Die Funktion von Konnektoren ist es, den Text zu strukturieren und zu gliedern.

Zwischenstelle

Die prototypische Position von Kohäsionsgliedern – von Junktoren wie Konnektoren gleichermaßen – kann durch die bereits aus Kap. 2.2.1 bekannte Erweiterung des Stellungsfeldermodells abgebildet werden: die Zwischenstelle:

	ZS	VF	LK	MF	RK	NF
(3)		Danach	**hatte**	André keinen neuen Hund	**haben wollen.**	
	Aber	irgendwo in ihm	**war**	Buster noch	**lebendig**.	
(5)		Drei Dinge	**lassen sich**	aus dem diesjährigen Eurovision Song Contest	**lernen**.	
	Erstens:	Das ESC-Europa	**hat**	wieder Geschmack.		
	Zweitens:	Die Zeit des Glitzer-Gähnpops	**ist**		**vorbei**.	

Das Potential, die Zwischenstelle zu besetzen, haben Junktoren wie auch Konnektoren also gemeinsam. Im Folgenden wollen wir uns nun aber genauer anschauen, was die beiden Klassen unterscheidet.

Übung 10: Kohäsionsglieder im Stellungsfeldermodell

Ordnen Sie den folgenden Textauszug in das erweiterte Stellungsfeldermodell ein.

Wenn Bars schließen, feiern die Leute privat. Aber wie soll man mit der Sorglosigkeit der anderen umgehen? Wenn Menschen in Wohnungen feiern, verlagert sich aber nicht nur die Party nach innen, sondern es verlagert sich auch die Möglichkeit der Kontrolle teilweise vom Öffentlichen ins Private. In einer Pandemie kann eine Party richtig oder falsch sein und da geht der Ärger los. (Spiegel Online, Feiern Corona: 13.10.20)

2.3.2.1 Junktoren

Der Terminus ‚Junktor' steht zunächst für eine Klasse von Wortarten mit unterschiedlichen Subklassen. Ihnen ist gemein, dass sie auf verschiedene Arten Verbindungen zwischen Elementen schaffen. Dabei ist jedoch entscheidend, dass nicht jeder Junktor ein Kohäsionsglied ist.

---

i

Bekannter sind die Termini *Junktion* bzw. *Konjunktion*. *Junktion* bezeichnet allerdings den Akt der Verbindung, während der *Junktor* das sprachliche Zeichen ist, das durch die Junktion erst entsteht, das also das Resultat des Verbindungsakts darstellt. Eine analoge Unterscheidung ist z.B. aus der Wortbildung bekannt: Der Akt der Zusammensetzung von Wörtern heißt *Komposition*, das komplexe Sprachzeichen als Resultat der Komposition *Kompositum*.

Der aus Kap. 2.1.3.1.2 zum Thema *Satzverbindungen* bereits bekannte Beleg (6) enthält zwei Junktoren. An unserer Markierung ist jedoch zu sehen, dass nur ein Kohäsionsglied identifiziert werden kann:

(6) Es **sind ihre Spielchen** (Kon- und junktor) (Sub- wenn junktor) ich versuche mitzuspielen, **fühle** ich **mich ertappt**.
(Heinrich, Gedanke: 49)

Konjunktor vs. Subjunktor

Bei *und* handelt es sich um einen Konjunktor, der zwischen zwei Sätzen steht und diese miteinander verbindet. Er ist ein Kohäsionsglied. Wir haben bereits gezeigt, dass Subjunktoren wie *wenn* in (6) hingegen Nebensätze einleiten und damit als Bindeglieder zwischen Haupt- und Nebensätzen fungieren. Subjunktoren sind deshalb niemals Kohäsionsglieder, da sie innerhalb von Sätzen agieren und Teile von Nebensätzen sind! Im Folgenden wollen wir uns nur auf diejenigen Junktoren fokussieren, die Kohäsionsgliedstatus haben.

Genauso wie die anderen beiden Textglieder (Satz und Nichtsatz) können auch Kohäsionsglieder hinsichtlich ihrer topologischen Eigenschaften untersucht werden. Dabei geht es um ihre Positionen im Verhältnis zu anderen Textgliedern wie Sätzen.

Schauen wir uns dazu zunächst diejenigen Junktoren an, die wie *und* in (6) zwischen Sätzen stehen. Dabei ist für uns entscheidend, ob die Position zwischen den Sätzen für Junktoren obligatorisch ist, oder ob auch andere Positionen möglich wären. Die zentrale Frage ist also nicht: Wo steht das Kohäsionsglied aktuell, sondern: Wo kann es stehen und wo nicht?

Nichtintegrierbarkeit

Wie sich bereits gezeigt hat, sind die Prototypen der Kohäsionsglieder diejenigen, die zwei Sätze miteinander verbinden. Dabei handelt es sich typischerweise um Konjunktoren wie *und*. Schauen wir uns dazu nochmal Beleg (4) an:

(4) Nun **wende** ich mich noch einmal **um** und **winke** ihnen **zu**.

In (4) werden zwei grammatische Sätze mit dem Kohäsionsglied *und* miteinander verbunden. Der zweite Satz ist ein virtueller Satz, denn das Subjekt *ich* aus dem ersten Satz ist auch für den zweiten gültig. Virtuelle Sätze werden häufig durch Konjunktoren angeschlossen. Entscheidend für *und* ist in diesem Beleg, dass es nur die Zwischenstelle besetzen kann. Es ist also in keinen der beiden Sätze integrierbar, wie (4') und (4'') zeigen:

(4') *Nun **wende** ich und mich noch einmal **um winke** ihnen **zu**.
(4'') *Nun **wende** ich mich noch einmal **um winke** ihnen und **zu**.

Konjunktoren wie *und* müssen also in der Zwischenstelle stehen und sind somit *nichtintegrierbar*. Wenn wir versuchen, sie in den Satz zu integrieren, entstehen ungrammatische Strukturen.

Exkurs: *und* im Vorfeld

Alles bisher Gesagte bezieht sich primär auf die gegenwartsdeutsche Standardsprache. Allerdings ist es wichtig, sich auch die historische Entwicklung der Wortstellungstypen von Junktoren anzuschauen. Bei *und* ist das besonders interessant. Noch bis ins 19. Jahrhundert ist die Inversion (= Drehung) nach *und* in Texten zu finden:

(7) Kühe und Kalb, Schweine und Hund, Wirt und Frau **lag** da alles untereinander; vor Rauch in der Stube **konnte** man sich nicht **aufrichten;** Branntwein und [...] Läuse **war'n gnug**; und **trunk** man den Branntwein aus Baßgläsern;
(Meister Dietz, 18. Jhd.)

Beleg (7) besteht aus vier grammatischen Sätzen. Dabei findet sich im letzten Satz (*und trunk man den Branntwein aus Baßgläsern*) eine Drehung des Satzes, d.h.: die erwartete Wortstellung mit einer Verbzweitstellung nach *und* wird hier nicht erfüllt. Statt *und man trunk* ist die Realisierung *und trunk man.* Schauen wir uns das einmal im Stellungsfeldermodell an:

	ZS	VF	LK	MF	RK	NF
(7)		Kühe und Kalb, Schweine und Hund, Wirt und Frau	**lag**	da alles untereinander;		
		vor Rauch in der Stube	**konnte**	man sich nicht	**aufrichten;**	
		Branntwein und, salvo honore, Läuse	**war'n**		**gnug;**	
		und	**trunk**	man den Branntwein aus Baßgläsern;		

Dass im letzten Satz *und* im Vorfeld steht, ist für das Gegenwartsdeutsche undenkbar, weil man entweder das Subjekt (*man*) oder das Akkusativobjekt (*den Branntwein*) ins Vorfeld gestellt hätte. Bei der Inversion nach *und* erfolgt immer ein Tausch der Positionen, was zeigt, dass die sukzessive einsetzende Verfestigung von Wortstellungsmustern im Neuhochdeutschen zum Zeitpunkt der Textproduktion noch weniger weit fortgeschritten war, als sie es heute ist. Im Gegenwartsdeutschen müsste die korrekte Struktur also so aussehen, dass das Subjekt (*man*) mit dem *und* den Platz tauscht:

	ZS	VF	LK	MF	RK	NF
(7')		Branntwein und, salvo honore, Läuse	**war'n**		**gnug;**	
	und	man	**trunk**	den Branntwein aus Baßgläsern;		

In Rinas (2021) finden sich verschiedene Erklärungsansätze zu diesem Wortstellungsphänomen, die sowohl den Bezug zur Herausbildung der Schriftsprachlichkeit wie auch einen generellen „sprachkulturellen Wandel, der im deutschen Sprachraum in der Mitte des 18. Jahrhunderts eingeleitet wurde" in den Blick nehmen (vgl. ebd.: 6).

Zurück zur Gegenwartssprache und den nichtintegrierbaren Kohäsionsgliedern: ‚Nichtintegrierbar' bedeutet, dass die Kohäsionsglieder nur außerhalb von anderen Textgliedern vorkommen können. Sie können also

Was heißt nichtintegrierbar? Und was folgt daraus?

Verbindungen *zwischen* Sätzen und Nichtsätzen herstellen. Daraus ergeben sich zusammenfassend drei potentielle Positionen:

(a) zwischen Satz und Satz
(b) zwischen Satz und Nichtsatz und
(c) zwischen Nichtsatz und Nichtsatz

Schauen wir uns das an den Varianten eines aus Kap. 2.1.3.1.2 zum Thema *Satzverbindungen* bekannten Belegs an:

(a)

Satz 1	**Kohäsionsglied**	**Satz 2**
Ich **entschuldigte** mich kurz, um Zeit zu gewinnen,	und	**nahm** beim Vorbeigehen an der Bar einen Schnaps.

(b)

Satz	**Kohäsionsglied**	**Nichtsatz**
Ich **entschuldigte** mich kurz, um Zeit zu gewinnen,	und	ein Schnaps an der Bar.

(c)

Nichtsatz 1	**Kohäsionsglied**	**Nichtsatz 2**
Erst eine Entschuldigung	und	dann ein Schnaps an der Bar.

und ist nicht gleich *und*

Es wäre falsch, Kohäsionsglieder nur über ihre Form bestimmen zu wollen. Denn dass Sprachzeichen polyfunktional sind, ist keine Seltenheit – im Gegenteil. Für eine adäquate grammatische Analyse müssen Formen deshalb immer in ihren funktionalen Zusammenhängen betrachtet werden. Schauen wir uns dazu ein Beispiel an:

(8) Sie **robbte** über den Boden (Kon- und junktor) **hockte sich** vor die Spielzeugsoldaten, **pickte** einen vom Haufen, **hielt** ihn zwischen Daumen (Kon- und junktor) Zeigefinger **hoch** (Kon- und junktor) **musterte** ihn.
(Vuong, Auf Erden: 26)

satzglied-interne Koordination

In Beleg (8) kommt der Konjunktor *und* insgesamt dreimal vor. Nur in zwei Fällen fungiert er allerdings als Kohäsionsglied zwischen zwei Sätzen und ist damit ein Textglied, wie die Markierung anzeigt.

Das dritte *und* (*zwischen Daumen und Zeigefinger*) verbindet zwei Satzgliedteile miteinander. Es ist kein Textglied, sondern erfüllt eine koordinierende Funktion auf Satzgliedebene. Diese Art der Verbindung wird deshalb auch *satzgliedinterne Koordination* genannt.

Der Unterschied zwischen einem Kohäsionsglied-*und* und einem *und* unterhalb der Textebene wird sehr gut im Stellungsfeldermodell sichtbar:

	ZS	VF	LK	MF	RK	NF
(8)		Sie	**robbte**	über den Boden		
	und		**hockte sich**	vor die Spielzeugsoldaten		
			pickte	einen vom Haufen		
			hielt	ihn zwischen Daumen und Zeigefinger	**hoch**	
	und		**musterte**	ihn.		

Als nichtintegrierbarer Konjunktor kann das Kohäsionsglied *und* nämlich nur die Zwischenstelle besetzen (8), während das in das Lokaladverbial *zwischen Daumen und Zeigefinger* integrierte *und* nur zusammen mit seinem Satzglied verschiebbar ist (8') und (8''):

	ZS	VF	LK	MF	RK	NF
(8')		Sie	**hielt**	ihn zwischen Daumen und Zeigefinger	**hoch**	
(8'')	und	zwischen Daumen und Zeigefinger	**hielt**	sie ihn	**hoch**	

Wir halten also fest: Kohäsionsglieder sind nicht allein über die Form definiert, sondern auch über ihre Funktion, d.h. über ihre grammatische Leistung im jeweiligen Kontext.

Integrierbarkeit

Wir haben bisher gezeigt, dass die traditionelle Vorstellung von Konjunktoren beinhaltet, dass diese zwischen Sätzen bzw. zwischen Textgliedern stehen, um diese miteinander zu verbinden. Das muss aber nicht so sein. Konjunktoren können auch in andere Textglieder integriert sein und trotzdem eine verbindende Funktion auf Textebene erfüllen.

Wir schauen uns dazu im Folgenden drei Typen von integrierbaren Junktoren an: Konjunktoren, Adverbjunktoren und Partikeljunktoren. Betrachten wir zunächst den Fall *aber* an der Wiederholung von (3):

(3) Danach **hatte** André keinen neuen Hund **haben wollen**. <u>Aber</u> irgendwo in ihm **war** Buster noch **lebendig**.

(3') Danach **hatte** André keinen neuen Hund **haben wollen**. Irgendwo in ihm **war** Buster <u>aber</u> noch **lebendig**.

Aber steht in (3) so wie die bisher vorgestellten Konjunktoren in der Zwischenstelle und zählt somit wie *und* und *oder* ebenfalls zu den Konjunktoren, die andere Textglieder miteinander verbinden. Beleg (3') zeigt jedoch, dass *aber* nicht auf die Position in der Zwischenstelle beschränkt ist: *Aber* ist auch in Sätze integrierbar und wird damit als *integrierbarer Konjunktor* klassifiziert. Was bedeutet das?

Glieder in Sätzen vs. Satzglieder

Mit *aber* finden wir hier ein Element in einem Satz vor, das nicht zwischen den Textgliedern steht und dennoch den Status einen Textgliedes hat, also gleichwertig zu Sätzen, Nichtsätzen und anderen Kohäsionsgliedern ist. Es befindet sich somit ein Textglied (= Kohäsionsglied) in einem anderen Textglied (= Satz). Das mag überraschen, denn solche Phänomene werden beispielsweise im schulischen Grammatikunterricht nicht vermittelt. Viel eher wird traditionell angenommen, dass alle Glieder in Sätzen grundsätzlich Satzglieder sind, d.h., dass Glieder *in* Sätzen auch nur Funktionen *in* Sätzen haben. Die sprachliche Realität sieht aber anders aus. Bei integrierbaren Kohäsionsgliedern handelt es sich um Sprachzeichen, die zwar neben Elementen der Satzebene (= Satzgliedern) stehen, ihre Funktion manifestiert sich aber auf der Textebene (= Textglied).

Restlosigkeit der Satzanalyse

Diese Grundidee macht es möglich, mit dem GTA-Modell alle Elemente in einem Satz klassifizieren zu können, unabhängig davon, ob es geltende schulgrammatische Begriffe dafür gibt. Die Menge der integrierbaren Junktoren beinhaltet neben *aber* weitere Typen von Junktoren, die an unterschiedlichen Positionen im Satz stehen können und die wir im Folgenden genauer betrachten wollen.

---

i Um in diesem Kapitel den Überblick zu behalten, ist es notwendig, dass bestimmte Wortart-Begriffe hier einmal sortiert werden. Dabei muss stets bedacht werden: Die Ebene der Wortarten ist eine Zuweisung, die unabhängig von unserer Klassifikation in Textglieder funktioniert. Die Wortarten, die hier notwendig sind, sind *Junktoren, Adverbien* und *Partikeln*.
Alle drei gehören der Klasse der *nicht-flektierbaren Wortarten* an, sie behalten also ihre Form unabhängig von sich verändernden grammatischen Kategorisierungen wie Tempus oder Person.

Junktoren: ‚Konjunktoren' verknüpfen gleichrangige Elemente (Peter *und* Paul; Äpfel *oder* Birnen; Ich gehe, *aber* du bleibst); ‚Subjunktoren' sorgen für den Anschluss von Nebensätzen an übergeordnete Satzstrukturen (*weil; obwohl*)
Adverbien: immer allein vorfeldfähig, unterteilbar in semantische Klassen wie Temporaladaverbien (*heute; morgens*) oder Lokaladverbien (*hier; jetzt*).
Partikeln: Funktionswörter unterschiedlicher Klassen, niemals allein vorfeldfähig. Häufig zusammen mit Wortgruppen realisiert. Intenstitätspartikel (*sehr* hoch); Fokuspartikel (*auch* mein Hund bellt); Abtönungspartikel (Das ist *ja* schön).

Adverb- und Partikeljunktoren

Integrierbare Junktoren haben unterschiedliche Qualitäten. Es zeigt sich, dass hinsichtlich ihrer topologischen Eigenschaften das Vorfeld eine besondere Rolle spielt. Darauf wollen wir bei folgenden Belegen besonders achten:

(9) Mutationen im Erbgut des Coronavirus **könnten** künftig dazu **führen**, dass das Immunsystem den Erreger etwas weniger gut erkennt. Wissenschaftler und Forscherinnen **sind** <u>aber</u> **zuversichtlich**, dass die Impfung trotzdem einen schweren Verlauf oder Tod durch Covid-19 verhindert. (Adverb- <u>Außerdem</u> junktor) **arbeiten** die Hersteller bereits daran, ihre Impfstoffe an neue Varianten anzupassen.
(Zeit Online, Corona-Impfstoff: 26.04.21)

(10) Die Fähigkeit, in gefährlichen Augenblicken stumm zu bleiben, **bewahrt** mich zur Zeit davor, verrückt zu werden. (Adverb- <u>Allerdings</u> junktor) **muß** ich **mir Sorgen machen**, ob ich zukünftig immer werde schweigen können.
(Genazino, Liebe: 9)

(11) Vielleicht **fragte** er **sich**, ob die beiden Fremden, die ihn bei der Hand genommen hatten und gleich mit ihm davonfahren würden, wirklich seine Eltern fahren. Da **konnte** ja jeder **kommen** ... (Partikel- <u>Auch</u> junktor) die Heimfahrt **verlief** schweigend.
(Steinhöfel, Anders: 41–42)

(12) Dank intensiver täglicher Krankengymnastik **kam** Felix zwar körperlich überraschend schnell **zu Kräften**, dazu **trug** auch sein fast beispielloser Appetit **bei**. Ansonsten (Partikel- <u>aber</u> junktor) **saß** er.
(Steinhöfel, Anders: 37)

---

i

Wir erinnern uns: Subjunktoren wie *ob* in (10) sind keine Kohäsionsglieder, da sich ihre jungierende Funktion nicht auf Satzebene, sondern zwischen Haupt- und Nebensatz manifestiert.

Vergleicht man diese vier Belegtypen von integrierten Junktoren miteinander, so wird deutlich, dass sie in unterschiedlichem Grad selbstständig in ihrer Satzorganisation sind. In (9) und (10) sehen die Junktoren *außerdem* und *allerdings* wie klassische Satzglieder aus, die allein das Vorfeld besetzen können. (11) und (12) scheinen Fälle zu sein, bei denen zusätzlich zum Junktor

Elemente ins Vorfeld hinzutreten müssen, um grammatische Vorfeldbesetzungen zu erhalten. Sehen wir uns die Belege noch einmal genauer an.

Adverbjunktoren

Adverbjunktoren weisen große Ähnlichkeit zu Satzgliedern (Adverbialbestimmungen) auf. Sie sind ebenso syntaktisch autonom, d.h. können frei im Satz verschoben werden, ohne dass dabei andere Elemente mit hinzugenommen werden müssen. Auch eine Positionierung im Mittelfeld ist für solche Adverbjunktoren unproblematisch:

(9') Die Hersteller **arbeiten** außerdem bereits daran, ihre Impfstoffe an neue Varianten anzupassen.

(10') Ich **muß mir** allerdings **Sorgen machen**, ob ich zukünftig immer werde schweigen können.

Partikeljunktoren

Anders als Adverbjunktoren verhalten sich *Partikeljunktoren*. Sie sind hinsichtlich ihrer Wortstellungsmöglichkeiten deutlich begrenzter. Häufig treten sie zu anderen Elementen im Vorfeld hinzu. Schauen wir uns die entsprechenden Belege erneut an:

(11) Auch die Heimfahrt **verlief** schweigend.

(12) Ansonsten aber **saß** er.

Es hat sich etabliert, innerhalb des Vorfelds von verschiedenen Positionen zu sprechen, nämlich *Vorerst* (11) und *Nacherst* (12). In der *Vorerstposition* stehen üblicherweise solche Elemente, die das Satzglied im Vorfeld fokussieren. Deshalb ist die dafür typische Wortart auch die *Fokuspartikel*. Diesen Fällen ist gemein, dass sich das Element im Vorfeld gemeinsam mit dem Vorerstkohäsionsglied verschieben lässt und somit auch im Mittelfeld stehen kann:

	Vorfeld			LK	MF
	Vorerst	**Erstposition**	**Nacherst**		
(11)	Auch	die Heimfahrt		**verlief**	schweigend.
(11')		Schweigend		**verlief**	auch die Heimfahrt.
(12)		Ansonsten	aber	**saß**	er.

In bisherigen Modellen war in der Fachliteratur „für die Vorfeldposition ‚in der Mitte' keine Bezeichnung" (Ágel/Sievers 2020: 473) vorgesehen. In Ágel/Sievers 2020 wurde dafür der Begriff „Erstposition im Vorfeld" eingeführt (ebd.: 474).

In Kap 2.1.2 wurden die beiden Subklassen der *doppelten/mehrfachen Vorfeldbesetzung* diskutiert. In den hier diskutierten Belegen handelt es sich um eine Kombination aus Satzglied + Kohäsionsglied, also um die einfache markierte Vorfeldbesetzung. Die andere Subklasse ist die Kombination aus Satzglied + Satzglied, d.h. die mehrfache markierte Vorfeldbesetzung.

2.3.2.2 Übersicht

Aus den bisherigen Überlegungen ergibt sich die folgendende Übersicht über die Merkmale der von uns behandelten Junktoren:

Tab. 12: Junktorenmerkmale

Junktorklasse	Beispiel	Positionen
nichtintegrierbarer Konjunktor	und, oder	Zwischenstelle
integrierbarer Konjunktor	aber	Zwischenstelle, Vorfeld (nicht allein) und Mittelfeld
Adverbjunktor	außerdem	Vorfeld (auch Mittelfeld)
Partikeljunktor	auch	Vorfeld (nicht allein) und Mittelfeld

Junktoren bewegen sich auf einer Art Skala zwischen Integrierbarkeit und NichtIntegrierbarkeit. Am oberen Ende stehen Konjunktoren wie *und*, die ausschließlich in der Zwischenstelle stehen und damit *nur nichtintegriert* vorkommen können. Das untere Ende bilden Partikeljunktoren, die ausschließlich integriert stehen können. Für sie gilt, dass sie niemals in der Zwischenstelle stehen können, also *nur integriert* vorkommen. Dazwischen befinden sich Elemente wie das vorgestellte *aber*, das beide Kriterien erfüllen kann.

Übung 11: Junktorklassen

Bestimmen Sie die Junktorklassen und Positionen der unterstrichenen Einheiten:

Selenskyj dürfte die Zusage aus den USA dennoch freuen, hatte er doch schon länger auf weitere Waffenlieferungen gedrungen. Auf Twitter erklärte der ukrainische Präsident jedenfalls, er begrüße die historische Entscheidung der USA und zähle darauf, die praktische Umsetzung beim Treffen in Hiroshima zu diskutieren. Vorher aber werden sich die Staats- und Regierungschef der G7 noch anderen drängenden Fragen wie der wirtschaftlichen Sicherheit und der Lieferkettenproblematik zuwenden. „De-Risking" ist das Schlagwort, das EU-Kommissionspräsidentin Ursula von der Leyen geprägt hat und das auch Scholz gerne in den Mund nimmt. (Tagesschau, Kampfjets: 20.05.23)

2.3.2.3 Konnektoren

Die zweite Klasse der Kohäsionsglieder bilden die Konnektoren. Im Folgenden wollen wir anhand einiger Belege einen exemplarischen Überblick geben. Dabei ändern wir die Perspektive: Für die Junktoren haben wir insbesondere die Wortstellungseigenschaften in den Blick genommen. Die Klasse der Konnektoren ist aber insbesondere für die Domänen der Mündlichkeit und Schriftlichkeit in Abgrenzung zueinander ein spannendes Feld. Deshalb wird es in diesem Kapitel immer wieder um diese beiden Parameter gehen. Die Klasse der Konnektoren ist darüber hinaus sehr heterogen. Wir konzentrieren uns auf *Ordnungs- und Formulierungsglieder*, *Parajunktoren* und *Nähezeichen*.

Textverknüpfung

Konnektoren sind nicht wie Junktoren dafür zuständig, Textglieder miteinander zu verbinden. Vielmehr haben sie die Funktion der Text- und Gesprächsorganisation inne. Schauen wir uns dazu erneut Beleg (5) an:

(5) Drei Dinge **lassen sich** aus dem diesjährigen Eurovision Song Contest **lernen**. <u>Erstens</u>: Das ESC-Europa **hat** wieder Geschmack. <u>Zweitens</u>: Die Zeit des Glitzer-Gähnpops **ist vorbei**.

Gesprächs-organisation

Erstens und *zweitens* sind *Ordnungsglieder*. Sie sind typische Strukturierungsinstrumente der Schriftkommunikation und dienen dazu, komplexe Äußerungen zu organisieren. Ähnliche Phänomene finden wir, wie (13) zeigt, auch in der gesprochenen Sprache:

(13) Da **muss** ich tatsächlich **pragmatisch sein**. <u>Das heißt</u>: wenn ich zum Beispiel mit Marco Buschmann darüber verhandle, wie kann der Kompromiss aussehen, dann **ist** für mich **wichtig**, dass ich zum Schluss einen Kompromiss habe, mit dem noch was rauszuholen ist.
(ZDF heute, Lanz: 05.04.22)

Während Ordnungsglieder Texte strukturieren, dienen *Formulierungsglieder* – zu denen *das heißt* zählt – dazu, eigene Äußerungen zu präzisieren oder umzuformulieren. Wir finden sie häufig in der gesprochenen Sprache.

---

i Ein etabliertes Modell zur Beschreibung von Mündlichkeit und Schriftlichkeit ist das Nähe-Distanz-Modell von Koch/Oesterreicher (1985). Das Modell ist deshalb interessant, weil nicht nur die Dimension des *Mediums* (gesprochen/phonisch vs. geschrieben/graphisch) betrachtet wird, sondern auch die der *Konzeption* mit in Betracht gezogen wird. Dadurch wird dem Umstand Rechnung getragen, dass *nähesprachlich* konzipierte Texte auch geschrieben und *distanzsprachlich* konzipierte Texte auch gesprochen werden können. Man denke etwa an eine WhatsApp-Nachricht vs. eine abgelesene Bundestagsrede.

Eine weitere Klasse der Konnektoren, die für die Erforschung gesprochener Sprache interessant ist, bilden die *Nähezeichen*. Sie haben weniger gliedernden Charakter, sondern bilden Nähesprachlichkeit ab. Dass die folgenden Belege aus einem Roman stammen, spricht dafür, dass der Schrifttext Mündlichkeit inszeniert, um besonders authentisch gesprochene Sprache wiederzugeben:

(14) Rote Musik, hm?
(Steinhöfel, Anders: 40)

(15) Ich meine, hallo? Was **willst** du mit so einer Braut? **Halt** einfach **die Klappe,** Gerry.
(Steinhöfel, Anders: 18f.)

Wie bereits gezeigt wurde, ist die Zielsetzung der GTA, jedwede Art von Text restlos grammatisch analysieren zu können. (14) und (15) stellen beispielsweise für die Schulgrammatik eine besondere Herausforderung dar. Mit der GTA können wir hierfür die Kategorie der *Nähezeichen* nutzen. Darunter fallen wie mit *hm?* solche Elemente, die dazu dienen, den Gesprächsfluss am Laufen zu halten (= *Kontaktsignale*). Außerdem können *Diskursmarker* wie *ich meine* dazu gezählt werden. Sie werden insbesondere in der Interaktionalen Linguistik erforscht. Ob es sich hierbei um eine Wortart oder doch eher um eine pragmatische Kategorie handelt, ist umstritten (vgl. Imo 2017). *Ich meine* zählt dabei zu einer der drei von Imo beschriebenen Gruppen der Diskursmarker, die sich aus „mehr oder weniger formelhaften Phrasen" zusammensetzen und vornehmlich äußerungsinitial vorkommen (ebd.: 52).

Parajunktoren

Ein ebenfalls als Diskursmarker diskutiertes Phänomen fällt in der GTA in die Klasse der *Parajunktoren*. Parajunktoren zählen trotz desselben Wortstamms nicht zur Kohäsionsgliedklasse der Junktoren. Sie sind Konnektoren, da hier nicht Textglieder verknüpft werden, sondern eine losere Verbindung besteht, die auch *Beiordnung* genannt wird. Einen Eindruck von dieser Klasse erhalten wir mit den Belegen (16 und 17):

(16) Vielleicht ein, zwei Tage im Wald verbringen und später mal wieder vorbeigukken, das **war der Plan**. Wobei – **ein richtiger Plan war** das auch nicht.
(Herrndorf, Tschick: 32)

(17) Wenn ich mich für eins von beiden entscheiden müsste, **wär**'s mir, ehrlich gesagt, **lieber**, keine Freunde zu haben, als wahnsinnig langweilig zu sein. Weil, wenn man langweilig ist, **hat** man automatisch keine Freunde, die noch langweiliger sind als man selbst.
(Herrndorf, Tschick: 10)

Was in der GTA *subjunktiver Parajunktor* genannt wird, zählt bei Imo (2017) ebenfalls zu den Diskursmarkern, die „aus subordinierenden Konjunktoren ‚rekrutiert' wurden" (ebd.: 52). *Weil* und *obwohl* sind in schriftsprachlichen Standardtexten Subjunktoren, die Nebensätze einleiten. Sie haben sich aber besonders in mündlicher Sprache zu Kohäsionsgliedern in der Zwischenstelle entwickelt, die damit keinerlei Einfluss mehr auf die Folgewortstellung haben (vgl. Ágel 2016). Zwar liegen sowohl in (16) als auch (17) Verbzweitstellungen vor, die Abwandlung von (16) in (16') zeigt aber, dass auch ein Verberstsatz nach einem Parajunktor unproblematisch ist:

(16') Vielleicht ein, zwei Tage im Wald verbringen und später mal wieder vorbeigukken, das **war der Plan**. Wobei – **war** das **ein richtiger Plan**?

Da es sich hierbei um besonders gern diskutierte Fälle handelt, wenn es um vermeintlich ‚richtige Sprache', ‚Sprachverfall' und Norm geht, sei an dieser Stelle betont, dass die Verwendung der genannten Elemente als Parajunktoren eine regelhafte Konstruktion des Gegenwartsdeutschen ist. Auch diese Parajunktoren dienen dazu, den Text zu strukturieren und die Äußerungen des jugendlichen Erzählers im Fall des Romans *Tschick* besonders lebendig und assoziativ wirken zu lassen.

Übung 12: ‚weil'

Die Wortstellung nach *weil* ist ein vielzitiertes Phänomen in der gegenwartsgrammatischen Fachliteratur. Gleichzeitig handelt es sich um ein Phänomen, das Sprachpfleger:innen „auf den Magen schlägt" (https://blog.rotkel.de/das-weil-und-der-wandel/). Nehmen Sie Bezug zu dem *weil* aus dem folgenden Beleg von Parantatatam (Parantatatam, Europa). Wie ordnen Sie dieses anhand der vorgestellten Klassen ein und welcher Wortstellungstyp liegt hier vor?

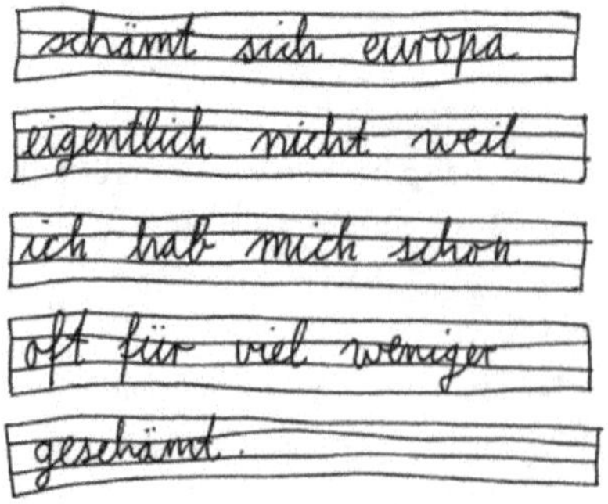
schämt sich europa
eigentlich nicht weil
ich hab mich schon
oft für viel weniger
geschämt.

2.3.2.4 Probleme der Abgrenzung

Die GTA als *deskriptive Grammatik* verfolgt den Anspruch, alle syntaktischen Strukturen der Einzelsprache Deutsch systematisch zu beschreiben. Anders als bei normativen Grammatiken geht es also nicht darum, stets eindeutige Lösungen für Analysefragen festzulegen. Es geht vielmehr darum, Analyseentscheidungen zu treffen, die das System der Sprache möglichst genau abbilden. Auch in Bezug auf die breit gefächerte Klasse der Kohäsionsglieder hat diese Haltung zur Folge, dass Analyseentscheidungen nicht immer starr zu einem eindeutigen Ergebnis führen. Im Gegenteil: Manche Analysen führen im Ergebnis zu grammatischen ‚Doppelagenten', auf die wir im Folgenden näher eingehen wollen.

deskriptive Grammatikschreibung

Wir haben bereits erläutert, dass sich innerhalb von Sätzen nicht nur Satzglieder befinden, sondern auch Kohäsionsglieder auftreten können. Besonders interessant ist die Frage danach, wie wir solche integrierten Kohäsionsglieder von Satzgliedern unterscheiden. In Fällen von *eh* als Abtönungspartikel und *aber* als Konjunktor ist das weniger problematisch, da hier wohl auch keine bekannten Satzgliedbegriffe zuordbar wären. Anders verhält es sich aber bei Adverbjunktoren, die wie Satzglieder allein das Vorfeld besetzen:

Doppelagenten

(18) Vor einem halben Jahr **bin** ich **umgezogen**. $_{\text{(Doppel-}}$ Danach $_{\text{agent)}}$ **war** meine Lieblingspflanze **beleidigt**.
(Pieper, Leben: 66)

In Beleg (18) liegen zwei Sätze vor. Die Sätze stehen in zeitlicher Relation zueinander. Ausgedrückt wird diese zeitliche Abfolge durch den Adverbjunktor *danach*.

Zunächst einmal ist *danach* eindeutig als Temporaladverbial des zweiten Satzes zu bestimmen. Darüber hinaus entfaltet *danach* aber auch eine verknüpfende Funktion über die Satzgrenze des zweiten Satzes hinaus. Denn es bewirkt, dass beide Sätze in zeitlicher Beziehung zueinanderstehen. Wie kommt das?

Der Adverbjunktor *danach* erfüllt zwei Funktionen gleichzeitig, was auch seine formale Zweiteiligkeit (*da-nach*) anzeigt. Es handelt sich um ein Kompositum, in dem sich die doppelte Funktion formal manifestiert: Das präpositionale Zweitglied (*nach*) fungiert als semantischer, in diesem Fall temporaler, Verknüpfer des einen mit dem anderen Szenario. Grammatisch ermöglicht wird diese Verknüpfung durch das Erstglied (= *da*), das aus dem zweiten Satz heraus auf den ersten verweist. Durch diesen Rückverweis wird die temporale Angabe über die Grenzen des zweiten Szenarios hinaus wirksam und es entsteht eine satzexterne Verknüpfung. Mit anderen Worten: *Danach* erfüllt neben seiner Funktion als Satzglied des zweiten Satzes auch eine

formal zweiteilig

kohäsive Funktion auf Textebene und sorgt damit für den grammatischen Zusammenhang zwischen beiden Sätzen. Es fungiert hier also nicht nur als Satzglied, sondern auch als Kohäsionsglied. *Danach* ist ein Doppelagent. Hinsichtlich der Markierung haben wir uns gegen eine Unterstreichung entschieden, sie wäre aber genauso zulässig, da keine eindeutige Entscheidung über den Status als Satz- oder Kohäsionsglied zu fällen ist.

Nicht immer ist eine ‚Doppelagentschaft' allerdings formal so deutlich nachzuvollziehen wie bei *danach*:

(19) Jeder **weiß** genau, was von ihm abhängt. Jeder **ist im Stress**, doch Major Tom **macht einen Scherz**. (Doppel- Dann agent) **hebt** er **ab** und völlig losgelöst von der Erde.
(Peter Schilling, Major Tom)

In (19) wird durch *dann* ebenfalls eine zeitliche Verbindung zwischen den einzelnen Textgliedern hergestellt: Erst passiert etwas, *dann* passiert etwas anderes. *Dann* wäre hier zweifelsfrei auch durch andere Temporaladverbiale wie *danach* austauschbar.

formal einteilig

Obwohl *dann* formal einteilig ist, fungiert es dennoch gleichzeitig als textverknüpfendes Kohäsionsglied auf Makroebene und als szenariokontextualisierendes Temporaladverbial auf Mesoebene. Daher kann auch *dann* als Doppelagent identifiziert werden.

Kohäsionsglieder sind die dritte Klasse der Textglieder, deren Hauptfunktion es ist, andere Textglieder miteinander zu verbinden und zu verknüpfen. Sie lassen sich danach unterscheiden, ob eine Verbindung von Textgliedern (= Junktoren) oder ob Textorganisation (= Konnektoren) erfolgt. Bei Junktoren geschieht die Verbindung auf zwei Ebenen: *syntaktisch* und *semantisch*. Semantisch lassen sich die Junktoren anhand der Relationen beschreiben, die sie zwischen Sätzen herstellen.
Die syntaktische Perspektive unterscheidet integrierbare Junktoren von nichtintegrierbaren. Letztgenannte stehen zwischen Textgliedern und im Stellungsfeldermodell in der Zwischenstelle.

Übung 13: Makro-Gesamtanalyse

1) Segmentieren Sie den Textauszug nach Textgliedern und ordnen Sie ihn ins erweiterte Stellungsfeldermodell ein.
2) Bestimmen Sie die Ihnen bekannten Subklassen der Textglieder, d.h.:
- **Bestimmen Sie Sätze hinsichtlich Komplexität und Realisierung,**
- **Nichtsätze hinsichtlich ihrer Nichtsatzklassen und**
- **Kohäsionsglieder nur in Bezug auf die vorgestellten Junktorklassen.**

Sultanahmed. Wir stehen zwischen den Moscheen. Riesige Bauten. Wir sitzen auf Bänken im alten Hippodrom. Ein alter Mann mit Zigarette im Mundwinkel schlurft mit ansteckender Gelassenheit zwischen den Bänken hin und her und bietet den Touristen Tee an. Mit kleinen, unaufgeregten Schritten zuckelt er hin und her, balanciert den Tee lässig über den Platz und sieht sich um.
Im Laufen erzählt er von insgesamt achtzehn Jahren Deutschland. „Student?“ fragt er. Dann: Hier stehen wir vor einem Brunnen. Ein Schild. Wir lesen, obwohl es uns herzlich egal ist. Währenddessen erzählt er vom Hippodrom, in dem wir stehen. Er ist ein alter Mann, der vielleicht einfach keine Lust hat, an diesem frühen Abend nach Hause zu seiner nervigen Frau zu gehen. (Heinrich, Räuberhände: 51)

3 Mesoebene

https://doi.org/10.1515/9783110669961-003

Markierungskonventionen:
Hauptprädikate = **fett**
Kohäsionsglieder = unterstrichen
Nichtsätze = Punkt-Strich-unterstrichen
Dynamische Glieder = türkis hinterlegt
Angaben zur semantischen Grundstruktur: KAPITÄLCHEN

Rekapitulieren wir in Kürze: In der Grammatischen Textanalyse (= GTA) gibt es drei Typen von Textgliedern: Sätze, Nichtsätze und Kohäsionsglieder. Auf der Makroebene (Kap. 2) haben wir uns mit allen drei Textgliedern beschäftigt.

Auf der Mesoebene steht nur noch eines der oben genannten Textglieder im Zentrum: der Satz. Was Textglieder für die Makroebene sind, sind Satzglieder für die Mesoebene. Glieder der Mesoebene sind also Satzglieder. Wie gezeigt wurde, können aber auch Kohäsionsglieder *in* Sätzen vorkommen, sie sind dann jedoch weiterhin als Textglieder und nicht als Satzglieder zu analysieren (vgl. Kap. 2.3.2.1).

Mesoglieder = Satzglieder im weiteren Sinne

In Kap. 1 haben wir begründet, dass die GTA in der Tradition der Valenzgrammatik steht. Unter den *Satzgliedern im weiteren Sinne*, die uns auf der Mesoebene begegnen, nimmt das Prädikat demnach eine besondere Rolle ein. Es steht im Zentrum des Satzes und bestimmt, welche anderen Satzglieder in einem Satz vorkommen können. Das Prädikat entwirft kraft seiner Valenz ein *Szenario*, d.h. einen einzelsprachlichen Sachverhalt. Daher bildet es auch den Ausgangspunkt für Satzanalysen.

Neben dem Prädikat können sich in einem Satz außerdem *Satzglieder im engeren Sinne* (= *Komplemente* und *Supplemente*) und Kommentarglieder befinden. Die Komplemente sind valenzgefordert und realisieren daher zusammen mit dem Prädikat das Szenario (= *Grundstruktur*). Supplemente und Kommentarglieder können, müssen aber nicht hinzutreten (= *Erweiterung der Grundstruktur*).

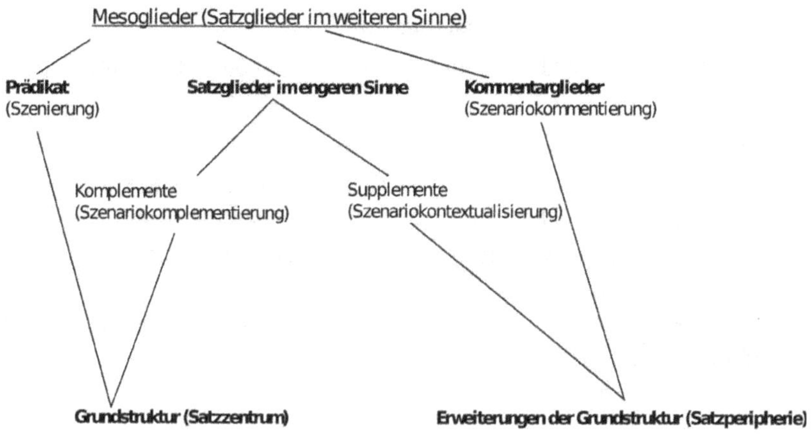

Abb. 1: Aufgaben von Mesogliedern

Aufgaben von Mesogliedern

Wir sehen, dass die Elemente eines Satzes in unterschiedlicher Qualität am Szenario teilnehmen. Sie übernehmen in der Folge unterschiedliche Aufgaben bei der Konstitution eines Satzes. Wir unterscheiden:

(a) *Szenierung*
= Kraft seiner Valenz entwirft das Prädikat ein Szenario.
(b) *Szenariokomplementierung*
= Als valenzgeforderte Satzglieder ergänzen bzw. vervollständigen Komplemente diesen Szenarioentwurf.
(c) *Szenariokontextualisierung*
= Als nicht-valenzgeforderte Satzglieder ordnen Supplemente das Szenario näher ein.
(d) *Szenariokommentierung*
= Kommentarglieder stehen außerhalb des Szenarios und drücken Sprechereinstellungen aus.

Das gesamte Kap. 3 orientiert sich an dieser Modellierung der Mesoglieder und beginnt entsprechend mit dem Prädikat. Danach werden Satzglieder im engeren Sinne vorgestellt, wobei Komplemente und Supplemente jeweils in einzelnen Kapiteln besprochen werden. Abschließend wird die Klasse der Kommentarglieder in den Blick genommen.

Bevor wir auf das Prädikat und danach auf jedes einzelne Satzglied näher eingehen, wollen wir einige theoretische Grundlagen vorstellen, die für das gesamte Kap. 3 von besonderer Bedeutung sind. Es geht daher im Folgenden um:

- Satzglieder und ihre (Linearisierungs)Formen
- Satzglieder und ihre Funktionen (Einmaleins der Satzgliedlehre)

Satzglieder und ihre (Linearisierungs)Formen

Satzglieder stellen grammatische Formen auf der Mesoebene dar. Deshalb nennen wir ihre Formen *Mesoformen*. In den einzelnen Unterkapiteln zu den verschiedenen Satzgliedwerten werden wir noch auf die einzelnen Typen von Mesoformen eingehen.

genuine und recycelte Mesoformen

Grundlegend ist die Unterscheidung zwischen *genuinen* und *recycelten* Mesoformen. Schauen wir uns dazu mögliche Realisierungsformen des Subjekts vergleichend an:

genuin:

(1) Auf dem Schild **steht** $_{\text{(nominales}}$ eine 3 $_{\text{Subjekt)}}$.
(Lebenshilfe, Anreiseerklärung)

recycelt:

(2) Mir **scheint,** $_{\text{(Subjekt-}}$ Ihre spontanen Gedanken fließen ungebremst in die Texte ein $_{\text{hauptsatz)}}$.
(Glattauer, Nordwind: 10)

(3) Auf dem Schild **steht,** $_{\text{(Subjekt-}}$ dass das Parken nur „während des Ladevorgangs" erlaubt ist $_{\text{nebensatz)}}$.
(Neue Westfälische, E-Auto-Besitzer: 05.12.18)

(4) Auf dem Schild am Gartentor **steht** groß $_{\text{(Subjekt-}}$ „Warnung vor dem Hund" $_{\text{text)}}$.
(R+V, Haftung)

(5) Erst hier **sei** $_{\text{(Subjekts-}}$ es $_{\text{korrelat)}}$ ihm **eingefallen,** $_{\text{(Subjekts-}}$ sich zum Imperator zu erklären $_{\text{infinitiv)}}$.
(Kehlmann, Vermessung: 111)

Der wesentliche Unterschied zwischen genuinen und recycelten Mesoformen besteht darin, dass es sich bei genuinen Mesoformen um Primärformen und bei recycelten Mesoformen um Sekundärformen handelt. Was aber genau bedeutet das? Es bedeutet, dass genuine Mesoformen Primärformen sind, weil sie auf der Mesoebene ihren Ursprung finden, während recycelte Formen Werte der Makroebene sind, die dann auf Mesoebene ‚wiederverwendet' werden.

Recycling

Recycling bedeutet also, dass in einem Satzglied z.B. der Gehalt eines Textglieds verpackt ist. Wir können uns einen Satz wie eine Truhe vorstellen, in dem das Prädikat und die Satzglieder im engeren Sinne als verschiedene Gegenstände verstaut sind. Sie bilden zusammen ein Szenario. Wenn eines der Satzglieder in der Truhe ein recyceltes Satzglied ist, dann hat dieses

Satzglied wiederum auch die Gestalt einer kleinen Truhe. Wir haben es also mit einer Truhe in einer Truhe zu tun. Auch diese kleine Truhe lässt sich wiederum öffnen und enthält Gegenstände, die ein anderes Szenario bilden.

Überlegen wir uns nun, wie dieses Bild auf Beleg (2) übertragen werden kann. Hier wird ein Szenario durch das Prädikat *scheint* entworfen. Zu diesem Szenario gehören außerdem verschiedene Satzglieder im engeren Sinne. Das ist der Inhalt unserer größten Truhe. Wenn wir uns das Subjekt genauer anschauen, stellen wir fest, dass es in Form eines Hauptsatzes vorliegt. Dieser Hauptsatz (*ihre spontanen Gedanken fließen ungebremst in die Texte ein*) enthält wiederum ein Prädikat (*fließen ein*), das ein eigenes Szenario entwirft. D.h., das Subjekt in unserer Truhe ist selbst eine kleine Truhe. Wenn wir diese öffnen, finden wir darin ein EINFLIEßEN-Szenario, das durch das Nebenprädikat *fließen ein* entworfen wird und selbst eigene Satzglieder (= Nebenglieder) enthält.

Grammatisch gesprochen bedeutet das: Während das Subjekt in Beleg (1) formal einer prototypischen Substantivgruppe entspricht, zeigt Beleg (2) sehr anschaulich, dass die Funktion eines Subjekts auch von einer Form ausgefüllt werden kann, die auf Makroebene einen eigenen Wert hat. Denn in diesem Fall besetzt ein ganzer Satz (*ihre spontanen Gedanken fließen ungebremst in die Texte ein*) die Subjektstelle des Prädikats *scheint*. Das gesamte Makroglied *Satz* wurde in Beleg (2) also zu einem Mesoglied refunktionalisiert – es wurde recycelt.

Die Idee des Recyclings trägt dem Umstand Rechnung, dass die drei funktionalgrammatischen Ebenen (Makro, Meso und Mikro) miteinander verwoben sind (vgl. Kap. 1).

Linearisierungsformen

Die vorgestellten Formen können *kontinuierlich* und *diskontinuierlich* realisiert sein. Bei dieser Unterscheidung geht es rein um die Frage der Abfolge der Form, d.h. ob ein Element unterbrochen oder *un*unterbrochen realisiert wird.

kontinuierlich

Eine kontinuierliche Realisierung eines Satzglieds finden wir z.B. in Beleg (1), in dem das Subjekt (*eine 3*) zusammenhängend realisiert wird:

(1) Auf dem Schild **steht** $_{\text{(nominales}}$ eine 3 $_{\text{Subjekt)}}$.

diskontinuierlich

Eine diskontinuierliche Realisierung eines Satzglieds liegt dann vor, wenn die Realisierung des betreffenden Satzglieds durch andere, nicht zu diesem Satzglied gehörende Elemente, unterbrochen wird und diese Unterbrechung den strukturellen Normalfall darstellt, somit also zu völlig unauffälligen natürlichen Belegen führt, wie z.B. in Bezug auf das Subjekt aus Beleg (5):

(5) Erst hier **sei** $_{\text{(Subjekts-}}$ es $_{\text{korrelat)}}$ ihm **eingefallen,** $_{\text{(Subjekts-}}$ sich zum Imperator zu erklären $_{\text{infinitiv)}}$.

Satzglieder und ihre Funktionen (Einmaleins der Satzgliedlehre)

Die Funktion, die eine Form auf Mesoebene übernimmt, entscheidet darüber, welchen (Satzglied-)Wert diese Form innehat. Jede Funktion kann zwar in unterschiedlichen Formen auftreten, erhält aber in einem konkreten Satz nur einen (Satzglied-)Wert. Umgekehrt kann jede Form prinzipiell mehrere Funktionen haben, aber in einem konkreten Satz wird in der Regel nur eine Funktion und somit auch nur ein (Satzglied-)Wert realisiert. Wenn dem nicht so wäre, bliebe der Satz funktional und somit semantisch offen und könnte nicht eindeutig verstanden werden.

semantische Offenheit

Während wir in unserer Alltagskommunikation in der Regel eindeutige (Satzglied-)Werte produzieren und somit semantische Offenheit vermeiden (wollen), strebt man in der Werbesprache mitunter gerade umgekehrt semantische Offenheit an. Man betrachte die folgende Apokoinukonstruktion (auch: Wendesatz):

(6) Ich **wollte** niemals (Akkusativobjekt / Kinder / Subjekt) **sind** für mich **das Größte**. Das Leben **ist voller Wendungen**. Unsere Finanzberatungs- und Versicherungslösungen **passen** sich **an**.
(SwissLife, Werbeplakat)

Verständnissicherung

Hier haben der erste und der zweite (grammatische) Satz eine gemeinsame Form (*Kinder*), die im ersten Satz die Objekt-, im zweiten hingegen die Subjektfunktion innehat. Im Rahmen eines Werbeslogans handelt es sich um eine bewusste Irritation mit ikonischem Charakter, denn die sprachliche Struktur des Slogans bildet die Flexibilität des Unternehmens ab. Mit der Aussage will SwissLife als Dienstleistungsfirma ausdrücken, dass sie im Stande ist, sich auch unerwarteten Wendungen im Leben der Kund:innen anzupassen.

Einmaleins der Satzgliedlehre

In unserer Alltagskommunikation könnte eine solche funktionale Doppelbelegung einer Form jedoch zu Verstehensschwierigkeiten führen. Eindeutige Sätze setzen voraus, dass einer Form innerhalb eines Satzes nur eine einzige Funktion zukommt, dass also die Satzgliedwerte aller Mesoformen eindeutig sind. Wir sprechen angesichts dieses grammatischen Prinzips vom *Einmaleins der Satzgliedlehre*. Das Einmaleins der Satzgliedlehre besagt, dass dasselbe Satzglied in demselben statischen Satz nur einmal vorkommen darf. Das Einmaleins der Satzgliedlehre sichert das Verständnis von Sätzen und zieht sich als grundlegendes Prinzip durch die gesamte Satzlehre. Schauen wir uns dazu einen möglicherweise strittigen Beleg an:

(7) (Temporal- Nachdem er gegangen war adverbial), **rief** ich (Temporal- gestern adverbial) meine Eltern **an**.
(Hein, Freund: 171)

Wie die Belegmarkierung zeigt, scheint (7) das Prinzip des Einmaleins der Satzgliedlehre auf den ersten Blick zu verletzen. Auf den zweiten Blick wird allerdings klar, dass es sich bei den enthaltenen Temporaladverbialen um unterschiedliche Satzgliedwerte handelt. Durch den Subjunktor *nachdem* werden zwei verschiedene Szenarios (ein GEHEN-Szenario und ein ANRUFEN-Szenario) zueinander in Beziehung gesetzt, sodass ein Satzgefüge mit einem Vorzeitigkeitsverhältnis zwischen Nebensatz und Hauptsatz entsteht. Das Adverb *gestern* hingegen eröffnet keinen grammatischen Raum für ein zweites Szenario, sondern situiert temporal das ANRUFEN-Szenario. Das temporale Adverbial in Form eines Nebensatzes (*nachdem er gegangen war*) stellt ein *Verhältnisadverbial* dar, während es sich bei *gestern* um ein *Situativadverbial* handelt. Auf die Unterscheidung dieser Adverbialklassen werden wir im Rahmen der Supplemente in Kap. 3.2.4.1 näher eingehen. Für den Moment ist allerdings wichtig zu merken, dass dasselbe Satzglied in der Regel nur einmal in einem grammatischen Satz auftritt.

Nachdem hier einige grundlegende Überlegungen zu Formen, Funktionen und Werten der Mesoglieder vorgestellt wurden, folgt nun eine umfassende Betrachtung desjenigen Satzglieds, das im Zentrum des Satzes steht und das Szenario entwirft: das Prädikat.

3.1 Prädikat

Das Prädikatskapitel beginnt mit einer beispielgestützten Einführung in den hier vertretenen Prädikatsbegriff. Im Anschluss werden wir die verschiedenen Prädikatsklassen vorstellen.

Wie wir bereits wissen, können wir auf Basis der Valenzrealisierungen zwischen statischen und dynamischen Sätzen unterscheiden (vgl. Kap. 2.1.3.3). Diese Unterscheidung ist an das Prädikat geknüpft, weshalb wir auch zwischen *statischen* und *dynamischen Prädikatsklassen* unterscheiden. Darüber hinaus braucht es allerdings eine feinere Klassifikation von Prädikaten, weil sie zwar immer die gleiche Funktion übernehmen – sie entwerfen kraft ihrer Valenz ein Szenario – aber formal dabei sehr unterschiedlich sein können. Sie können *einfach* oder *komplex* sein und aus Verben und/oder Wörtern anderer Wortarten bestehen.

Entsprechend der vorgestellten Charakteristika ist dieses Prädikatskapitel wie folgt gegliedert: Nach der Einführung in den Prädikatsbegriff werden im Anschluss erst die statischen und dann die dynamischen Prädikatsklassen vorgestellt. Bei den statischen Prädikatsklassen unterscheiden wir zwischen einfachen und komplexen Prädikaten.

3.1.1 Prädikatsbegriff

Aus Kap. 2 zur Makroebene wissen wir bereits, dass jeder grammatische Satz genau ein Szenario darstellt. Dem Prädikat kommt dabei die wichtigste Aufgabe zu: Es szeniert, d.h., es entwirft das Szenario kraft seiner Valenz und bestimmt, welche Mitspieler im Satz enthalten sind. Als Valenzträger des Satzes bildet das Prädikat daher den Knotenpunkt der Analyse und ist auch selbst ein, bzw. das wichtigste Satzglied (im weiteren Sinne).

Valenz und Szenierung

Jedes Prädikat hat Valenz und organisiert die Satzstruktur und damit die Satzglieder im engeren Sinne. Prototypisch übernehmen Verben die Funktion des Valenzträgers in einem Satz. Der Satzgliedwert *Prädikat* wird deshalb häufig in Verbindung mit der Wortart *Verb* beschrieben. Schauen wir uns dazu ein in der Fachliteratur viel beachtetes Zitat an:

> Ein einzelnes Verb ist [...] im Zusammenhang eines Skripts und im Zusammenhang einer Szene zu sehen. Die Zentralität des V[erbs] besteht in dieser organisierenden Kraft. Ein Verb, das ist so, wie wenn man im dunklen Raum das Licht anknipst. Mit einem Schlag ist eine Szene da.
> (Heringer 1984: 49)

Verben haben Valenz, die sie als Prädikate in Sätzen entfalten, indem sie Leerstellen für konkrete Satzglieder im engeren Sinne eröffnen. Das bedeutet, dass ein spezifisches Prädikat, z.B. *liest,* eine bestimmte Erwartung für eine potentielle Satzstruktur weckt: die nach der lesenden Person und dem, was gelesen wird. Anders gesagt: *liest* eröffnet prototypisch die Fragen *Wer*? und *Was*?.

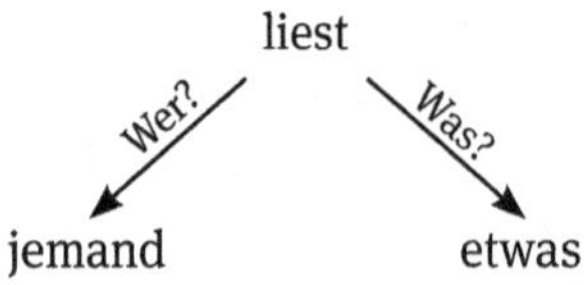

Es geht also darum, welche *Mitspieler* das Prädikat in dem von ihm entworfenen Szenario fordert, um einen grammatischen Satz zu bilden. Das ist vergleichbar mit einer Szene auf einer Bühne, bei der das Prädikat den Plot und die Mitwirkenden bestimmt, was durch die berühmte Dramenmetapher von Lucien Tesnière verdeutlicht wird:

> Der verbale Nexus, der bei den meisten europäischen Sprachen im Zentrum steht, läßt sich mit einem kleinen Drama vergleichen. Wie das Drama umfaßt er notwendig ein Geschehen und meist auch noch Akteure und Umstände. [...] Wechselt man aus der Wirklichkeit des Dramas auf die Ebene der strukturalen Syntax über, so entspricht dem Geschehen das Verb, den Akteuren die Aktanten und den Umständen die Angaben. (Tesnière 1980: 93)

In Tesnières Dramenmetaphorik stellt das Verb den Knotenpunkt (= Nexus) dar, weshalb es im Zentrum steht. Basierend auf seiner Valenz bestimmt es darüber, wer die Akteure des Geschehens (= Komplemente, auch: Aktanten) sind. Hinzu kommen u.U. Umstände des Geschehens (= Supplemente, auch: Angaben).

Abb. 2 verdeutlicht diese Relationen: Dargestellt als konzentrische Kreise steht der Valenzträger in der Mitte. Komplemente erscheinen in einem zweiten konzentrischen Kreis, der um den Valenzträger herum angelegt ist. Mit doppelter Linie abgetrennt folgen die Supplemente, da diese das Geschehen erweitern können, aber nicht müssen.

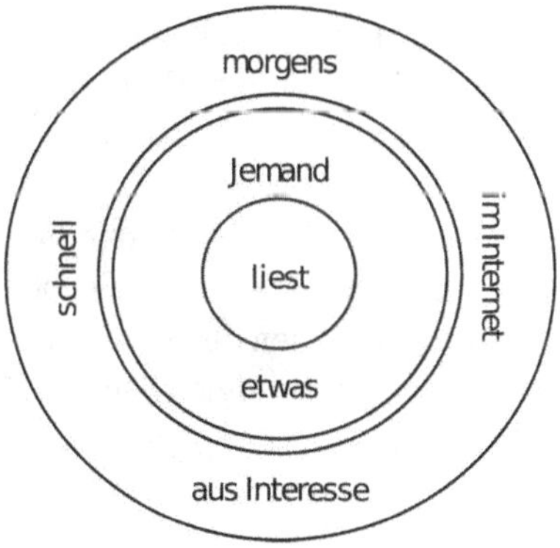

Abb. 2: Konzentrische Kreise

Valenzfrage und Satzgliedwert

Die Leerstellen, die von Valenzträgern kraft ihrer Valenz eröffnet werden, führen uns also zu den Komplementen, die in einem grammatischen Satz erwartbar sind. Denn mithilfe von Valenzfragen können die Satzgliedwerte der Komplemente ermittelt werden:

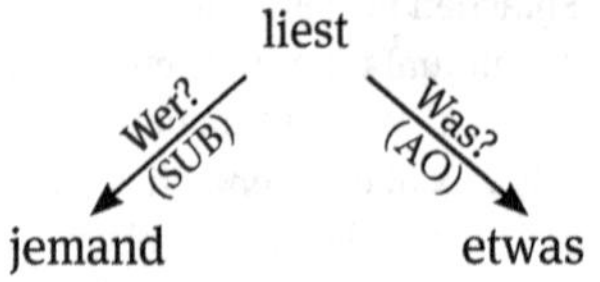

Der Zusammenhang zwischen Valenzfrage und Satzgliedwert lässt sich gut am Beispiel des Subjekts und der Kasusobjekte nachvollziehen:

Valenzfragen	**Antworten**	**Kasus**	**Satzgliedwert**
Wer/Was?	jemand/etwas	Nominativ	Subjekt (SUB)
Wessen?	jemandes	Genitiv	Genitivobjekt (GO)
Wem?	jemandem	Dativ	Dativobjekt (DO)
Wen/Was?	jemanden/etwas	Akkusativ	Akkusativobjekt (AO)

Tesnières Analogie zwischen einem grammatischen Satz und einer Dramenszene entspricht auch unserem Verständnis von Szenierung. Der Terminus *verbaler Nexus* könnte allerdings nahelegen, Valenz sei eine rein verbale Eigenschaft. Dass Prädikate aber nicht nur aus Verben bestehen können, werden wir anhand der einzelnen Prädikatsklassen näher erläutern (Kap. 3.1.2). Bevor wir allerdings darauf eingehen, müssen wir den Szenierungsgedanken noch weiter ausführen.

Hierarchieebenen

Wir haben bereits am Beispiel von *liest* gesehen, dass Prädikate kraft ihrer Valenz szenieren. Für den Begriff des grammatischen Satzes ist es jedoch wichtig, zu verstehen, dass Valenz auf verschiedenen Ebenen innerhalb eines grammatischen Satzes wirken kann. Schauen wir uns dazu vergleichend zwei Belege an:

(8) Er **las** die Lokalzeitung.
(Tokarczuk, Unrast: 12)
(8') Ich **glaube**, dass er die Lokalzeitung las.

In Beleg (8) stellt *las* das einzige Prädikat dar. Kraft seiner Valenz eröffnet es die Leerstellen *Wer?* (für das Subjekt, hier: *Er*) und *Was?* (für ein Akkusativobjekt, hier: *die Lokalzeitung*). In Beleg (8') wird Valenz hingegen auf zwei Ebenen wirksam – im Haupt- und im Nebensatz des grammatischen Satzes.

Wir erinnern uns: Grammatische Sätze können einfach oder komplex sein (vgl. Kap. 2.1.3.1). Wenn sie einfach sind, bestehen sie nur aus einem Hauptsatz (8). Komplexe Sätze verfügen zusätzlich über mindestens einen Nebensatz (8') oder eine Infinitivkonstruktion (vgl. Kap. 2.1.3.1).

In Beleg (8') werden zwei Szenarios eröffnet – ein GLAUBEN-Szenario (*Wer glaubt was?*) und ein LESEN-Szenario (*Wer las was?*), wobei das LESEN-Szenario in das GLAUBEN-Szenario eingebettet ist:

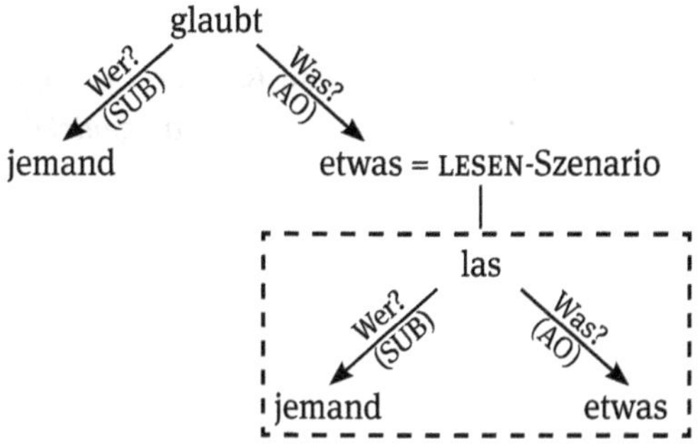

Deshalb unterscheiden wir zwischen Haupt- und Nebenprädikaten (vgl. Kap. 2.1.3.1). Sowohl Haupt- als auch Nebenprädikate sind Valenzträger, die ihre szenierende Funktion allerdings auf unterschiedlichen Ebenen entfalten. Bei einer solchen Einbettung eines Szenarios in ein anderes nennen wir das untergeordnete Szenario: *Anszenario.*

Anszenario

---

i

Das Hauptprädikat eines Satzes ist das hierarchisch höchste, ihm sind keine anderen Prädikate übergeordnet. Im Falle eines einfachen Satzes gibt es nur ein Prädikat, dieses ist dann zwangsläufig das Hauptprädikat.
Nebenprädikate sind Valenzträger in untergeordneten Satzstrukturen (in Nebensätzen und Infinitivkonstruktionen). Sie bestimmen also auf einer hierarchisch niedrigeren Ebene über die dort vorhandenen *Nebenglieder*, szenieren aber nicht das Hauptszenario.

Im Zentrum des grammatischen Satzes steht immer das Hauptprädikat, d.h. der hierarchiehöchste Valenzträger, dem kein anderes Prädikat übergeordnet ist. Ein Text enthält daher immer nur genauso viele grammatische Sätze wie er Hauptprädikate enthält.

Da Valenz auf verschiedenen Hierarchieebenen des Satzes wirksam wird, werden wir im Verlauf dieses Kapitels auch immer wieder mit Belegen arbeiten, bei denen wir Nebenprädikate in den Blick nehmen.

Szenierung und Szenariokomplementierung

Prädikate szenieren also, indem sie Leerstellen eröffnen, was auf verschiedenen Ebenen stattfinden kann. Für das Gegenwartsdeutsche bestehen nun verschiedene Möglichkeiten, diese Leerstellen zu füllen, d.h., das jeweilige Szenario zu komplementieren. Die verschiedenen Möglichkeiten ergeben sich daraus, dass Prädikate entsprechend ihrer Valenz qualitativ (Welche Satzglieder?) und quantitativ (Wieviele Satzglieder?) unterschiedliche Leerstellen eröffnen:

1 Leerstelle

(9) Meine Beine **zitterten**.
(Herrndorf, Tschick: 135)

(10) Ana **hatte genickt**.
(Mahlke, Archipel: 48)

Die Prädikate *zitterten* und *hatte genickt* eröffnen in den Belegen nur eine Leerstelle. Denn sie werfen nur die Frage auf *Was/Wer zitterte/hatte genickt?*:

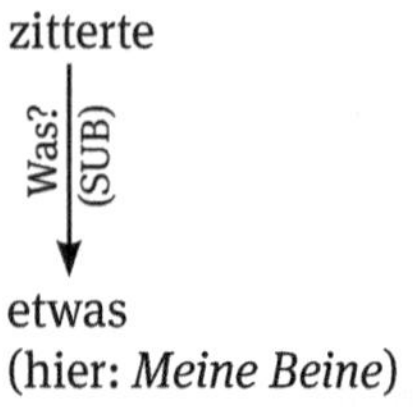

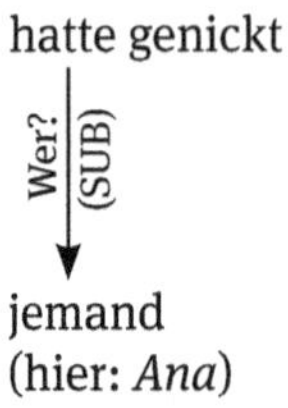

Das Satzglied, das hier gefordert wird, ist das Subjekt (*Meine Beine* (9); *Ana* (10)).

2 Leerstellen

(11) Seine Heimatstadt **dankt** ihm.
(Westfalen-Blatt, Gütersloh: 29.02.20)

(12) **Hat** dich dein Alltag **gemacht**?
(Danger Dan, Lauf davon)

Im Gegensatz zu den Belegen (9) und (10) eröffnen die Prädikate der Belege (11) und (12) jeweils zwei Leerstellen. *dankt* evoziert die Erwartung an zwei Mitspieler, nämlich eine Instanz, die dankt und eine Instanz, der gedankt wird, kurz: *Wer (jemand) dankt wem (jemandem).* Die hier geforderten Satzglieder sind das Subjekt (*seine Heimatstadt*) und das Dativobjekt (*ihm*).

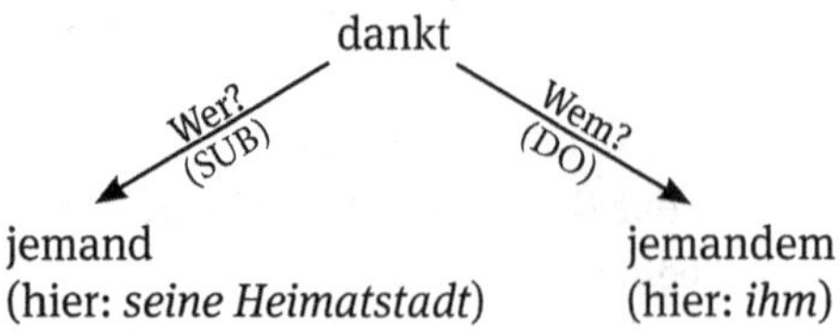

Auch *hat gemacht* in Beleg (12) benötigt zwei Komplemente: Die hier geforderten Satzglieder sind das Subjekt (*dein Alltag*) und das Akkusativobjekt (*dich*).

Sätze mit einem Akkusativobjekt werden *transitiv* genannt. Wenn ein Satz kein Akkusativobjekt enthält, ist er *intransitiv*.

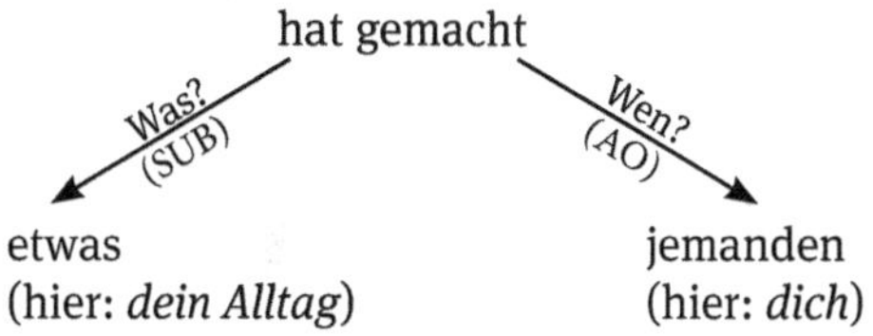

3 Leerstellen

(13) **Haben** sie dir das Gleiche **gesagt**?
(Mahlke, Archipel: 55)

(14) Was **denken** sie über mich?
(Gümüşay, Sprache: 91)

Die Belege (13) und (14) eröffnen jeweils drei Leerstellen, sie fordern also drei Komplemente:

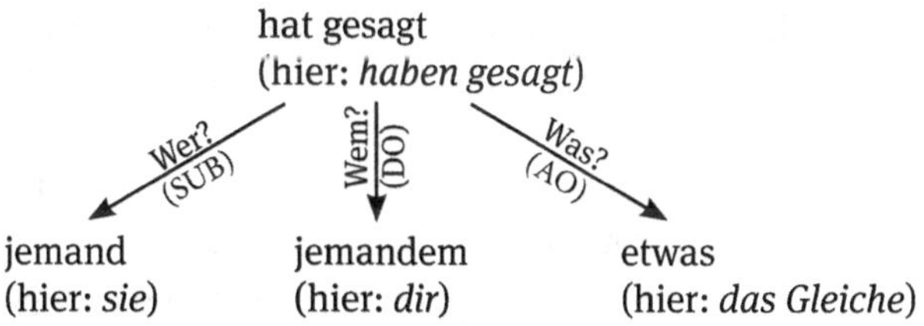

Das Prädikat *haben gesagt* evoziert die Fragen nach einem Subjekt (*sie*), einem Dativobjekt (*dir*) und einem Akkusativobjekt (*das Gleiche*). In Beleg (14) braucht *denken* auch drei Komplemente:

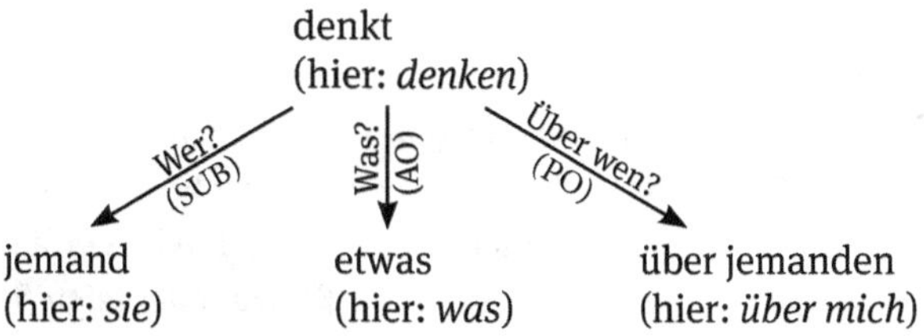

Das Prädikat *denken* fordert ein Subjekt (*sie*), ein Akkusativobjekt (*Was*) und ein Präpositionalobjekt (*über mich*).

Valenzrealisierungsmuster

Dass unterschiedliche Prädikate qualitativ und quantitativ verschiedene Leerstellen eröffnen, haben die Beispiele gezeigt. Darüber hinaus kann aber auch ein und dasselbe Verb als Prädikat in unterschiedlichen Valenzrealisierungsmustern vorkommen. Schauen wir uns dazu weitere Belege mit dem Verb *denken* an:

(15) Ich **denke**, was ich will.
(Die Gedanken sind frei, Volkslied)

(16) Du **denkst** an mich.
(Kijufi, Landesverband Kinder- und Jugendfilm Berlin e.V.)

In beiden Belegen kommt eine Form von *denken* als zweiwertiges Prädikat vor. In (15) gibt es neben dem Subjekt (*ich*) ein Akkusativobjekt (*was ich will*), in (16) fordert das Prädikat ein Subjekt (*du*) und ein Präpositionalobjekt (*an mich*).

Szenariovarianz

Wir haben also bereits in drei Beispielbelegen mit dem Verb *denken* (14, 15, 16) drei Valenzrealisierungen vorliegen. Welche Valenzrealisierung ist nun aber ‚die richtige'? Die Antwort ist keine und alle. Denn bei allen drei Belegen handelt es sich um beispielhaft ausgewählte, vollkommen natürliche und konventionaliserte Valenzrealisierungen von *denken*. Keiner der Belege ist also markiert und keiner ist besser oder schlechter als einer der anderen. Im Sprachsystem des Gegenwartsdeutschen kann man mit *denken* als Prädikat eben verschiedene Szenarios entwerfen.

So wie die meisten Wörter *synchron*, d.h. zu einer bestimmten Zeit in der Geschichte einer Einzelsprache, polysem sind, so sind auch die meisten Valenzträger polysem und polyfunktional, d.h., sie können in verschiedenen Valenzrealisierungsmustern vorkommen. Die Muster können dabei konventionalisiert sein (15) und (16) oder kreative Satzbildungsmuster (17) darstellen:

(17) **Denkst** du noch oder **lebst** du wieder?
(Aepli, Denkst du (Buchtitel))

Lesarten

Wenn ein Verb als Prädikat verschiedene Valenzrealisierungsmuster haben kann, dann hat das auch semantische Konsequenzen. Denn der Unterschied des syntaktischen Musters (= Formseite) geht mit einem Unterschied des semantischen Musters (= Inhaltsseite) einher. Um diesen Unterschied zu erfassen, wollen wir für die Beschreibung der Inhaltsseite das Konzept der *(signifikativ-)semantischen Rollen* nutzen, das wir in Kap. 1 kennengelernt haben.

Wir erinnern uns: Es gibt vier Perspektivrollen für die Prädikate: HANDLUNG, TÄTIGKEIT, VORGANG und ZUSTAND.

Angaben zu signifikativ-semantischen Rollen erfolgen immer in KAPITÄLCHEN.

i

Signifikativ-semantische Rollen von Prädikaten

Ausgehend von der jeweiligen Perspektivrolle des Prädikats lässt sich jedem Komplement genau eine semantische Rolle zuschreiben. Supplemente haben keine semantischen Rollen.

Die Rollenentsprechungen für die wichtigsten Komplemente ergeben sich aus Tab. 1, die wir bereits aus Kap. 1 kennen:

Tab. 1: Semantische Rollen mit Satzgliedentsprechungen

Prädikat	Subjekt	Akkusativobjekt	Dativobjekt
HANDLUNG	HANDLUNGSTRÄGER	HANDLUNGSGEGENSTAND	HANDLUNGSBETROFFENER
TÄTIGKEIT	TÄTIGKEITSTRÄGER	/	TÄTIGKEITSBETROFFENER
VORGANG	VORGANGSTRÄGER	/	VORGANGSBETROFFENER
ZUSTAND	ZUSTANDSTRÄGER	/	ZUSTANDSBETROFFENER

Satzbauplan

Wir werden das Konzept der semantischen Rollen im gesamten Kapitel 3 immer wieder anwenden, um zu zeigen, dass mit der Wahl einer bestimmten Valenzrealisierung immer auch die Wahl einer bestimmten Inhaltsseite einhergeht, dass also syntaktische Strukturen einen semantischen Differenzwert haben (Ágel 2019a). Ein Valenzrealisierungsmuster mit seinem semantischen Differenzwert heißt *Satzbauplan* (vgl. Kap. 1.1). Das System der Satzbaupläne des Gegenwartdeutschen wurde in Ágel/Höllein 2021 beschrieben.

Schauen wir uns an dieser Stelle die *denken*-Belege (15) und (16) noch einmal an:

(15) (Sub- Ich jekt) **denke,** (Akkusativ- was ich will objekt).

(16) (Sub- Du jekt) **denkst** (Präpositional- an mich objekt).

In (15) wird neben der Instanz, die denkt (= Subjekt), ausgedrückt, was das Gedachte ist (= Akkusativobjekt). Das Subjekt *er* ist der HANDLUNGSTRÄGER und das Akkusativobjekt *was ich will* der HANDLUNGSGEGENSTAND. In (16) gibt es ebenfalls eine Instanz, die denkt (*du*). Im Gegensatz zu (15) wird *denken* hier allerdings als TÄTIGKEIT versprachlicht, die auf eine spezifische Person gerichtet ist. Das Präpositional$_{\text{an+AKK}}$-objekt verkörpert dementsprechend die semantische Rolle ADRESSATUM (Höllein 2019: 165f.).

Da sich die jeweilige semantische Rolle aus der Kombination von Präposition und Kasus ergibt, werden Präpositionalobjekte immer auch mit der Information zu Präposition+Kasus versehen. In Kap. 3.2.4 werden wir näher ausführen, dass sich mit dem Wechsel von Präposition+Kasus auch die Bedeutung ändert.

Während das DENKEN-Szenario aus Beleg (15) folglich als ‚jemand meint oder nimmt in Folge bestimmter Überlegungen etwas an' paraphrasiert werden müsste, ist das DENKEN-Szenario aus Beleg (16) als ‚jemand richtet seine Überlegungen oder Gedanken auf jemanden' zu verstehen. Durch die unterschiedlichen syntaktischen Muster sind in den beiden Belegen also verschiedene Bedeutungen aktiviert. Diese verschiedenen Bedeutungen eines Prädikats werden *Lesarten* genannt (vgl. auch eVALBU).

Eine Lesart manifestiert sich in der konkreten Valenzrealisierung eines Satzes. Wird ein Verb als Prädikat eines Satzes gebraucht, wird sozusagen eine seiner Bedeutungen aktiviert und die konkreten Komplemente werden festgelegt. Aus der Kombination aus Prädikat und Komplementen ergibt sich wiederum das Valenzrealisierungsmuster, was die vom Prädikat festgelegte Lesart letztlich bestätigt. Während das Prädikat kraft seiner Valenz also den Grundstein für die Aktivierung einer Lesart legt, erfüllen bzw. bestätigen die konkreten Komplemente durch ihr Vorhandensein diese Bedeutung.

Lesarten können sich entweder sehr stark voneinander unterscheiden oder nur kleine Perspektivverschiebungen bedeuten. So bedeutet *geben* in den folgenden Belegen immer etwas anderes:

(18) Bobo **gibt** dem Elefanten eine Erdnuss.
(Osterwalder, Bobo Zoo: 43)

(19) Der Dummkopf **mischt** die Karten und **gibt** neu.
(Helpster, Durak Kartenspielregeln)

(20) Gericht **gibt** ihr **Recht**.
(Focus Online, Krabbe Gericht: 21.09.13)

Manche Lesarten sind gängiger als andere. So würden die meisten Sprecher:innen des Deutschen in Bezug auf das Verb *legen* vermutlich folgende Satzstruktur erwarten:

(21) Betrogener Senior **legt** 10.000 Euro vor Mehrfamilienhaus in Kassel.
(HNA, Betrogener Senior: 03.02.21)

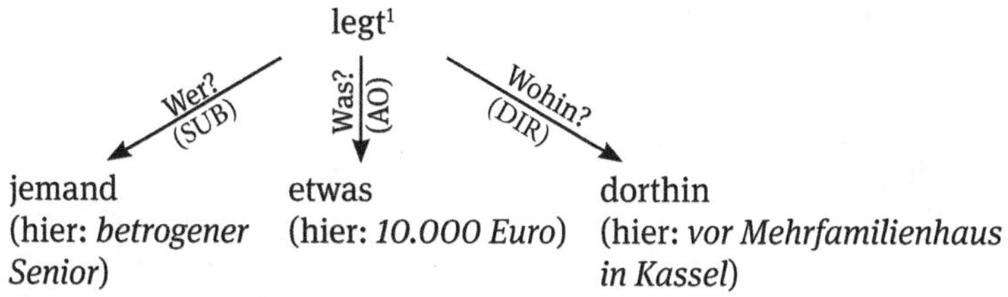

Diese Bedeutung des Prädikats in Beleg (21) (legt) ließe sich am besten als ‚etwas irgendwohin ablegen' paraphrasieren. Sie manifestiert sich in dem Satzbauplan *Prädikat – Subjekt (betrogener Senior) – Akkusativobjekt (10.000 Euro) – Direktivum (vor Mehrfamilienhaus in Kassel).*

Eine andere, ebenfalls zentrale Lesart von *legen* findet sich in Beleg (22), der neben zwei Komplementen auch ein Supplement (*jeden Tag*) enthält:

(22) Hühner **legen** jeden Tag ein Ei.
(Tierwelt, Eierlegen: 21.03.18)

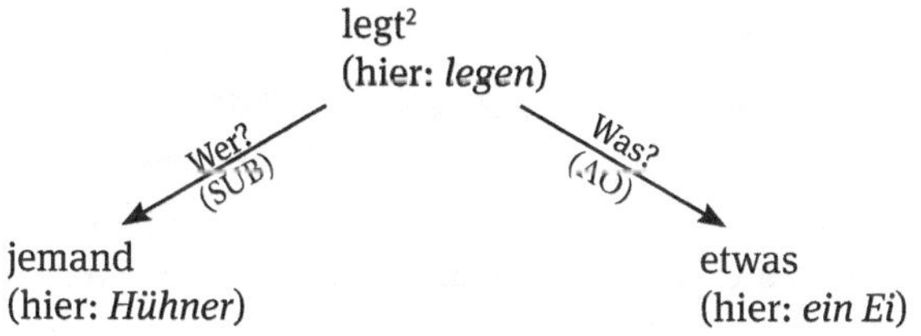

Diese Bedeutung von *legen*² im Sinne von ‚etwas hervorbringen' hat einen deutlich engeren Anwendungsbereich, weil sie speziell für die Beschreibung des Reproduktionswegs einiger Tierarten vorbehalten ist. Um diese Lesart zu aktivieren, braucht es neben dem Satzbauplan Prädikat – Subjekt (*Hühner*) – Akkusativobjekt (*ein Ei*) daher sprachlich und/oder außersprachlich spezifische Marker, wie z.B. die Substantive *Hühner* oder *Ei* in Beleg (22) oder einen entsprechenden situativ-pragmatischen Rahmen, wie z.B. eine Tierschutzkampagne.

Dass manche Belege mitunter gleichzeitig verschiedene Deutungen zulassen, darauf arbeiten v.a. einige Werbekampagnen ganz gezielt hin. So ist auf dem bekannten Werbeplakat von *Brot für die Welt* der Slogan *Gib dem Hunger einen Korb* zu lesen. Darunter ist ein Getreidekorb abgebildet, aus dessen Ritzen einzelne Ähren hervortreten. Gerade dieses Zusammenspiel von Sprachzeichen und Bildzeichen evoziert zwei mögliche Interpretationen:

(23¹) **Gib** dem Hunger **einen Korb**.
(Brot für die Welt, Werbeplakat)

(23^2) **Gib** dem Hunger einen Korb.

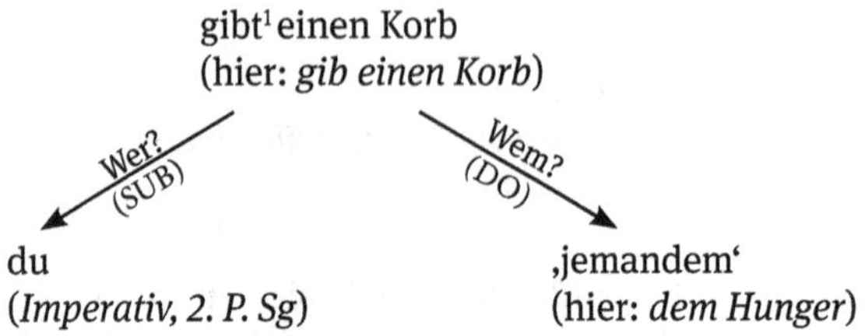

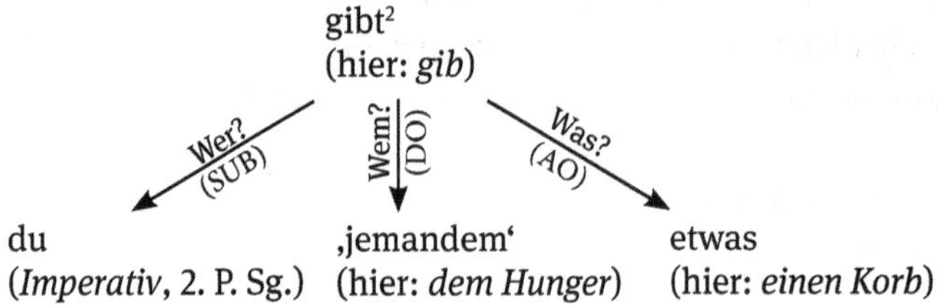

Die Unterschiede beider Beleginterpretationen betreffen die Prädikatsklasse, woraus sich semantische Unterschiede ergeben: In Beleg (23^1) wird *gib* als Teil einer festen Wortverbindung (*gib einen Korb*) verstanden (vgl. Prädikatsklasse Idiom, Kap. 3.1.2.1.2). In diesem Fall wäre die Bedeutung des Slogans als ‚jemandem eine Absage erteilen' zu verstehen. In der zweiten möglichen Beleganalyse (23^2) stellt die Verbform *gib* hingegen allein das Prädikat dar. Entsprechend kann der Slogan als ‚jemandem etwas entgegenbringen' (vgl. eVALBU, *geben*, Lesart 6) verstanden werden – nämlich dem Hunger einen Korb (Getreide). Beide Deutungen ergänzen sich im Sinne der Kampagne, die zu Spenden gegen Hungersnöte weltweit aufruft.

Diese Beispielanalyse verdeutlicht, dass der realisierte Satzbauplan die Rahmenbedingungen für die Satzinterpretation absteckt. Anders ausgedrückt: Das grammatische Muster *indiziert* eine Lesart. Im Beleg (23) sind – wie die Analyse gezeigt hat – sogar zwei Satzbauplaninterpretationen gleichzeitig denkbar. Daraus resultiert, dass parallel zwei Lesarten, wenn auch nicht zwingend gleich stark, aktiviert werden.

Wir wissen nun, dass Prädikate kraft ihrer Valenz Szenarios eröffnen und daher den Knotenpunkt unserer grammatischen Analysen auf Satzebene darstellen. Valenz kann wiederum auf verschiedenen Ebenen innerhalb eines grammatischen Satzes wirksam werden. Deshalb ist es wichtig, zwischen Haupt- und Nebenprädikaten zu unterscheiden – je nachdem, ob es sich bei einem konkreten Valenzträger um das hierarchiehöchste Prädikat eines grammatischen Satzes (= Hauptprädikat) oder um ein untergeordnetes Prädikat (=

Nebenprädikat) innerhalb eines grammatischen Satzes handelt. Wir haben außerdem gesehen, dass Prädikate über verschiedene Lesarten verfügen und verschiedene Satzbaupläne begründen können. Die Formseiten der Satzbaupläne, die Valenzrealisierungsmuster, haben also jeweils einen semantischen Differenzwert, der sich mit Hilfe von signifikativ-semantischen Rollen beschreiben lässt.

Übung 14: Leerstellen

Wie viele Mitspieler fordern die Prädikate in den folgenden Belegen? Bestimmen Sie.

Meine Mutter liebt Poesie. (Gümüşay, Sprache: 37)

Die Lehrerin nickte. (Weyand, Applaus: 81)

Das Känguru nimmt den Stapel entgegen. (Kling, Känguru-Chroniken: 35)

Vor einiger Zeit sandte mir ein junger zamonischer Dichter von außerhalb der Lindwurmfeste ein Manuskript. (Moers, Stadt: 17)

3.1.2 Prädikatsklassen

Die Klassifikation der Prädikate erfolgt entlang zweier Unterscheidungsmerkmale. Übergeordnet steht die Frage, ob es sich um *statische* oder *dynamische Prädikate* handelt. In diesem Buch spielen die statischen Prädikatsklassen die größte Rolle, weshalb sie im Folgenden ausführlicher behandelt werden. Die dynamischen Prädikatsklassen präsentieren wir anschließend nur auszugsweise.

Nach der Unterscheidung von Statik vs. Dynamik geht es um den Komplexitätsgrad der Prädikate. Wir unterscheiden *einfache* und *komplexe Prädikate*, die auch separat voneinander betrachtet werden. Wir fangen also mit den einfachen statischen Prädikaten an und kommen dann zu den komplexen statischen Prädikaten. Innerhalb der dynamischen Prädikate unterscheiden wir keine Komplexitätsgrade mehr.

3.1.2.1 Statische Prädikatsklassen

Die zentrale Eigenschaft von statischen Prädikaten ist, dass ihre Valenzrealisierungen jeweils genau das erfüllen, was zu erwarten ist. Es liegt also eine 1:1-Beziehung zwischen erwarteter und tatsächlicher Valenzrealisierung vor.

Statische Prädikate können *einfach* oder *komplex* sein. Was heißt das? Schauen wir uns dazu einige Belege im Vergleich an:

einfache vs. komplexe Prädikate

(24) Der Leser **sucht** in einem Buch immer sich selbst.
(Janosch, Wörterbuch: 53)

(25) Der Blick auf die Elbe **ist atemberaubend.**
(Zeit Online, Zauderkünstler: 20.09.21)

(26) Sie **können** auch frischen Ingwer **verwenden.**
(Büscher, Smoothies: 31)

+/- Reduzierbarkeit

Dass ein Prädikat, das nur aus einem Element besteht (24), einfach ist, ist wohl offensichtlich. Die Prädikate in (25) und (26) enthalten jedoch zwei Elemente, sind also augenscheinlich komplexer. Doch es gibt einen wichtigen Unterschied: Das Prädikat in (25) lässt sich auf kein einfacheres Prädikat reduzieren, ohne dass der Satz ungrammatisch wird, das Prädikat in (26) hingegen sehr wohl:

(25) Der Blick auf die Elbe $_{\text{(einfaches}}$ **ist atemberaubend** $_{\text{Prädikat)}}$.
(25') *Der Blick auf die Elbe **ist.**

(26) Sie $_{\text{(komplexes}}$ **können** auch frischen Ingwer **verwenden** $_{\text{Prädikat)}}$.
(26') Sie **verwenden** auch frischen Ingwer.

Ein Prädikat, das sich auf kein einfacheres Prädikat reduzieren lässt, ist einfach (24 und 25), andersfalls komplex (26).
Für die Unterscheidung zwischen einfachen und komplexen Prädikaten ist also nicht die reine Anzahl der prädikatsbildenden Elemente ausschlaggebend, sondern die potentielle Reduzierbarkeit. Jedes komplexe Prädikat kann auf ein einfaches Prädikat reduziert werden.

Aus diesen einführenden Erläuterungen ergibt sich folgende Struktur für das vorliegende Kapitel:

Übersicht statische Prädikatsklassen

Statische Prädikatsklassen	
3.1.2.1.1 Vollverb	
3.1.2.1.2 Idiom	einfache Prädikatsklassen
3.1.2.1.3 Funktionsverbgefüge	
3.1.2.1.4 Prädikativgefüge	
3.1.2.1.5 Modalkomplex	komplexe Prädikatsklassen
3.1.2.1.6 Halbmodalkomplex	

3.1.2.1.1 Vollverb

Die erste Prädikatsklasse der einfachen Prädikate ist das *Vollverb.* Vollverben lassen sich weiter unterteilen in fünf Subklassen, die nach einigen theoretischen Vorüberlegungen im Laufe dieses Kapitels vorgestellt werden:

- Simplexverben
- Partikelverben
- Präfixverben
- sich-Verben
- Komplexverben

Verbart vs. Prädikatsklasse

‚Vollverb' als Prädikatsklasse ist von den anderen, oben angeführten Prädikatsklassen ‚Idiom', ‚Funktionsverbgefüge' usw. abzugrenzen. ‚Vollverb' als Verbart ist hingegen von anderen möglichen Verbarten abzugrenzen: Vollverb, Hilfsverb, Kopulaverb, Funktionsverb, Modalverb, Halbmodalverb.

Tab. 13: Verbarten

Vollverben	tragen lexikalischen Gehalt und können allein das Prädikat bilden (*ich* (Voll- *lese* verb) *einen Satz*).	lesen, jubeln, ...
Hilfsverben	werden zur Bildung verschiedener Tempusformen (*ich lese* vs. *ich* (Hilfs- *werde* verb) *lesen*) oder Passivbildung (*das Buch* (Hilfs- *wird* verb) *gelesen*) gebraucht.	sein, werden, haben
Kopulaverben	bilden zusammen mit einem Prädikativ ein Prädikativgefüge (*ich* (Kopula- *bin* verb) *belesen*) (vgl. Kap. 3.1.2.1.4).	sein, werden, bleiben
Funktionsverben	verbinden sich mit anderen Substantiv- oder Präpositionalgruppen zu einem Funktionsverbgefüge (*die Wahrheit* (Funktions- *kommt* verb) *zum Vorschein*) (vgl. Kap. 3.1.2.1.3).	bringen, kommen
Modalverben	bilden zusammen mit einem Infinitiv einen Modalkomplex (*ich* (Modal- *will* verb) *lesen*) (vgl. Kap. 3.1.2.1.5).	wollen, können, müssen, sollen, dürfen, mögen, ...
Halbmodalverben	bilden mit einem Infinitiv+*zu* einen Halbmodalkomplex (*sie* (Halbmodal- *scheint* verb) *zu lesen*) (vgl. Kap. 3.1.2.1.6).	scheinen, drohen, ...

Vollverben zeichnet aus, dass sie allein das Prädikat bilden können:

(27) Mit zwölf **hatte** ich mal einen Ferienjob in einem Drogeriemarkt.
(Goldt, Ä: 71)

(28) Meine Mutter, die mit einem Arm voll Tannengrün zur Tür hereinkam, **zog** die Augenbrauen **hoch**.
(Janesch, Sibir: 135)

(29) Aus seinem Umfeld **entkam** keiner mehr durch Arbeit.
(Berg, GRM: 15)

Zweiteiligkeit des Prädikats

Die Prädikate der drei Sätze bestehen jeweils aus genau einem Vollverb, das im Falle von (28) (*zog hoch*) auf die beiden Klammerteile aufgeteilt ist. Wir wollen an dieser Stelle nochmal auf diese Zweiteiligkeit des Prädikats zurückkommen. Wir haben bereits in Kap. 2.1.2.1 bei der Einführung des Stellungsfeldermodells ausgeführt, dass die Mehrteiligkeit ein wichtiges Merkmal für das Prädikat im deutschen Satz ist. Das zeigt sich auch daran, dass wir die einteiligen Prädikate aus (27) und (29) problemlos in zweiteilige Prädikate umwandeln können:

(27') Mit zwölf **habe** ich mal einen Ferienjob in einem Drogeriemarkt **gehabt**.
(29') Aus seinem Umfeld **würde** keiner **entkommen**.

Tempus und Modus

Wir erinnern uns: Prädikate können in *analytischer* oder *synthetischer* Form vorliegen. Dieses Begriffspaar ist zwar nicht identisch mit den Begriffspaar ‚einteilig' vs. ‚zweiteilig', hat aber Ähnlichkeiten. Was bedeutet das? Immer, wenn es um die Frage geht, ob die Realisierung einer grammatischen Kategorie auf eine oder zwei Formen verteilt ist, sprechen wir von Synthese oder Analyse. Das betrifft beispielsweise die Tempusbildung mit Hilfsverben oder den Konjunktiv:

(27) Mit zwölf **hatte** ich mal einen Ferienjob in einem Drogeriemarkt.
(27') Mit zwölf **habe** ich mal einen Ferienjob in einem Drogeriemarkt **gehabt**.

(29) Aus seinem Umfeld **entkam** keiner mehr durch Arbeit.
(29') Aus seinem Umfeld **würde** keiner mehr durch Arbeit **entkommen**.

Das Verb *haben* kann verschiedene Funktionen haben, d.h., es ist polyfunktional. In (27) ist es Vollverb und steht im Präteritum (*hatte*). Es kann aber auch als Perfekthilfsverb verwendet werden. In (27') wurde mit dem Hilfsverb *haben* das Perfekt des Vollverbs *haben* gebildet (*habe gehabt*).

analytisch = zweiteilig; synthetisch = einteilig

Auch in (29) steht ein Vollverb *entkommen* im Präteritum (*entkam*). Wollten wir den Konjunktiv II des Präteritums bilden, würden wir heute wohl nicht mehr die alte synthetische Form (*entkäme*), sondern die moderne analytische (*würde entkommen*) präferieren. In (29') wurde also mit dem Hilfsverb *würden* der analytische Konjunktiv des Vollverbs *entkommen* gebildet.

Wir können uns merken: Immer, wenn grammatische Kategorien dafür verantwortlich sind, dass ein Prädikat in zwei Teilen realisiert werden muss, liegen analytische Verbformen vor. Wenn die grammatische Kategorie (z.B. Tempus) in der Verbform selbst verankert ist (*entkam*), liegt eine synthetische Verbform vor.

zweiteilig ≠ analytisch

Andersherum bedeutet dies aber nicht, dass jedes zweiteilige Prädikat auch analytisch ist. Wir werden im Zuge dieses Kapitels auch solche Vollverben kennenlernen, die per definitionem aus zwei Teilen im Satz bestehen, für deren Zweiteiligkeit aber keine grammatische Kategorie verantwortlich ist.

sein oder nicht sein

Ein besonderes Augenmerk im Zuge des Verbsystems verdient das Verb *sein*, das ähnlich wie *haben* polyfunktional ist. Neben der für grammatische Prozesse notwendigen Funktion als Perfekt- und Modushilfsverb wie in (30), verfügt *sein* auch über die Möglichkeit, allein das Prädikat zu bilden, d.h. als Vollverb aufzutreten (31):

(30) Wie gut, dass der kleine Tiger Pilze finden konnte, sonst (Hilfs- **wären** verb) sie wohl (Voll- **verhungert** verb).
(Janosch, Oh: 32)

(31) wo kein Fluss ist, (Voll- **ist** verb) auch kein Fisch.
(Janosch, Oh: 30).

Als möglicher Test für die Identifizierung von einem Vollverb *sein* bietet sich eine Paraphrase mit *existiert* oder *befindet sich* an. Es wird deutlich, dass *sein* hier tatsächliche Vollverbbedeutung hat:

‚wo kein Fluss ist, befindet sich/existiert auch kein Fisch'

Wir können uns also merken, dass eine Lokalangabe (*wo kein Fluss ist / dort*) in Zusammenwirkung mit dem Verb *sein* ein Indikator für *sein* als Vollverb ist.

Eine dritte Verwendungsmöglichkeit von *sein* ist die des Kopulaverbs, die in Kap. 3.1.2.1.4 erläutert werden wird.

Wir kommen nun zu den Subklassen der Vollverben, für deren Unterscheidung die sog. Wortbildungsart häufig eine Rolle spielt.

Wortbildungsarten i

Wortbildungsarten beschreiben die Art der Zusammensetzung von komplexen Wörtern. Sie unterscheiden sich dahingehend, welche Einheiten an der Wortbildung beteiligt sind. Nicht alle Wortbildungsarten sind für die Prädikatsklassifikation entscheidend. Nach Duden sind die Wortbildungsarten der Verben Derivation, Partikelverbbildung, Konversion, Komposition und Rückbildung (Duden-Grammatik 2022: 687–696):

Derivation: Zusammensetzung aus einer wortfähigen Konstituente und einem Affix, vorwiegend *Präfixderivation* (= *be-lauern, ver-golden*)
Partikelverbbildung: Zusammensetzung aus Verbpartikel und Verbstamm (= *auf-nehmen, um-pflanzen*)
Konversion: Überführung eines Worts in eine andere Wortart, Verbstämme entstehen aus Substantiven oder Adjektiven (= *Schule – schulen; weit – weiten*)
Komposition: Komplexe Bildung aus zwei wortfähigen Konstituenten (= *kennen-lernen*)
Rückbildung: Verben werden aus komplexen Substantiven und deren deverbalen Zweitgliedern abgeleitet (= *Bausparer – bausparen*)

Simplexverben

Die erste Subklasse der Vollverben sind *Simplexverben*. Sie zeichnet aus, dass sie ohne Prä- oder Suffigierung gebildet werden, entsprechend verfügen sie über keine Wortbestandteile, die auf eine Zusammensetzung zurückzuführen sind und deshalb potentiell abtrennbar wären:

(32) Ich $_{\text{(Simplex-}}$ **lag** $_{\text{verb)}}$ sogar mal in einem mit Salzlake gefüllten Metallsarg und $_{\text{(Simplex-}}$ **sah** $_{\text{verb)}}$ die Wiederholung meiner Geburt.
(Goldt, Ä: 98)

Liegen und *sehen* sind also Simplexverben, die im Indikativ Präsens (*liegt, sieht*) und Präteritum (*lag, sah*) synthetische Prädikate bilden und die morphologisch nicht reduzierbar sind.

Partikelverben

Demgegenüber steht die Klasse der Partikelverben:

(33) $_{\text{(Partikel-}}$ **Pass auf** $_{\text{verb)}}$!
(Berg, GRM: 14)

(34) Das $_{\text{(Par-}}$ **hält** $_{\text{ti-)}}$ doch keiner $_{\text{(kel-}}$ **aus** $_{\text{verb)}}$.
(Berg, GRM: 17)

Partikelverben erkennen wir daran, dass die Verbpartikel (*auf, aus*) dafür sorgt, dass das Hauptprädikat selbst im Präsens und Präteritum zweiteilig realisiert wird: Die Verbpartikel erscheint vom Verbstamm abgetrennt und besetzt den rechten Klammerteil (33) und (34). Wenn ein Partikelverb in einer anderen Tempusform (z.B. Perfekt) vorkommt, so wie in (35), wird der finite Prädikatsteil durch ein Hilfsverb realisiert. Das flektierte Partikelverb selbst (*aufgegeben*) besetzt dann komplett den rechten Klammerteil, folglich ist die Abtrennbarkeit nicht sichtbar. Sie kann aber sichtbar gemacht werden, indem der Beleg zurück ins Präsens oder Präteritum gesetzt wird:

(35) Seine Subjectivität $_{\text{(Hilfs-}}$ **hat** $_{\text{verb)}}$ der Künstler bereits in dem dionysischen Prozess $_{\text{(Partikel-}}$ **aufgegeben** $_{\text{verb)}}$.
(Nietzsche, 19. Jhd.)

(35') Seine Subjectivität (Par- **gibt/gab** ti-) der Künstler bereits in dem dionysischen Prozess (kel- **auf** verb).

Wichtig für die Klassifikation ist also die *potentielle* Abtrennbarkeit der Verbpartikel.

Präfixverben

Um unsere nächste Subklasse, die *Präfixverben*, zu betrachten, bietet sich der Vergleich mit den Partikelverben an. Partikel- und Präfixverben haben im Infinitiv nämlich auf den ersten Blick Gemeinsamkeiten:

Tab. 14: Partikel- und Präfixverben im Infinitiv

Partikelverben	**Präfixverben**
aufpassen	erschlagen
ankommen	entkommen
aushalten	verlaufen

Formal finden sich sowohl bei Partikelverben wie auch bei Präfixverben zusätzliche Wortbestandteile vor dem Verbstamm, die bei Partikelverben, wie oben gezeigt, abtrennbar sind (= Partikeln) und bei Präfixverben nicht (– Präfixe), was die Kontastierung zeigt:

(33) (Partikel- **Pass auf** verb)!
(34) Das (Par- **hält** ti-) doch keiner (kel- **aus** verb).

(36) da (Präfix- **erschlugen** verb) sich Familienmitglieder. (Berg, GRM: 9)
(29) Aus seinem Umfeld (Präfix- **entkam** verb) keiner mehr durch Arbeit.

Bei Partikelverben handelt es sich also in der konjugierten Form immer um zweiteilige Prädikate, die allerdings nicht analytisch sind, da hier das Lexem selbst und nicht die Tempusform über die Zweiteiligkeit entscheidet. Präfixverben können nur durch Änderung des Tempus oder Modus (*würde entkommen*) zu zweiteiligen Prädikaten werden.

Unterscheidungsmerkmale

Abgrenzen lassen sich Präfix- und Partikelverben zudem durch die Bildung der Partizipien II, denn Partikelverben bilden das Partizip II mit dem Morphem *-ge-*, während Partizipien II von Präfixverben ohne *-ge-* auskommen (vgl. Tab. 15).

Tab. 15: Partikel- und Präfixverben im Partizip II

Partikelverben	**Präfixverben**
aufgepasst	verpasst
angekommen	entkommen
umgebunden	verbunden
abgeflossen	zerflossen

Präfix oder Simplex?

Abgrenzungsschwierigkeiten ergeben sich mitunter bei der Unterscheidung von Präfix- und Simplexverben, weil historisch gewachsene Zusammensetzungen als solche teilweise nicht mehr transparent sind. Präfixverben bilden zwar eine Einheit mit ihrem Stamm, es zeichnet sie jedoch aus, dass die Bedeutung des Verbstamms mit dem des Präfixverbs semantisch verwandt ist. So gehören die Verben *verbinden* und *binden* zur selben Wortfamilie, ebenso die Verben *entkommen* und *kommen.*

Dieses offensichtliche Verwandtschaftsverhältnis liegt beispielsweise bei der Opposition der Verben *kommen* und *bekommen* nicht vor, sodass ein Verb wie *bekommen* nicht als Präfixverb, sondern als Simplexverb eingeordnet wird.

sich-Verben

Den vierten Subtyp der Vollverben bilden die *sich-Verben*. Sich-Verben benötigen zusätzlich zu einem Vollverb das Pronomen *sich*, um das Szenario zu bilden. Die reduzierten Varianten (37' und 38') zeigen, dass das Vorkommen ohne *sich* zu ungrammatischen Sätzen führt.

(37) In Dons Welt $_{(sich\text{-}}$ **verliebte sich** $_{Verb)}$ keiner.
(Berg, GRM: 14)

(37') *In Dons Welt **verliebte** keiner.

(38) Für einen langanhaltenden Erfolg $_{(sich\text{-}}$ **empfiehlt sich** $_{Verb)}$ ein Training über 6 bis 9 Monate.
(CONTRAIN, PROCON GmbH, Kontinenz-Training, Werbebroschüre)

(38') *Für einen langanhaltenden Erfolg **empfiehlt** ein Training über 6 bis 9 Monate.

sich als Teil des Prädikats

Dass *sich* Teil des Szenarioentwurfs und damit immer Teil des Prädikats ist, ist also ein Identifikationskriterium für die Einteilung in diese Prädikatsklasse. Doch was ist mit anderen *sich*-Vorkommen? In der Schule wird für solche Verben der Terminus *Reflexivverb* verwendet. Reflexiv, also *rückbezüglich*, sind aber häufig genau die Strukturen, bei denen *sich* kein Teil des Prädikats ist, sondern ein Komplement, also valenzgefordertes Satzglied. Betrachten wir den Nebensatz des folgenden komplexen Satzes:

(39) dann **gefällt** mir nicht, daß sie (Akkusativ- sich objekt) (Voll- pudert verb). (Koralek, 19. Jhd.)

sich als Akkusativobjekt

Das Nebenprädikat *pudert* ist ein Simplexverb, das transitiv ist, also ein Akkusativobjekt benötigt:

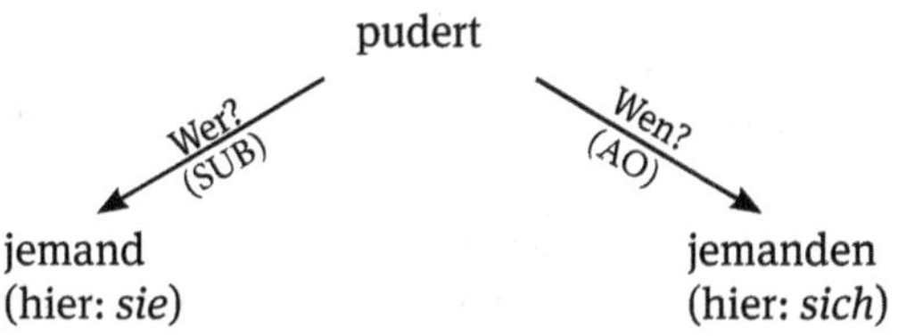

Sich besetzt hier also die Position des Akkusativobjekts und ist damit kein Bestandteil des Prädikats. Wir können das testen, in dem wir *sich* durch ein anderes potentielles Akkusativobjekt ersetzen:

(39') daß sie (Akkusativ- ihre Schwester objekt) pudert.

Sowohl in (39) als auch in (39') wird das Szenario allein durch das Verb *pudern* entworfen, *sich* ist hier nicht Teil des Prädikats.

In (39) stellte das fragliche *sich* ein Akkusativobjekt dar. Es existieren aber auch *sich*-Vorkommen als Dativobjekte:

(40) Lässig **sicherte** Elisabeth (Dativ- sich objekt) die größte Schüssel mit den meisten Himbeeren.
(Herrndorf, Tschick: 131)

sich als Dativobjekt

Um festzustellen, ob *sich* Teil des Prädikats ist, funktioniert auch hier die Ersatzprobe durch andere Dativobjekte:

(40') Lässig **sicherte** Elisabeth (Dativ- ihrer Schwester objekt) die größte Schüssel mit den meisten Himbeeren.

Der Test zeigt, dass das *sich* in (40) ebenfalls ein eigenes Satzglied ist, und zwar in diesem Fall ein Dativobjekt (*Wem sicherte Elisabeth die größte Schüssel? = sich/ihrer Schwester*).

Medialität vs. Reflexivität

Wichtig ist an dieser Stelle zu bemerken, dass der Begriff *Reflexivität* ein semantisches Konzept ist, das die rückbezügliche Relation zwischen Prädikat und Komplementen beschreibt. Wie man an (39 und 40) sieht, ist dabei das Verb selbst, das das Prädikat bildet, jedoch nicht reflexiv. Reflexivität steckt also nicht im Verb, sondern ist ein Merkmal des Szenarios. Wir sprechen von reflexiven Konstruktionen. Verben, deren *sich* fest zum Szenarioentwurf gehört und nicht durch andere Satzglieder ersetzbar ist, sind keine Reflexiv-, sondern *Medialverben*. Schauen wir uns noch einmal die Gegenüberstellung von reflexivem *sich* und Medialverb (= sich-Verb) an:

(39) daß sie $_{\text{(reflexives}}$ sich $_{\text{sich)}}$ pudert.

(41) Ich $_{\text{(sich-}}$ **freue mich** $_{\text{Verb)}}$ auf die Oberschule.
(Morgenpost, Grundschüler: 20.02.12)

Medialverben

Bei reflexiven Konstruktionen wie in (39) lässt sich das Szenario so lesen, als gäbe es tatsächlich zwei unterschiedliche Entitäten (*sie* und *sich*), auch wenn diese in der außersprachlichen Wirklichkeit zusammenfallen. Bei medialen Perspektivierungen wie in (41) wird man wohl erst gar nicht auf die Idee kommen, *ich* und *mich* als zwei unterschiedliche Entitäten zu interpretieren. Schauen wir uns einige weitere Beispiele an:

(42) Nun Gott befohlen für den 1. Mai, ich $_{\text{(sich-}}$ **fürchte mich** $_{\text{Verb)}}$ nicht, im ärgsten Falle, **wird** schnell Militär **geschafft**.
(Koralek, 19. Jhd.)

(43) erst als der l. Sigmund zurückkam, $_{\text{(sich-}}$ **klärte sich** die Sache vollstandig **auf** $_{\text{Verb)}}$.
[= erst als der liebe Sigmund zurückkam, klärte sich die Sache vollständig auf]
(Koralek, 19. Jhd.)

sich verändert die Lesart

Mit den Verben *sich freuen, sich fürchten, sich aufklären* liegen Medialverben vor, denn das *sich* ist hier immer Teil des Szenarioentwurfs und folglich durch kein Komplement ersetzbar.

Abschließend wollen wir die sich-Verben noch einmal im Kontrast zu parallelstrukturierten Simplizia ohne *sich* anschauen, um zu zeigen, wie das Konzept der Medialität die Lesart verändert. Schauen wir uns dazu Beleg (44) an:

(44) Der erste Sonnenstrahl **fällt** von Osten her auf einen kleinen Spiegel. Der **wird erwärmt** <u>und</u> **bewegt sich** ein wenig. Damit **bewegt** er einen kleinen Hebel ein wenig, der **bewegt** einen größeren Hebel ein wenig, <u>und</u> der **bewegt** wieder einen Hebel ein wenig. So **bewegt** ein Hebel den anderen so lange ein wenig, bis es scheppert.
(Janosch, Grünbär: 18)

Der Beleg zeigt, dass ein Verb wie *bewegen* sowohl als sich-Verb wie auch als Vollverb ohne *sich* vorkommen kann. Dabei ändert sich aber die Bedeutung. Die Textstelle beschreibt eine Kausalkette von Ereignissen, deren Ursprung unterschiedlich versprachlicht wird. Sowohl das Vorgangspassiv (*wird erwärmt*) wie auch der Satz *bewegt sich ein wenig* werden so perspektiviert, als gäbe es keine äußere Einwirkung. In der Folge wechselt der Autor dann die Perspektive, indem er *bewegen* als Handlungsverb nutzt, sodass er gezwungen ist, die handelnden Beteiligten als Satzglieder zu benennen (*er* = Subjekt; *einen kleinen Hebel* = Akkusativobjekt, usw.).

Die fünfte Subklasse von Vollverben bilden die *Komplexverben* bzw. *Verbkomposita*. Die Klasse dient als Restklasse derjenigen Vollverben, die wie Partikel- und Präfixverben aus mehreren Morphemen bestehen, also zusammengesetzt sind, die jedoch nicht in die Klasse der Partikel- und Präfixverben einzuordnen sind. Geläufige Zusammensetzungen innerhalb der Klasse bestehen aus Verb+Verb:

Komplexverben

(45) Stoppen die Taucher, (Komplex- **bleibt** auch er **stehen** verb).
(taucher.net, Barrakuda: 27.04.13)

(46) Und bei den Bayerischen Erbfolgekriegen in Böhmen (Komplex- **lernten** österreichische Soldaten die Wonnen der Mohnnudeln, der Skubánky und der Erdäpfelknödel **kennen** Verb).
(Bakos, Mehlspeisen: 3)

Vollverben gehören zu den einfachen statischen Prädikaten. Vollverben zeichnet aus, dass sie allein prädikatsfähig sind. Wir haben in diesem Kapitel fünf Subklassen der Prädikatsklasse Vollverb kennengelernt. (1) Simplizia sind keine Derivate oder Komposita. Sie enthalten keine Affixe und können im Indikativ Präsens oder Präteritum synthetische Verbformen bilden. (2) Partikelverben sind Derivate, sie sind am ge-Partizip II und an der potentiell abtrennbaren Verbpartikel zu erkennen. Sie bilden immer analytische Verbformen. (3) Präfixverben sind ebenfalls Derivate, Verbpräfixe können jedoch nicht abgetrennt werden. (4) Sich-Verben benötigen ein *sich* für den Szenarioentwurf. Das *sich* ist bei diesen Prädikaten immer Teil des Valenzträgers und niemals ein eigenes Satzglied. Sich-Verben sind nicht reflexiv, sondern medial. (5) Komplexverben sind verbale Komposita. Am häufigsten finden sich Verb+Verb-Komposita.

Übung 15: Vollverben

Welche Subklassen der Prädikatsklasse Vollverb sind den Hauptprädikaten in den Belegen jeweils zuzuordnen? Bestimmen und argumentieren Sie.

Clara wirft mir eine Zigarette zu. (Zeh, Adler: 67)

In Gießen hat sich der bisher folgenschwerste Angriff auf das IT-Netz einer deutschen Bildungseinrichtung ereignet. (Zeit Online, Runtergefahren: 26.02.20)

Seit dreizehn Jahren arbeitete sie in zwei Arztpraxen als Putzfrau.
(Varatharajah, Zunahme: 75)

Um sicherzustellen, dass Fische möglichst viel Sauerstoff aus dem Wasser extrahieren können, verläuft der Blutfluss in ihren Kiemen entgegengesetzt dem Wasserfluss.
(Hird, Ozeanopädie: 49)

3.1.2.1.2 Idiom

Bisher haben wir uns mit solchen Prädikaten beschäftigt, die ausschließlich aus Verben bestehen. Bei den meisten Vollverbklassen gibt es also eine 1:1 Beziehung zwischen der Form ‚Verb' und dem grammatischen Wert ‚Prädikat'.

Prädikate ≠ Verben

Diese 1:1-Entsprechung wird im Fall der folgenden Prädikatsklassen *Idiom, Funktionsverbgefüge* und *Prädikativgefüge* aufgehoben. Diese Prädikatsklassen haben also gemein, dass sich der Szenarioentwurf allein über das Verb nicht Sinn-haft abbilden ließe. Schauen wir uns das einmal an zwei Belegen an, der zweite ist schon bekannt:

(47) Pink **hat die Nase voll** von Social Media.
(Spiegel Online, Sängerin Pink: 07.03.18)

(25) Der Blick auf die Elbe **ist atemberaubend**.

Dass in Beleg (47) wohl mehr als nur das Verb *hat* das Szenario entwirft, über das sich die Grundstruktur des Satzes herleiten lässt, liegt auf der Hand. Es geht nicht darum, dass die Sängerin Pink etwas ‚hat' – wir identifizieren also kein HABEN-Szenario, sondern ein DIE-NASE-VOLL-HABEN-Szenario, denn die zusätzlichen Elemente (*die Nase voll*) sind nötig, um den Sinn des Szenarios zu ergründen.

Für Beleg (25) haben wir bereits in Kap. 3.1.2.1 gezeigt, dass ein Ausgehen von einem SEIN-Szenario irrtümlich wäre und dass nur ein ATEMBERAUBEND-SEIN-Szenario zur korrekten Analyse des Satzbauplans führt. Hier liegt nämlich ein *Prädikativgefüge* vor (vgl. Kap. 3.1.2.1.4). Im vorliegenden Kapitel soll es um Belege des Typs (47) gehen.

Idiome entwerfen Szenarios

Idiome sind komplexe Einheiten mit verbalen und nicht-verbalen Bestandteilen, die gemeinsam ein Szenario entwerfen. Dieses Gemeinsame bedeutet, dass Idiome feste Wortverbindungen sind, dass sie historisch zu festen Bestandteilen des Wortschatzes geworden sind.

Schauen wir uns weitere Belege an:

(48) Ich (Idi- **bin auf der Hut** om). Täuschen. Lügen. Tricksen. An der Haustür und am Telefon.
(Präventionsrat, Ratgeber zur Vermeidung von Straftaten)

(49) Der gemeine Mann **läst sich** gar leicht mit Lügen **fangen,** und (Idi- **wird** daher gar oft wieder alle Billigkeit, **hinters Licht geführet** om).

[= Der gemeine Mann lässt sich gar leicht mit Lügen fangen und wird daher oft wider alle Billigkeit hinters Licht geführt]
(Harenberg, 18. Jhd.)

Wenn wir davon ausgehen, dass jedes Prädikat über Valenz verfügt und ein Szenario entwirft, muss dies ebenso für solche idiomatisierten Einheiten gelten. Schauen wir uns das Schritt für Schritt an.

Die Belegmarkierung zeigt bereits an, dass wir in (48) vom Prädikat *bin auf der Hut* ausgehen. Doch was wäre die Alternative? Wenn wir dazu unsere bereits eingeführten Satzgliedfragen nutzen, ergeben sich zwei Varianten:

A	B
bin	bin auf der Hut
Wer? Wo?	Wer?

In Variante A würde die Frage *Wo bin ich?* mit *auf der Hut* beantwortet werden. Die Präpositionalgruppe *auf der Hut* wäre somit ein Lokaladverbial, das das SEIN-Szenario räumlich verortet. Doch in diesem Satz gibt es keine räumliche Verortung. Vielmehr hat das Prädikat *bin auf der Hut* die idiomatische Bedeutung ‚sich vorsehen'. Wir wollen also von einem AUF-DER-HUT-SEIN-Szenario ausgehen (= Darstellung B).

Den gleichen analytischen Weg können wir für Beleg (49) nachzeichnen: Die fragliche Wortgruppe innerhalb dieses Prädikats ist *hinters Licht*. Auch hier gibt es zwei Optionen:

A	B
wird geführt	wird hinters Licht geführt
Wer? Wohin?	Wer?

Es ist deutlich, dass sich für einen Sinn-haften Szenarioentwurf in Bezug auf Beleg (49) keine Beantwortung der Frage *Wohin?* anbietet. Vielmehr hat die Einheit *hinters Licht führen* die idiomatische Bedeutung ‚jemanden täuschen'. Wir können also von einem HINTERS-LICHT-FÜHREN-Szenario ausgehen (= Darstellung B).

Doch was bedeutet es, wenn Prädikate eine idiomatische Bedeutung haben?

Idiomatizität

Idiomatizität liegt vor, wenn Mehrworteinheiten nicht dem Kompositionalitätsprinzip folgen.

Kompositionalitätsprinzip
In der traditionellen Grammatikforschung ging man davon aus, dass die Syntax wie ein Baukasten funktioniert, bei dem sich kleinere Elemente (Wörter) zu größeren Einheiten (Wortgruppen/Sätze/ggf. Texte) zusammenschließen. Aus dieser Vorstellung resultiert die Idee, dass sich diese Elemente auch in ihren Bedeutungen kompositional, also zusammengesetzt, beschreiben lassen. Ein Apfelkuchen ist beispielsweise sowohl auf der Formebene eine Zusammensetzung aus *Apfel* und *Kuchen* wie auch auf der Bedeutungsebene. Doch dieses Prinzip kommt schnell an seine Grenzen. Wie lässt sich nämlich sonst der Bedeutungsunterschied zwischen den Komposita *Kaffeemühle* und *Windmühle* erklären? Eine Kaffeemühle mahlt Kaffee, aber mahlt eine Windmühle Wind? Die Grenzen des Kompositionalitätsprinzips werden auch auf Satzebene schnell erreicht, wenn es um die Betrachtung von idiomatischen Prädikaten geht.

keine Kompositionalität

Die Bedeutung von Idiomen lässt sich aus den Bedeutungen ihrer Einzelteile nicht erschließen. Dies gilt für alle idiomatischen Ausdrücke unabhängig davon, ob sie als Prädikate verwendet werden oder nicht (z.B. *gang und gäbe; es sei denn*). Entsprechend lässt die Bedeutung von *hinters Licht führen* sich aus den Bedeutungen ihrer Einzelteile *führen*, *hinters* und *Licht* nicht erschließen. Denn die Bedeutung ist nicht kompositional, sondern idiomatisch. Beim Erlernen einer Fremdsprache müssen Idiome als Mehrworteinheiten gelernt werden.

Ersetzbarkeit?

Ein Idiom ist also etwas Ganzheitliches. Folglich gilt syntaktisch für den Status als Idiom, dass die einzelnen Elemente nicht einfach ausgetauscht oder weggelassen werden können. Schauen wir uns das einmal an den (gekürzten) Belegen an:

(48) Ich **bin auf der Hut**.
(48') Ich **bin** auf der Burg.

(49) Der gemeine Mann **wird** wieder alle Billigkeit, **hinters Licht geführet**.
(49') Der gemeine Mann **wird** wieder alle Billigkeit hinters Haus **geführet**.

Zwar lassen sich formal gesehen einzelne Elemente der Idiome ersetzen, denn die Belege (48') und (49') sind korrekte grammatische Sätze, aber: Die Idiomatizität ist verloren gegangen. Würde man davon ausgehen, dass die Elemente in den jeweiligen Sätzen „beliebig miteinander kombinier[t]" werden können (Burger 2010: 19), so läge das Gegenstück zu den Idiomen vor: *freie Wortverbindungen*. Bei Idiomen handelt es sich aber um *feste Wortverbindungen*, bei denen eine Abwandlung der Elemente nicht zu falschen Äußerungen, sondern im Extremfall zu „sinnlosen Äußerungen" (Burger 2010: 19) führt.

Idiomatizität als Skala

Die Gegenüberstellung von Idiomatizität und Kompositionalität ist nicht absolut. Vielmehr muss man den Phänomenbereich der Idiomatizität sich wie eine Skala mit Idiomatizitätsabstufungen vorstellen.

Voll-Idiom

Beispielsweise gibt es auf der einen Seite sog. *Voll-Idiome* wie die obigen Beispiele oder Redewendungen wie *lange Beine machen*, *eine weiße Weste haben* oder *Tomaten auf den Augen haben*, die kompositional nicht herleitbar sind.

Teil-Idiom

Auf der anderen Seite gibt es auch *Teil-Idiome* wie z.B. die Ausdrücke *blinder Passagier* oder *beleidigte Leberwurst* oder eben das Hauptprädikat im ersten Satz in (50):

(50) Dann (Teil- **fragte** sie noch rasch zwei Eisenbahnbeamten **Löcher in den Bauch** idiom) und **kam** stolz **zurück**.
(Kästner, Emil: 75)

Ein blinder Passagier ist ein Passagier, aber keinesfalls blind. Eine beleidigte Leberwurst ist zwar beleidigt, aber keinesfalls eine Leberwurst. Auch das Prädikat *Löcher in den Bauch fragen* ist teilidiomatisiert, denn das Vollverb *fragen* behält seine ursprüngliche Bedeutung und wird mit dem idiomatischen Ausdruck *Löcher in den Bauch* kombiniert.

Idiome als Prädikate sind Mehrworteinheiten mit verbalen und nicht-verbalen Bestandteilen, die gemeinsam ein Szenario entwerfen. Ausschlaggebend ist, dass die Bestandteile des Idioms nicht austauschbar sind und dass sich die Bedeutung des Idioms nicht aus der Summe seiner Einzelteile ergibt. Idiome verkörpern als lexikalisierte Einheiten neue Bedeutungen und müssen als solche erlernt werden.

Übung 16: Idiom

Erklären Sie das Phänomen der Kompositionalität anhand des folgenden Liedzitats. Welche Prädikatsklassen werden hier miteinander kombiniert? Wie könnten Sie den Beleg verändern, um den Grad an Idiomatizität in diesem Textauszug zu reduzieren?

Ah, guten Morgen, ich steh' jetzt auf. Ah, ich meine über den Dingen.
(Fynn Kliemann, Morgen)

3.1.2.1.3 Funktionsverbgefüge

Wir kommen nun zur zweiten Klasse der Prädikate, für die das Ausgehen vom Verb als Prädikat nicht ausreicht, um zu Sinn-haften Szenarioentwürfen zu kommen: *Funktionsverbgefüge*.

erster Schritt: Nominalisierungsverbgefüge

Funktionsverbgefüge gehören zur Klasse der sog. Nominalisierungsverbgefüge. Wir identifizieren sie über Nominalisierungen von Verben, die sie zusätzlich zu einem finiten Verb enthalten (in (51) *Schutz/schützen*; in (52) *Erwägung/erwägen*):

(51) Trainer **prügelt** Athletin – und sie, (Nominali- **nimmt** sierungs-) ihn (verb- **in Schutz** gefüge). (Kleine Zeitung, Turnen: 07.09.18)

(52) „Er (Nominali- **würde** sierungs) es ernsthaft (verb- **in Erwägung ziehen** gefüge)" – **liebäugelt** Sane mit einem Wechsel zu FC Arsenal? (Fcbinside, Leroy Sane: 07.12.22)

Ein alternativer Terminus ist das *Streckverbgefüge*. Die Überlegung ist dabei, dass ein Vollverb zu einer komplexeren Einheit gewissermaßen verlängert (= gestreckt) wird.

Sinn-hafte Szenarioentwürfe

Um die Prädikate dieser Sätze sinnvoll bestimmen zu können, müssen wir uns wieder fragen, welche Elemente es sind, die gemeinsam mit den verbalen Elementen das Szenario entwerfen. Geht es also in (51) um ein NEHMEN-Szenario und in (52) um ein ZIEHEN-Szenario? Nein! Wir haben nun bereits an verschiedenen Stellen sehen können, dass unser satzsemantisches Verständnis darauf aufbaut, von Sinn-haften Szenarioentwürfen zu Sinn-haften Satzgliedanalysen zu kommen. Andernfalls müsste man *in Schutz* und *in Erwägung* wohl als Richtungsangaben (= Direktiva) bestimmen, was Sinn-los wäre (vgl. Kap. 1). Wir gehen also von den Prädikaten aus, die in (51) und (52) wie üblich fett markiert sind. Doch was macht nun die Klasse der Nominalisierungsverbgefüge aus?

Kriterien für Nominalisierungsverbgefüge

Im Gegensatz zu Idiomen liegt hier keine metaphorische Übertragung mehr vor, was ein Unterscheidungskriterium für diese Prädikatsklassen sein kann. Außerdem haben die Nominalisierungsverbgefüge *in Schutz nehmen* und *in Erwägung ziehen* Vollverb-Varianten, die ohne Nominalisierungen auskommen:

(51') sie **schützt** ihn.

(52') Er **erwägt** es ernsthaft.

zweiter Schritt: Funktionsverbgefüge

Den Kernbereich der Nominalisierungsverbgefüge bilden die Funktionsverbgefüge. Wir wollen uns im Folgenden diejenigen Merkmale anschauen, die die Funktionsverbgefüge als zentrale Teilmenge der Nominalisierungsverbgefüge auszeichnet. Wir konzentrieren uns dabei auf die prototypischen Funktionsverben *kommen* und *bringen*:

(53) Darwins Prinzip (Funktions- **kommt** verb-) auch hier (ge- **zur Geltung** füge).
(Spiegel Online, Jonas Mekas: 11.08.16)

(54) In der Psychotherapie **ist** es nicht **anders**. Eine gute Sitzung (Funktions- **bringt** verb-) das Problem (ge- **zur Sprache** füge).
(horizonte, reden: 01.11.21)

Liegen Nominalisierungsverbgefüge mit den Verben *kommen* und *bringen* vor, handelt es sich immer um Funktionsverbgefüge. Funktionsverbgefüge zeichnet aus, dass das Paar der Funktionsverben fast immer gegeneinander ausgetauscht werden kann. Dabei ist das Funktionsverbgefüge mit *bringen* immer transitiv, hat also ein Akkusativobjekt, während das Funktionsverbgefüge mit *kommen* immer intransitiv ist, hat also kein Akkusativobjekt. Indes entspricht das Subjekt der *kommen*-Variante dem Akkusativobjekt der *bringen*-Variante:

kommen und bringen

(53) (Sub- Darwins Prinzip jekt) **kommt** auch hier **zur Geltung**.
(53') Man **bringt** (Akkusativ- Darwins Prinzip objekt) auch hier **zur Geltung**.

(54') (Sub- Das Problem jekt) **kommt zur Sprache.**
(54) (Sub- Eine gute Sitzung jekt) **bringt** (Akkusativ- das Problem objekt) **zur Sprache**.

Wie schon bei den Idiomen ausgeführt, wollen wir uns auch hier erneut vergegenwärtigen, dass unsere Prädikatsbestimmung valenzorientiert ist. In den obigen Fällen handelt es sich gewiss um keine KOMMEN-Szenarioentwürfe, sondern eben um einen ZUR-GELTUNG-KOMMEN- und um einen ZUR-SPRACHE-BRINGEN-Szenarioentwurf.

Valenz

Gehen wir zurück zu *kommen* und *bringen*: Die Unterscheidung zwischen dem, was durch *kommen* oder durch *bringen* ausgedrückt wird, lässt sich mit der Kategorie *Aktionsart* näher erklären.

Die Aktionsart „gibt an, in welcher Art das benannte Geschehen zeitlich strukturiert ist" (Duden-Grammatik 2022: 658). Schauen wir uns das einmal an Beleg (53) und dessen Abwandlungen an:

Test: Aktionsart

(53") Darwins Prinzip **gilt** auch hier.
(53) Darwins Prinzip **kommt** auch hier **zur Geltung**.
(53') Man **bringt** Darwins Prinzip auch hier **zur Geltung**.

Satz (53") drückt eine *durative Perspektivierung* aus, was bedeutet, dass hier keine zeitliche Begrenzung des Szenarios besteht. Demgegenüber enthält der Originalbeleg (53) eine *inchoative Perspektivierung*, was Zustandsveränderung bedeutet. Während im Originalbeleg die Zustandsveränderung ohne Verursacher perspektiviert wird, liegt mit (53') eine *kausative Perspektivierung*

durativ
inchoativ
kausativ

vor, d.h., der Verursacher (*man*) der Zustandsveränderung wird ebenfalls versprachlicht. Die Teilung in *inchoativ* vs. *kausativ* ist typisch für das Funktionsverbpaar *kommen* und *bringen*. Dabei muss bei Funktionsverbgefügen mit *bringen* immer ein neues Subjekt vorhanden sein, um den Sachverhalt zu transitiveren bzw. die kausative semantische Perspektive zu erzeugen (53) und (53'). Andersherum wird der Auslöser der Zustandsveränderung bei dem Wechsel von *bringen* zu *kommen* nicht versprachlicht (53') und (53).

Um Funktionsverbgefüge zu erkennen, bietet es sich also einerseits an, verschiedene Aktionsarten zu testen, denn jedes Funktionsverbgefüge sollte immer auch in wenigstens eine andere Aktionsart überführt werden können. (Zur detaillierteren Abgrenzung vgl. GTA 314–320.)

Test: Vollverbparaphrase

Daneben haben die meisten Funktionsverbgefüge, wie schon bei den Nominalisierungsverbgefügen gezeigt, Vollverb-Varianten, was (53'') ebenso zeigt:

(53) Darwins Prinzip **kommt** auch hier **zur Geltung**.
(53'') Darwins Prinzip **gilt** auch hier.

signifikativ-semantische Rollen von Funktionsverbgefügen

Schauen wir uns abschließend einmal an, wie das System der Funktionsverbgefüge mit *kommen* und *gehen* auf die signifikative Semantik zu übertragen ist. Wir haben bereits gesehen, dass die Funktionsverben *bringen* und *kommen* regelhafte Alternanten voneinander darstellen. Das lässt sich auch an den semantischen Rollen ablesen:

Subjekt	–Prädikat–	
VORGANGSTRÄGER	– VORGANG –	
Das Problem	kommt zur Sprache	
Subjekt	–Prädikat–	Akkusativobjekt
HANDLUNGSTRÄGER	– HANDLUNG –	HANDLUNGSGEGENSTAND
Eine gute Sitzung	bringt zur Sprache	das Problem

Funktionsverbgefüge mit *kommen* und *bringen* haben parallele Muster, die sich auch an den semantischen Rollen ablesen lassen. Der intransitive Typ mit *kommen* trägt immer die semantische Rolle VORGANG, während der transitive Typ eine HANDLUNG darstellt.

Mit Funktionsverbgefügen wurde die zweite Prädikatsklasse vorgestellt, deren Bestandteile nicht nur Verben sind. Funktionsverbgefüge benötigen immer Funktionsverben und deverbale Substantive sowie Präpositionen, die gemeinsam ein Szenario entwerfen. Die zentralen Funktionsverben sind *bringen* und *kommen*. Durch Funktionsverben können Aktionsarten ausgedrückt werden. Funktionsverbgefüge haben meist verbale Äquivalente.

Übung 17: Funktionsverbgefüge

In den folgenden Belegen sind zwei Funktionsverbgefüge markiert. Nutzen Sie die im Kapitel vorgestellten Tests, um für die Prädikatsklasse zu argumentieren. Welche signifikativ-semantischen Rollen können Sie identifizieren?

Sport **bringt** den Kreislauf **in Schwung** und sollte einen wichtigen Platz in Ihrer Wochenroutine haben. (Deavita, Hausmittel: 16.08.21)

Forschungsdatengesetz **kommt in Gang**. (Tagesspiegel, Forschungsdaten: 12.04.23)

3.1.2.1.4 Prädikativgefüge

Wie wir bereits wissen, gibt es Prädikate, die nur aus Verben bestehen (z.B. die Prädikatsklasse Vollverb) und Prädikate, die neben Verben auch andere Wortarten enthalten (z.B. die Prädikatsklassen Idiom und Funktionsverbgefüge). Schauen wir uns nun vergleichend zwei Belege in zunächst nicht-analysierter Form an, um zu entscheiden, wie es sich diesbezüglich mit Prädikativgefügen verhält:

(55) Wir danken dir für alles.
(Hebamme Gästebuch: 31.12.20)

(56) Sehr dankbar sind wir dir für die liebevolle und wirklich gute Hilfe bei unseren Nabelproblemchen.
(Hebamme Gästebuch: 21.02.14)

Beide Belege sind semantisch eng miteinander verwandt und daher gut vergleichbar. In schulgrammatischer Tradition würde man zu dem Schluss kommen, dass in beiden Belegen rein verbale Prädikate vorliegen und folgende Analysen für angemessen halten:

(55) Wir $_{\text{(Voll-}}$ **danken** $_{\text{verb)}}$ dir für alles.

(56) Sehr dankbar $_{\text{(?}}$ **sind** $_{\text{?)}}$ wir dir für die liebevolle und wirklich gute Hilfe bei unseren Nabelproblemchen.

Die Analyse von (55) entspricht auch unserem Verständnis eines Prädikats. In Bezug auf Beleg (56) halten wir die schulgrammatische Analyse aber für inadäquat, weil sie der semantischen Verwandtschaft der Belege nicht gerecht wird und verkennt, welche Elemente des Satzes als Valenzträger fungieren, und Szenarios entwerfen.

Prädikat = Valenzträger

Wenn wir nämlich entscheiden wollen, was das Prädikat eines Satzes ist, müssen wir uns fragen, welches Element/welche Elemente als Valenzträger dieses grammatischen Satzes fungieren. Wie bei der Identifikation und Begründung der Prädikatsklassen Idiom (Kap. 3.1.2.1.2) und Funktionsverbgefüge (Kap. 3.1.2.1.3) bereits gesehen, ist das Prädikat dasjenige Satzglied, das in der Lage ist, kraft seiner Valenz, Leerstellen zu eröffnen und damit das Szenario zu konstituieren (vgl. Kap. 3.1.1).

Würden wir versuchen, die schulgrammatischen Analysen in Form der Valenzfragen darzustellen, die wir bereits aus anderen Kapiteln kennen, ergäbe sich folgendes Bild:

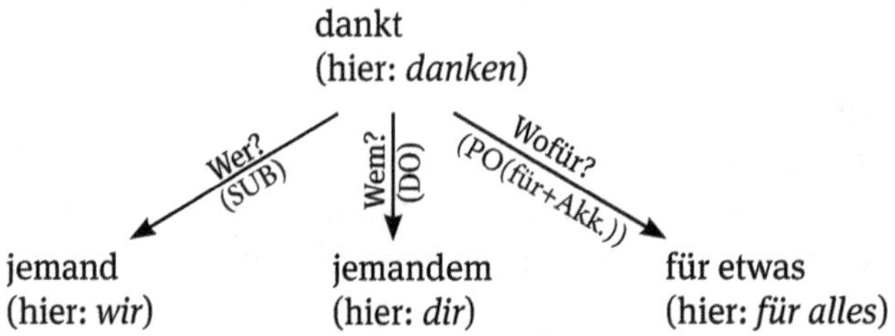

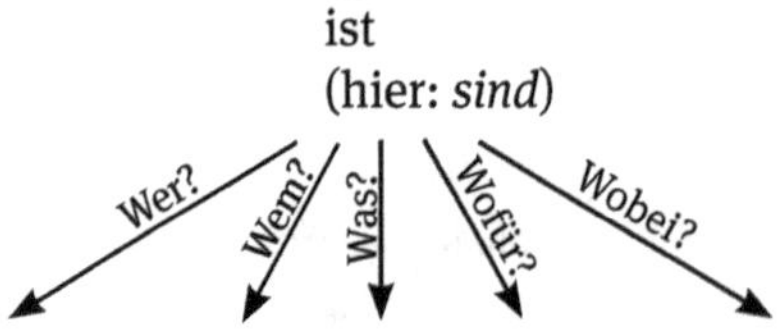

Die Darstellungen machen deutlich, dass *danken* das Prädikat in Beleg (55) ist, während sich ausgehend von einem Prädikat *sind* im Beleg (56) kein Szenario begründen ließe, das semantische Ähnlichkeiten mit dem von (55) hätte. Unser Verständnis ist hingegen, dass die Szenarios von (55) und (56) inhaltlich durchaus verwandt sind, was sich auch in den vergleichbaren syntaktischen Strukturen manifestiert.

Prädikativgefüge bestehen nicht nur aus Verben

Wir schlagen deshalb eine andere Analyse vor, die dem Umstand Rechnung trägt, dass das Szenario in (56) nicht allein von der finiten Verbform *sind* eröffnet wird, und der semantischen Ähnlichkeit zwischen (55) und (56) gerecht wird. Nach unserer Analyse liegt in (56) ein *Prädikativgefüge* vor, das – wie Idiome und Funktionsverbgefüge auch – nicht nur aus Verben besteht:

(56) (Prädika- **Sehr dankbar** tiv-) (gefü- **sind** ge) wir dir für die liebevolle und wirklich gute Hilfe bei unseren Nabelproblemchen.

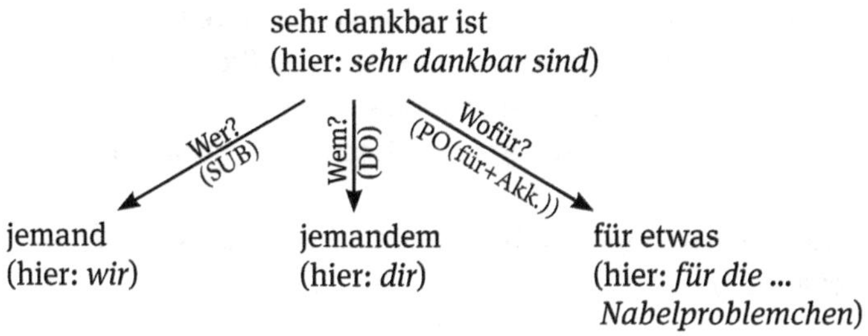

Demnach handelt es sich um ein SEHR-DANKBAR-SEIN-Szenario, das aus einem verbalen Teil (hier: *sind*) und einem nichtverbalen Teil (hier: *sehr dankbar*) besteht. Die Darstellung verdeutlicht die grammatischen Parallelen zwischen dem DANKEN- und dem SEHR-DANKBAR-SEIN-Szenario.

---

i

In der Schule wäre *sehr dankbar* ein eigenes Satzglied, das als *Prädikativ* (Verzeichnis 2020: 32) bezeichnet würde. Dieses obligatorische Prädikativ ist nach unserer Auffassung kein eigenes Satzglied, sondern immer Teil des Prädikats. Ein eigenes Satzglied ist hingegen das Freie Prädikativ (vgl. Kap. 3.3.2).

Kopula + Prädikativum = Prädikativgefüge

Wie wir gesehen haben, handelt es sich bei Prädikativgefügen – genau wie bei Idiomen und Funktionsverbgefügen – um Prädikate, die nicht nur aus Verben bestehen. Prädikativgefüge zeichnen sich weiterhin dadurch aus, dass sie funktional aus zwei Bestandteilen bestehen: einer *Kopula* und einem *Prädikativum*. Schauen wir uns diese Bestandteile nun näher an:

(56') Wir (Ko- **sind** pula) dir für die Hilfe (Prädika- **dankbar** tivum).

(57) Kekse (Ko- **sind** pula) (Prädika- **kleine Alleskönner** tivum).
(Lieblings Plätzchen: 6)

Die Belege (56') und (57) sind beide typische Beispiele für Sätze mit Prädikativgefügen. Denn jedes Prädikativgefüge besteht aus einer Kopula, die das grammatische Zentrum und einem Prädikativum, das das lexikalische Zentrum des Prädikates darstellt, also die zentralen inhaltlichen Informationen enthält. Schauen wir uns beide Bestandteile und ihre formalen Realisierungsmöglichkeiten nacheinander an.

Kopula

Die Kopula stellt den finiten Teil des Prädikativgefüges dar. Damit fungiert sie als *Verbalisator* für andere Wortarten, die allein nicht prädikatsfähig sind (v.a. Adjektive oder Substantive). Denn mithilfe ihres verbalen Charakters ermöglicht sie es anderen Wortarten, Teil von Prädikaten zu werden. Was bedeutet das?

Prädikate zeichnen sich durch einen finiten verbalen Teil aus. Diesen brauchen sie, um die verbalen grammatischen Kategorien (Person, Numerus, Tempus, Modus, Genus Verbi) zu realisieren. Da sich diese Informationen in der Kopula manifestieren, stellt sie das grammatische Zentrum eines Prädikativgefüges dar.

Die drei prototypischen Kopulaverben des Deutschen sind *sein* (57), *werden* (58) und *bleiben* (59):

(57) Kekse (Kopu- **sind** la) **kleine Alleskönner**.

(58) Ich **nehme** mir immer **vor**, ordentlich zu bleiben aber jedes Mal (Kopu- **wird** la) mein Zimmer **total unordentlich**. **Könnt** ihr mir Tipps **geben** wie ich Unordnung vermeiden kann?
(gutefrage.net, Zimmer unordentlich)

(59) Der CDU-Politiker Hendrik Wüst (CDU) (Kopu- **bleibt** la) **Ministerpräsident von Nordrhein-Westfalen**.
(BRF Nachrichten, Regierungschef: 28.06.22)

Neben den prototypischen Vertretern enthält die Klasse der Kopulaverben ein paar weitere, weniger zentrale Verben. Zu diesen zählen *heißen* und *scheinen*.

Zusätzlich gibt es auch Mehrworteinheiten mit derselben Funktion, die *Kopulauasdrücke* heißen:

Kopula-ausdrücke

(60) Bea **befürchtet**, Ingo vor den Kopf gestoßen zu haben, doch der (Kopula- **erweist sich als** ausdruck) **wahrer Freund**.
(Alles was zählt, Folge 1696)

(61) Betsch (Kopula- **gilt als** ausdruck) **Expertin für die Psychologie von individuellen Impfentscheidungen**, **hat** dazu in Projekten, zum Teil auch mit DFG-Förderung, **geforscht** und **ist** darüber hinaus in der gesundheitsbezogenen Politikberatung **engagiert**.
(DFG, Pandemiemüdigkeit: 21.04.23)

Bei einer oberflächlichen Betrachtung der Belege könnten alle Prädikate als Vollverben analysiert werden. Bei *erweist sich als* (60) und bei *gilt als* (61) handelt es sich jedoch um sog. *Kopulaausdrücke*. Diese Mehrworteinheiten erfüllen genau die gleiche Funktion wie die typischen Kopulaverben *sein*, *bleiben* oder *werden*. Wir sehen das, wenn wir sie durch solche ersetzen:

(60') Bea **befürchtet**, Ingo vor den Kopf gestoßen zu haben, doch der **ist ein wahrer Freund**.

(61') Betsch **ist eine Expertin für die Psychologie von individuellen Impfentscheidungen**.

Wir können festhalten: Neben wortförmigen Kopulae gibt es also auch Mehrworteinheiten/feste Wortverbindungen, die semantisch und grammatisch als Kopula in einem Prädikativgefüge fungieren können. Kopulaausdrücke sind also idiomatisch, sie lassen sich jedoch im System der Prädikativgefüge adäquater beschreiben als im Rahmen der Prädikatsklasse Idiom.

Prädikativum

Das Prädikativum stellt den anderen Bestandteil von Prädikativgefügen dar. Auch Prädikativa unterscheiden sich hinsichtlich ihrer formalen Eigenschaften. Sowohl Adjektivgruppen als auch Substantivgruppen können die Funktion eines Prädikativums übernehmen und dabei unterschiedlich komplex sein. Schauen wir uns dazu erneut die Belege (58) und (59) an:

(58) jedes Mal **wird** mein Zimmer (Prädika- **total unordentlich** tivum).

(59) Der CDU-Politiker Hendrik Wüst (CDU) **bleibt** (Prädika- **Ministerpräsident von Nordrhein-Westfalen** tivum).

Weglassprobe

In Beleg (59) liegt mit *total unordentlich* eine Adjektivgruppe vor, in Beleg (59) eine Substantivgruppe (*Ministerpräsident von Nordrhein-Westfalen*). In beiden Fällen handelt es sich nicht um die Minimalbesetzung des Prädikativums, wie die Weglassprobe verdeutlicht:

(58) jedes Mal **wird** mein Zimmer **total unordentlich.**

(58') jedes Mal **wird** mein Zimmer **unordentlich**.

(59) Der CDU-Politiker Hendrik Wüst (CDU) **bleibt Ministerpräsident von Nordrhein-Westfalen.**

(59') Der CDU-Politiker Hendrik Wüst (CDU) **bleibt Ministerpräsident**.

Die Belegvarianten (58') und (59') zeigen, dass beide Prädikativa um einzelne Einheiten reduziert werden können, ohne ungrammatisch zu werden. Die Intensitätspartikel *total* und das Präpositionalattribut *von Nordrhein-Westfalen* stellen also bereits Erweiterungen des unteren Grenzfalls eines Prädikativums dar. Denn weglassbar sind prinzipiell immer nur die Elemente, die der *Attribuierung* dienen, d.h. bereits konkrete Spezifizierungen des Inhaltes vornehmen.

Erweiterungsprobe

Die Belege deuten bereits an, dass es eine Vielzahl von Beispielen dafür gibt, dass nicht nur der formal untere Grenzfall eines Prädikativums realisiert wird. Häufig gibt es deutlich komplexere Formen, denn Prädikativa sind auch erweiterbar:

(58'') jedes Mal **wird** mein Zimmer **so unordentlich, dass ich zwei Wochen lang jeden Tag aufräumen muss, um es wieder in den Grundzustand zu versetzen.**

Die Komplexität in Prädikativgefügen kommt also daher, dass sich die Minimalform von Prädikativa durch Attribute erweitern lässt (vgl. Kap. 4 zur ausführlichen Beschäftigung mit der Erweiterung durch Attribute). Vergleichen wir die Belege (58), (58') und (58''), zeigt sich genau das: Prädikativa können unterschiedlich viele bzw. unterschiedlich präzise inhaltliche Informationen liefern. Der Komplexitätsgrad der Prädikativa geht mit den verschiedenen Antworten auf die implizite Kernfrage der Erweiterung *Wie unordentlich?* einher.
Auch Beleg (59) lässt sich problemlos erweitern. Hier bietet sich eine inhaltliche Spezifizierung entlang der Frage *Was für ein Ministerpräsident?* an:

(59'') Der CDU-Politiker Hendrik Wüst (CDU) **bleibt stolzer Ministerpräsident von Nordrhein-Westfalen, der große Ziele für die Region verfolgt**.

Prädikativum als Teil des Prädikats? Ja!

Warum werden nun aber solche potentiell stark erweiterbaren und in der Konsequenz sehr komplexen Strukturen anders als in schulgrammatischer Tradition als Teil des Prädikats aufgefasst? Warum stellen sie keine eigenen Satzglieder dar, wie in der Forschungsgemeinschaft mitunter angenommen, sondern werden von uns als Satzglied*teile* analysiert? Im Folgenden werden wir – über das bereits angeführte Synonymieargument hinaus – einige ausgewählte Argumente liefern. Weitere Argumente finden sich in der GTA (358–394).

Die Frage nach dem grammatischen Wert einer Form hängt untrennbar mit ihrer grammatischen und lexikalischen Funktion zusammen. Schauen wir uns daher zunächst an, welche Typen von Szenarios Prädikativgefüge ausdrücken.

Klassen- und Eigenschaftszuweisung

Prädikativgefüge können zwei Typen von Zuständen ausdrücken, nämlich *Klassen-* (62) oder *Eigenschaftszuweisungen* (62').

(62) Kassel **ist eine autofreundliche Stadt**.
(Brückner, Lesebuch: 42)
(62') Kassel **ist autofreundlich**.

Beleg (62) stellt ein Beispiel für eine Klassenzuweisung dar. Eine Entität (hier: Kassel) wird als Element bzw. Teil einer spezifischen Menge dargestellt (hier: der Menge der autofreundlichen Städte). Die Belegvariante (62') stellt hingegen eine Eigenschaftszuweisung dar, weil eine qualitative Beschreibung einer Entität (hier erneut: Kassel) hinsichtlich eines Merkmals (hier: +/- autofreundlich) erfolgt. Die Belege (62) und (62') stehen für die prototypischen Realisierungen von Prädikativa: Klassenzuweisungen werden durch Substantivgruppen (*eine autofreundliche Stadt*), Eigenschaftszuweisungen durch Adjektivgruppen (*autofreundlich*) realisiert.

Wichtiger als dieses theorieinterne Argument ist der Blick über den einzelsprachlichen Tellerrand, also die sprachvergleichende (= typologische) Perspektive. Schauen wir uns daher zunächst das Deutsche im Vergleich zu zwei anderen Sprachen an:

Typologie-argument

(63) Ich **bin Arzt**.
(64) Ja **vrač**. (Russisch, wörtlich: Ich Arzt)
(65) **Doktorum**. (Türkisch, wörtlich: Arzt-ich)

Während das Prädikat in Beleg (63) sichtbar/hörbar aus einer Kopula (*bin*) und einem Prädikativum (*Arzt*) als jeweils eigene Sprachzeichen gebildet wird, gibt es in den Belegen (64) und (65) kein Sprachzeichen, das als Kopula fungiert. Der russische Satz besteht aus dem Subjekt (*Ja*) und dem Prädikativum (*vrač*). Im Türkischen werden wiederum alle semantischen und grammatischen Informationen zu einem Wort verschmolzen. So zeigt in (65) die ans Prädikativ (*doktor-*) angehängte Personalendung der 1. Person (*-um*) das Subjekt an.

Diese holzschnittartige Gegenüberstellung von nur drei Sprachen offenbart bereits, dass Prädikativgefüge formal unterschiedlich realisiert werden können. Dabei wird klar, dass die für das deutsche Sprachsystem elementare Funktion der Kopula als Verbalisator nicht für alle Einzelsprachen gilt.

Sprachen mit obligatorischer Kopulasetzung (z.B. Deutsch, Englisch, Französisch, Spanisch) stellen typologisch das eine Extrem dar. Das andere Extrem bilden Sprachen, in denen es keine Kopula gibt (z.B. Singhalesisch = Amtssprache von Sri Lanka). Zwischen diesen beiden Extremen liegen Sprachen, in denen nur in bestimmten grammatischen Kontexten eine Kopula realisiert wird.

Kopula(realisierung)?

Aus diesen Beobachtungen lässt sich schließen, dass das Szenierungspotential von Klassen- und Eigenschaftszuweisungen sprachübergreifend beim Prädikativum liegt, weshalb es unbedingt als Teil des Prädikats verstanden werden muss, wenn man das grammatische System des Deutschen nicht als Ausnahme modellieren will.

Als weiteres Argument wollen wir an dieser Stelle den Szenierungsgedanken noch einmal aufnehmen, den wir bereits zu Beginn des Kapitels kurz angeführt haben. Wir haben gezeigt, dass die Kopula allein nicht im Stande ist, den Satzbauplan, d.h. die syntaktisch-semantische Grundstruktur des Satzes, zu bestimmen. Die Kopula stellt vielmehr dem Prädikativum ihr Verbalisierungspotential zur Verfügung, sodass beide zusammen den Valenzträger bilden.

Szenierungs-argument

Vor dem Hintergrund des typologischen Vergleichs scheint die Annahme, Kopulae könnten eigenständig das Prädikat eines Satzes bilden, noch weniger plausibel, da wir gesehen haben, dass eine Reihe von Sprachen gänzlich ohne Kopula, aber nicht ohne Prädikativum auskommt.

Vollverb-äquivalenz

Dass die Kopula nicht allein szeniert, lässt sich zudem besonders gut an Belegen nachvollziehen, in denen Prädikativgefüge mit Vollverben koordiniert sind:

(66) Wer Zeitung liest, (Prädikativ- **wird schlau** gefüge) und (Voll- **gewinnt** verb) (Mittelbayerische, Zeitung: 14.08.13)

In (66) wird das Prädikativgefüge (*wird schlau*) mit dem Vollverb-Simplex (*gewinnt*) koordiniert. Die Analyse mit zwei koordinierten Vollverben (*wird...und gewinnt*) bildet hingegen die koordinierten Szenarios nicht ab:

(66') Wer Zeitung liest, (Voll- **wird** verb) schlau und (Voll- **gewinnt** verb).

Dass Prädikativgefüge und Vollverb sich koordinieren lassen, zeigt, dass beide Einheiten derselben *Distributionsklasse* angehören. Daraus folgt, dass Prädikativgefüge als Ganzes *vollverbäquivalent* sind.

---

i Eine Distributionsklasse ist die Menge der sprachlichen Elemente, die dieselbe Position in der grammatischen Struktur besetzen können und sich dabei auch koordinieren lassen.

Abgrenzungsschwierigkeiten

Innerhalb der Klasse der Prädikativgefüge kommt es mitunter zu Schwierigkeiten bei der Entscheidung, ob überhaupt ein Prädikativgefüge vorliegt oder welche Elemente möglicherweise zu diesem gehören. Zur Lösung dieser wollen wir an dieser Stelle ein paar Hinweise geben.

Poly-funktionalität

Wir wissen bereits, dass das Verb *sein* im Deutschen verschiedene Funktionen haben kann und deshalb in unterschiedlichen Subklassen auftaucht. Diese *Polyfunktionalität* von *sein* ist dabei keine Ausnahme und stellt auch keine sprachliche Besonderheit dar. Sie ist vielmehr ein sprach-systematischer Normalfall. Immer dann, wenn ein Sprachzeichen verschiedene grammatische Funktionen erfüllen kann, mit denen verschiedene Bedeutungen einhergehen, sprechen wir davon, dass es polyfunktional ist.

Vollverb oder Prädikativ-gefüge?

Für die Unterscheidung der Verbklassen und in der Folge auch für die Abgrenzung der Prädikatsklassen ist es nun wichtig, zu entscheiden, in welcher Funktion *sein* in einem konkreten Beleg auftritt. Dabei helfen uns zwei Fragen: Was leistet das Prädikat semantisch? Und zu welcher Distributionsklasse gehört das jeweilige Verb?

Die Abgrenzbarkeit der Prädikatsklassen Vollverb und Prädikativgefüge wollen wir an zwei bereits bekannten Belegen darstellen:

(57) Kekse **sind kleine Alleskönner.**
(31) wo kein Fluss ist, **ist** auch kein Fisch.

Aus semantischer Perspektive ist klar ersichtlich, dass Beleg (31) im Gegensatz zu Beleg (57) keine Klassen- oder Eigenschaftszuweisung darstellt. Denn ansonsten müsste *auch kein Fisch* ein Element der Menge *wo kein Fluss ist* sein, was unsinnig ist. Vielmehr versprachlicht *sein* in Beleg (31) eine Form des sich-dort-Befindens, was einem prototypischen Vorkommen des Vollverbs *sein* entspricht und sich v.a. darin äußert, dass ein Lokaladverbial (*wo kein Fluss ist*) in dem Satz vorhanden ist.

Das Kopulaverb *sein* bildet entsprechend eine Distributionsklasse mit anderen Kopulaverben, das Vollverb *sein* mit anderen Vollverben:

(57') Kekse **sind** und **bleiben kleine Alleskönner.**
(31') wo kein Fluss ist, **ist** und **lebt** kein Fisch.

Diese Gegenüberstellung zeigt, dass sich das Kopulaverb *sein* mit dem Kopulaverb *bleiben*, das Vollverb *sein* hingegen mit dem Vollverb *leben* koordinieren lässt. In Beleg (57) liegt demnach ein Prädikativgefüge vor.

Subjekt oder Prädikativum?

Wenn mit Blick auf die Semantik des Belegs und die Distributionsklasse des Prädikats festgestellt werden kann, dass eine Form von *sein* in einem konkreten Beleg als Kopula fungiert, stellt sich bei manchen Belegen die Folgefrage danach, welche Wortgruppe als Subjekt des Satzes und welche als Prädikativum fungiert. Substantivgruppen im Nominativ sind nämlich ebenfalls polyfunktional und können sowohl als Subjekt als auch als Prädikativum und damit als Teil des Satzglieds Prädikat fungieren. Schauen wir uns dazu zwei neue Belege an, zunächst ohne Analysemarkierung:

(67) Die größte Katastrophe ist das Vergessen.
(Caritasverband Katastrophenhilfe, Werbeplakat)
(68) Das größte Gesundheitsrisiko von Frauen weltweit ist Gewalt.
(Stokowski, Untenrum: 198)

In beiden Belegen ist nicht direkt ersichtlich, bei welcher der jeweils zwei Substantivgruppen es sich um das Prädikativum und bei welcher es sich um das Subjekt des Satzes handelt.

Adjektivtest

Eine Möglichkeit, dieser Abgrenzungsschwierigkeit zu begegnen, bietet der *Adjektivtest*. Denn Prädikativum und Subjekt sind in den Belegen deshalb so schwer voneinander zu unterscheiden, weil sie jeweils Substantivgruppen darstellen. Wir erinnern uns: Formal kann das Prädikativum auch von einer Adjektivgruppe gebildet werden, was jedoch für das Subjekt nicht gilt.

Deshalb können wir davon ausgehen, dass nur beim Prädikativum eine adjektivische Alternativformulierung möglich ist:

(67') ?Die Katastrophe **ist vergesslich.**
(67") Das Vergessen **ist katastrophal.**

(68') ?Das Risiko **ist gewaltsam.**
(68") Gewalt **ist riskant.**

Anhand der reduzierten Belegvarianten wird ersichtlich, dass nur (67") und (68") als mögliche Alternativformulierungen der Originalbelege in Frage kommen. Diese Erkenntnis lässt sich auf die Originalbelege übertragen, denn nur eine Substantivgruppe mit Prädikatsstatus lässt sich durch ein Adjektiv ersetzen. Wir können nun also markieren, bei welchen Elementen es sich jeweils um das Prädikat der Sätze handelt:

(67) **Die größte Katastrophe ist** das Vergessen.
(68) **Das größte Gesundheitsrisiko von Frauen weltweit ist** Gewalt.

Vergleicht man die analysierten Belege wiederum miteinander, fällt auf, dass sie sich hinsichtlich ihrer Wortstellung ähneln. Sowohl in (67) als auch (68) liegen topikalisierte Prädikative vor (vgl. Kap. 2.1.2). Erklären ließe sich diese Voranstellung des Prädikativs mit der Fokussierung auf das Subjekt. Und weil die Prädikative sehr starke Klassenzuweisungen ausdrücken, werden die Erwartungen auf das jeweilige Element der Klasse (*Vergessen* bzw. *Gewalt*) hochgeschraubt.

Subklassen von Prädikativgefügen

Abschließend wollen wir uns nun anschauen, wie die Prädikatsklasse Prädikativgefüge weiter subklassifiziert werden kann. Dabei orientiert sich die Unterscheidung an grammatischen Eigenschaften der Kopula und semantischen Eigenschaften des Prädikats im Allgemeinen. Wir unterscheiden *Subjektsprädikativgefüge* und *Objektsprädikativgefüge*.

Subjektsprädikativgefüge

Wir sprechen von Subjektsprädikativgefügen, wenn die Kopula intransitiv ist und die Klassen- oder Eigenschaftszuweisung sich auf das Subjekt bezieht (→). Schauen wir uns dazu erneut Beleg (57) an:

(57) Kekse **sind kleine Alleskönner.**
kleine Alleskönner → Kekse

Die Kopula *sind* ist intransitiv, was daran zu erkennen ist, dass in dem Szenario kein Akkusativobjekt enthalten ist. Die Klassenzuweisung bezieht sich auf das Subjekt des Satzes (*Kekse*).

Objekts-prädikativgefüge

Anders ist es bei Objektsprädikativgefügen. Von Objektsprädikativgefügen sprechen wir, wenn die Kopula transitiv ist und die Klassen- oder Eigenschaftszuweisung sich auf das Akkusativobjekt des Satzes bezieht. Im Gegensatz zum Subjektsprädikativgefüge ist das prototypische Kopulaverb des Objektsprädikativgefüges deshalb nicht *sein*, sondern *finden*:

(69) Das **finde** ich **ein ganz schönes Bild.**
(Stokowski, Untenrum: 214)

(70) Pumuckl **fand** das **äußerst unpassend.**
(Kaut, Pumuckl: 17)

In beiden Belegen (69) und (70) ist die Kopula transitiv, was sich darin äußert, dass beide über ein Akkusativobjekt (*das*) verfügen. Auf dieses Akkusativobjekt beziehen sich jeweils die Prädikative:

ein ganz schönes Bild → das
äußerst unpassend → das

Verhältnis Subjekts- und Objekts-prädikativgefüge

Die beiden Subklassen von Prädikativgefügen haben ein geregeltes syntaktisch-semantisches Verhältnis zueinander, was man auch unter dem Begriff *Alternanten* fasst. Diese systematische Korrelation lässt sich am besten an einem konkreten Beispiel nachvollziehen:

(70) Pumuckl **fand** das **äußerst unpassend.**
(70') Das **war äußerst unpassend.**

Während in Beleg (70) das Subjekt (*Pumuckl*) dem Akkusativobjekt (*das*) Eigenschaften zuschreibt, indem der eigene Standpunkt, sprich Pumuckls Sicht, deutlich wird, bleibt diese beschreibende Instanz in (70') außen vor und das Szenario wird nicht mehr als individuelle Sichtweise, sondern als objektiv gültige Tatsache dargestellt. Dies zeigt sich auch in den Szenarios. Während in (70) eine HANDLUNG ausgedrückt wird, geht es in (70') um einen ZUSTAND.

Neben dieser semantischen Beschreibung lässt sich die Alternation auch syntaktisch fassen, und zwar auf Satzgliedebene. Sie besteht darin, dass sich das Akkusativobjekt des Objektsprädikativgefüges als Subjekt des Subjektsprädikativgefüges einsetzen lässt und umgekehrt:

(70) (Objekts-(Sub- Pumuckl jekt) **fand** (Akkusativ- das objekt) **äußerst unpassend** prädikativgefüge).

(70') (Subjekts-(Sub- Das jekt) **war äußerst unpassend** prädikativgefüge).

Subjekts- und Objektsprädikativgefüge sind anhand der unterschiedlichen prototypischen Kopulaverben und des Merkmals +/-Transitvität klar voneinander zu unterscheiden:

Tab. 16: Vergleich der Subklassen der Prädikativgefüge

Subklasse	**Kopulaverben**	**Transitivität**
Subjektsprädikativgefüge	sein, bleiben, werden...	intransitiv, d.h. – Akkusativobjekt
Objektsprädikativgefüge	finden, nennen...	transitiv, d.h. + Akkusativobjekt

Wenn wir uns das bisher Gesagte nun mit Blick auf die signifikativ-semantischen Rollen ansehen, ergibt sich folgendes Bild:

signifikativ-semantische Rollen von Prädikativgefügen

Subjekt	–Prädikat–	
ZUSTANDSTRÄGER	– ZUSTAND –	
Kekse	sind/bleiben kleine Alleskönner	
Subjekt	–Prädikat–	
VORGANGSTRÄGER	– VORGANG –	
mein Zimmer	wird total unordentlich	
Subjekt	–Prädikat–	Akkusativobjekt
HANDLUNGSTRÄGER	– HANDLUNG –	HANDLUNGSGEGENSTAND
Pumuckl	fand äußerst unpassend	das

Subjektsprädikativgefüge mit *sein* und *bleiben* drücken wie erwähnt Klassen- oder Eigenschaftszuweisungen aus. Daraus ergibt sich immer die semantische Rolle ZUSTAND.

Subjektsprädikativgefüge mit *werden* erhalten immer die semantische Rolle VORGANG, da hier Zustandsveränderung mitentworfen wird, die bei der Rolle ZUSTAND fehlt.

Objektsprädikativgefüge enthalten ein Akkusativobjekt und sind dadurch per definitionem immer HANDLUNGSprädikate.

Mit Prädikativgefügen haben wir nach Idiomen und Funktionsverbgefügen die dritte Klasse der Prädikate kennengelernt, die aus verbalen+nicht-verbalen Elementen bestehen. Wir unterscheiden zwischen Subjekts- und Objektsprädikativgefügen. Subjektsprädikativgefüge sind intransitiv und bestehen aus einem Kopulaverb (*sein, werden, bleiben*) und dem Prädikativum, das entweder nominal oder adjektivisch realisiert ist. Objektsprädikativgefüge sind transitiv und bestehen aus Kopulaverben wie *finden* oder *nennen* und dem Prädikativum. In anderen Grammatiken wird das Prädikativum nicht als Prädikatsbestandteil, sondern als eigenes Satzglied gesehen. Argumente dafür, dass das Prädikativum Teil des Prädikats ist, sind u.a. das Szenierungs- und das Typologieargument. Prädikative entwerfen gemeinsam mit der Kopula das Szenario und sind in vielen anderen Sprachen allein prädikatsfähig, d.h. ohne dass die Kopula als Verbalisator realisiert sein muss.

An dieser Stelle wird nicht nur das Unterkapitel zur Prädikatsklasse ‚Prädikativgefüge' abgeschlossen, sondern auch die Perspektive auf die einfachen statischen Prädikate. Im Folgenden sehen wir uns die andere Gruppe der statischen Prädikatsklassen an: die komplexen statischen Prädikatsklassen ‚Modalkomplex' und ‚Halbmodalkomplex'.

Übung 18: Prädikativgefüge

Die folgende Textstelle enthält zahlreiche Prädikativgefüge. Finden Sie sie und beschreiben Sie, was dadurch vornehmlich ausgedrückt wird.

Mein Bruder Edvin will einmal Handwerker werden. Das ist etwas sehr Vornehmes. Handwerker haben richtige Tischdecken statt Zeitungen, und sie essen mit Messer und Gabel. Sie werden niemals arbeitslos, und sind keine Sozialisten. Edvin ist schön, und ich bin hässlich. Edvin ist klug, und ich bin dumm. Das sind unumstößliche Wahrheiten, so, wie die weißen Druckbuchstaben am Geibel des Bäckers in unserer Straße. Dort steht: »*Politiken* ist die beste Zeitung«. (Ditlevsen, Kindheit: 11)

3.1.2.1.5 Modalkomplex

Modalverben

Innerhalb der Wortart Verb lassen sich verschiedene Verbarten unterscheiden (vgl. Übersicht in Kap. 3.1.2.1.1). Neben Vollverben, Hilfsverben, Kopulaverben usw. gibt es auch Modalverben. Die kanonischen Modalverben sind *können, sollen, dürfen, mögen, müssen, wollen.*

Wie die vorangegangenen Kapitel gezeigt haben, können einfache statische Prädikate entweder nur aus Verben (Vollverb) oder aber aus einer finiten Verbform in Kombination mit nichtverbalen Prädikatsteilen bestehen (Idiom, Funktionsverbgefüge, Prädikativgefüge). Einfache Prädikate sind daher hinsichtlich ihrer internen Beschaffenheit durchaus unterschiedlich. Gemein ist jedoch allen Prädikaten, dass sie im Zentrum des grammatischen Satzes stehen, weil sie kraft ihrer Valenz Szenarios eröffnen.

Wir kommen nun von den einfachen zu den komplexen Prädikaten, nämlich zu den Prädikatsklassen *Modalkomplex* und *Halbmodalkomplex.*

Reduktionstest

Um den Unterschied zwischen einem komplexen und einem einfachen Prädikat zu verstehen, betrachten wir den folgenden Beleg mit einem Modalkomplex und dessen reduzierter Variante:

(26) Sie **können** auch frischen Ingwer **verwenden.**
(26') Sie **verwenden** auch frischen Ingwer.

Ein Modalkomplex besteht immer aus einem Modalverb (*können*) und einem Infinitiv (*verwenden*). Da Modalverben den Infinitiv (ohne *zu*) regieren, ist in einem Modalkomplex das Modalverb stets finit, das szenarioeröffnende Verb hingegen ist als Infinitiv realisiert. In (26') wurde das Modalverb weggelassen, sodass die darunter liegende Prädikatsklasse (hier: Vollverb *verwenden*) zum Vorschein kommt. In dieser reduzierten Variante ist nicht mehr *können verwenden* das Prädikat, sondern *verwenden.*

keine eigene Valenz von Modalverben

Wir sehen, dass sich die Valenz des Prädikats durch die Reduktion nicht verändert hat, woraus wir schließen, dass Modalverben keine eigene Valenz haben. Die Valenz wird vielmehr von der zugrundeliegenden Prädikatsklasse getragen (hier: Vollverb *verwenden*). Modalverben tragen zwar nicht zur Valenz bei, reichern das Szenario jedoch semantisch an:

(26") Sie **können/müssen/dürfen** auch frischen Ingwer **verwenden.**

Während der Modalkomplex mit *können* auf eine Möglichkeit abhebt, drückt *müssen* eine Notwendigkeit und *dürfen* eine Erlaubnis aus.
Da das Modalverb das VERWENDEN-Szenario anreichert, liegt im Original ein VERWENDEN-KÖNNEN-Szenario vor:

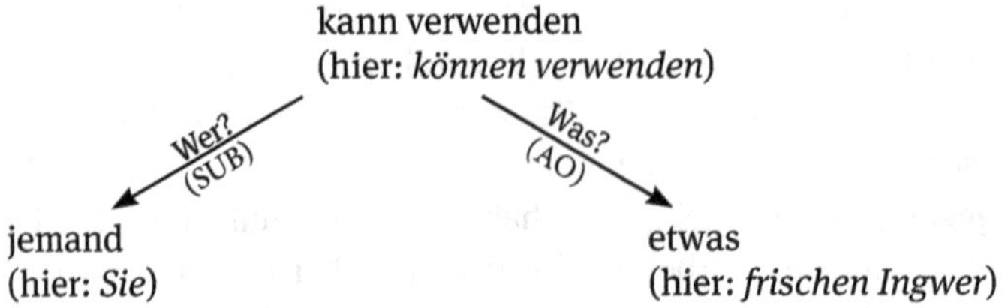

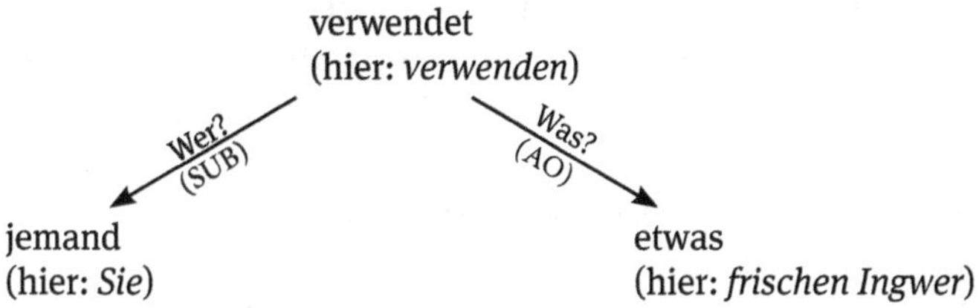

Diese nicht vorhandene eigene Valenz der Modalverben ist also der Grund dafür, dass das Modalverb herausreduziert werden kann, ohne dass sich der Valenzrahmen des Satzes ändert (26''). Nur bei komplexen Prädikaten ist ein solches Herausreduzieren möglich. In jeder komplexen Prädikatsklasse ist dementsprechend immer eine einfache Prädikatsklasse enthalten. Die Prädikatsklasse von (26) ist daher Modalkomplex und darin enthalten ist, wie (26'') zeigt, die Prädikatsklasse ‚Vollverb (Simplexverb)'. Wir können uns diese Verschachtelung einer Prädikatsklasse in einer anderen mit folgender Darstellung vor Augen führen:

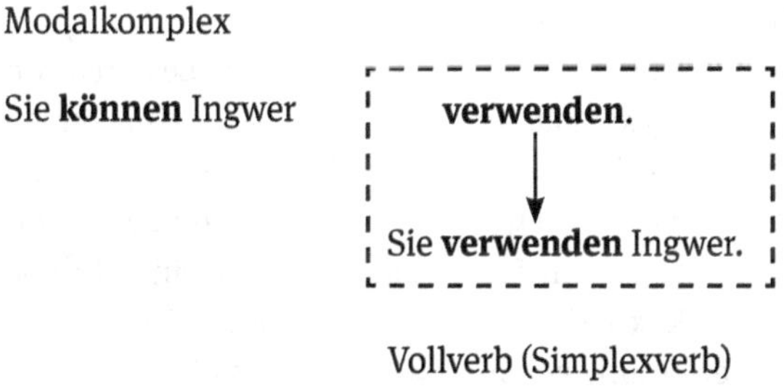

Schauen wir uns diese Verschachtelung und den Vorgang der Reduktion, den wir an Beleg (26) gezeigt haben, auch für die anderen einfachen Prädikatsklassen an, die wir bisher besprochen haben. Dazu nehmen wir einige Belege exemplarisch wieder auf und erweitern sie um ein Modalverb.

in Modalkomplexen enthaltene Prädikatsklassen

Betrachten wir zunächst Beleg (34), der ein Prädikat der Klasse ‚Vollverb (Partikelverb)' enthält. Erweitert um ein finites Modalverb (z.B. *kann*/*muss*) wird das valenztragende Verb *aushalten* zum Infinitiv und ist dann anders als in (34) (*hält aus*) kontinuierlich realisiert. Auch inhaltlich unterscheidet sich (34') von (34) durch die modale Nuancierung von *können* und *müssen*:

(34) Das (Par- **hält** ti-) doch keiner (kel- **aus** verb).
(34') Das **kann**/**muss** doch keiner **aushalten**.

Auch Prädikatsklassen wie Idiom (49), Funktionsverbgefüge (53) und Prädikativgefüge (57) die aus mehreren verbalen und nichtverbalen Einheiten bestehen, lassen sich in einen Modalkomplex überführen (49', 53' und 57'):

(49) Der gemeine Mann (I- **wird** di-) daher gar oft wieder alle Billigkeit, (o- **hinters Licht geführet** m).

(49') Der gemeine Mann **kann/muss** daher gar oft wieder alle Billigkeit **hinters Licht geführet werden**.

(53) Darwins Prinzip (Funktions- **kommt** verb-) auch hier (ge- **zur Geltung** füge).

(53') Darwins Prinzip **kann/muss** auch hier **zur Geltung kommen**.

(57) Kekse (Subjekts- **sind kleine Alleskönner** prädikativgefüge).

(57') Kekse **können/müssen kleine Alleskönner sein**.

Wir sehen also, dass sich jedwede einfache Prädikatsklasse, die wir in den Kapiteln 3.1.2.1.1–3.1.2.1.4 behandelt haben, in eine komplexe Prädikatsklasse überführen lässt. Auf oberster Ebene stehen die komplexen Prädikate, in die dann einfache Prädikatsklassen eingebaut sind.

epistemische vs. nicht-epistemische Modalität

Zu unterscheiden sind bei diesen Belegen die verschiedenen Lesarten von Modalkomplexen. Besonders für *Kekse müssen kleine Alleskönner sein* können wir uns die Frage stellen, ob hier *epistemische* oder *nicht-epistemische* Modalität ausgedrückt werden soll. Epistemisch wäre die Modalität dann, wenn wir es mit einer Vermutung zu tun hätten. Wenn zum Beispiel eine Gruppe schlecht gelaunter Menschen Kekse isst und danach ausgeglichener erscheint, könnte danach die Vermutung geäußert werden, dass die verzehrten Kekse wohl kleine Alleskönner sein müssen. Anders, also nicht-epistemisch wäre die Lesart, wenn etwa eine Anforderung an eine Keksmenge gestellt wird. Wurde versäumt, ein Catering für eine Tagung zu organisieren und es wurden behelfsweise Kekse besorgt, so besteht eine Notwendigkeit, dass diese Kekse nun kleine Alleskönner sein müssen.

Vollverb vs. Modalverb

Wir haben bisher ausführlich die Komplexität der Modalkomplexe beleuchtet, die darin besteht, dass sie andere Prädikatsklassen enthalten. Schauen wir uns nun einen Fall an, in dem scheinbar ein Modalverb ohne zusätzliches Verb im Infinitiv das Prädikat bildet:

(71) Ich (Voll- **will** verb) keine Ausreden, ich (Voll- **will** verb) Ergebnisse! (Madagaskar (Film))

(71') Ich (Modal- **will** verb) keine Ausreden **hören**, ich (Modal- **will** verb) Ergebnisse **sehen**!

Für (71) stellt sich die Frage, ob es sich trotz vermeintlich fehlendem Infinitiv um einen Modalkomplex handelt. Unsere Antwort ist: Nein. In (71) fehlt semantisch und syntaktisch nichts, die Prädikate stellen keine elliptischen Modalkomplexe dar. Im Gegensatz zu (71'), wo es sich um Modalkomplexe handelt, sind die Prädikate in (71) der Prädikatsklasse Vollverb (Simplexverb) zuzuordnen, da kein infinites Verb vorhanden ist. Das Vollverb *wollen* in (71) bedient denselben Satzbauplan wie z.B. die synonymen Verben *anstreben* und *anvisieren*. *Wollen* als Vollverb wie in (71) hat also eine eigene Valenz und entwirft ein Szenario:

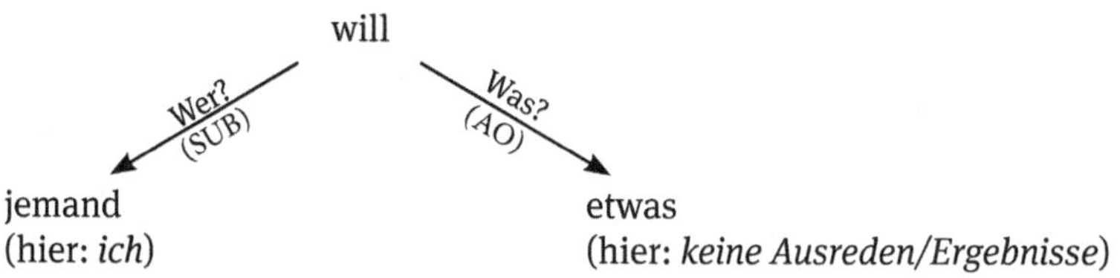

Wir haben bereits einige Verben kennengelernt, die polyfunktional sind (z.B. *sein, haben*). Polyfunktional sind auch *können, sollen, dürfen, mögen, müssen* und *wollen*. Sie alle können Vollverb wie Modalverb sein.

Modalverb-kandidaten

Bisher haben wir den Kernbereich der Modalverben betrachtet. Es gibt darüber hinaus weitere Verben, die als mögliche Modalverben angesehen werden können.

So können wir ein eigenes Verb *möchten* annehmen. Traditionell wurden dessen Vorkommen dem kanonischen Modalverb *mögen* zugeordnet. Es verhält sich aber wie *wollen* und lässt sich daher, auch wenn es kein Präteritum bildet, als eigenes Modalverb ansehen (vgl. Vater 2010). Betrachten wir dazu Beleg (72):

(72) Ich **möchte ein Eisbär sein.**
(Grauzone, Eisbär)
(72') Ich **will ein Eisbär sein.**

Neben den kanonischen Modalverben (*können, sollen, dürfen, mögen, müssen, wollen*) sind also noch andere Verben im Gespräch, Kandidaten für Modalverben zu sein. Dazu gehört auch *brauchen* (vgl. Kap. 3.1.2.1.6 zum Halbmodalkomplex).

Modalkomplexe sind komplexe Prädikate. Sie bestehen aus einem Modalverb und einem Infinitiv. Kanonische Modalverben sind *wollen, können, sollen, dürfen, müssen, mögen*. Das Modalverb selbst hat keine eigene Valenz, diese wird von der Prädikatsklasse bestimmt, die im Modalkomplex enthalten ist. Sichtbar wird dies bei der Durchführung eines Reduktionstests. Die genannten Verben werden nicht immer als Modalverben eingesetzt, sie können auch als Vollverben verwendet werden. Als Vollverben haben sie Valenz, entwerfen das Szenario und bilden allein ohne weitere Verben das Prädikat.

Übung 19: Modalkomplex

Bestimmen Sie für die Belege a) die Verbarten der einzelnen Bestandteile der Prädikate und b) die in den Modalkomplexen enthaltenen Prädikatsklassen.

Ein finnisches Energieunternehmen will überschüssigen Strom als Wärme speichern. (Taz Online, Sandbatterie: 19.07.22)

Die Farben im Meer können wirklich atemberaubend sein – von den bunten, lebhaften Korallen zu der enormen und schönen Vielseitigkeit bei den Meerestieren.
(Hird, Ozeanopädie: 41)

Sie wollten reiten gehen und in einem Thermalbad schwimmen.
(Wolitzer, Interessanten: 236)

3.1.2.1.6 Halbmodalkomplex

Im Anschluss an die Betrachtung des Modalkomplexes folgt nun ein Blick auf den *Halbmodalkomplex.*

Halbmodalverben

So wie Modalverben fester Bestandteil von Modalkomplexen sind, sind es die *Halbmodalverben* in Halbmodalkomplexen, wobei es sich hierbei um keine so feste Klasse wie bei den Modalverben handelt. Typische Halbmodalverben sind z.B. *scheinen, versprechen* oder *pflegen.* Wie die Modalverben stehen auch sie zusammen mit einem Infinitiv, allerdings regieren sie den Infinitiv mit *zu* (73):

(73) Einige Konzerne **scheinen** den Ernst der Lage nicht **zu erkennen** – oder die Krise **ist** noch nicht überall **angekommen.**
(Handelsblatt, Energiesparen: 05.10.22)

(73’) Einige Konzerne **pflegen** den Ernst der Lage nicht **zu erkennen.**

Wird wie in (73’) ein anderes Halbmodalverb eingesetzt, offenbart sich die semantische Leistung der Halbmodalverben im komplexen Prädikat für den Sinn des Satzes. Das Halbmodalverb *scheinen* verweist auf Indizien, während *pflegen* das Dauerhafte bzw. Wiederkehrende unterstreicht.

keine eigene Valenz von Halbmodalverben

Auch hier ist es wie beim Modalkomplex: Der Infinitiv hat eine eigene Valenz, das Halbmodalverb hingegen besitzt keine. So bestimmt im Prädikat *scheinen zu erkennen* in (73) nicht die Valenz des Halbmodalverbs *scheinen*, sondern die des Vollverbs *erkennen*, wie viele und welche Komplemente realisiert sein müssen.

Dass es sich bei den Halbmodalkomplexen um komplexe Prädikate handelt, lässt sich ebenso wie bei den Modalkomplexen anhand eines Reduktionstests zeigen. Dabei reduzieren wir in (73) das Halbmodalverb *scheinen* aus dem Prädikat *scheinen zu erkennen* heraus und erhalten das Prädikat *erkennen* in (73"):

Reduktionstest

(73) Einige Konzerne **scheinen** den Ernst der Lage nicht **zu erkennen.**
(73") Einige Konzerne **erkennen** den Ernst der Lage nicht.

So wie auch das Modalverb, reichert auch das Halbmodelverb das zugrunde liegende Szenario an. Folglich liegt im Original ein ZU-ERKENNEN-SCHEINEN-Szenario, in der reduzierten Variante ein ERKENNEN-Szenario vor:

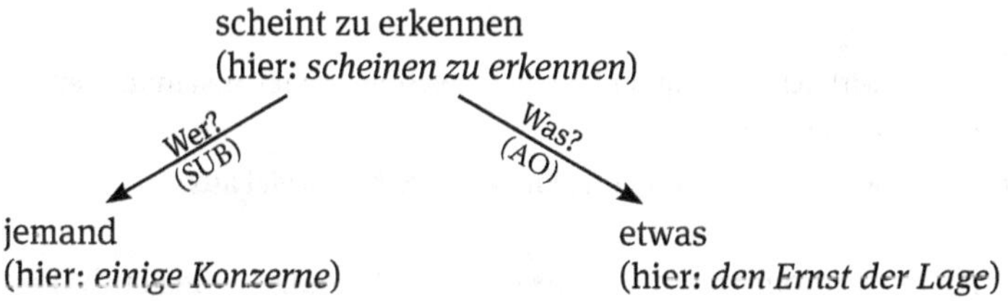

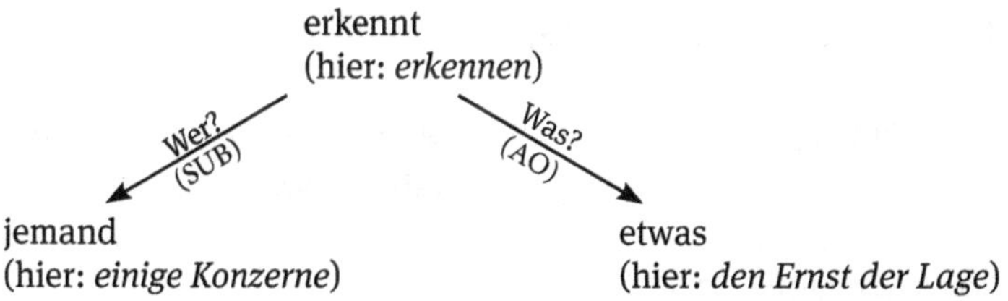

Während die Prädikatsklasse von *scheinen zu erkennen* als ‚Halbmodalkomplex' zu identifizieren ist, lässt sich *erkennen* der Prädikatsklasse ‚Vollverb – Präfixverb' zuordnen. Im komplexen Prädikat ist also noch eine andere Prädikatsklasse enthalten, wie die Darstellung zeigt:

Halbmodalkomplex

Sie **scheinen** den Ernst nicht **zu** **erkennen.**

↓

Sie **erkennen** den Ernst nicht.

Vollverb (Präfixverb)

in Halbmodalkomplexen enthaltene Prädikatsklassen

Betrachten wir im Folgenden auch andere Prädikatsklassen, die in Halbmodalkomplexen enthalten sein können, so etwa das Prädikat der Klasse ‚Vollverb – Partikelverb' in (74). Wird der Beleg um das Halbmodalverb reduziert, bleibt das diskontinuierlich realisierte Prädikat *machte aus* in (74') übrig:

(74) Niemand **hatte** wirklich Geld, und niemandem **schien** es viel **auszumachen.** (Wolitzer, Interessanten: 16)

(74') Niemand **hatte** wirklich Geld, und niemandem **machte** es viel **aus.**

In (75) können wir ein Idiom erkennen, das in einem Modalkomplex enthalten ist. Wird der Beleg reduziert, tritt das Idiom als das Prädikat *redet lange um den heißen Berei herum* zutage (75'). Wir können es wiederum in einen Halbmodalkomplex transferieren, sodass Belegvariante (75'') entsteht:

(75) Man **muss** nicht **lange um den heißen Brei herumreden**: Lisa Simpson **war** von Anfang an bei den „Simpsons" **die progressivste Figur** (vom Comicbuchverkäufer mal abgesehen).
(Rollingstone, Lisa queer: 15.09.22)

(75') Man **redet** nicht **lange um den heißen Brei herum.**

(75'') Man **scheint/verspricht/pflegt** nicht **lange um den heißen Brei herumzureden.**

Die Prädikatsklassen Funktionsverbgefüge (53) und Prädikativgefüge (57) wurden in Kap. 3.1.2.1.5 bereits in Modalkomplexe überführt. Sehen wir sie uns auch in Halbmodalkomplexen an (53' und 57'):

(53) Darwins Prinzip (Funktions- **kommt** verb-) auch hier (ge- **zur Geltung** füge).

(53') Darwins Prinzip **scheint/verspricht/pflegt** auch hier **zur Geltung zu kommen.**

(57) Kekse (Subjekts- **sind kleine Alleskönner** prädikativgefüge).

(57') Kekse **scheinen/versprechen/pflegen kleine Alleskönner zu sein.**

Nachdem wir nun verschiedene in Halbmodalkomplexen enthaltene Prädikatsklassen betrachtet haben, wollen wir den Fokus noch einmal auf die Wortebene lenken und zwar auf die Verben, die typischerweise als Halbmodalverben verwendet werden. Wenn diese als Vollverben vorkommen (76), haben sie, zumindest teilweise, eine grundlegend andere Bedeutung als im Halbmodalkomplex (73):

Halbmodalverben vs. Vollverben

(73) Einige Konzerne (Halbmodal- **scheinen** verb) den Ernst der Lage nicht **zu erkennen.**

(76) Dabei (Voll- **scheint** verb) die Sonne besonders am Vormittag längere Zeit, am Nachmittag **teilt** sie **sich** den Himmel mit einigen Quellwolken.
(tagesschau, Sonnenstunden: 05.05.22)

So hat *scheinen* in (76) als Vollverb eine eigene Bedeutung und Valenz, die das Szenario bestimmt. Während in (73) ein ZU-ERKENNEN-SCHEINEN-Szenario vorliegt, liegt in (76) ein SCHEINEN-Szenario vor:

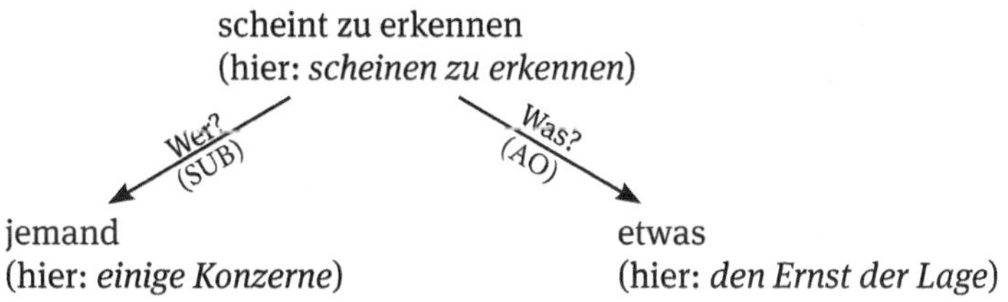

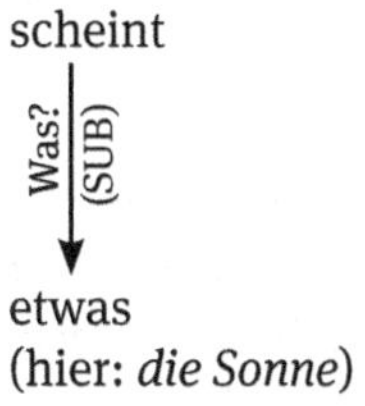

Noch deutlicher wird der Unterschied in Belegvariante (76'), in der *scheinen* sowohl als Halbmodalverb als auch als Vollverb innerhalb des Halbmodalkomplexes *scheint zu scheinen* auftritt:

(76') Dabei (Halbmodal- **scheint** verb) die Sonne besonders am Vormittag längere Zeit **zu** (Voll- **scheinen** verb).

Schauen wir uns noch ein weiteres Verb an, das als Halbmodalverb wie auch als Vollverb verwendet wird:

(77) Herr der Ringe (Voll- **droht** verb) Müllfirma mit Klage, wenn sie ihren Namen nicht ändert.
(Moviepilot, Rechtsstreit: 06.02.23)

(78) Ausgerechnet die hübsche Kirschblüte (Halbmodal- **droht** verb) **Opfer einer Wetterlage zu werden.**
(FAZ, Kirschblüte: 26.04.23)

Während in (77) ein DROHEN-Szenario mit drei Komplementen – wer, wem, womit? – realisiert wurde, steht dem mit Beleg (78) ein um die Bedeutung des Halbmodalverbs angereichertes OPFER-EINER-WETTERLAGE-WERDEN-Szenario gegenüber (= ZU-X-ZU-WERDEN-DROHEN-Szenario). Die Bedeutungen von *drohen* liegen etwas weniger weit auseinander als die von *scheinen.*

Sprachwandel

Da sich Modalkomplexe und Halbmodalkomplexe formal und mitunter auch inhaltlich ähnlich sind, verwundert es wenig, dass die Möglichkeit besteht, dass sich ein Verb vom Halbmodal- zum Modalverb entwickelt. Dieser Vorgang lässt sich im Gegenwartsdeutschen u.a. am negierten *brauchen* beobachten. *brauchen* gehört wie auch *vermögen* zu einer Randgruppe der Halbmodalkomplexe an der Grenze zu den Modalverben. So steht *brauchen* in (79) mit einem Infinitiv und *zu*, in (80) dagegen ohne *zu.*

(79) nun ja, amice, **weine** nur, es **wird** dir bald **besser sein**. So, **setz dich**, du **brauchst** nicht **zu sprechen**.
(Hesse, Narziß: 30)

(80) Du **kannst** mit Deiner Eintrittskarte direkt in den Park **gehen** und **brauchst** nicht an der Kasse **warten**.
(Ketteler Hof, Ticket Shop)

In (79) ist *brauchen* also ein Halbmodalverb, während es sich bei *brauchen* in (80) um ein Modalverb handelt und *brauchst warten* dementsprechend der Prädikatsklasse Modalkomplex zuzuordnen ist. Bei einem Verb wie *drohen*, das im Kernbereich von Halbmodalverben liegt, existiert diese Möglichkeit der Realisierung als Modalverb nicht. So ist die Belegvariante (78'), in der das *zu* getilgt wurde, ungrammatisch:

(78) Ausgerechnet die hübsche Kirschblüte (Halbmodal- **droht** verb) **Opfer einer Wetterlage zu werden.**

(78') *Ausgerechnet die hübsche Kirschblüte (Halbmodal- **droht** verb) **Opfer einer Wetterlage werden.**

kein Sprachwandel

Obwohl beim Halbmodalverb *vermögen* eine modalverbähnliche Bedeutung erkennbar ist, ist hier die Realisierung als Modalverb mindestens fragwürdig:

(81) Einen echten Unterschied zu den Erwartungen **vermag** ich gar nicht **zu erkennen**.
(Bundesregierung, Kanzler-Interview: 03.09.22)

(81') ?Einen echten Unterschied zu den Erwartungen **vermag** ich gar nicht **erkennen**.

modale Infinitive

Werfen wir zuletzt noch einen Blick auf andere Möglichkeiten, Modalität auszudrücken. Wir haben bisher gezeigt, dass Modalität über Modal- und Halbmodalverben vermittelt wird. Eine weitere Realisierungsvariante sind *modale Infinitive*, die mit *sein* (82) oder *haben* (83) und *zu*+Infinitiv gebildet werden:

(82) Prüfungsanmeldung **ist** nicht **zu finden**.
(TU Darmstadt, FAQ)

(82') Prüfungsanmeldung **kann** nicht **gefunden werden**.

(83) Der Arbeitgeber [...] **hat** die Maßnahmen auf ihre Wirksamkeit **zu überprüfen** und erforderlichenfalls sich ändernden Gegebenheiten **anzupassen**. Dabei **hat** er eine Verbesserung von Sicherheit und Gesundheitsschutz der Beschäftigten **anzustreben**.
(Arbeitsschutzgesetz § 3)

(83') Der Arbeitgeber **muss** die Maßnahmen auf ihre Wirksamkeit **überprüfen** und erforderlichenfalls sich ändernden Gegebenheiten **anpassen**. Dabei **muss** er eine Verbesserung von Sicherheit und Gesundheitsschutz **anstreben**.

Wie die Belegvarianten (82') und (83') zeigen, lassen sich die modalen Infinitive ihrer Bedeutung nach mit *können*- bzw. *müssen*-Modalkomplexen vergleichen.

signifikativ-semantische Rollen von komplexen Prädikaten

Betrachten wir zum Abschluss der komplexen Prädikate noch einmal ihren Zusammenhang mit der Bedeutungsseite von Satzbauplänen, also den signifikativ-semantischen Rollen. Wie wir bereits ausgeführt haben, liegt der Kern komplexer Prädikatsklassen in der Verschachtelung einer einfachen Prädikatsklasse in eine andere. Wir haben gezeigt, dass alle einfachen Prädikatsklassen in eine komplexe Prädikatsklasse überführt werden können und dass sich umgekehrt alle komplexen Prädikatsklassen auf einfache zurückführen lassen. Dies hat damit zu tun, dass Modal- und Halbmodalverben über keine eigene Valenz verfügen, weshalb die Ausgangsvalenz des einfachen Prädikats im komplexen Prädikat erhalten bleibt. Das gleiche gilt auch für die signifikativ-semantischen Rollen. Modal- und Halbmodalverben reichern inhaltlich den Szenarioentwurf an, ändern jedoch die zugrunde liegende Perspektivrolle nicht:

Subjekt	– Prädikat –
VORGANGSTRÄGER	– VORGANG –
Das Problem	kommt zur Sprache

Subjekt	– Prädikat –
VORGANGSTRÄGER	– VORGANG –
Das Problem	kann/muss zur Sprache kommen

Subjekt	– Prädikat –	Akkusativobjekt
HANDLUNGSTRÄGER	– HANDLUNG –	HANDLUNGSGEGENSTAND
Einige Konzerne	erkennen	den Ernst der Lage

Subjekt	– Prädikat –	Akkusativobjekt
HANDLUNGSTRÄGER	– HANDLUNG –	HANDLUNGSGEGENSTAND
Einige Konzerne	scheinen zu erkennen	den Ernst der Lage

Wir haben in Kap. 3.1.2.1.3 gezeigt, dass Funktionsverbgefüge mit *kommen* immer die semantische Rolle VORGANG erhalten. Diese Rolle ändert sich auch dann nicht, wenn das Funktionsverbgefüge um ein Modalverb erweitert wird. Das gleiche gilt für Halbmodalverben. Die semantische Rolle HANDLUNG des Vollverbs stimmt mit der des Halbmodalkomplexes überein.

Halbmodalkomplexe zählen wie die Modalkomplexe zu den Prädikatsklassen, die komplexe Prädikate bilden. Sie bestehen aus einem Halbmodalverb, der Infinitivpartikel *zu* und einem Infinitiv. Typische Halbmodalverben sind *scheinen, drohen, versprechen, pflegen*. Sie haben selbst keine eigene Valenz, diese wird von der Prädikatsklasse bestimmt, die im Halbmodalkomplex enthalten ist. Sichtbar wird dies bei der Durchführung eines Reduktionstests. Verben, die typische Halbmodalverben sind, können auch als Vollverben auftreten. In diesem Falle verfügen sie über Valenz und entwerfen das Szenario. Manche Halbmodalverben befinden sich an der Grenze zu den Modalverben, dazu gehören *brauchen* und *vermögen*. Als Ausdruck von Sprachwandel können sie sich zu Modalverben entwickeln. Dies ist bei *brauchen* seit längerer Zeit zu beobachten.

Übung 20: Halbmodalkomplex

Der folgende Textauszug enthält zwei Verwendungen des Verbs *versprechen*. Argumentieren Sie für beide Vorkommen, welche Prädikatsklasse vorliegt. Nutzen Sie dafür die im Kapitel angewandten Tests.

Wetterexperte verspricht Schön-Wetter-Hoch über Christi Himmelfahrt – bis 30°C! Endlich Sonnenschein und trockenes Wetter. Pünktlich zum langen Wochenende über Christi Himmelfahrt kommt ein Schön-Wetter-Hoch nach Deutschland. Ab Donnerstag bekommen wir viel Sonnenschein. Wetterexperte Johannes Habermehl hat die Details. Das Wetter am langen Wochenende rund im Christi Himmelfahrt verspricht in Deutschland sehr schön zu werden. Wer hätte das in der vergangenen Woche noch gedacht, dass wir so einen Wetterwechsel bekommen werden? (wetter, Himmelfahrt: 15.05.23)

3.1.2.2 Dynamische Prädikatsklassen

Dynamisches Prädikat

Wir wollen uns zunächst noch einmal daran erinnern, was bereits in Kap. 2 zu statischen und dynamischen Sätzen gesagt wurde. Dort haben wir erläutert, dass es sich immer dann um einen statischen Satz handelt, wenn genau diejenigen Komplemente in einem Satz realisiert sind, die in der Grundvalenz des Valenzträgers angelegt sind. Wir haben den Unterschied zwischen einem statischen und einem dynamischen Satz dort bereits am Beispiel des Verbs *impfen* gezeigt. Schauen wir uns noch einmal die verschiedenen Belege dazu an. Beleg (84) illustriert den Fall einer 1:1-Realisierung, in der nicht mehr, aber auch nicht weniger Komplemente realisiert sind als erwartet:

(84) Wir **impfen** in unserer Praxis Kinder und Jugendliche gegen das Coronavirus. (Praxis Stange/Stegat, Akademische Lehrpraxis der Uni Münster: 03.12.21)

Für das Prädikat (*impfen*) werden drei Komplemente erwartet, die in (84) auch realisiert sind:

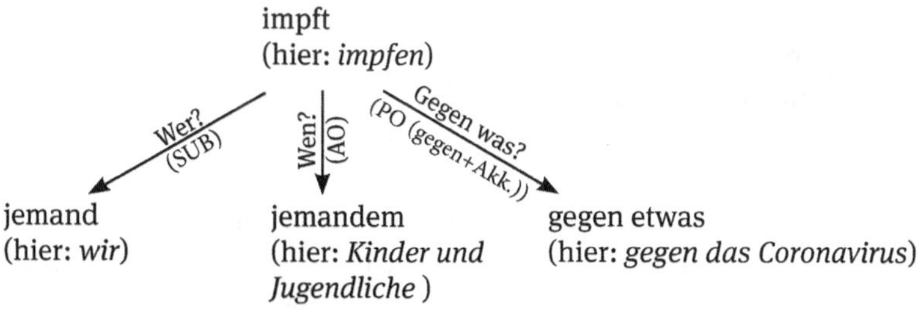

Eigenschaften dynamischer Prädikate

Das in der Grundvalenz angelegte Szenario wurde also in (84) nicht verändert, sondern 1:1 umgesetzt. Genau das zeichnet eine statische Valenzrealisierung aus. Wir können uns merken: Grammatische Sätze sind immer dann statisch, wenn die Grundvalenz eines Valenzträgers 1:1 realisiert ist. Da in (84) die Grundvalenz des Valenzträgers (*impfen*) 1:1 realisiert ist, liegt ein statisches Prädikat vor.

Dynamische Prädikate sind die Valenzträger in Sätzen, die im Gegensatz zu statischen Sätzen eine von der Grundvalenz abweichende Valenzstruktur aufweisen. Wir sprachen in diesen Fällen von *Umszenierung* (vgl. Kap. 2.1.3.3). Umszenierung meint die valenzdynamische Änderung eines Szenarios. Diese Änderung kann erfolgen, wenn in einem Satz mehr oder weniger Komplemente realisiert sind, als in der Grundvalenz des entsprechenden Prädikats angelegt oder wenn der Prädikatsumfang geändert wird. So zeigt Beleg (85) das Prädikat *impft* mit weniger realisierten Komplementen als in der Grundvalenz angelegt (= *Valenzreduktion*). In (86) lassen sich nicht nur Veränderungen innerhalb der Komplemente feststellen, sondern auch der Valenzträger selbst wurde verändert (*impfen* > *herausimpfen*). Die dynamischen Prädikate werden türkis markiert:

(85) Hessen **impft**: Firewall für den Körper.
(Impfkampagne Land Hessen)

(86) **Können** wir uns aus der vierten Welle noch **herausimpfen**?
(ARD extra, Die Corona-Lage: 15.11.21)

Valenzänderung vs. Valenzträgeränderung

Wir unterscheiden also Dynamik durch veränderte Komplemente auf der einen Seite von Dynamik durch veränderte Valenzträger auf der anderen Seite und nennen diesen Unterschied:

1. **Valenz**änderung
vs.
2. **Valenzträger**änderung

Valenzänderung

Wir wollen uns zunächst die Valenzänderung anschauen. Eine derartige Änderung eines Szenarios tritt in einem der folgenden Fälle ein: Wenn in Abweichung zur Grundvalenz

- mehr Komplemente realisiert sind (= *Valenzerhöhung*).
- weniger Komplemente realisiert sind (= *Valenzreduktion*).

Wir haben Valenzreduktion bereits oben in Beleg (85) gezeigt, wollen aber sowohl Valenzerhöhung als auch -reduktion noch einmal an anderen Belegen zeigen. In (87) können wir einen Fall von Valenzerhöhung feststellen:

(87) Wir **leben** Olympia, wir **fühlen** Olympia.
(spox, Olympia: 22.04.22)

(87') Wir **leben**.

Valenzerhöhung

Im Gegensatz zum Grundszenario von *leben* in (87') handelt sich bei (87) um eine Valenzerhöhung. Die Grundvalenz von *leben* sieht nur die Stelle für ein Subjekt vor (*wir*). In *wir leben Olympia* in (87) ist ein zusätzliches Komplement hinzugekommen, was den Satz dynamisch macht, und zwar das Akkusativobjekt *Olympia*. Der Satz *wir fühlen Olympia* ist hingegen statisch, da in der Grundvalenz von *fühlen* bereits ein Akkusativobjekt verankert ist.

Der entgegengesetzte Fall liegt in (88) vor. Hier können wir eine Valenzreduktion sehen, diesmal jedoch nicht am Beispiel von *leben*, sondern *wohnen*:

Valenzreduktion

(88) **Wohnst** du noch oder **lebst** du schon?
(IKEA, Werbeplakat)

(88') (Sub- Du jekt) **wohnst** (Lokal- in Berlin adverbial).

Hier wurde für *wohnen* die Anzahl der Komplementstellen von *leben* übernommen. Für *leben* ist in der Grundvalenz nur eine Leerstelle, bzw. ein Komplement vorgesehen, wie der zweite Satz von Beleg (88) zeigt. In der Grundvalenz von *wohnen* sind aber zwei Komplemente vorgesehen: Ein Subjekt und ein Lokaladverbial. Beide sind in (88') realisiert, nicht aber in (88). Deshalb handelt es sich bei *wohnst du noch* in (88) um Valenzreduktion.

---

i

Dass in der Valenz eines Verbs ein Adverbial als Komplement verankert ist, ist selten. Denn Adverbiale gehören typischerweise zu den Supplementen und sind damit nicht-valenzgeforderte Satzglieder. In manchen Fällen würde der Satz aber ohne die Realisierung des Adverbials ungrammatisch oder zumindest markiert. Dann, so wie auch im Falle des Lokaladverbials von *wohnen*, handelt es sich um Komplemente.

Valenzträgeränderung bedeutet, dass sich der Umfang des dynamischen Prädikats im Vergleich zum statischen Prädikat ändert. In (89) können wir eine morphologische Veränderung des Prädikats *hat vergessen* sehen: Aus *hat vergessen* wurde hier *hat vorbeivergessen*:

Valenzträgeränderung

(89) (Sub- Er jekt) **hat** »mutmaßlich« (Akkusativ- ein bißchen Geld objekt) (Präpositional-an+DAT- an der Steuer objekt) **vorbeivergessen**.
(Hildebrandt, achtzig: 42)

Sehen wir uns dazu ein weiteres Beispiel an. Während Beleg (90) das statische Prädikat *lächelt* enthält, liegt in Beleg (91) das dynamische Prädikat *lächelte hinaus* vor:

(90) Er **lächelt** und **sieht** mir dabei direkt in die Augen.
(Steinhöfel, Welt: 144)

(91) Reverend Ipe **lächelte** (Akkusativ- sein zuversichtliches Ahnenlächeln objekt) (Direk- auf die Straße tivum) **hinaus**.
(Roy, Gott: 41)

Der Umfang des Prädikats in (91) ist also im Vergleich zu (90) verändert. Wir haben es mit einer Valenzträgeränderung zu tun. Darüber hinaus führt diese Valenzträgeränderung dazu, dass noch weitere Komplemente realisiert sind. So ist z.B. nicht in der Grundvalenz vorgesehen, dass *etwas* gelächelt wird. In diesem Fall wurde aber ein solches Akkusativobjekt (*sein zuversichtliches Ahnenlächeln*) realisiert. Objekte dieser Art (*ein Lächeln lächeln; einen Husten husten*) werden in der Fachliteratur als kognate Objekte bezeichnet (vgl. Felfe 2018). Des Weiteren kommt in (91) als Komplement ein Direktivum (*auf die Straße*) hinzu, das angibt, wo das Lächeln hingelächelt wird. Es liegt also zusätzlich zur Valenzträgeränderung eine Valenzänderung in Form einer Erhöhung vor.

Dynamik in Passivstrukturen

Der Phänomenbereich Dynamik begegnet uns auch in Passivstrukturen. (92) enthält eine Valenzreduktion:

(92) Anschließend **wird** (Sub- das Entnahmeröhrchen jekt) mit der Verschlusskappe **verschlossen**.
(Corona-Selbsttest, Verpackungsbeschreibung)

Die Instanz, die verschließt, ist nicht realisiert. D.h., es werden weniger Satzglieder realisiert, als in der Grundvalenz von *verschließen* angelegt sind (= Valenzreduktion). Im Vergleich dazu sehen wir mit (92') eine Belegvariante, die im Aktiv steht:

(92') Anschließend **verschließe** (Sub- ich jekt) (Akkusativ- das Entnahmeröhrchen objekt) mit der Verschlusskappe.

Sobald der Satz im Aktiv steht (92'), muss eine ausführende Instanz benannt werden. Diese stellt das Subjekt dar, während in (92) noch *das Entnahmeröhrchen* das Subjekt war.

Aktiv und Passiv in semantischen Rollen

Der Unterschied zwischen Aktiv und Passiv lässt sich gut durch den Vergleich der jeweiligen signifikativ-semantischen Rollen modellieren und erkennen. Schauen wir uns die Belege (92) und (92') also noch einmal durch die Brille der signifikativen Semantik an:

Subjekt	–Prädikat–		Instrumentaladverbial
VORGANGSTRÄGER	– VORGANG –		/
Das Entnahme-röhrchen	wird verschlos-sen		mit der Verschlussklappe

Subjekt	–Prädikat–	Akkusativ-objekt	Instrumentaladverbial
HANDLUNGSTRÄGER	– HANDLUNG –	HANDLUNGS-GEGENSTAND	/
Ich	verschließe	das Entnahme-röhrchen	mit der Verschlussklappe

Wir erinnern uns: Nur Komplemente erhalten semantische Rollen, Supplemente wie das Instrumentaladverbial aus (92) nicht. Passivsätze sind entweder ZUSTANDS- oder VORGANGSsätze, je nachdem, welches Hilfsverb für das Passiv verwendet wird. Bei Passivsätzen mit *werden* liegt immer die semantische Rolle VORGANG vor. Liegt ein Passivsatz mit *sein* vor, entsprechend die Rolle ZUSTAND. Die Passivtypen werden auch *Vorgangs-* und *Zustandspassiv* genannt.

Passiv als markierte Kategorie

In Kap. 2 haben wir anhand von Wortstellung bereits darauf hingewiesen, dass es markierte und unmarkierte grammatische Kategorien gibt, also Kategorien, die den unauffälligen Normalfall darstellen und solche, die davon abweichen. Während Aktivstrukturen als unmarkiert anzusehen sind, sind Passivstrukturen der markierte Fall. Dies passt auch damit zusammen, dass statische Sätze solche sind, die im Aktiv stehen und 1:1 die Grundvalenz abbilden, während dynamische Sätze jeweils die Abweichung darstellen.

Welt vs. Einzelsprache

Der siginifikativ-semantische Vergleich von Aktiv und Passiv zeigt auch, dass Passivsätze per definitionem kein AGENS, d.h. keinen HANDLUNGSTRÄGER, enthalten können, da sie die Perspektivrolle VORGANG haben. Soll die ausführende Instanz in einem Passivsatz realisiert werden, kann sie nur als Präpositionalobjekt mit der semantischen Rolle VORGANGSAUSLÖSER realisiert werden:

(92'') Anschließend **wird** das Entnahmeröhrchen $_{\text{(Präpositional-}}$ von mir $_{\text{objekt)}}$ **verschlossen**.

Subjekt	–Prädikat–	Präpositional$_{\text{von+DAT}}$-objekt
VORGANGSTRÄGER	– VORGANG –	VORGANGSAUSLÖSER
Das Entnahmeröhrchen	wird verschlossen	von mir

Signifikativ-semantisch geht es nicht um die Abbildung der außersprachlichen Wirklichkeit, sondern um deren einzelsprachliche Perspektivierung.

Wenn Person A Person B ein Buch gibt, bekommt Person B ein Buch von Person A. Eine 1:1-Abbildung der Welt gibt es nicht, wir müssen uns für eine einzelsprachliche Perspektive (GEBEN- oder BEKOMMEN-Szenario) entscheiden. Auch Aktiv und Passiv bieten Perspektivierungsmöglichkeiten an, bei denen sich etwa ausführende Instanzen in der Welt im Deutschen als HANDLUNGSTRÄGER oder als VORGANGSAUSLÖSER perspektivieren lassen.

Nach einer Begriffsbestimmung des dynamischen Prädikats schauen wir uns im Folgenden einige ausgewählte dynamische Prädikatsklassen an:
3.1.2.2.1 Dynamisches Vollverb
3.1.2.2.2 Resultativprädikat
3.1.2.2.3 AcI-Prädikat

Dabei werden einige bereits bekannte Belege aufgegriffen und in die entsprechende Prädikatsklasse eingeordnet. Darüber hinaus werden aber auch weitere dynamische Prädikatsklassen an neuen Belegen vorgestellt.

3.1.2.2.1 Dynamisches Vollverb

Einige der dynamischen Prädikatsklassen kennen wir schon von den statischen Prädikatsklassen, so z.B. die Klasse des statischen Vollverbs, die oben vorgestellt wurde. Sie umfasst, wie wir bereits wissen, fünf Subklassen: Simplex-, Komplex-, Präfix-, Partikel- und sich-Verb. All diese Subklassen gibt es auch als dynamische Prädikate. Es handelt sich dabei zunächst also um dieselbe Prädikatsklasse wie im Bereich der statischen Prädikate. Es gibt jedoch einen wichtigen Unterschied: Ihre Strukturen weichen von der Grundvalenz ab. Schauen wir uns als Beispiele dafür das *dynamische Simplexverb* und das *dynamische Komplexverb* an.

Dynamisches Simplexverb (Vollverb)

Der oben eingeführte Beleg (88) wurde als ein dynamischer Satz mit dynamischem Prädikat (*wohnst*) identifiziert:

(88) **Wohnst** du noch oder **lebst** du schon?

Bei *wohnen* handelt es sich zunächst um ein gewöhnliches Simplexverb (vgl. Kap. 3.1.2.1.1). Wir wissen bereits, dass solche Simplexverben auszeichnet, dass es sich um Verbstämme handelt, bei denen kein zusätzliches Morphem durch Wortbildung hinzugefügt wurde. Sie sind im Präsens und Präteritum in der Lage, synthetische Verbformen zu bilden (*ich wohne, ich wohnte*, usw.).

Die Herkunftsprädikatsklasse (Simplexverb) bleibt also erhalten und wird durch die Valenzreduktion dynamisiert. Im Sinne der Grundvalenz des Verbs *wohnen* (z.B. *ich wohne* (*in* Kassel) liegt in (88), wie bereits gezeigt, ein dynamisches Prädikat durch eine Valenzreduktion vor, die daran erkennbar ist, dass der Satz ohne Lokaladverbial auskommt.

Es handelt sich daher als Äquivalent zur statischen Prädikatsklasse Vollverb (Simplexverb) um die Prädikatsklasse dynamisches Vollverb bzw. genauer dynamisches Simplexverb.

Ein weiteres dynamisches Prädikat der Klasse Vollverb liegt mit (89) vor:

Dynamisches Komplexverb (Vollverb)

(89) $_{\text{(Sub-}}$ Er $_{\text{jekt)}}$ **hat** »mutmaßlich« $_{\text{(Akkusativ-}}$ ein bißchen Geld $_{\text{objekt)}}$ $_{\text{(Präpositional-an+DAT-}}$ an der Steuer $_{\text{objekt)}}$ **vorbeivergessen**.

hat vorbeivergessen ist ein dynamisches Komplexverb. Komplexverben haben wir ebenfalls in Kap. 3.1.2.1.1 kennengelernt. Sie werden durch Kombinationen aus Adjektiv+Verb, Adverb+Verb oder häufig auch Verb+Verb gebildet. In diesem Fall ist aus dem statischen Prädikat *vergessen*, das ein Simplexverb ist, ein Komplexverb (= Adverb+Verb) *vorbeivergessen* geworden. Mit diesem Prozess liegt eine Valenzträgeränderung vor, wodurch das Prädikat dynamisiert wurde.

Schauen wir uns noch einige andere Prädikatsklassen an, die nicht zum Bereich der Vollverben gehören.

3.1.2.2.2 Resultativprädikat

Dynamische Prädikate können auch nicht-verbale Bestandteile in sich tragen. Einen besonderen Typ stellen Resultativprädikate, d.h. Prädikate von *Resultativkonstruktionen* dar:

(93) Du **kochst** dich **arm**.
(Hörbeleg)

Semantisch zeichnen sich diese Konstruktionen dadurch aus, dass der Zustand eines Objekts durch fremde oder eigene Einwirkung verändert wird. Für Resultativkonstruktionen werden ursprüngliche Vollverben umszeniert. Deshalb bietet sich auch die Gegenüberstellung von Vollverb und Resultativkonstruktion an:

(94) Du **kochst** gerade sein Leibgericht.
(Herbert Grönemeyer, Was soll das)
(93) Du **kochst** dich **arm**.

Zustandsveränderung durch Umszenierung

In (94) gehen wir von einem klassischen KOCHEN-Szenario aus. Das Prädikat enthält zwei Leerstellen, eine für das Subjekt (*du*) und eine für das Akkusativobjekt (*sein Leibgericht*). Hier liegt ein statisches Prädikat vor.

kochen kann aber auch resultativ verwendet werden. In (93) ist *du* die auf sich selbst einwirkende und eine Zustandsänderung auslösende Instanz. Im Gegensatz zu (94) ist das Prädikat hier also nicht *kochen*, sondern das Kochen bewirkt eine Zustandsänderung und das Prädikat ist *kochst arm*. Deutlich werden die Zusammenhänge beim Bilden einer Paraphrase:

‚Du bewirkst durch dein Kochen, dass du arm wirst'

Der Status der angesprochenen Person war also zunächst nicht ‚arm'. Das Resultat des Kochens ist, dass sich der Zustand von ‚nicht arm' zu ‚arm' ändert.

Analog funktioniert Beleg (95):

(95) Wir **streicheln** Ihr Auto **sauber**.
(Werbeplakat SofTecs Autowäsche)

Das ursprüngliche STREICHELN-Szenario wird zu einem SAUBER-STREICHELN-Szenario umszeniert. Auch hier wird eine Zustandsveränderung suggeriert, die besonders in der Werbung, wie in diesem Fall, gerne genutzt wird. Das Resultat des ‚Streichelns' ist, dass Autos sauber werden.

Der folgende abschließende Beleg, den wir bereits in Kap. 1.1 gezeigt haben, ist deshalb besonders aufschlussreich, weil hier ein Ausgehen von einem statischen SCHENKEN-Szenario zu einer Fehlanalyse der syntaktisch-semantischen Grundstruktur führen würde (96'):

(96') Der Mann **schenkte** mir schon wieder das Glas voll.
(96) Der Mann **schenkte** mir schon wieder das Glas **voll**.
(Timm, Johannisnacht: 86)

In (96) liegt eine Resultativkonstruktion mit einem VOLL-SCHENKEN-Szenario vor.

3.1.2.2.3 AcI-Prädikat

AcI-Prädikate sind die Prädikate von *AcI-Konstruktionen*. Diese erhalten ihren Namen aufgrund einiger obligatorischer Elemente, die immer für diese Prädikatsklasse gelten. So steht AcI für *accusativus cum infinitivo*, also: Akkusativ mit Infinitiv. Schauen wir uns einen Beispielbeleg an und halten danach fest, welche Bestandteile immer in einem AcI enthalten sind:

(97) einmal **hörte** ich ihn **seufzen**, dann aber **lachte** er **auf**.
(Lenz, Landesbühne: 94)

So wie in (97) finden sich in einer AcI-Konstruktion immer: 1. ein typisches AcI-Verb wie die Wahrnehmungsverben *sehen* oder *hören*, 2. ein Verb im Infinitiv (hier: *seufzen*) und 3. ein Akkusativobjekt (hier: *ihn*). Ein Akkusativobjekt, das in einer AcI-Konstruktion steht, ist besonders und wird auch *Zentralakkusativ* genannt. Wir gehen an späterer Stelle genauer darauf ein, wenn wir die Komplemente betrachten (vgl. Kap. 3.2.2).

Bestandteile des AcI

AcI-Konstruktionen unterscheiden sich je nachdem, ob wir einen transitiven oder intransitiven Ausgangsvalenzträger vorliegen haben. Wir müssen also prüfen, ob die Prädikate ohne das AcI-Verb bereits ein Akkusativobjekt fordern oder nicht:

Ausgangsvalenzträger von AcI-Konstruktionen

intransitiver Ausgangsvalenzträger:

(98') (Sub- Tränen jekt) **fließen**.

(98) An statt der Worte **sahe** man allda (Akkusativ- Threnen objekt) **fliessen**.
[= Anstatt der Worte sah man da Tränen fließen.]
(Birken, 17. Jhd.)

transitiver Ausgangsvalenzträger:

(98) Man **siehet** bald (Akkusativ- die Kirche objekt) (Akkusativ- das Markmal objekt) weit in das Gebiet des Staats **hinübertragen**.
[= Man sieht bald die Kirche das Markmal weit in das Gebiet des Staats hinübertragen.]
(Mendelssohn, 18. Jhd.)

(99') (Sub- Die Kirche jekt) **trägt** (Akkusativ- das Markmal objekt) weit in das Gebiet das Staats **hinüber**.

Bei intransitiven Ausgangsvalenzträgern wie *fließen* entspricht das Subjekt (*Tränen*) dem einzigen Akkusativobjekt (dem Zentralakkusativ) der AcI-Konstruktion (*Threnen*). Bei transitiven Ausgangsvalenzträgern wie *hinübertragen* fällt auf, dass es zwei Akkusativobjekte gibt (*Kirche*, *das Markmal*). Davon ist das erste dasjenige, das schon in der Grundvalenz des Ausgangsvalenzträgers enthalten ist (*das Markmal*) und somit auch dort (99') schon das (statische) Akkusativobjekt ist. Das zweite Akkusativobjekt (*die Kirche*) entsteht erst durch die AcI-Konstruktion und war im Ausgangssatz das Subjekt. Dieses erst durch die Konstruktion entstandende Akkusativobjekt ist der Zentralakkusativ. Da sich der Zentralakkusativ immer aus der Valenz des (dynamischen) AcI-Prädikats ergibt, stellt er ein dynamisches Akkusativobjekt dar.

lassen-Konstruktion als AcI-Konstruktion

Formulierungen wie *Ausgangsvalenz(-träger) oder zugrundeliegende Valenz(-träger)* verstehen wir nur als methodische Instrumente, um strukturelle Zusammenhänge zu verdeutlichen. D.h., wir wollen keinesfalls behaupten, dass diese strukturellen Zusammenhänge den Sprachgebrauch oder die Sprachkompetenz tatsächlich abbilden.

Auch *lassen-Konstruktionen* stellen AcI-Konstruktionen dar. Die folgenden Belege enthalten lassen-Prädikate mit den Vollverben *verbergen* und *überqueren*:

(100) Sie **ließ** (Akkusativ- mich objekt) (Akkusativ- das Gesicht objekt) in ihren roten Haaren **verbergen**, die einen kaum wahrnehmbaren, tröstenden Duft nach Orangen und Mandeln verströmten.
(Steinhöfel, Welt: 113)

(101) Ich **halte** vor dem Schutzweg **an** und **lasse** (Akkusativ- die Fußgänger objekt) **überqueren**.
(Prüfungsfragen, Theorieprüfung PKW)

Eine *lassen*-Konstruktion kann in ihrer Bedeutung eher direktiv sein, d.h. ‚veranlassend/bewirkend' oder eher *permissiv*, d.h. ‚zulassend/erlaubend/duldend'. In (100) und (101) liegen permissive Bedeutungen vor.

Der Unterschied zwischen statischen und dynamischen Prädikatsklassen besteht darin, dass Sätze mit dynamischen Prädikaten durch Umszenierung von der Grundvalenz statischer Prädikate abweichen. Die Umszenierung erfolgt durch Valenzänderung und/oder durch Valenzträgeränderung. Einige dynamische Prädikatsklassen ähneln den statischen Prädikatsklassen. So gibt es z.B. die Prädikatsklasse Vollverb-Simplex sowohl als statische als auch als dynamische Prädikatsklasse. Es gibt aber auch einige Prädikatsklassen, die nur als dynamische Klassen existieren, so etwa Resultativprädikate, d.h. die Prädikate von Resultativ-Konstruktionen, und AcI-Prädikate, d.h. die Prädikate von AcI-Konstruktionen.

Wir haben in diesem Kapitel nun holzschnittartig einen Einblick in das Feld der dynamischen Prädikatsklassen gewonnen und schließen damit auch die Betrachtung des Prädikats ab. Was nun folgt, ist die Vorstellung der übrigen Mesoglieder, also aller weiteren Satzglieder, die in grammatischen Sätzen vorkommen.

Übung 21: dynamische Prädikate

Das Kinderlied *Tanz alles, was du hast* der A-Capella Gruppe Maybebop enthält einen Typ dynamischer Prädikate in zahlreichen Variationen. Bestimmen Sie die Prädikatsklasse und erklären Sie, wie die Dynamik zustande kommt.

Du kannst den Kopf schütteln oder damit nicken. Los, tanz ihn!
Und deine Knie kannst Du einfach knicken. Los, tanz sie!
Dein Rücken kann sich strecken und sich ducken. Los, tanz ihn!
Und deine Schultern können kreisen oder zucken. Los, tanz sie!

Und jetzt steh ganz still und zähl mit mir:
drei – zwei – eins

Tanz alles, was du hast!
Ja, tanz alles, was du hast!
Na los, tanz alles, was du hast!
Wenn du tanzt, dann tanz alles was du hast!

Wie kleine Würmchen sind Deine Zeigefinger. Los, tanz sie!
Auch deine Arme sind tanzwütige Dinger. Los, tanz sie!
Deine Hüfte kann in jede Richtung kippen. Los, tanz sie!
Und deine Hacken können auf und nieder wippen. Los, tanz sie!

Und jetzt steh ganz still und zähl mit mir:
drei – zwei – eins

...

Tab. 17: Prädikatsklassen

	Prädikatsklasse	Beleg
einfache statische Prädikate	Vollverb (Simplex)	Ich **lag** sogar mal in einem mit Salzlake gefüllten Metallsarg.
	Vollverb (Partikelverb)	Das **hält** doch keiner **aus**.
	Vollverb (Präfixverb)	Aus seinem Umfeld **entkam** keiner mehr durch Arbeit.
	Vollverb (sich-Verb)	Für einen langanhaltenden Erfolg **empfiehlt sich** ein Training über 6 bis 9 Monate.
	Vollverb (Komplexverb)	Stoppen die Taucher, **bleibt** auch er **stehen**.
	Idiom	Pink **hat die Nase voll** von Social Media.
	Funktionsverbgefüge	Darwins Prinzip **kommt** auch hier **zur Geltung**.

	Prädikatsklasse	Beleg
	Subjektsprädikativgefüge	Wir **sind** dir für die Hilfe **dankbar**.
	Objektsprädikativgefüge	Pumuckl **fand** das **äußerst unpassend**.
komplexe statische Prädikate	Modalkomplex	Sie können auch frischen Ingwer verwenden.
	Halbmodalkomplex	Einige Konzerne **scheinen** den Ernst der Lage nicht **zu erkennen**.
dynamische Prädikate	Vollverb	**Wohnst** du noch oder **lebst** du schon?
	Resultativprädikat	Wir **streicheln** Ihr Auto **sauber**.
	AcI-Prädiakt	einmal **hörte** ich ihn **seufzen**.

Übung 22: Prädikat

Bestimmen Sie alle Hauptprädikate des folgenden Textauszug und weisen Sie die Ihnen bekannten Prädikatsklassen zu.

Auch der Weihnachtsmarkt – „die" Attraktion der Innenstadt – findet aufgrund der Corona-Pandemie nicht statt. „Das Einkaufserlebnis fällt weg." Susanne Heller fasst in einem Satz alles prägnant zusammen, Die Gründe liegen für die Vorsitzende des Vereins Pro City auf der Hand: Restaurants und Cafe's bleiben bis Weihnachten zu, zudem fehle in diesem Jahr „die" Attraktion in der Innenstadt. „Der Weihnachtsmarkt ist der Magnet". Die Erfahrung im zweiten, nun leicht abgeschwächten aber gestern Abend verlängerten Lockdown sei für die Innenstadtakteure nicht zu verallgemeinern. (HNA, Bummel: 27.11.20)

3.2 Komplemente

Komplemente und Supplemente

Aus der Einleitung in die Mesoebene (vgl. Kap. 3) wissen wir bereits, dass zu den Mesogliedern neben dem Prädikat (vgl. Kap. 3.1) die Komplemente, die Supplemente (vgl. Kap. 3.3) und die Kommentarglieder (vgl. Kap. 3.4) gehören. Um die Komplemente wird es in diesem Kapitel gehen. Wir verschaffen uns zunächst eine Übersicht und Orientierungshilfe, indem wir darlegen, worin sich Komplemente von den Supplementen unterscheiden und welche Satzglieder ihnen jeweils zuzuordnen sind. Danach folgt eine ausführliche Einführung in statische und dynamische Satzglieder, bevor in Kap. 3.2.1 das erste Komplement, das Subjekt, besprochen wird.

Wenn wir uns noch einmal die Aufgaben der verschiedenen Mesoglieder vor Augen führen, sehen wir, dass Komplemente diejenigen Satzglieder sind, die von der Valenz gefordert sind und ein Szenario vervollständigen:

(a) *Szenierung*
= Kraft seiner Valenz entwirft das Prädikat ein Szenario.
(b) *Szenariokomplementierung*
= Als valenzgeforderte Satzglieder ergänzen bzw. vervollständigen Komplemente diesen Szenarioentwurf.
(c) *Szenariokontextualisierung*
= Als nicht-valenzgeforderte Satzglieder ordnen Supplemente das Szenario näher ein.
(d) *Szenariokommentierung*
= Kommentarglieder stehen außerhalb des Szenarios und drücken Sprechereinstellungen aus.

Der zentrale Unterschied zwischen Komplementen und Supplementen besteht also darin, dass Komplemente valenzgeforderte, Supplemente hingegen nicht-valenzgeforderte Satzglieder sind.

Zu den Komplementen gehören das Subjekt, die Objekte und das Direktivum. Wir unterscheiden zwischen *zentralen Komplementen* und *peripheren Komplementen*. Zentrale Komplemente stellen den sprachsystematischen Kernbereich dar, was bedeutet, dass sie von besonderer Relevanz sind. Die zentralen Komplemente im Gegenwartsdeutschen sind das Subjekt, das Akkusativobjekt, das Dativobjekt, die Präpositionalobjekte und das Direktivum. Periphere Komplemente stellen hingegen sprachsystematisch eine Randerscheinung dar, d.h., sie sind weniger einschlägig für das System des Gegenwartsdeutschen und kommen auch deutlich seltener vor. Aus der Klasse der peripheren Komplemente stellen wir in Kap. 3.2 nur das Genitivobjekt vor. In Kap. 3.3 werden wir auch Adverbialkomplemente betrachten, die ebenfalls zu den peripheren Komplementen gehören. Auf die Adverbialkomplemente werden wir in Abgrenzung zu den prototypischen Adverbialsupplementen in Kap. 3.3.1.4 näher eingehen. Denn die meisten Adverbiale gehören zur Klasse der nicht valenzgeforderten Satzglieder, sind also Supplemente. Die Klasse der Supplemente wird außerdem ergänzt durch das Freie Prädikativ.

Statische und dynamische Satzglieder

In den Unterkapiteln zu den einzelnen Komplementen werden deren statische oder dynamische Vorkommen individuell betrachtet. An dieser Stelle sollen bereits einige Grundlagen zu Statik und Dynamik von Komplementen allgemein erfolgen. Im Kapitel zu den Prädikaten (Kap. 3.1) haben wir bereits den Unterschied zwischen statischen und dynamischen Prädikaten kennengelernt. Dabei stand der Grundgedanke im Fokus, dass im Falle dynamischer Prädikate eine Umszenierung stattfindet. Zur Erinnerung: Diese kann entweder in Form einer Valenzträgeränderung passieren, wenn sich also am Prädikat selbst etwas geändert hat, oder sie erfolgt über Komplementreduktion bzw. -erweiterung, wenn also Komplemente, die in der Grundvalenz angelegt sind, weggelassen werden oder aber zusätzliche Komplemente hinzutreten (= Valenzänderung).

Dynamik und Valenz

Da die Entscheidung zwischen statischen und dynamischen Elementen nur mit Bezug auf die Grundvalenz eines Prädikats getroffen werden kann, kann es keine dynamischen Supplemente geben. Denn da Supplemente per definitionem nicht valenzgefordert sind, hat ihr (Nicht-)Vorhandensein keinerlei Einfluss auf die Valenzstruktur eines Satzes. Supplemente können also nicht zu einer Umszenierung beitragen und dementsprechend auch nur statisch vorkommen. Dynamik ist folglich eine Eigenschaft, die nur dem Prädikat und den Komplementen vorbehalten ist.

Nachdem wir damit die grundlegenden Grenzen des Wirkungsbereichs von Dynamik abgesteckt haben, wollen wir nun zwei Aspekte dynamischer Satzglieder (präziser: dynamischer Komplemente) klären:
(1) Was zeichnet dynamische Satzglieder aus?
(2) Unter welchen Bedingungen treten dynamische Satzglieder auf?

Eigenschaften dynamischer Glieder

Schauen wir uns zuerst an, was dynamische Satzglieder ausmacht, worin sie also theoretisch begründet sind.

Satzglieder sind immer dann als dynamisch anzusehen, wenn sie in der Grundvalenz eines konkreten Valenzträgers nicht verankert sind. Dynamische Satzglieder stellen also *neue* Satzglieder dar. Neu und damit dynamisch sind Satzglieder, wenn sie entweder in der Grundvalenz des Prädikats nicht enthalten sind und formal wie funktional neu hinzutreten oder wenn sie formal bereits in dem zugrundeliegenden statischen Satz enthalten sind, aber im dynamischen Satz eine andere Funktion erfüllen und somit einen anderen Satzgliedwert verkörpern.

formal und funktional neu

Betrachten wir beide Phänomene nacheinander an Beispielen beginnend mit einem Beleg, den wir hier erneut anführen:

(1) Reverend Ipe **lächelte** (Akkusativ- sein zuversichtliches Ahnenlächeln objekt) (Direk- auf die Straße tivum) **hinaus**.
(1') Reverend Ipe **lächelte**.

Beleg (1) kennen wir bereits aus dem Prädikatskapitel. Die statische Valenz (= Grundvalenz) von *lächeln* finden wir in (1'). Dort sehen wir auch den Grundvalenzträger *lächeln*. Denn *hinauslächeln* ist das Ergebnis einer Valenz-trägeränderung, mit der – wie wir bereits wissen – eine Umszenierung einhergeht (vgl. Kap. 3.1.2.2). Aus dieser Umszenierung gehen die zwei dynamischen Satzglieder des dynamischen Satzes hervor. Die beiden dynamischen

Satzglieder, das Akkusativobjekt (*sein zuversichtliches Ahnenlächeln)* und das Direktivum (*auf die Straße)* sind nämlich nicht in der Grundvalenz von *lächeln* verankert. Sie gehören nur zur Zielvalenz des dynamischen Prädikats, d.h. zur dynamischen Valenz. Sie sind also in diesem Sinne neu und stellen daher dynamische Satzglieder dar, wie auch die aktualisierte Türkismarkierung zeigt.

Wenn eine Valenzträgeränderung vorliegt (z.B. *lächeln/hinauslächeln*), die eine Umszenierung erwirkt und damit zu einem dynamischen Satz führt, folgt daraus aber nicht, dass alle zuvor statischen Satzglieder nun automatisch zu dynamischen Satzgliedern werden. Auch das zeigt uns die Gegenüberstellung von (1) und (1'). Denn wir sehen in (1') auch, dass in der Grundvalenz von *lächeln* bereits eine Leerstelle vorgesehen ist, nämlich die für das Subjekt (*Reverend Ipe*). Deshalb handelt es sich auch im dynamischen Satz (1) um ein statisches Subjekt. Es ist bereits in der statischen Ausgangsvalenz funktional enthalten und dementsprechend nicht neu.

kein Umszenierungszwang

Allgemein gilt: Wenn es trotz Umszenierung Satzgliedwerte gibt, die grammatisch und semantisch stabil bleiben, dann sind sie von der dynamischen Prädikatsbildung unberührt und stellen dementsprechend weiterhin statische Satzglieder dar. Die dynamische Valenz enthält also statische und dynamische Komplemente. Dynamische Sätze können also statische Satzglieder enthalten, der umgekehrte Fall ist allerdings nicht möglich.

Neu und damit dynamisch sind Satzglieder aber nicht nur, wenn sie formal und funktional neu hinzutreten. Es gibt auch Umszenierungsfälle, in denen sowohl im statischen als auch im dynamischen Satz die gleichen grammatischen Formen enthalten sind – allerdings mit unterschiedlichen syntaktischen Funktionen. Betrachten wir dazu einen bereits bekannten Beleg im Aktiv und Passiv:

(2) Er **las** (statisches die Lokalzeitung Akkusativobjekt).
(2') (dynamisches Die Lokalzeitung Subjekt) **wurde gelesen**.

In Beleg (2) liegt ein statischer Aktivsatz vor, in dem *die Lokalzeitung* das (statische) Akkusativobjekt darstellt. Auch in dem dynamischen Passivsatz (2') ist *die Lokalzeitung* enthalten. In (2') fungiert sie aber als dynamisches Subjekt des Satzes, d.h., der Satzgliedwert dieser grammatischen Form, die in beiden Sätzen enthalten ist, ist unterschiedlich. In (2') übernimmt *die Lokalzeitung* eine neue Funktion und verkörpert dementsprechend einen neuen Satzgliedwert. Daraus folgt auch, dass die Zuordnung von semantischen zu grammatischen Werten neu ist, denn Subjekte in Passivsätzen (2') verstehen wir signifikativ-semantisch als VORGANGSTRÄGER, während ein Akkusativobjekt immer ein HANDLUNGSGEGENSTAND ist (2) (vgl. Kap. 1.1).

Zusammenfassend lässt sich festhalten, dass dynamische Satzglieder sich v.a. dadurch auszeichnen, dass sie in der Grundvalenz des jeweiligen

Prädikats nicht verankert sind. Sie sind daher funktional neu – entweder, weil sie formal wie funktional neu hinzutreten oder aber weil eine im statischen wie im dynamischen Satz enthaltene grammatische Form im dynamischen Satz einen neuen Satzgliedwert verkörpert. Diese Erkenntnis führt uns direkt weiter zu der Frage nach den Auftretensbedingungen dynamischer Satzglieder.

Auftretensbedingungen dynamischer Glieder

Betrachten wir nun also die Umstände, unter denen dynamische Satzglieder auftreten können, müssen oder auch nicht dürfen. Wir können uns merken, dass wir zwischen drei Auftretensbedingungen dynamischer Satzglieder unterscheiden: *Fakultativität*, *Obligatheit I (= Nichtrealisierungszwang)* und *Obligatheit II (= Realisierungszwang)*. Vergegenwärtigen wir uns diese Auftretensbedingungen jeweils anhand von Beispielen.

Fakultativität

1. Fakultativität: In diesem Fall können dynamische Satzglieder realisiert werden, müssen es aber nicht, da die Umszenierung auch ohne sie funktioniert und zwar allein über das Prädikat. Einen solchen Fall sehen wir in Beleg (3):

(3) (Sub- Wir jekt) **gingen** (Akkusativ- die Treppe objekt) **runter**.
(Hein, Freund: 126)
(3') (Sub- Wir jekt) **gingen** **runter**.

Wenn wir (3) mit (3') vergleichen, sehen wir, dass das Akkusativobjekt (*die Treppe*) fakultativ ist, d.h. nicht realisiert sein muss, damit der Satz dynamisch ist. Denn es liegt ohnehin eine Valenzträgeränderung von *gehen* zu *runtergehen* vor. Eine Umszenierung findet also auch ohne das dynamische Komplement statt.

Obligatheit I (= Nichtrealisierungszwang)

2. Obligatheit I (= Nichtrealisierungszwang): Im Fall des Nichtrealisierungszwangs ist es obligatorisch, spezifische dynamische Satzglieder nicht zu realisieren. Nicht realisiert werden dürfen dynamische Satzglieder dann, wenn eine Umszenierung qua Komplementreduktion angezeigt werden soll. Die ist z.B. bei Aktiv-Passiv-Umszenierungen zu beobachten. Betrachten wir dazu vergleichend drei Beispiele:

(2) (statisches Er Subjekt) **las** (statisches die Lokalzeitung Akkusativobjekt).
(2') (dynamisches Die Lokalzeitung Subjekt) **wurde** **gelesen**.
(2'') (dynamisches Die Lokalzeitung Subjekt) **wurde** (dynamisches Präpositional- von ihm objekt) **gelesen**.

Aus Kap. 3.1.2.2 wissen wir bereits, dass in Passivsätzen Dynamik vorliegt. Wir wollen daher ausgehend von Beleg (2) das Konzept der Obligatheit I bzw. des Nichtrealisierungszwangs nachvollziehen.

Das im Aktivsatz (2) enthaltene statische Akkusativobjekt *die Lokalzeitung* ist in dem dynamischen Passivsatz (2') nicht mehr enthalten. Die Wortgruppe *die Lokalzeitung* finden wir hier zwar noch, sie liegt aber durch die Aktiv-Passiv-Umszenierung in der Funktion des dynamischen Subjekts vor. Der HANDLUNGSträger *er* aus dem Aktivsatz (2) kommt in (2') nicht vor. Wir haben es mit einer Valenzreduktion zu tun. Anders verhält es sich mit Beleg (2''): Hier ist das dynamische Präpositional$_{\text{von+DAT}}$-objekt *von ihm* enthalten. Dies bedingt, dass der einfache Passivsatz (2') zum erweiterten Passivsatz (2'') wird. Aus der Aktiv-Passiv-Umszenierung mittels Valenzreduktion, die von (2) zu (2') zu beobachten ist, wird von (2') zu (2'') eine Valenzerhöhung. Aus diesen Beobachtungen folgt: Wenn eine Umszenierung qua Komplementreduktion umgesetzt werden soll (also der Schritt von (2) nach (2')), darf das dynamische Präpositional$_{\text{von+DAT}}$-objekt, das wir in (2'') sehen, nicht realisiert werden. Mit anderen Worten: Die Nichtrealisierung des dynamischen Präpositional$_{\text{von+DAT}}$-objekts ist in diesem Fall verpflichtend.

Obligatheit II (= Realisierungszwang)

3. Obligatheit II (= Realisierungszwang): Dynamische Satzglieder müssen immer dann realisiert werden, wenn eine Umszenierung angezeigt werden soll, die nicht qua Valenzreduktion oder Valenzträgeränderung auftritt. Mit anderen Worten: Bei Umszenierungen qua Valenzerhöhung müssen dynamische Satzglieder zwingend realisiert sein. Schauen wir uns das an einem ebenfalls bereits bekannten Beleg an:

(4') Wir **leben**.

(4) Wir **leben** (Akkusativ- Olympia objekt), wir **fühlen** Olympia.

Der dynamische Satz in Beleg (4) basiert auf einer Umszenierung qua Valenzerhöhung, da ein Komplement hinzutritt (*Olympia*), das in der Grundvalenz von *leben* nicht enthalten ist. So ist in der statischen Valenz von *leben* nur die Leerstelle für ein Subjekt angelegt (4'). Da das Subjekt *wir* auch in der Ausgangsvalenz vorhanden ist, handelt es sich hierbei in beiden Belegvarianten um ein statisches Satzglied.

Nachdem einige Grundlagen zum Verständnis statischer und dynamischer Satzglieder vermittelt wurden, kommen wir nun mit dem Subjekt zum ersten Komplement, dem wir uns ausführlich widmen wollen.

3.2.1 Subjekt

Wie wir gesehen haben, bestimmt das Prädikat, welche weiteren Mitspieler es in einem Szenario gibt, also wie viele und welche Leerstellen für Komplemente eröffnet werden.

Fast alle Prädikate eröffnen im Deutschen eine Leerstelle für ein Subjekt. Es ist mit *Wer?/Was?* erfragbar. So wird von *hatte domestiziert* ein Subjekt gefordert, das in (5) durch *der Mensch* realisiert ist:

(5) Der Mensch **hatte** seinen ärgsten Feind **domestiziert**.
(Schalansky, Giraffe: 132)

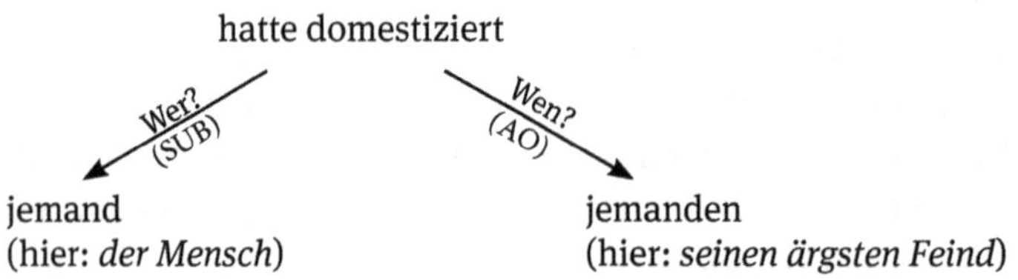

Zu Beginn von Kap. 3 haben wir die Unterscheidung zwischen genuiner und recycelter Form von Satzgliedern eingeführt. Wir haben erläutert, dass genuine Mesoformen ihren Ursprung auf der Mesoebene finden, während recycelte Formen ursprünglich Werte der Makroebene sind und auf Mesoebene ‚wiederverwendet' werden. Als bildlichen Vergleich haben wir für recycelte Satzglieder die Vorstellung einer Truhe in der Truhe angeführt.

genuine Formen des Subjekts

Betrachten wir zunächst Beispiele für genuine Subjekte, die wie in (5) nominal, genauer als *Substantivgruppe* im Nominativ, vorliegen.

Substantivgruppen können unterschiedlich umfangreich sein, so besteht z.B. das Subjekt in (6) aus einer Substantivgruppe, die nur ein Wort umfasst (*Wald*), wohingegen die Substantivgruppe in (7) deutlich komplexer ausfällt (*der silbrig glänzende Körper des großen Barrakudas*):

(6) Rings um zusammengewachsene Städte **bedeckt** (nominales Wald Subjekt) die Hügelketten.
(Zeh, Delicti: 11)

(7) Frontal **ist** (nominales der silbrig glänzende Körper des großen Barrakudas Subjekt) **fast unsichtbar**.
(taucher.net, Barrakuda: 27.04.13)

Immer dann, wenn wir ein Komplement in der Form einer Substantivgruppe im Nominativ finden, handelt es sich um ein Subjekt. Zwar kann auch das

Prädikativum als Substantivgruppe im Nominativ realisiert sein, wir verstehen das Prädikativum aber als Teil des Prädikats (vgl. Kap. 3.1.2.1.4).

Eigentlich könnte das Subjekt auch ‚Nominativobjekt' genannt werden, denn es gibt valenztheoretisch keine besonderen Eigenschaften, die das Subjekt von den Objekten unterscheiden würden. Neben einem Akkusativ-, Genitiv- und Dativobjekt hätten wir dann noch ein weiteres Kasusobjekt und die Symmetrie dieser Satzglieder wäre schon am Terminus erkennbar. Da jedoch der Terminus ‚Subjekt' bereits etabliert ist, belassen wir es dabei.

recycelte Formen des Subjekts

Neben der nominalen Realisierungsform als Substantivgruppe können Subjekte auch satzförmig, z.B. in Form von Nebensätzen vorkommen. Wenn dies der Fall ist, handelt es sich meist um recycelte Satzglieder. Das bedeutet: Ein nebensatzförmiges Subjekt, in dem ein eigenes Szenario enthalten ist, betrachten wir, wie zu Beginn von Kap. 3 erläutert, als *recyceltes Satzglied*, das z.B. so aussehen kann wie in (8):

(8) Nun **ist** etwa aus der Union, aber auch aus der FDP **zu hören**, (Subjekt- dass gar nicht die stärkste Partei den Kanzler stellen müsse nebensatz).
(FAZ, Bundestagswahl: 01.03.22)

untergeordnetes Szenario = Anszenario

In dem nebensatzförmigen Subjekt *dass gar nicht die stärkste Partei den Kanzler stellen müsse* ist ein eigenes Szenario entworfen. Da es sich um ein Szenario handelt, das einem anderen Szenario untergeordnet ist, sprechen wir von einem Anszenario, wie zu Beginn von Kap. 3 eingeführt. Dort haben wir außerdem für das Prinzip des Recyclings den Vergleich zu einer Truhe gezogen, die eine weitere Truhe enthält. Erinnern wir uns daran und schauen uns den Inhalt von (8) auf beiden Ebenen an:

Szenario auf 1. Ebene (= ZU-HÖREN-SEIN-Szenario)

Nun **ist** etwa aus der Union, aber auch aus der FDP **zu hören**, dass gar nicht die stärkste Partei den Kanzler stellen müsse

Szenario auf 2. Ebene (= STELLEN-MÜSSEN-Szenario)

die stärkste Partei müsse gar nicht den Kanzler stellen

Mit anderen Worten: Das Anszenario ist in die Subjektstelle des Szenarios eingebettet:

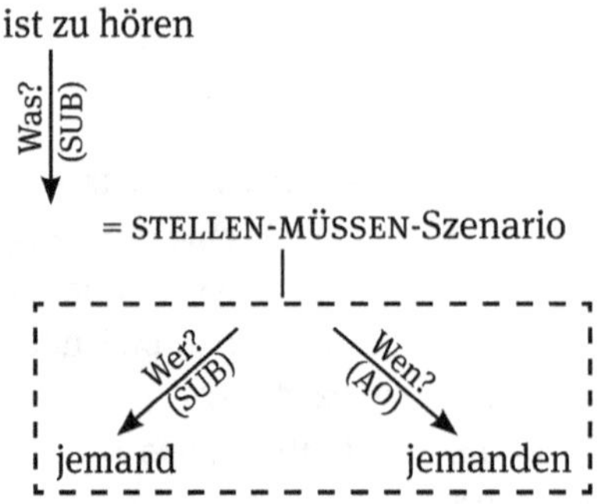

Recycelte Subjekte können, wie wir wissen, auch noch anders als in Nebensatzform realisiert sein, z.B. als Infinitivkonstruktion (9):

(9) (Infinitiv-konstruktion) Zu sagen, man sei mit keinem der Kandidaten oder Programme zufrieden, **ist** auch **eine Schutzbehauptung**.
(FAZ, Bundestagswahl: 01.03.22)

Auch hier lässt sich innerhalb des recycelten Subjekts ein weiteres Szenario ableiten. Dabei enthält das abgeleitete Szenario sogar noch ein drittes Szenario:

Szenario auf 1. Ebene (= EINE-SCHUTZBEHAUPTUNG-SEIN-Szenario)

Zu sagen, man sei mit keinem der Kandidaten oder Programme zufrieden ist auch eine Schutzbehauptung.

Szenario auf 2. Ebene (= SAGEN-Szenario)

[jemand] sagt, man sei mit keinem der Kandidaten oder Programme zufrieden

Szenario auf 3. Ebene (= ZUFRIEDEN-SEIN-Szenario)

man ist mit keinem der Programme zufrieden

Analog zu der obigen Darstellung sieht die Einbettungsstruktur wie folgt aus:

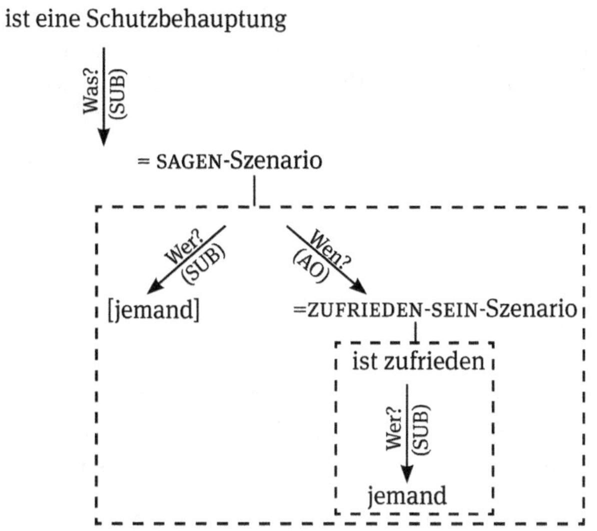

So wie bereits gezeigt wurde, können auch andere Satzglieder sowohl in der genuinen Form der Wortgruppe realisiert sein als auch in anderen Formen wie z.B. als Nebensatz. Das Prinzip des Recyclings kommt also auch bei anderen Satzgliedern vor, wie wir in den folgenden Kapiteln noch sehen werden.

Gegenstandsparaphrase

Kein Recycling liegt trotz Nebensatzform bei den Gegenstandsparaphrasen zugrunde. Sie stellen einen Sonderfall unter den nebensatzförmigen Satzgliedern dar. So wie der Name sagt, umschreibt die Gegenstandsparaphrase einen Gegenstand und – das ist wichtig – nicht ein Szenario:

(10) (Subjekt-Wer gerne und viel lacht paraphrase), **stärkt** sein Immunsystem.
(Gesundheitsmagazin AOK Plus 3/21)

So beschreibt *wer gerne und viel lacht in* (10) die Entität, die ihr Immunsystem stärkt, und kein eigenes Szenario. Gegenstandsparaphrasen gibt es auch in der Funktion anderer Satzglieder. Da es sich in diesem Fall um das Subjekt handelt, lässt sie sich noch genauer als Subjektparaphrase bezeichnen, wie auch im Beleg gekennzeichnet ist.

Makro- und Mikrosubjekte

Schauen wir uns eine weitere Realisierungsvariante der Subjekte an, die Mikrosubjekte. Je nachdem in welcher Sprache wir uns umsehen, kann es ein Vorkommen nur von *Makrosubjekten* oder von *Makro-* und *Mikrosubjekten* geben. Um zu verstehen, worum es sich dabei jeweils handelt, betrachten wir zunächst etwas, was sich *minimale Valenzrealisierungsstruktur* nennt. Diese sehr spärlich ausgestattete Struktur liegt immer dann vor, wenn eine intransitive Grundstruktur – also nur Prädikat und Subjekt – besteht, und zwar ohne *lexikalische Subjektrealisierung*: D.h., in einer minimalen Valenzrealisierungsstruktur finden wir das Subjekt immer als Pronomen realisiert (z.B. *ich, du, sie, er, wir, es*) und keine weiteren Ausschmückungen des Szenarios. Betrachten wir dazu konstruierte Beispiele für das Deutsche (11) und das Englische (12):

Deutsch:
(11) (nominales Er/sie/es Subjekt) **arbeitet/schläft**.

Englisch:
(12) (nominales He/she/it Subjekt) **is working/sleeping**.

Wir können nun aber feststellen, dass es Sprachen gibt, wo es im Gegensatz zum Deutschen und Englischen ganz normal ist, dass das Subjekt gewissermaßen im Prädikat, genauer: in der finiten Verbform enthalten ist, so z.B. im Lateinischen:

Latein:
(13) **Laborat/dormit**.

Immer dann, wenn das Subjekt wie in den Beispielen für das Deutsche und Englische (11 und 12) als eigenes Sprachzeichen realisiert ist, handelt es sich um Makrosubjekte. In Fällen wie in den Lateinischen Beispielsätzen (13) haben wir es mit Mikrosubjekten zu tun.

dynamische Subjekte

Von den soeben vorgestellten Makro- und Mikrosubjekten gibt es auch dynamische Realisierungen. In Kap. 3.2 wurde bereits ein Überblick über die Beschaffenheit und das Auftreten von dynamischen Satzgliedern gegeben. An dieser Stelle werden nun einige Vorkommen dynamischer Subjekte im Speziellen beleuchtet.

Kommen wir darauf zu sprechen, wann Mikrosubjekte im Deutschen dynamisch sind. Wir haben gezeigt, dass es Sprachen gibt, in denen Mikrosubjekte den unmarkierten Fall darstellen. Wenn in diesen Sprachen, etwa im Lateinischen, Spanischen oder Italienischen, stattdessen ein Makrosubjekt realisiert ist – also das Subjekt als Pronomen und damit eigenes Sprachzeichen vorliegt –, so gilt dies als eine Hervorhebung (= *Emphase*).

dynamische Mikrosubjekte im Imperativ

Im Deutschen gibt es einen solchen Fall im Imperativ. Der strukturelle Normalfall ist im Imperativ eine Mikrorealisierung des Subjekts, d.h. der finite Teil des Prädikats enthält auch das Subjekt (14). Diese Mikrorealisierung, das Inkludiertsein in die Verbform, ist es auch, die das Subjekt hier dynamisch macht. Zur Verdeutlichung stellen wir (14) eine Belegvariante (14') im Indikativ gegenüber, in der das Subjekt als Makrosubjekt, also als eigenes Sprachzeichen realisiert ist, was im Indikativ den Normalfall darstellt:

(14) **Gib** mir meine Dosis Horror.
(Deutschlandfunk Nova, Spukhäuser: 28.10.20)
(14') (Makro- Du subjekt) **gibst** mir meine Dosis Horror

Schließlich gibt es noch eine Variante, in der das Subjekt betont wird:

(14'') **Gib** (emphatisches Makro- du subjekt) mir meine Dosis Horror.

In diesem emphatischen Fall (14''), in dem das *du* hervorgehoben ist, liegt das Subjekt als pronominale Makrorealisierung vor. Dabei handelt es sich allerdings in Bezug auf den Imperativ um einen markierten Fall.

dynamische Mikrosubjekte in Reduktionen

Neben den dynamischen Mikrosubjekten im Imperativ, die den Normalfall darstellen, gibt es auch Mikrosubjekte, die Reduktionen von Strukturen sind, in denen normalerweise Makrosubjekte realisiert werden. Schauen wir uns dies anhand eines Belegs mit leerem Vorfeld an, der aus Kap. 2.1.2.3 stammt:

(15) **Habe** ab 15:00 Zeit. **Drück** euch ganz fest.
(zit. nach: Kim/Wall/Wardenga 2014: 71)
(15') Ich **habe** ab 15:00 Zeit. Ich **drück** euch ganz fest :-)

Die Belegvariante in (15') zeigt, wie der Beleg ohne Reduktionen aussehen würde. Dynamische Mikrosubjekte dieser Art finden sich in bestimmten Textsorten häufiger als in anderen, so etwa in Kommunikation in Messenger-Diensten, aber z.B. auch in Tagebucheinträgen. Darüber hinaus finden wir in Verbindung mit bestimmten Verbgruppen gängige Formulierungen:

(16) **Geht/Läuft/Funktioniert/Klappt** doch!
(17) **Soll vorkommen/Kann** nicht **sein/Wird** schon **stimmen**.
(Beispielreihen n. Eroms 2010: 30f.)

weitere Sonderfälle

Dynamische Mikrosubjekte in Reduktionen (15–17) müssen allerdings klar von subjektlosen Sätzen unterschieden werden. Denn es gibt tatsächlich Sätze, die ganz ohne Subjekt auskommen. Diesen Sonderfall und einige weitere besondere Subjektvorkommen, die sich z.B. durch eine bestimmte Wortstellung auszeichnen, wollen wir uns im Folgenden ansehen.

Subjektlosigkeit

Nachdem zu Beginn des Kapitels erwähnt wurde, dass fast alle Prädikate ein Subjekt fordern, stellt sich die Frage, in welchen Fällen denn keine Leerstelle für ein Subjekt eröffnet wird. In anderen Sprachen ist Subjektlosigkeit nicht ungewöhnlich, im Deutschen stellt dieser Fall jedoch eine klare

Ausnahme dar. Empfindungsprädikate fordern im Deutschen oft keine Subjekte. Sie stellen also einen Großteil der subjektlosen Sätze im Deutschen dar, so z.B. *wurde kalt* in (18):

(18) Mir **wurde kalt** vor Entsetzen.
(Tokarczuk, Fledermäuse: 12)

Es besteht dabei immer eine Relation zwischen der empfindenden Instanz (*mir*) und der Empfindungsquelle/dem Empfindungsgrund (*vor Entsetzen*). Die Subjektlosigkeit spiegelt dabei die Passivität der empfindenden Instanz wider. Etwas zu empfinden, kann als eine weniger aktive Aktion einer Person gewertet werden, als z.B. etwas zu greifen. Dazu passt die Subjektlosigkeit deshalb gut, weil es gerade Subjekte sind, die Träger-Rollen innehaben (HANDLUNGSTRÄGER, TÄTIGKEITSTRÄGER, VORGANGSTRÄGER oder ZUSTANDSTRÄGER). Die empfindende Instanz wird im obigen Beispiel im Dativobjekt ausgedrückt. Semantisch ist es der VORGANGSBETROFFENE.

formales Subjekt

Im Folgenden wollen wir uns Subjekte in Form eines *es* näher ansehen. Als einen Sonderfall unter den Subjekten finden wir hier: das *formale Subjekt* (= expletives es). Es trägt seinen Namen, da es inhaltsleer ist, wie (19) zeigt:

(19) (formales Es Subjekt) **gibt** immer eine Grenze.
(Vaid-Menon, Mehr: 14)

Das formale Subjekt ist aber neben der Inhaltsleere noch durch andere Charakteristika gekennzeichnet. So ist es in der Regel obligatorisch und kann prototypischerweise auch nicht durch ein anderes Sprachzeichen ersetzt werden. Eine typische Verwendung des formalen Subjekts finden wir im Zusammenhang mit *Witterungsverben* wie in (20):

(20) (formales Es Subjekt) **regnet**, alle Omnibusse **sind überfüllt**, ich **bin** nicht **ganz gesund**, ja, wie oft **soll** ich denn noch diese Tour **machen**?
(Baum, Hotel: 16)

Schauen wir uns im Vergleich zum formalen Subjekt-*es* einmal ein *anaphorisches* (= rückverweisendes, durch ⇐ gekennzeichnetes) *es* an, um im Gegensatz dazu die Leere des formalen Subjekts zu verdeutlichen. So handelt es sich in (21) bei beiden *es*-Vorkommen um ein anaphorisches *es*, das auf das Kaninchen (*was da herangelaufen kam* bzw. *das Weiße Kaninchen*) verweist. Dadurch, dass es auf das Kaninchen bezogen ist, ist es anders als das formale Subjekt inhaltlich gefüllt:

(21) Nach einer Weile **hörte** (nominales sie Subjekt) Füße von ferne näher **trappeln**, und eilends **wischte** (nominales sie Subjekt) sich die Augen, um zu sehen, was da herangelaufen kam. (nominales ⇐ Es Subjekt) **war das Weiße Kaninchen auf dem Rückweg**; (nominales ⇐ es Subjekt) **war** prächtig **gekleidet** und **trug** ein Paar weiße Glacéhandschuhe in der einen Hand und einen großen Fächer in der anderen.
(Carroll, Wunderland: 20)

Topik-es

Weder ein formales noch ein anaphorisches Subjekt, sondern ein Platzhalter-es (oder Topik-es) liegt hingegen im folgenden Beleg vor:

(22) Es **klappert** (nominales die Mühle Subjekt) am rauschenden Bach, klipp klapp.
(Volkslied)

(22') (nominales Die Mühle Subjekt) **klappert** am rauschenden Bach.

Wie wir sehen, hat das Platzhalter-es keinen Satzgliedwert. So wie die Handtücher, mit denen Liegen im Urlaub reserviert werden, keine Menschen, sondern nur Platzhalter für Menschen sind, ist das Platzhalter-es selbst auch kein Satzglied, sondern reserviert nur den Platz für das Subjekt.

Die meisten Sätze im Deutschen enthalten ein Subjekt. Es kann als statisches oder dynamisches Satzglied vorkommen und ist mit Wer?/Was? erfragbar. Dabei kann es entweder genuin oder recycelt realisiert sein. Die genuine Subjektform ist nominal. In recycelter Form sind Subjekte satzförmig (z.B. nebensatzförmig) und enthalten ein eigenes Szenario. Es gibt auch nebensatzförmige Subjekte, die nicht recycelt sind: die Gegenstandsparaphrasen. Sie umschreiben einen Gegenstand und stehen nicht für einen Sachverhalt. Es wurde des Weiteren der Unterschied zwischen Makro- und Mikrosubjekten gezeigt. Mikrosubjekte sind im Prädikat mitenthalten, Makrosubjekte sind als der strukturelle Normalfall im Deutschen jeweils als eigenes Sprachzeichen realisiert. Im Prädikat inkludierte Mikrosubjekte kommen im Deutschen z.B. im Imperativ vor. Dort sind sie deshalb auch dynamische Subjekte. Ein Sonderfall liegt vor, wenn im Imperativ ein Makrosubjekt realisiert ist und somit betont wird. Dynamische Mikrosubjekte liegen auch in Reduktionen vor, wo normalerweise Makrosubjekte realisiert werden. Anhand von Sätzen mit Empfindungsprädikaten wurde der Sonderfall der Subjektlosigkeit gezeigt. Des Weiteren wurde das formale (= inhaltsleere) Subjekt *es* vorgestellt und vom anaphorischen Subjekt *es* abgegrenzt. Ein weiterer Fall ist das Platzhalter-es (= Topik-es), das selbst keinen Satzgliedwert hat.

Übung 23: Subjekt

Bestimmen Sie jeweils, ob ein formales oder anaphorisches Subjekt oder ein Platzhalter-es vorliegt. Begründen Sie.

Das Haus der Geschichte (in dem einst Vorfahren mit Landkartenatem und harten Zehennägeln wisperten) war vom Fluß aus nicht mehr zugänglich. Es hatte Ayemenem den Rücken gekehrt. (Roy, Gott: 147)

Es gibt absolut keine biologische Grundlage dafür, warum Jungen nicht ihre Nägel lackieren oder sensibel sein sollten, genauso wie es auch keine biologische Grundlage dafür gibt, warum Mädchen kein Fußball spielen oder für ihre Ideen ernst genommen werden sollten. (Vaid-Menon, Mehr: 74)

Es irrt der Mensch, solang er strebt. (Goethe, Faust: 25)

3.2.2 Akkusativobjekt

Zu den zentralen Komplementen gehört neben dem Subjekt das Akkusativobjekt, um das es im Folgenden gehen soll. Akkusativobjekte sind valenzgeforderte Satzglieder, also Komplemente, in transitiven Sätzen:

(23) Ich **wollte** (Akkusativ- den Krieg objekt) **vergessen**, um wieder als normales Wesen leben zu können.
(Nabi, Schande: 52)

(24) Rüdi von Lieberbaum **verfolgt** (Akkusativ- die Spur objekt).
(Janosch, Grünbär: 6)

(25) da **erblickte** sie (Akkusativ- ein Beet, das mit den schönsten Rapunzeln bepflanzt war objekt).
(Grimm, Rapunzel: 115)

Frageprobe

vergessen, *verfolgen* und *erblicken* sind transitive Verben, die neben dem Subjekt ein Akkusativobjekt erfordern, um das Szenario zu komplementieren. Das lässt sich mit der Frageprobe erkennen:

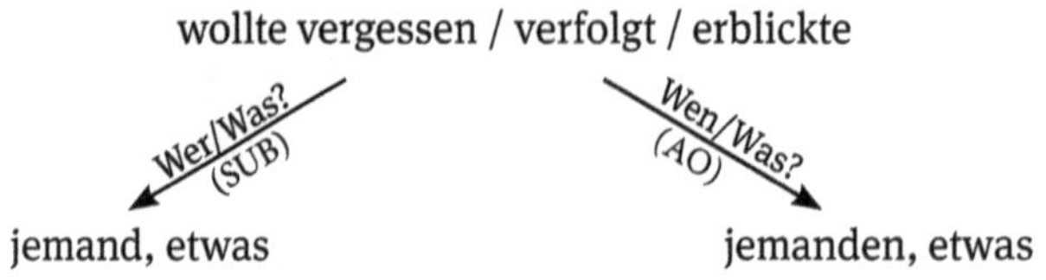

Die akkusativische Flexionsendung *-n* erkennen wir nicht mehr am Substantiv, sondern nur noch am Artikel und nur dann, wenn das Substantiv selbst ein Maskulinum ist, vgl. Beleg (23) (*den Krieg*). Bei Substantivgruppen mit femininen und neutralen Substantiven (*die Spur* in (24) und *ein Beet* in (25)) ist der Akkusativ nicht einmal mehr am Artikel abzulesen.

Ersatzprobe

Dennoch liegen hier Akkusativobjekte vor – bei Unsicherheiten kann die Ersatzprobe durchgeführt werden. Hierbei werden für die Akkusativobjekte in (24) und (25) Maskulina eingesetzt, um eindeutige Strukturen mit der einschlägigen Flexionsendung *-n* zu erhalten (*den Affen* und *einen Geist*):

(24') Rüdi von Lieberbaum **verfolgt** den Affen.
(25') da **erblickte** sie einen Geist.

Formen von Akkusativobjekten

Wie auch beim Subjekt wollen wir uns beim Akkusativobjekt genauer anschauen, wie der Satzgliedwert ‚Akkusativobjekt' formal realisiert sein kann. Welchen Formen entspricht also der Wert Akkusativobjekt? Wir unterscheiden wie beim Subjekt zwischen genuinen und recycelten Formen und beginnen mit den genuinen.

In (23–25) liegen jeweils Substantivgruppen vor, die den Standardfall der formalen Akkusativobjektrealisierung ausmachen. Sie werden auch *nominale Akkusativobjekte* genannt.

Schauen wir uns die Belege noch einmal an, um auf Gemeinsamkeiten und Unterschiede der nominalen Akkusativobjekte einzugehen:

(23) Ich **wollte** (Akkusativ- den Krieg objekt) **vergessen**, um wieder als normales Wesen leben zu können.
(24) Rüdi von Lieberbaum **verfolgt** (Akkusativ- die Spur objekt).
(25) da **erblickte** sie (Akkusativ- ein Beet, das mit den schönsten Rapunzeln bepflanzt war objekt).

nominale Akkusativobjekte

Nominal sind Akkusativobjekte auch dann realisiert, wenn sie aus einem Pronomen bestehen, was gleichzeitig neben der Frageprobe einen Test für den Satzgliedstatus als Akkusativobjekt darstellt. Akkusativobjekte lassen sich nämlich (fast) immer durch Personalpronomina ersetzen. Auch hier gilt, dass sich nur das Maskulinum eine eigene Form für den Akkusativ hat (*ihn*), während es beim Femininum und Neutrum Nominativ und Akkusativ formal zusammenfallen (*sie, es*):

Pronominalisierungstest

(23') Ich **wollte** (Akkusativ- ihn objekt) **vergessen**.
(24'') Rüdi von Lieberbaum **verfolgt** (Akkusativ- sie objekt).
(25'') da **erblickte** sie (Akkusativ- es objekt).

Wie auch beim Subjekt können Akkusativobjekte als Nebensätze oder Infinitivkonstruktionen auftreten:

satzförmige Akkusativobjekte

(26) Als er einmal so hinter einem Baum stand, **sah** er, (Akkusativobjekt- dass eine Zauberin herankam nebensatz).
(Grimm, Rapunzel: 118)

(27) (Akkusativobjekts- Geschlagen zu werden infinitivkonstruktion) **konnte** man ganz gut **aushalten**, wenn man sich ablenkte.
(Berg, GRM: 138)

Auch für die Belege (26) und (27) funktionieren die einschlägigen Tests zur Feststellung eines Akkusativobjekts. Betrachten wir das am Beispiel der Ersatzprobe:

(26') Als er einmal so hinter einem Baum stand, **sah** er (Akkusativ- es objekt).
(27') (Akkusativ- Das objekt) **konnte** man ganz gut **aushalten.**

recycelte Akkusativobjekte

Um diese satzförmigen Akkusativobjekte einzuordnen, erinnern wir uns an das Konzept des Recyclings: Das Besondere an den recycelten Formen im Gegensatz zu den genuinen ist, dass die Akkusativobjekte in sich eigene Szenarios, sogenannte Anszenarios, enthalten. So gibt es in beiden Sätzen ein Szenario des Hauptsatzes, nämlich in (26) ein SEHEN-Szenario und in (27) ein AUSHALTEN-KÖNNEN-Szenario. Die recycelten Akkusativobjekte enthalten Anszenarios, nämlich in (26) ein HERANKOMMEN-Szenario und in (27) ein GESCHLAGEN-WERDEN-Szenario.

Wir haben bereits gezeigt, dass beim Recycling Einheiten anderer Ebenen in eine hierarchieniedrigere Ebene überführt werden. Die Ebenen der verschiedenen Szenarios auseinanderzuhalten, ist ein Kernproblem von Grammatikunterricht. Es hilft, sich immer wieder die Valenz der jeweiligen Prädikate zu vergegenwärtigen: Welche Elemente gehören zu welchem Valenzträger, d.h. welche Satzglieder werden von welchem Valenzträger gefordert. Für die Beschreibung der Satzglieder im engeren Sinne reicht es aus, wenn wir uns auf der ersten Gliederungsebene bewegen und somit nur die Komplemente der Hauptprädikate bestimmen.

kein Recycling: Akkusativobjektparaphrase

Im Kontrast zu recycelten Akkusativobjekten wie in (26) und (27) stehen *Akkusativobjektparaphrasen* (28). Schauen wir uns noch einmal den bereits bekannten Beleg (28) an:

(28) Ich **denke**, was ich will.

Wir kennen solche Gegenstandsparaphrasen bereits vom Subjekt, hier ist die Form ähnlich. Anders als in (26) und (27) wird in (28) eben kein Szenario im

Nebensatz *was ich will* entworfen. Hier wird lediglich ein abstrakter Gegenstand *(etwas, das ich will)* paraphrasiert.

Um unser Bild nebensatzförmiger Akkusativobjekte zu schärfen, wollen wir nun noch einen dritten Typ satzförmiger Akkusativobjekte anschauen, der Ähnlichkeiten zu beiden bisher vorgestellten Nebensatztypen hat. Wir schauen uns nun einmal alle drei im Vergleich an:

(26) Als er einmal so hinter einem Baum stand, **sah** er, (recyceltes- dass eine Zauberin herankam Akkusativobjekt).

(28) ich **denke,** (Akkusativobjekt- was ich will paraphrase).

(29) (indirekter Wann im Jahr 2022 der Vollmond am Himmel stehen wird Fragesatz), **können** Sie in dieser Tabelle **ablesen**:
(HNA, Mond: 17.11.22)

auch Recycling: Indirekter Fragesatz

Zur Erinnerung: In (26) liegt ein Akkusativobjektnebensatz vor, der ein Szenario entwirft, in (28) einer, der einen Gegenstand umschreibt. Mit (29) finden wir nun einen indirekten Fragesatz vor, der Ähnlichkeiten zu beiden Typen hat. Sowohl (28) als auch (29) werden durch ein Fragepronomen (*W-Wort*) eingeleitet. Aber nur in (28) wird damit ein abstrakter Gegenstand umschrieben. In (29) liegt mit dem indirekten Fragesatz gleichermaßen ein eingebettetes Szenario (= Anszenario) (in diesem Fall ein STEHEN-Szenario) als Akkusativobjekt vor, wie auch in (26), sodass wir hier ebenso von Recycling sprechen.

Rede-wiedergabe

Das Prinzip des Recyclings stellt einen wichtigen Theoriebereich der zentralen Komplemente dar. Für das Akkusativobjekt gilt das im Besonderen, da wir mit dem Recycling die Möglichkeit haben, das Verhältnis von Rede und Redewiedergabe in Texten grammatisch abzubilden. Die Verben des Sagens, die die Rede in Texten ankündigen, sind genuin transitiv, haben also eine Valenzstelle für das Akkusativobjekt. Schauen wir uns das an zwei Belegen einmal genauer an:

(30) Dolli Einstein **stieg** auf den Tisch <u>und</u> **rief,** (Akkusativobjekt- sie werde nun eine Rede halten hauptsatz).
(Janosch, Grünbär: 51)

(31) Friedchen **versprach,** (Akkusativobjekt- daß sie mit ihrer Clique dafür sorgen würde, daß ab heute alles anders werden würde nebensatz).
(Janosch, Grünbär: 44)

Verba Dicendi

rufen und *versprechen*, die Hauptprädikate der vorgestellten Belege, sind *Verba Dicendi* bzw. Kommunikationsverben. Es handelt sich also um Verben, die eine Valenzstelle für Gesagtes/Gesprochenes eröffnen. Diese Valenzstelle wird in allen Fällen durch ein Akkusativobjekt komplementiert. Verba Dicendi können auch durch genuine nominale Akkusativobjekte ergänzt werden, sodass keine Redewiedergabe mehr vorliegt, sondern nur Redeerwähnung:

(30') Dolli Einstein **stieg** auf den Tisch und **rief** (nominales etwas Akkusativobjekt).

Für die Redewiedergabe gibt es zahlreiche formale Varianten, die wir uns genau anschauen wollen. Dafür müssen wir zunächst zwischen direkter und indirekter Redewiedergabe unterscheiden:

indirekte Redewiedergabe

(30) Dolli Einstein **stieg** auf den Tisch und **rief,** (Akkusativobjekt- sie werde nun eine Rede halten hauptsatz).

(31) Friedchen **versprach,** (Akkusativobjekt- daß sie mit ihrer Clique dafür sorgen würde, daß ab heute alles anders werden würde nebensatz).

(32) Frau Lotsch, Frau Pietzschke und Frau Webernockel **schwuren** beim Leben ihrer Zimmerpflanzen, (Akkusativobjekt- in Zukunft alles anders und besser zu machen infinitivkonstruktion).
(Janosch, Grünbär: 60)

direkte Redewiedergabe

(33) Dolli Einstein, die immer alles weiß, **rief**: (Akkusativobjekt- «Schmutz ist im Grundwasser. Ganz verdammter, giftiger Schmutz. Aus dem Grundwasser gelangt es in den Wasserturm. Aus dem Wasserturm in die Wasserleitung – und schon stinkt es.» text)
(Janosch, Grünbär: 21)

Formen der Redewiedergabe

Der Unterschied zwischen indirekter und direkter Redewiedergabe ist der Grad der Autonomie der wiedergegebenen Rede. Bei direkter Redewiedergabe ist die Rede vollständig autonom, während sie bei indirekter Rede unterschiedlich stark integriert sein kann. Die Belege (30–32) vertreten unterschiedliche Typen indirekter Redewiedergabe, nämlich einen *abhängigen Hauptsatz* in (30), einen *eingeleiteten Nebensatz* in (31) und eine *Infinitivkonstruktion* in (32).

Im Fall der direkten Redewiedergabe werden Textsequenzen der Makroebene 1:1 als Akkusativobjekte auf der Mesoebene recycelt. Die Form der Rede ist also der *Akkusativobjekttext*:

Akkusativobjekttext

(33) Dolli Einstein, die immer alles weiß, **rief**: (Akkusativobjekt-»Schmutz ist im Grundwasser. Ganz verdammter, giftiger Schmutz. Aus dem Grundwasser gelangt es in den Wasserturm. Aus dem Wasserturm in die Wasserleitung – und schon stinkt es.« text)
(Janosch, Grünbär: 21)

Der Terminus *Akkusativobjekttext* weist somit darauf hin, dass hier eine gesamte Textsequenz vorliegt, die die Akkusativobjekt-Valenzstelle von *rief* füllt. In welcher Ausführlichkeit das Zitat, das nun folgt, wiedergegeben ist, ist der Erzählinstanz überlassen. Denkbar wären hier auch eine Aneinanderreihung von hunderten Textgliedern, die immer das Akkusativobjekt des RUFEN-Szenarios blieben. Ob es sich dabei um eine Kombination aus Sätzen, Nichtsätzen oder Kohäsionsgliedern handelt, ist unerheblich.

Um Recycling zu verstehen, müssen wir uns noch einmal die verschiedenen Ebenen der GTA in Erinnerung rufen. Die Besprechung der Akkusativobjekte an dieser Stelle erfolgt im Rahmen der Mesoebene, die sich mit Satzgliedern beschäftigt. In Kap. 2 haben wir uns ausführlich mit der Makroebene beschäftigt und die drei Makroglieder Satz, Nichtsatz und Kohäsionsglied kennengelernt. Eben diese beiden Ebenen werden an dieser Stelle miteinander kombiniert. Das Akkusativobjekt in (33) besteht aus sechs Makrogliedern:

(einfacher Schmutz **ist** im Grundwasser. Satz)
(Nicht- Ganz verdammter, giftiger Schmutz. satz)
(einfacher Aus dem Grundwasser **gelangt** es in den Wasserturm. Satz)
(einfacher, virtueller Aus dem Wasserturm in die Wasserleitung Satz) –
(Kohäsions- und glied)
(einfacher schon **stinkt** es. Satz)

Beim Recycling werden, wie wir bereits dargestellt haben, Elemente in hierarchieniedrigere Ebenen überführt. Genau das passiert auch hier: Elemente der Makroebene werden als grammatische Werte der Mesoebene wiederverwendet (= recycelt), indem sie als gesamte Einheit eine Valenzstelle des Hauptprädikats *rief* im RUFEN-Szenario besetzen.

Die Möglichkeiten, Akkusativobjekte in (Neben-)Satzform zu realisieren, sind vielfältig. Bei den bisher vorgestellten Belegen war die Zuordnung des Nebensatzes als Akkusativobjekt immer eindeutig – wie Frage- und Ersatzprobe verdeutlichen –, obwohl am Nebensatz selbst kein Kasus abzulesen ist. Doch die Frage, welchen Satzgliedwert der Nebensatz in (34) erhält, lässt sich nicht beantworten: Uneindeutigkeit

(34) [so] **weiß** ich doch **zu errinern**, daß, sie, sich immer sehr wenig bemüht hat, uns auch nur das kleine Vergnügen eines Spazierganges zu bereiten.
(Koralek, 19. Jhd.)

Das syntaktische ‚Problem' an dieser Stelle ist die Valenz von *erinnern*, denn hier können sowohl ein Präpositional$_{an+AKK}$-objekt als auch ein Akkusativobjekt als Komplement stehen. Formen wir den Satz einmal so um, dass eindeutige Satzgliedwerte vorliegen:

(34') so **weiß** ich doch (Präpositional-an+AKK-objekts- daran korrelat) **zu erinnern**, daß sie, sich immer sehr wenig bemüht hat, uns auch nur das kleine Vergnügen eines Spazierganges zu bereiten.

(34'') so **weiß** ich (Akkusativobjekts- es korrelat) doch **zu erinnern**, daß sie, sich immer sehr wenig bemüht hat, uns auch nur das kleine Vergnügen eines Spazierganges zu bereiten.

Korrelatverbindungen

Die Elemente *daran* und *es*, die in (34' und 34'') eingefügt wurden, sind Korrelate. Sie sind nötig, um die Satzgliedwerte eindeutig zu machen und haben syntaktisch immer die Funktion, im Hauptsatz auf einen untergeordneten Nebensatz oder eine Infinitivkonstruktion zu verweisen. Dadurch dass in (34) kein Korrelat vorhanden ist, bleibt der spezifische Satzgliedwert offen. Wir werden Korrelatverbindungen erneut bei den Supplementen behandeln (vgl. Kap. 3.3.1).

In (34') wurde ein Präpositionalobjektskorrelat eingefügt, mit Hilfe dessen es möglich ist, den Nebensatz als Präpositionalobjekt einzuordnen. In (34'') wurde durch *es* ein pronominales Korrelat eingefügt, das den Nebensatz als Akkusativobjekt bestimmt.

dynamische Akkusativobjekte

Zur Wiederholung bietet es sich zum Abschluss an, den Satzgliedwert ‚Akkusativobjekt' noch einmal für die verschiedenen bereits vorgestellten Prädikatsklassen anzuschauen, bei denen dieses Satzglied eine besondere Rolle spielt. Gleichzeitig sind das zum großen Teil auch diejenigen Konstruktionen, die wir als dynamische Prädikate vorgestellt haben. Die folgenden Belege enthalten dynamische Prädikate und dynamische Akkusativobjekte:

(35) **Nutz** jede Lücke, Mücke, **box** (Resultativ- dich Akkusativobjekt) **groß** und **bück** (Resultativ- dich Akkusativobjekt) **klein**.
(Wir sind Helden, Ist das so)

Wir haben bei den dynamischen Prädikatsklassen bereits erläutert, dass Resultativkonstruktionen immer eine Zustandsveränderung abbilden. *Boxen* und *bücken* in (35) führen dazu, dass etwas *groß* oder eben *klein* wird. Grammatisch findet hier eine Valenzträgeränderung statt, weshalb hier Dynamik vorliegt. Der Ausgangsvalenzträger *boxen* ist ursprünglich intransitiv. Dadurch dass sich der Valenzträger zu *box groß* ändert und damit ein Akkusativobjekt gefordert wird, das nicht in der Grundvalenz angelegt ist, entsteht Dynamik. Mit *box groß* liegt somit ein transitives Prädikat vor, das eben dieses dynamische Akkusativobjekt fordert und eine veränderte Valenz hat. Etwas Ähnliches passiert in (36):

(36) Ich **sah** (AcI- Tschick Akkusativobjekt) im Dauerlauf um eine Ecke **biegen**.
(Herrndorf, Tschick: 95)

Wir haben AcI-Konstruktionen bereits in Kap. 3.1.2.2.3 vorgestellt und zeigen können, dass hier ebenfalls eine Valenzträgeränderung vorliegt. Das Vollverb *biegen* ist ursprünglich intransitiv und wird durch die AcI-Konstruktion umszeniert. Um einen AcI zu bilden, müssen nun ein Akkusativobjekt (*Tschick*) und ein Wahrnehmungsverb (*sah*) eingefügt werden. Die Zielvalenz ist transitiv, das Akkusativobjekt ist ein von der Valenz von *sah biegen* gefordertes dynamisches Komplement.

Akkusativobjekte sind Komplemente in transitiven Sätzen. Wir unterscheiden wie beim Subjekt zwischen genuinen und recycelten Formen. In der genuinen Form liegen Substantivgruppen, also nominale (inklusive pronominale) Akkusativobjekte, vor. In der recycelten Form handelt es sich um satzförmige Akkusativobjekte, z.B. Nebensätze oder Infinitivkonstruktionen, die in sich eigene Szenarios enthalten (Anszenario). Von recycelten Akkusativobjekten zu unterscheiden sind Akkusativobjektparaphrasen, die lediglich einen Gegenstand paraphrasieren. Wir haben gesehen, dass Akkusativobjekte eine zentrale Rolle in der Wiedergabe direkter und indirekter Rede spielen. Als dynamische Satzglieder treten Akkusativobjekte v.a. in Resultativ- und AcI-Konstruktionen auf.

Übung 24: Akkusativobjekt

Identifizieren Sie die Akkusativobjekte. Bestimmen Sie ihre Form und zeigen Sie, welche Anszenarios in ihnen enthalten sind.

Eines Tages im August sagten die Russen zu Michał, er solle alle Bewohner von Ur zusammentrommeln und in den Wald bringen. Sie sagten, die Front könne jederzeit nach Ur vorrücken. Er tat, was sie verlangten. Er ging an allen Häusern vorbei und sagte überall: »Die Front kann jederzeit nach Ur vorrücken.« Wie mechanisch ging er auch zu Florentynkas Haus, und erst als er die leeren Hundeschüsseln sah, fiel ihm ein, dass Florentynka nicht mehr lebte. (Tokarczuk, Ur: 175)

3.2.3 Dativobjekt

Ein weiteres Komplement ist das Dativobjekt (auch: *indirektes Objekt*). Dativobjekte zählen wie das Subjekt und das Akkusativobjekt ebenfalls zu den zentralen Komplementen, d.h. sie sind aufgrund ihrer Produktivität und relativen Häufigkeit innerhalb von Satzbauplänen für das Sprachsystem des Gegenwartsdeutschen relevante Satzglieder. Sie sind dabei zwar seltener als das Subjekt, das Akkusativobjekt oder die Präpositionalobjekte, aber genauso produktiv wie diese in dem Sinne, dass die Satzbaupläne mit Subjekt, Akkusativobjekt, Dativobjekt oder Präpositionalobjekten offen für die Bildung neuer Prädikate sind – im Gegensatz zum Genitivobjekt, das nicht nur selten vorkommt, sondern auch unproduktiv ist.

Formen von Dativobjekten

Schauen wir uns zunächst anhand von ein paar Beispielen an, in welchen Formen Dativobjekte auftreten können:

(37) Ich **schenk** $_{\text{(Dativ-}}$ dir $_{\text{objekt)}}$ einen Regenbogen.
(Jürgen Drews, Regenbogen)

(38) Bobo **gibt** $_{\text{(Dativ-}}$ dem Elefanten $_{\text{objekt)}}$ eine Erdnuss.

Formal handelt es sich bei Dativobjekten prototypischerweise um kontinuierlich realisierte Substantivgruppen im Dativ, d.h. um ununterbrochene nominale Wortgruppen. Beide Belege (37) und (38) bilden dieses Formmerkmal ab. In seltenen Fällen können Dativobjekte auch nebensatzförmig, als *Dativobjektparaphrasen* mit oder ohne Korrelat realisiert sein:

Dativobjekt-paraphrase

(39) $_{\text{(Dativ-}}$ Wem ich helfen kann $_{\text{objektparaphrase)}}$, $_{\text{(Dativobjekts-}}$ dem $_{\text{korrelat)}}$ **helfe** ich gerne.
(Helmstedter Nachrichten, Rosemarie: 01.12.20)

(39') $_{\text{(Dativ-}}$ Wem ich helfen kann $_{\text{objekt)}}$, **helfe** ich gerne.

Wie Beleg (39) zeigt, ist das Dativobjekt des Satzes nicht als einfache Wortgruppe im Dativ, sondern als Kombination aus einem Nebensatz (*wem ich helfen kann*) und einem Korrelat, d.h. einem Sprachzeichen, das auf den Nebensatz verweist (*dem*), realisiert. Der Nebensatz und das Korrelat bilden eine *Korrelatverbindung* und stellen als solche das Dativobjekt des Satzes dar. Beleg (39') macht deutlich, dass auch eine Realisierung einer Dativobjektparaphrase ohne direkt angeschlossenes Korrelat im Hauptsatz möglich ist.

Bedeutung von Dativobjekten

Als zentrales Komplement trägt das Dativobjekt per definitionem zur Szenariokomplementierung bei, d.h., es vervollständigt das vom Prädikat entworfene Szenario gleichermaßen grammatisch wie semantisch. Dabei sind Dativverben typischerweise Verben des Gebens und Nehmens, d.h. Verben, die im konkreten (= physischen) oder im übertragenen (= kommunikativen) Sinn Übergabeszenarios versprachlichen. Dazu zählen: *geben*, *nehmen*, *kaufen*, *verkaufen*, *schicken*, *schenken* und *sagen*, *antworten*, *mitteilen*, *erzählen*, *versprechen* (Eisenberg 2020/2: 318). In all diesen Szenarios gibt es ein Komplement, das von den Ereignissen unmittelbar betroffen ist.

Schauen wir uns die Belege aus dieser semantischen Perspektive noch einmal genauer an. Beginnen wir mit den Szenarios, in denen es neben dem Dativobjekt jeweils noch zwei weitere Komplemente, ein Subjekt und ein Akkusativobjekt, gibt:

(37) Ich **schenk** $_{\text{(Dativ-}}$ dir $_{\text{objekt)}}$ einen Regenbogen.

(38) Bobo **gibt** $_{\text{(Dativ-}}$ dem Elefanten $_{\text{objekt)}}$ eine Erdnuss.

Sowohl in Beleg (37) als auch in Beleg (38) wird die inhaltliche Situation eines Übergabeszenarios unmittelbar deutlich. Während in Beleg (38) dabei eine konkrete Übergabe gemeint ist, ist Beleg (37) eher metaphorisch zu verstehen. In beiden Belegen stellt das Dativobjekt allerdings gleichermaßen denjenigen Szenariobeteiligten dar, der von der Geben-Handlung betroffen ist. Die semantische Rolle ist deshalb HANDLUNGSBETROFFENER.

Beleg (39) ist inhaltlich anders gelagert. Hier liegt kein Übergabeszenario, da es kein Akkusativobjekt und somit auch keinen HANDLUNGSGEGENSTAND wie in den ersten beiden Belegen gibt ((37) = *einen Regenbogen*, (38) = *eine Erdnuss*):

(39) $_{\text{(Dativ-}}$ Wem ich helfen kann $_{\text{objektparaphrase)}}$, $_{\text{(Dativobjekts-}}$ dem $_{\text{korrelat)}}$ **helfe** ich gerne.

Das Dativobjekt in Beleg (39) (*Wem ich helfen kann, dem*) stellt vielmehr einen TÄTIGKEITSBETROFFENEN dar, d.h. einen Szenariobeteiligten, der von der Tätigkeit des Helfens betroffen ist. Dabei hat das Dativobjekt in Beleg (39) aufgrund seiner internen syntaktischen Struktur ein deutlich offeneres semantisches Potential als die Dativobjekte in (37) und (38).

‚Dativobjekthaftigkeit'

Nachdem wir nun Formen und semantische Funktionen von Dativobjekten kennengelernt haben, wollen wir noch einen Blick auf das syntaktische Verhalten von Dativobjekten werfen, um sie bestmöglich von anderen Satzgliedern unterscheiden zu können. Bei der Bestimmung eines Satzglieds als Dativobjekt helfen uns Satzgliedproben. Die richtige Probe auszuwählen, ist dabei entscheidend. Denn nicht jede Probe, die zu einer alternativen Variante eines Belegs führt, eignet sich, um die Dativobjekthaftigkeit einer Substantivgruppe zu testen.

1. Frageprobe mit Dativfragepronomen: *Wem?*
2. Ersatzprobe mit Dativpersonalpronomen: *ihm/ihr/ihnen*
3. Dativpassivprobe mit *bekommen*-Passiv

Frage- und Ersatzprobe beinhalten die *Leitformen* des Dativobjekts (*wem*; *ihm/ihr*). Bei Leitformen handelt es sich um Sprachzeichen, die als „Ersatz für alle Vertreter eines Komplements dienen" können (grammis, Komplemente und Leitformen) und dabei immer eindeutig den entsprechenden Kasus anzeigen. Mithilfe der Leitformen ist der Kasus einer Substantivgruppe in Objektfunktion zweifelsfrei bestimmbar. Das ist besonders für kasusunterbestimmte Substantivgruppen wichtig, d.h. für Wortgruppen, die nicht eindeutig auf ihren Kasus hin festgelegt werden können.

Aufgrund seiner wohl wichtigsten semantischen Funktion, GEBEN- und NEHMEN-Szenarios mit zu versprachlichen, ist das Dativobjekt darüber hinaus in der Regel mithilfe der *bekommen*-Passivprobe erkennbar. Dabei stellt das

Dativobjekt des Aktivsatzes das Subjekt des *bekommen*-Passivsatzes dar. Schauen wir uns alle drei Proben an Beleg (37) genauer an:

(37) Ich **schenk** (Dativ- dir objekt) einen Regenbogen.

Grammatisch handelt es sich bei der Substantivgruppe *dir* zweifelsfrei um ein Dativobjekt. Da der Beleg bereits ein Dativpersonalpronomen (*dir*) enthält, ersetzen wir die Leitform der Ersatzprobe durch eine Substantivgruppe im Dativ (*meinem Freund*):

1. Frageprobe: (Dativ- Wem objekt) **schenke** ich einen Regenbogen?
2. Ersatzprobe: Ich **schenk** (Dativ- meinem Freund objekt) einen Regenbogen
3. Dativpassivprobe: (Sub- Du jekt) **bekommst** einen Regenbogen **geschenkt**

dynamische Dativobjekte

Eingangs wurden Dativobjekte als zentrale Komplemente vorgestellt. Ihr Komplementstatus ist in der Fachliteratur allerdings nach wie vor strittig. In der hier vertretenen Valenztheorie, die zwischen statischen und dynamischen Satzgliedvorkommen unterscheidet, erübrigt sich diese Diskussion. Im Folgenden wollen wir dennoch skizzieren, woher die Diskussion rührt und darstellen, welche valenziellen Unterschiede aus Sicht der GTA entscheidend sind.

Vergleichen wir dazu zunächst die folgenden Belege:

(37) Ich **schenk** (Dativ- dir objekt) einen Regenbogen.
(40) Diese Seite **hat** (Dativ- mir objekt) einfach den Abend **gerettet**!
(socialmatch, Ben: 19.06.22)

Während das Dativobjekt in (37) in der Fachliteratur als Komplement angesehen wird, ist der Komplementstatus des *Dativus commodi* (= Dativ des Nutznießers) in (40) umstritten. Der Dativus commodi zählt zu den sog. *freien Dativen*, die bis heute eine Herausforderung für Grammatiktheorien darstellen.

Frageprobe

Um das nachzuvollziehen, wenden wir die Frageprobe auf beide Valenzträger an:

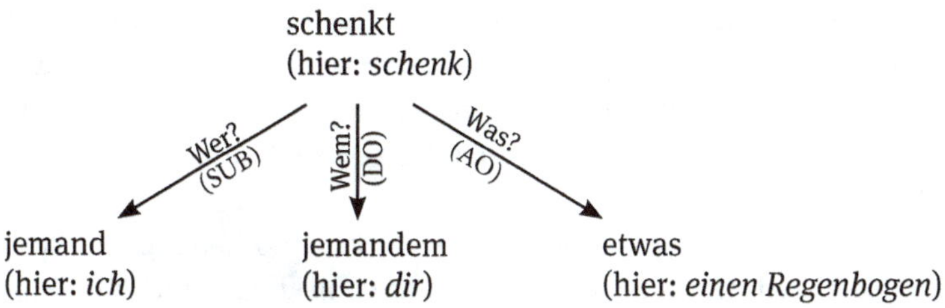

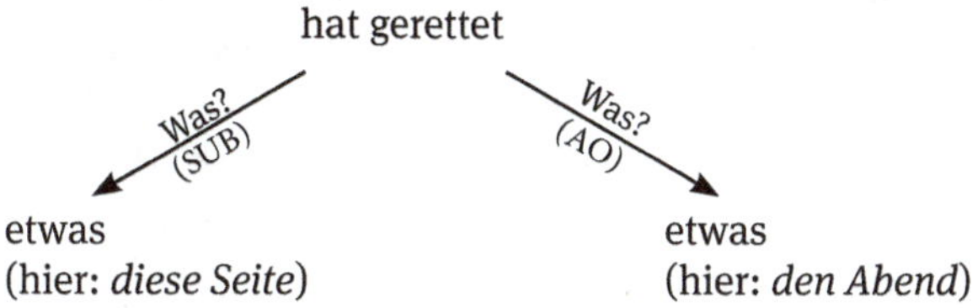

Wie die Frageprobe zeigt, ist ein Dativobjekt nur in einem statischen SCHENKEN-Szenario angelegt. In einem statischen RETTEN-Szenario ist das nicht der Fall. Was die Belege (37) und (40) also voneinander unterscheidet, ist die Intuition, dass *mir* in Beleg (40) etwas „weniger eng zum Satz [gehört]" (Welke 2011: 202) als *dir* in Beleg (37). Diese Intuition ist insofern valenziell begründet, als das RETTEN-Szenario in keiner Lesart eine Instanz präsupponiert, d.h. stillschweigend voraussetzt, die von der Handlung des Rettens (positiv) betroffen wäre. Das statische RETTEN-Szenario benötigt neben dem HANDLUNGSTRÄGER (*Diese Seite*) lediglich einen HANDLUNGSGEGENSTAND (*den Abend*).

Umszenierung

Dementsprechend steht das Dativobjekt *mir* aus Beleg (40) anders als das Dativobjekt *dir* aus Beleg (37) nicht unter ‚Hinzufügungszwang'. Es ist nicht in der Grundvalenz von *retten* angelegt, sondern lediglich durch Umszenierung zu erklären (vgl. Kap. 3.1.1). Es entsteht aufgrund einer Valenzerhöhung:

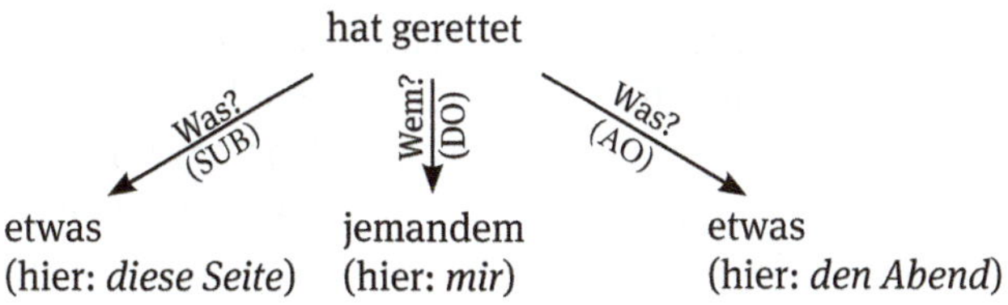

Gleiches gilt im Übrigen für den semantischen Gegenspieler des Dativus commodi, den sog. *Dativus incommodi* (= Dativ des Geschädigten):

(41) Selbstsabotage – Warum **zerstöre** ich (Dativ- mir objekt) mein eigenes Glück? (Blog, Leonie-Rachel: 09.08.18)

Die Belege unterscheiden sich also in Hinblick auf den Status der Dativobjekte als statisch oder dynamisch. Der Komplementstatus der Dativobjekte ist aus der hier vertretenen Valenzperspektive allerdings unstrittig, weil beide Dativobjekte am Szenario beteiligt sind. Woran ist diese Beteiligtheit nun aber zu erkennen?

Szenariobeteiligtheit (kurz: BET)

Inwiefern ein Satzglied an einem konkreten Szenario beteiligt ist, lässt sich mit den Satzgliedproben testen. Für das Dativobjekt haben wir drei Proben kennengelernt und bereits an Beleg (37) getestet: Frage- und Ersatzprobe mit den Leitformen *wem* und *ihr/ihm/ihnen* sowie die Dativpassivprobe mit *bekommen*. Testen wir nun die in der Fachliteratur in Frage stehenden Belege (40) und (41):

1. Frageprobe:
(Dativ- Wem objekt) **hat** diese Seite einfach den Abend **gerettet**?
(Dativ- Wem objekt) **zerstöre** ich mein eigenes Glück?

2. Ersatzprobe:
Diese Seite **hat** (Dativ- ihm/ihr objekt) einfach den Abend **gerettet**.
Warum **zerstöre** ich (Dativ- ihm/ihr objekt) sein/ihr eigenes Glück?

3. Dativpassivprobe:
(Sub- Er/Sie jekt) **hat** den Abend **gerettet bekommen**.
(Sub- Er/Sie jekt) **hat** das eigene Glück **zerstört bekommen**.

Alle drei Proben funktionieren einwandfrei. Dass auch die *bekommen*-Passivprobe gut funktioniert, ist ein sicheres Zeichen für die Szenariobeteiligtheit der Dativvorkommen in beiden Belegen.

Es lässt sich an dieser Stelle zusammenfassen, dass es im Einzelfall durchaus problematisch sein kann, zwischen einem statischen und einem dynamischen Dativobjekt zu entscheiden. Der Komplementstatus beider Dativobjektarten ist aus der hier vertretenen Valenzperspektive allerdings jederzeit unstrittig. Eine ausführliche Darstellung von weiteren Typen der sog. freien Dative, von Valenzrelationstests und sich daraus ergebenden weiteren Argumenten für den Komplementstatus aller auf Satzebene vorkommenden Dativobjekte findet sich in der GTA (500–522).

Das Dativobjekt wird auch indirektes Objekt genannt. Prototypischerweise kommt es als ununterbrochene nominale Wortgruppe vor, kann aber auch nebensatzförmig realisiert sein. Dann handelt es sich um Dativobjektparaphrasen, die mit oder ohne Korrelat im Hauptsatz möglich sind. Dativobjekte treten typischerweise mit Verben des Gebens und Nehmens im physischen oder kommunikativen Sinne auf, so etwa *geben*, *verkaufen*, *erzählen*. Wie wir gezeigt haben, gibt es in solchen Szenarios immer ein Dativobjekt, das von den Ereignissen unmittelbar betroffen ist. Es wurden außerdem Proben zur Identifikation von Dativobjekten angeführt, und zwar 1. die Frageprobe (*Wem?*), 2. die Ersatzprobe (*ihm/ihr/ihnen*) und 3. die Dativpassivprobe (*bekommen*-Passiv). Darüber hinaus wurden der Komplementstatus von Dativobjekten diskutiert und exemplarisch einige Vorkommen von dynamischen Dativobjekten gezeigt.

Übung 25: Dativobjekt

Die folgende gekürzte Konversation in einem Forum enthält mehrere Dativobjekte. Identifizieren Sie diese und bestimmen Sie, ob es sich um statische oder dynamische Objekte bzw. um Aktiv oder Passivsätze handelt.

- Moin Moin Leute. Und zwar hab ich folgendes Problem: Vor ca. 1,5 jahren wurde mir mein Roller geklaut (Gilera Runner 125) ca. 2 wochen nach dem Diebstahl wurde er wieder gefunden. Die Polizisten haben mich angerufen und haben nur gesagt das ihr Roller wieder da ist. In den 2 wochen habe ich aber schon Betrieberlaubnis, 2 Schlüssel etc. zur Versicherung geschickt und mir nichts weiter gedacht. Heute meinte dann der Polizist das dass immer noch mein Roller ist obwohl ich schon Geld usw. bekommen habe. Er sagte noch das ich die Versicherung hätte anrufen müssen und der sagen das der Roller wieder da ist.

- Nach dem Anruf der Polizei hätte die Versicherung sofort von dir verständigt werden müssen. Die hätten nämlich ihr Geld zurückgefordert und dir wäre klar gewesen: der Roller ist meiner. Unverständlich ist mir aber, wie ein aufgefundener Roller 1,5 jahre auf irgendeinem Verwahrplatz herumstehen kann (was normalerweise auch kostet!) und keinem auf dieser Dienststelle fällt dies auf. (Motortalk, Roller. 23.10.13; Fehler im Original)

3.2.4 Präpositionalobjekte

Präpositional$_{\text{Präposition+Kasus}}$-objekt

Ein weiteres zentrales, d.h. für das Sprachsystem des Gegenwartsdeutschen gewichtiges Komplement, ist das Präpositionalobjekt. Denn auch bei Präpositionalobjekten handelt es sich um häufig vorkommende Satzglieder, die der Komplementierung eines Szenarios dienen.

Formal bestehen Präpositionalobjekte prototypisch aus einer Präpositionalgruppe, die hinsichtlich Präposition und Kasus eindeutig festgelegt ist. Die Präposition, das Markenzeichen eines jeden Präpositionalobjekts, sowie der Kasus der Präpositionalgruppe werden dabei kraft seiner Valenz vom Prädikat regiert. Schauen wir uns das an einem konkreten Beispiel an:

(42) solange du nichts sagst, **gehe** ich $_{\text{(Präpositional-}}$ von zwei möglichkeiten $_{\text{objekt)}}$ **aus**: (Weber, Interpretationen)

Beleg (42) enthält das Präpositionalobjekt *von zwei möglichkeiten*, das sich durch die Präposition *von* und den Kasus ‚Dativ' auszeichnet. Für eine möglichst präzise Benennung sprechen wir daher vom *Präpositional*$_{\text{von+DAT}}$*-objekt*.

Frage- und Ersatzprobe

Versuchen wir nun, das Präpositional$_{\text{von+DAT}}$-objekt aus Beleg (42) durch Fragepronomen oder konkrete Leitformen zu ersetzen, wird deutlich, dass diese die Präposition *von* enthalten müssen:

(42') Wovon/*Wo gehe ich aus?
(42'') Ich gehe davon/*da aus.

Anders als bei den Adverbialen, die prototypisch zu den Supplementen gehören und damit nicht valenzgefordert sind (vgl. Kap. 3.2.4.1), ist die Präposition eines Präpositionalobjekts also so fest, dass sie sich in den Fragewörtern und Leitformen widerspiegelt: *wovon* statt *wo*, *davon* statt *da*. Dieser Umstand hilft auch bei der Unterscheidung von Präpositionalobjekten und Adverbialen, auf die wir weiter unten ausführlicher eingehen.

Präpositional-objekte

Aus der Einsicht, dass jedes Präpositionalobjekt hinsichtlich Präposition und Kasus festgelegt ist, ergeben sich für das Gegenwartsdeutsche 17 Präpositionalobjekte (vgl. GTA: 522–538, Höllein 2019: 288–290), die in der folgenden Übersicht zusammengetragen und durch konkrete Beispielverben ergänzt sind:

1. Präpositional$_{\text{an+AKK}}$-objekt *sich an jemanden/etwas erinnern*
2. Präpositional$_{\text{an+DAT}}$-objekt *an jemandem/etwas zweifeln*
3. Präpositional$_{\text{auf+AKK}}$-objekt *auf jemanden/etwas vertrauen*
4. Präpositional$_{\text{auf+DAT}}$-objekt *auf etwas beharren*
5. Präpositional$_{\text{aus+DAT}}$-objekt *aus etwas bestehen*
6. Präpositional$_{\text{für+AKK}}$-objekt *für jemanden/etwas eintreten*
7. Präpositional$_{\text{gegen+AKK}}$-objekt *gegen jemanden/etwas vorgehen*
8. Präpositional$_{\text{in+AKK}}$-objekt *in jemanden/etwas verwandeln*
9. Präpositional$_{\text{in+DAT}}$-objekt *sich in etwas üben*
10. Präpositional$_{\text{mit+DAT}}$-objekt *sich mit jemandem/etwas befassen*
11. Präpositional$_{\text{nach+DAT}}$-objekt *nach etwas streben*
12. Präpositional$_{\text{über+AKK}}$-objekt *über jemanden/etwas nachdenken*
13. Präpositional$_{\text{über+DAT}}$-objekt *etwas über etwas vergessen*
14. Präpositional$_{\text{um+AKK}}$-objekt *sich um jemanden/etwas kümmern*
15. Präpositional$_{\text{von+DAT}}$-objekt *von jemandem/etwas ablenken*
16. Präpositional$_{\text{vor+DAT}}$-objekt *vor jemandem/etwas schützen*
17. Präpositional$_{\text{zu+DAT}}$-objekt *zu etwas neigen*

Warum sprechen wir also von Präpositionalobjekten (Plural), während alle anderen Satzgliedklassen als Einzelwerte (z.B. Subjekt, Akkusativobjekt) vorgestellt wurden? Die Ursache liegt in der Begriffslogik – *das eine* Präpositionalobjekt gibt es nämlich nicht, sondern eine Reihe von eben 17

Präpositionalobjekten, die sich alle in Hinblick auf die Kombination aus Präposition und Kasus unterscheiden.

Sofern wir vom ‚Präpositionalobjekt' allgemein sprechen, rekurrieren wir nur auf eine abstrakte Größe, die nicht auf derselben begriffslogischen Ebene liegt wie ‚Subjekt' oder ‚Akkusativobjekt'. ‚Präpositionalobjekt' allgemein stellt vielmehr einen abstrakten Sammelbegriff für die 17 konkreten, hinsichtlich Präposition und Kasus festgelegten Präpositionalobjekte dar. Analog zu diesem übergeordneten Verständnis ließen sich Subjekt, Akkusativobjekt, Dativobjekt und Genitivobjekt als ‚Kasusobjekte' zusammenfassen, wie folgende Gegenüberstellung illustriert:

Tab. 18: Präpositionalobjekte vs. Kasusobjekte

Präpositionalobjekte	**Kasusobjekte**
Präpositional$_{an+AKK}$-objekt	Subjekt
Präpositional$_{an+DAT}$-objekt	Akkusativobjekt
Präpositional$_{auf+AKK}$-objekt	Dativobjekt
Präpositional$_{auf+DAT}$-objekt	Genitivobjekt
...	

Wie diese erste Annäherung bereits zeigt, sind eine Präposition und der von ihr regierte Kasus konstitutiv für Präpositionalobjekte. Formal kann es jedoch deutliche Unterschiede zwischen ihnen geben. Genuin liegen sie als einfache (43) oder komplexe (44) Präpositionalgruppen vor:

(43) Der Kabelnetzbetreiber Kabel Deutschland **will** verstärkt $_{(\text{Präpositional-gegen+AKK-}}$ gegen Schwarzseher $_{\text{objekt})}$ **vorgehen**.
(MM 16.6.2005, zit. nach WbdP 2013)

(44) ich **erinnere** mich $_{(\text{Präpositional-an+AKK-}}$ an seinen cousin, mit dem er auf dem spielplatz aufkreuzte $_{\text{objekt})}$.
(Varatharajah, Zunahme: 91)

In Beleg (43) besteht das Präpositional$_{gegen+AKK}$-objekt formal aus einer Verbindung aus Präposition (*gegen*) und Substantivgruppe im Akkusativ (*Schwarzseher*). Das Präpositionalobjekt aus Beleg (44) ist etwas komplexer, weil es neben der Präposition *an* eine Substantivgruppe inklusive Nebensatz enthält (*seinen cousin, mit dem er auf dem spielplatz aufkreuzte*).

Neben diesen Belegtypen sind auch weitere, deutlich komplexere Formen möglich. Diese bestehen aus einem Korrelat, d.h. einem die Präposition enthaltenden Sprachzeichen, das auf etwas verweist (z.B. *dar<u>an</u>*, *dar<u>auf</u>*, *da<u>für</u>*, *darüber*), und einem eingebetteten Szenario (= Anszenario) in Form eines Nebensatzes (45) oder einer Infinitivkonstruktion (46):

(45) **Achten** Sie (Präpositional-auf+AKK-objekts- darauf korrelat), (Präpositional-auf+AKK-objekt- dass Omas, Opas, Verwandte und Bekannte Ihrem Kind nicht die typischen Zahnarzt-Stories erzählen nebensatz).
(Zahnärztliches Kinderuntersuchungsheft: 7)

(46) Ich **freue mich** unglaublich (Präpositional-auf+AKK-objekts- darauf korrelat), (Präpositional-auf+AKK-objekt- euch im neuen Jahr wiederzusehen infinitiv).
(Blog, Spielwiese: 22.12.20)

Wechsel-präpositionen

Dass das Prädikat des Satzes die Präposition und folglich auch den Kasus des Präpositionalobjekts festlegt, lässt sich am besten an sog. *Wechselpräpositionen* nachvollziehen. Wechselpräpositionen sind Präpositionen, die unterschiedliche Kasus regieren. Schauen wir uns dazu Beleg (44) im Vergleich mit einer leicht veränderten Variante des Belegs noch einmal an:

(44) ich **erinnere** mich (Präpositional-an+AKK- an seinen cousin, mit dem er auf dem spielplatz aufkreuzte objekt).

(44') ich **zweifle** (Präpositional-an+DAT- an seinem cousin, mit dem er auf dem spielplatz aufkreuzte objekt).

Bedeutungen von Präpositional-objekten

In beiden Belegen liegen Präpositionalobjekte mit der Präposition *an* vor. Allerdings steht die in Beleg (44) folgende Substantivgruppe im Akkusativ (*ich erinnere mich an jemanden*), während die der Präposition folgende Substantivgruppe in Beleg (44') im Dativ steht (*ich zweifle an jemandem*). Bei *an* handelt es sich demnach um eine Wechselpräposition, d.h. eine Präposition, die mit verschiedenen Kasus auftreten kann. Mit diesem formalen Unterschied gehen Bedeutungsunterschiede einher.

Wir wissen bereits, dass es im Deutschen 17 Präpositionalobjekte gibt und dass jedes formal festgelegt ist auf eine Präposition und den von ihr regierten Kasus. Die hier vertretene signifikativ-semantische Sicht lässt nun hinsichtlich der Bedeutung von Präpositionalobjekten nur einen Schluss zu: Jedes der 17 Präpositionalobjekte verkörpert eine eigene *semantische Rolle* (vgl. Ágel/Höllein 2021, Höllein 2019), denn Formunterschiede werden immer als Grundlage von Bedeutungsunterschieden angenommen und umgekehrt.

Schauen wir uns dazu zwei Belege noch einmal genauer an, einer davon ist bereits bekannt:

(43) Der Kabelnetzbetreiber Kabel Deutschland **will** verstärkt (Präpositional-gegen+AKK- gegen Schwarzseher objekt) **vorgehen**.

(47) Der Flughafen **sollte sich** deshalb (Präpositional-auf+AKK- auf den Geschäftsverkehr objekt) **spezialisieren.**
(welt.de 23.3.2005, zit. nach WbdP 2013)

Beide Belege enthalten jeweils ein Präpositionalobjekt. Formal und inhaltlich unterscheiden sich diese Präpositionalobjekte aber voneinander. Während das Präpositional$_{\text{gegen+AKK}}$-objekt in (43) eher als Gegengröße des VORGEHEN-Szenarios verstanden werden kann, stellt das Präpositional$_{\text{auf+AKK}}$-objekt des SICH-SPEZALISIEREN-Szenarios (47) eher einen neutraleren Ankerpunkt dar, der in den Fokus der Aufmerksamkeit gerät, ohne per se eine Konfrontation zu konnotieren. Das Präpositional$_{\text{gegen+Akk}}$-objekt (43) kategorisiert Höllein dabei als OPPONENTUM (2019: 210–217), die signifikativ-semantische Rolle des Präpositional$_{\text{auf+AKK}}$-objekts (47) nennt er DESTINATUM (2019: 177–188).

Wie diese kurze Beispielanalyse zeigt, ist dank der Präpositionalobjektsvielfalt des gegenwärtigen deutschen Sprachsystems eine Ausdifferenzierung an Szenarios möglich, die allein mit Kasusobjekten nicht möglich wäre. Denn man muss bedenken: den drei Kasusobjekten stehen 17 Präpositionalobjekte gegenüber. Mit anderen Worten, die zahlreichen Satzbaupläne mit Präpositionalobjekten erweitern die semantischen Möglichkeiten von grammatischen Grundstrukturen immens.

Präpositional-objekt vs. Adverbial

Wie wir gesehen haben, handelt es sich bei Präpositionalobjekten um Komplemente, sprich Szenariobeteiligte. Schauen wir uns nun an, wie sich diese Eigenschaft in ihrem syntaktischen Verhalten niederschlägt und was Präpositionalobjekte von anderen Satzgliedern unterscheidet. Besonders sinnvoll ist dabei eine vergleichende Betrachtung zwischen Präpositionalobjekten und Adverbialen, da diese sich – wie wir bereits eingangs angedeutet haben – formal häufig ähneln und somit vornehmlich funktional voneinander unterschieden werden können. Denn Präpositionalgruppen können sowohl den Wert ‚Präpositionalobjekt' als auch den Wert ‚Adverbial' annehmen. Vergleichen wir dazu die beiden folgenden Belege, einer bekannt:

(48) Das Geheimnis ihres Erfolges **liegt** (Präpositional-in+DAT- in ihrer wohldosierten Größe objekt).
(Lieblings Plätzchen: 6)

(49) Ich **lag** sogar mal (Lokal- in einem mit Salzlake gefüllten Metallsarg adverbial).
(Goldt, Ä: 98)

Ersatz- und Frageprobe

Beleg (48) und (49) haben gemeinsam, dass sie jeweils ein Subjekt ((48) = *das Geheimnis ihres Erfolges*, ((49) = *ich*), ein Prädikat (*liegt/lag*) und ein Satzglied in Form einer Präpositionalgruppe$_{\text{in+DAT}}$ enthalten. Der Unterschied zwischen diesen beiden formal gleichen Satzgliedern besteht nun darin, dass es sich bei der Präpositionalgruppe in (48) um ein Präpositional$_{\text{in+DAT}}$-objekt handelt, während (49) ein Lokaladverbial enthält. Das zeigt sich daran, dass die Präposition in (48) vom Prädikat regiert und damit formal festgelegt ist, wohingegen die Präposition in (49) austauschbar ist:

(48') *Das Geheimnis ihres Erfolges **liegt** neben/auf ihrer wohldosierten Größe.
(49') Ich **lag** sogar mal neben/auf einem mit Salzlake gefüllten Metallsarg.

Auch die Frageprobe, die wir zu Beginn des Kapitels bereits angewandt haben, zeigt hier eindeutig, dass es sich um ein Präpositionalobjekt handelt, denn die Präposition muss in der Frage enthalten sein:

(48'') Worin/*Wo **liegt** das Geheimnis ihres Erfolges?

Die Präposition von Präpositionalobjekten ist also nicht ersetzbar, weil sie vom Valenzträger festgelegt und den Sprachverwender:innen damit sozusagen aufgezwungen wird. Deshalb lassen sich auch nur Adverbiale durch Adverbien (z.B. *Wo? Wann?)* erfragen oder Leitformen (z.B. *hier*, *dann*) ersetzen, in denen keine Präposition enthalten ist. Fragewörter und Leitformen von Präpositionalobjekten müssen hingegen – wie auch weiter oben schon kurz angeführt – die jeweilige Präposition enthalten (z.B. *worin? hierin*).

Trotz dieser recht zuverlässigen Satzgliedproben kann es im Einzelfall zu Einordnungsschwierigkeiten einer konkreten Präpositionalgruppe kommen.

So gibt es beispielsweise Belege, bei denen sich die eindeutige Zuweisung eines grammatischen Werts weder formal noch semantisch herstellen lässt. Schauen wir uns dazu den bereits aus Kap. 3.1.2.1.1 bekannten Beleg an:

(50) In Dons Welt $_{(sich\text{-}}$ **verliebte sich** $_{Verb)}$ keiner.
(Berg, GRM: 14)

Ambiguität

Die fragliche Wortgruppe in diesem Beleg ist *in Dons Welt*. Die soeben eingeführten Tests führen uns für diese Wortgruppe nicht zu einer eindeutigen Lösung. Sowohl ein Präpositional$_{in+Akk}$objekt wie auch ein Lokaladverbial sind hier als Analyse denkbar. Solche Strukturen, bei denen die semantische Interpretation offen bleibt, bzw. kontextabhängig ist, heißen *ambig*. Sie gehen je nach grammatischer Interpretation mit unterschiedlichen Inhalten einher. *Dons Welt* kann entweder ein Ort sein, der nicht sehr liebenswert ist, in den sich also niemand verliebt, oder der Ort, an dem sich Menschen nicht ineinander verlieben.

Einordnungsschwierigkeiten

Um unseren Blick auf die Präpositionalobjekte zu schärfen, wollen wir nun weitere Gedanken zur funktionalen Unterscheidung von (A) Präpositionalobjekt und Adverbial und (B) Präpositionalobjekt und Kasusobjekt vorstellen.

A) Die ersten Gedanken lassen sich am besten an folgendem Belegbeispiel nachvollziehen:

(51) Er **hat** vor Rührung **geweint**.
(schlager.de, Carpendale: 20.12.22)

Uneindeutigkeit → Kombinationstest

Bei der Präpositionalgruppe$_{\text{vor+DAT}}$ (*vor Rührung*) könnte es sich um ein Präpositional$_{\text{vor+DAT}}$-objekt oder ein Kausaladverbial handeln. Bei der Entscheidung dieser Frage hilft uns das *Einmaleins der Satzgliedlehre*. Wir erinnern uns: Das Einmaleins der Satzgliedlehre besagt, dass jedes Satzglied nur einmal in einem grammatischen Satz vorkommen kann (vgl. Beginn Kap. 3). Wenn wir nun die Kombinierbarkeit der Präpositionalgruppe mit einem zweifelsfreien Kausaladverbial (z.B. *weil*-Nebensatz) testen, wissen wir, ob die in Frage stehende Präpositionalgruppe$_{\text{vor+DAT}}$ als Präpositional$_{\text{vor+DAT}}$-objekt oder als Kausaladverbial fungiert.

(51') Er **hat** vor Rührung **geweint,** weil ihn dieses sehr persönliche Weihnachtsgeschenk so tief beeindruckte.

Dass dieser Test zu einer grammatisch unauffälligen Belegvariante (51') führt, lässt darauf schließen, dass es sich bei der Präpositionalgruppe *vor Rührung* um das Präpositional$_{\text{vor+DAT}}$ -objekt handelt.

B) Eine zweite Abgrenzungsschwierigkeit ergibt sich bei Belegtypen wie dem folgenden:

(52) Ich **glaube,** $_{\text{(Objekt-}}$ die Fragen sind nun alle so recht und schlecht beantwortet $_{\text{haupt-satz)}}$.
(Glattauer, Nordwind: 11)

Uneindeutigkeit → Ersatzprobe

Beleg (52) besteht aus einem Subjekt (*ich*), einem Prädikat (*glaube*) und einem Komplement in Form eines abhängigen Hauptsatzes. Die Benennung als *Objekthauptsatz* macht diesen Umstand deutlich. Auf diese Art der Uneindeutigkeit eines Satzglieds sind wir bereits in Bezug auf das Akkusativobjekt eingegangen. Dort konnten wir zeigen, dass Tests mit Korrelatverbindungen zu eindeutigen Satzgliedwerten führen (vgl. Kap. 3.2.2). Schauen wir uns nun auch genauer an, zu welchen Ergebnissen die Ersatzprobe führt:

(52') Ich **glaube,** $_{\text{(Akkusativ-}}$ dass die Fragen beantwortet sind $_{\text{objekt)}}$.
(52'') Ich **glaube** $_{\text{(Präpositional-an+AKK-objekts-}}$ daran $_{\text{korrelat)}}$, $_{\text{(Präpositional-an+AKK-objekts-}}$ dass die Fragen beantwortet sind $_{\text{nebensatz)}}$.

Dass es sich bei dem abhängigen Hauptsatz um ein Komplement handeln muss, ist daran ersichtlich, dass es sich durch Formen anderer Komplemente ersetzen lässt, wie die Belegvarianten (52') und (52'') zeigen. Dadurch, dass dieses Komplement allerdings durch zwei verschiedene Satzgliedwerte ersetzbar ist, kann sein Satzgliedwert nicht eindeutig bestimmt werden. Beide Verstehens- und Analysemöglichkeiten (Präpositional$_{\text{an+AKK}}$-objekt oder Akkusativobjekt) sind plausibel, weil der Valenzträger *glauben* in verschiedenen Satzbauplänen vorkommen kann (Präpositional$_{\text{an+AKK}}$-objekt: *glauben an etwas/jemanden*, Akkusativobjekt: *etwas glauben*). Wenn kein Korrelat realisiert ist, kann bei derartigen Belegen nicht entschieden werden, ob es sich bei dem Objekthauptsatz um das Präpositional$_{\text{an+AKK}}$-objekt oder ein Akkusativobjekt handelt. Der spezifische Satzgliedwert muss offenbleiben. Aus Sicht der Sprachverwender:innen ist dies unproblematisch, da der Satz auch ohne geschlossenen Satzgliedwert des Objekthauptsatzes verstanden werden kann. Die doppelte Lesart könnte darüber hinaus vom Textproduzenten sogar intendiert sein. Aus der ‚von oben nach unten'-Perspektive der GTA ist dies weder problematisch noch ungewöhnlich. Eindeutige Zuweisungen eines Satzgliedwertes scheinen nur aus einer ‚von unten nach oben'-Perspektive, die auf das Kompositionalitätsprinzip ausgerichtet ist, notwendig – wie wir schon beim Akkusativobjekt gesehen haben (vgl. Kap. 3.2.2).

dynamische Präpositionalobjekte

Solche ‚Grauzonen' bei der Szenarioerschließung, wie eben anhand des Belegs (52) beschrieben, finden sich auch häufig im Zusammenhang mit der Unterscheidung zwischen statischen und dynamischen Präpositionalobjekten (vgl. GTA: 522–538). Im Folgenden wird der Fokus allerdings auf Beispielen für eindeutig dynamische Präpositionalobjekte liegen.

Bevor Eigenschaften dynamischer Präpositionalobjekte exemplarisch an ausgewählten Belegen besprochen werden, wird nun kurz ihre Entstehung skizziert.

Umszenierung von Präpositionalobjekten

Werden Valenzträger in einen in ihrer Valenz nicht angelegten Satzbauplan ‚gepresst' (auch: *koerziert* (Höllein 2019: 41–50)), wird dadurch eine neue Lesart des Prädikats erzwungen. Es entsteht gewissermaßen eine neue semantische Facette des Valenzträgers, weil er sich der semantischen Struktur des Satzbauplans anpassen muss. Diesen Vorgang haben wir bereits als ‚Umszenierung' kennengelernt (vgl. Kap. 3.2) und anhand der bereits beschriebenen Satzglieder nachvollziehen können. Schauen wir uns ein Beispiel für ein umszeniertes Prädikat mit dynamischem Präpositionalobjekt an:

(53) In einem früheren Entwurf dieses Briefes, den ich später gestrichen habe, **hatte** ich dir noch **erzählt**, wie es dazu kam, dass ich Schriftsteller wurde. Wie ich als Erster in der Familie studieren ging und das College auf einen Abschluss in Englisch vergeudete.
(Vuong, Auf Erden: 24)

Dieser kurze literarische Textauszug beinhaltet eine auffällige syntaktische Struktur auf Nebensatzebene (*wie ich* [...] *das College auf einen Abschluss in Englisch vergeudete*), die wir uns aus der Perspektive einer Hauptsatzvariante des Belegs einmal genauer anschauen wollen:

(53') Ich **vergeudete** das College $_{\text{(Präpositional-auf+AKK-}}$ auf einen Abschluss in Englisch $_{\text{objekt)}}$.

Das Prädikat *vergeudete* ist in seiner statischen Valenzrealisierung zweiwertig, d.h., es fordert ein Subjekt und ein Akkusativobjekt zur Szenariokomplementierung. In dem Beleg (53') liegt nun aber ein dynamischer Satz vor, der sich dadurch auszeichnet, dass mehr als in der Grundvalenz angelegte Komplemente realisiert sind (= Valenzerhöhung). Bei dem hinzugetretenen Komplement handelt es sich um das Präpositional$_{\text{auf+AKK}}$-objekt, das laut Höllein drei semantische Rollen haben kann (Höllein 2019: 178–188). Für das vorliegende Szenario scheinen zwei dieser semantisch relevant zu werden: PROSPECTUM (‚zukünftiges Ereignis') und DESTINATUM (‚Fokuspunkt der Aufmerksamkeit'). Denn durch das dynamische Präpositional$_{\text{auf+Akk}}$-objekt enthält das Szenario in (53') im Gegensatz zu einer statischen Variante ohne Präpositional$_{\text{auf+Akk}}$-objekt eine gewisse Zukunftgerichtetheit und Zielperspektive. Es wird klar, dass das Ich seine Collegezeit mit Blick auf den Abschluss in Englisch vergeudet.

Durch das Hinzutreten des Präpositional$_{\text{auf+Akk}}$-objekts ändert sich also die Lesart des Prädikats, da es damit in einen veränderten Satzbauplan mit veränderter semantischer Qualität gezwungen wird. Ähnlich verhält es sich bei Beleg (54):

(54) Wohin wir auch reisen, wir **reisen** immer $_{\text{(Päpositional-auf+AKK-}}$ darauf $_{\text{objekt)}}$ **zu**.
(Tokarczuk, Unrast: 449)

Auch in Beleg (54) tritt ein Präpositionalobjekt auf den (Satzbau)Plan, was zu einer semantischen Veränderung des Szenarios führt. In diesem Fall handelt es sich ebenfalls um das Präpositional$_{\text{auf+AKK}}$-objekt, das hier in einer seiner Leitformen (*darauf, hierauf, worauf*) auftritt. Der Unterschied zwischen beiden Belegen besteht darin, dass sich in Beleg (54) auch der Valenzträger selbst formal verändert hat (statisch: *reisen*, dynamisch: *zureisen*).

Beide Belegen illustrieren, wie die semantischen Eigenschaften eines Präpositionalobjekts die Lesart des Prädikats und damit nicht zuletzt die Bedeutung des Szenarios beeinflussen. Das Hinzutreten von Präpositionalobjekten zu einem Valenzträger, in dessen statischer Valenz keine Präpositionalobjektstelle vorgesehen ist (= Valenzerhöhung), trägt demnach zur Umszenierung des Szenarios bei.

Bei Präpositionalobjekten handelt es sich um Komplemente, die hinsichtlich Präposition und Kasus festgelegt sind. Die Leitformen von Präpositionalobjekten zeichnen sich daher dadurch aus, dass sie die jeweilige Präposition enthalten (z.B. *worin*, *hierin*; *woran*, *daran*). Die Unveränderbarkeit von Präposition und Kasus hilft dabei, Präpositionalobjekte von formal gleichen Adverbialen zu unterscheiden. Im Gegenwartsdeutschen können wir 17 Präpositionalobjekte unterscheiden, die alle jeweils eine eigene signifikativ-semantische Rolle kodieren. Durch Valenzerhöhung oder Valenzträgeränderung können dynamische Präpositionalobjekte auftreten.

Übung 26: Präpositionalobjekte

Wie funktioniert dieses Gedicht von Volker von Törne? Erklären und Interpretieren Sie mithilfe einer grammatischen Analyse der Satzglieder.

Mein Großvater starb
an der Westfront;
mein Vater starb
an der Ostfront:
an was
sterbe ich? (von Törne, Frage: 119)

3.2.5 Direktivum

Als nächstes Komplement stellen wir das *Direktivum* vor. In anderen Grammatiken finden wir es auch unter den Namen *Direktionaladverbial* oder *Richtungsadverbial*. Der Terminus ‚Direktivum' stellt dabei dessen Sonderstatus unter den Adverbialen heraus. Denn im Gegensatz zu allen anderen Adverbialen ist das Direktivum als statisches Satzglied immer ein Komplement (nie Supplement!) und somit den Objekten und dem Subjekt gleichzustellen (Welke 2007: 144ff.).

Richtungs-, Herkunfts- und Wegdirektivum

Wie der Name erahnen lässt, zeigen Direktiva Richtungen (*engl. direction*) an. Dabei lassen sich drei Subklassen unterscheiden: *Richtung* (= Ziel), *Herkunft* (= Quelle) und *Weg* (= Strecke). Sehen wir uns zunächst zwei Richtungsdirektiva an:

(55) Eine Mitarbeiterin **stellt** einen Korb voller Süßigkeiten (Richtungs- auf den Schreibtisch des Präsidenten direktivum).
(Zeit Online, Runtergefahren: 26.02.20)

(56) Die Website **ist down**. Studierende **kommen** nicht mehr (Richtungs- in die Lernplattform direktivum).
(Zeit Online, Runtergefahren: 26.02.20)

Die Direktiva in (55) und (56) geben beide ein Ziel an. Sie unterscheiden sich allerdings in zweierlei Hinsicht. Zum einen sind sie durch unterschiedliche Präpositionen (*auf*+Akk und *in*+Akk) eingeleitet. Und zum anderen fällt auf, dass das Ziel in (55) ein tatsächlich körperlich erreichbarer Ort ist, während es sich in (56) um einen digitalen Ort handelt. Beides hat jedoch auf die grammatische Analyse keine Auswirkung. Schauen wir uns die Belege einmal anhand unserer bereits bekannten Valenzstrukturbäume an, um uns den Komplementstatus der Direktiva zu vergegenwärtigen:

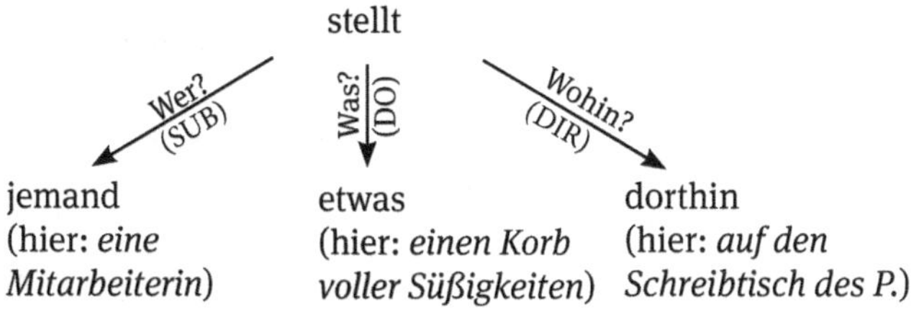

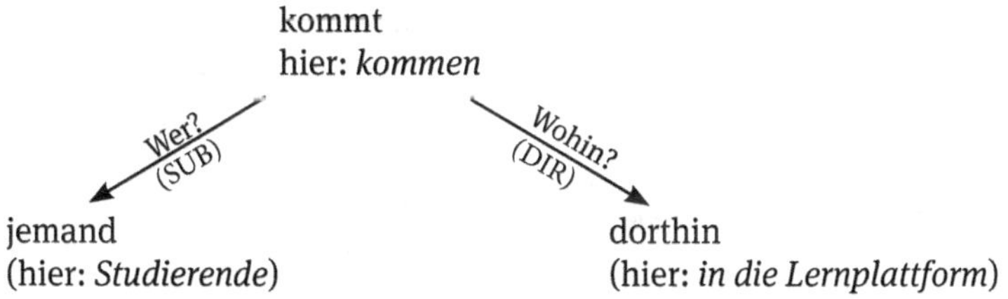

Eine andere Subklasse stellen die Herkunftsdirektiva dar. Ein solches ist in (57) enthalten (*Von oben*) und gibt den Ausgangspunkt bzw. die Quelle einer Bewegungsrichtung an:

(57) (Herkunfts- Von oben direktivum) **drang** der Klang der Billardbälle.
(Kästner, Lokal: 165)

Im Gegensatz zum Richtungsdirektivum, das mit *wohin?* erfragt werden kann, wird das Herkunftsdirektivum mit *woher?* erfragt.

Die dritte Subklasse der Direktiva finden wir in (58). Hier zeigt das Wegdirektivum *durch die Straßen* eine Strecke an:

(58) Ich **ziehe** (Weg- durch die Straßen direktivum) bis nach Mitternacht.
(Matthias Reim, Verdammt)

Komplementstatus von Direktiva

Wir sehen in allen aufgeführten Belegen, dass das Direktivum stets ein von der Valenz gefordertes Satzglied ist. Es kontextualisiert das Szenario nicht räumlich, wie ein Lokaladverbial, sondern komplementiert typische Bewegungsverben hinsichtlich unterschiedlicher Aspekte der betreffenden Bewegung. Ein Argument für den Status als Komplement findet sich in der Gegenüberstellung von statischen und dynamischen Sätzen. Das Direktivum ist ein Satzglied, das neben Subjekt und Objekten ebenfalls als dynamisches Satzglied eingesetzt wird, was für Supplemente nicht gilt.

Mikro- und Makrodirektiva

Wir kennen von anderen Satzgliedern wie dem Subjekt bereits die Möglichkeit einer Mikro- und Makrorealisierung. Auch das Direktivum kann als Mikro- oder als Makrosatzglied realisiert sein. In (59) enthält das Prädikat *brummt hinauf* ein Mikrosatzglied, und zwar das Mikrodirektivum *hinauf*:

(59) Der IRE mit 2x 218! „IRE-Sprinter“ **brummt** die Geislinger Steige **hinauf**.
(IRE-Sprinter: 22.07.22)

Wir können hier eine Parallele ziehen und uns an das Mikrosubjekt erinnern, das anders als ein Makrosubjekt nicht als eigenes Sprachzeichen realisiert, sondern z.B. in der Regel in Prädikaten von Imperativsätzen enthalten ist (*Schließe das Fenster!* vs. *Schließe* (Makro- *du* subjekt) *das Fenster*!, vgl. Kap. 3.2.1). Ein dynamisches Makrodirektivum (*durch Basel*) finden wir in (60):

(60) (nominales Das Wiehnachts-Drämmli Subjekt) **rattert** wieder (Weg- durch Basel direktivum).
(BZ-Redaktion, Wiehnachts-Drämmli: 23.11.21)

Das Direktivum in (60) ist im Gegensatz zum Mikrodirektivum in (59) ein Makrodirektivum, weil es als eigenes Sprachzeichen und nicht innerhalb des Prädikats realisiert ist. Es ist darüber hinaus als dynamisch und nicht statisch zu analysieren, denn in der Grundvalenz von *rattern* ist lediglich eine Leerstelle für ein Subjekt, nicht aber für ein Direktivum verankert.

Geräuschverben als Bewegungsverben

Es handelt sich hier um eine Umszenierung, genauer um eine Komplementerweiterung und noch genauer um ein als *Bewegungsverb* umszeniertes *Geräuschverb*. Weitere Beispiele dafür finden sich in (61):

(61) (nominales Der Ausnahmeschauspieler Subjekt) **grunzt**, **brüllt** und **schnauzt sich** (Weg- durch die Hauptrolle des farbigen Films, in dem kein Dialog im üblichen Sinne stattfindet direktivum).
(Woitschig, Themroc: 03.08.08)

In (61) können wir feststellen, dass Dynamik gleich doppelt hergestellt ist. Zum einen sind in der Grundvalenz von *grunzen*, *brüllen* und *schnauzen* eigentlich keine Direktiva angelegt. Es handelt sich also um eine Valenzerhöhung, wenn hier Direktiva zum Szenario hinzutreten. Zum anderen liegt auch eine Valenzträgeränderung vor, da den Prädikaten ein *sich* hinzugefügt wurde. Die Prädikatsklasse ändert sich in allen drei Fällen von Simplexverb zu Medialverb.

Direktiva + von Modalverben abgeleitete Vollverben

Eine solche Umszenierung finden wir auch bei dynamischen Direktiva, die mit Vollverben vorkommen, die wir typischerweise als Modalverben kennen. Wir erinnern uns, dass in Kap. 3.1.2.1.5 die Prädikatsklasse Modalkomplex vorgestellt wurde. Diese Prädikate setzen sich immer aus einem finiten Modalverb (z.B. *können, müssen, sollen, dürfen*) und einem infiniten Vollverb zusammen. Es wurde dort auch bereits ein Fall vorgestellt, in dem scheinbar auf ein finites Modalverb kein infinites Vollverb folgt. Sehen wir uns diesen Fall (62) noch einmal im Vergleich zum klassischen Modalkomplex (62') an:

(62) Ich **will** keine Ausreden, ich **will** Ergebnisse!

(62') Ich **will** keine Ausreden **hören**, ich **will** Ergebnisse **sehen**!

Wir haben bereits erläutert, dass sich in Fällen wie (62) die Verbkategorie von Modalverb zu Vollverb geändert hat. Dementsprechend liegt in (62) auch nicht die Prädikatsklasse Modalkomplex vor wie in (62'), sondern die Prädikatsklasse Simplexverb.

Mit solchen von Modalverben abstammenden Vollverben können statt Akkusativobjekten wie in (62) (*keine Ausreden*; *Ergebnisse*) auch Direktiva auftreten (63):

(63) Nur eins **war** von Anfang an **klar**: ich **will** nicht (dynamisches nach Dublin Direktivum)! (Weltreisender, Irland)

(63') Nur eins **war** von Anfang an **klar**: ich **will** nicht (statisches nach Dublin Direktivum) **reisen**!

Direktiva geben Aspekte von Bewegungen wie Richtungen, Wege und Ziele an und obwohl sie deshalb in anderen Grammatiken teilweise zu den Adverbialen und damit zu den Supplementen gezählt werden, haben wir beschrieben, warum das Direktivum hier als Komplement verstanden wird. Wie gezeigt wurde, können Direktiva als eigene Sprachzeichen realisiert werden (= Makrodirektiva) oder aber innerhalb von Prädikaten (= Mikrodirektiva). Das Direktivum tritt auch als dynamisches Satzglied auf, was ein Argument für seinen Komplementstatus ist. Ein prominentes Beispiel dafür ist die Umwandlung von Geräuschverben in Bewegungsverben. Ein anderes Beispiel für dynamische Direktiva sind jene, die mit modalverbähnlichen Vollverben auftreten.

Übung 27: Direktivum

Finden Sie die drei im Textausschnitt enthaltenen Direktiva und ermitteln Sie deren Subklassenzugehörigkeit. Für welche von ihnen ist es möglich, das Prädikat des Satzes in ein Geräuschverb umzuwandeln, sodass aus dem statischen ein dynamisches Direktivum wird? Wandeln Sie die Sätze entsprechend um.

Die Pferde liefen durch eine sauber ausgefegte hölzerne Rinne und formierten sich in ihr zur Herde, begrüßten sich überschwänglich, rappelten und zwackten einander, schlugen aus. Die Rinne führte zur Wand, hinter der das Mobil stand. Mit Entzücken betrachtete der Krächz seine Herde, sein Gesicht hellte sich auf und schien verjüngt. An den Pferden konnte er sich allezeit freuen – und war er noch so müde oder betrunken oder gedemütigt von irgendwem. Er zog den Schieber zur Seite, gab somit den Weg ins Gestämme des Mobils frei.
(Sorokin, Schneesturm: 18)

3.2.6 Genitivobjekt

Das Genitivobjekt spielt im Gegenwartsdeutschen nur noch eine marginale Rolle, weshalb es in der GTA als Teil der peripheren Komplemente gelistet wird (vgl. GTA: 540–550). Die Anzahl der Verben bzw. Valenzträger, die ein Genitivobjekt fordern, sinkt ca. seit dem 15. Jhd. Waren es im Mittelhochdeutschen (1050-1350) noch ca. 260, so sind es heute nur ca. 50-60 (vgl. Ágel 2000: 76). Entsprechend sind die Satzbaupläne mit Genitivobjekt nicht mehr produktiv, d.h., es werden keine neuen Verben mehr mit Genitivobjekt gebildet.

Doch man muss vorsichtig sein: Zwar wird das Genitivobjekt als Satzglied historisch marginalisiert, der Genitiv als Kasus stirbt jedoch nicht, sondern wird vielfach genutzt:

(64) (Sub- Ein Rückzieher (Genitiv- des Ravensburger Verlages attribut) bei einem Winnetou-Kinderbuch jekt) **sorgt** für Diskussionen. Wie ein Unternehmenssprecher am Montag bestätigte, **wurde** (Sub- die Auslieferung (Genitiv- des Buchs attribut) jekt) (Kausal- aufgrund (Nominalgruppe im »verharmlosender Klischees« Genitiv) über die Behandlung (Genitiv- der indigenen Bevölkerung attribut) adverbial) in dem Werk bereits **gestoppt**.
(Spiegel Online, Winnetou: 23.08.22)

Genitivattribut

Schon in den ersten zwei Sätzen dieses Zeitungsartikels kommt der Genitiv in zwei Typen von Verwendungen (insgesamt viermal) vor. Im ersten Fall (*des Ravensburger Verlages*) ist der Genitiv Teil des Subjekts (*ein Rückzieher des Ravensburger Verlages bei einem Winnetou-Kinderbuch*). Die Wortgruppe *des Ravensburger Verlages* ist dabei kein eigenes Satzglied, da sie nicht allein vorfeldfähig ist. Hier liegt ein *Genitivattribut* vor, das in Kap. 4 noch beschrieben werden wird. Das gleiche gilt für die Substantivgruppen *des Buchs* und *der indigenen Bevölkerung*, die Genitivattribute zu *die Auslieferung* und *die Behandlung* darstellen.

Der attributive Bereich des Genitivs ist nicht in Gefahr. In der geschriebenen Standardsprache nimmt der attributive Genitiv sogar zu (Ágel 2000: 76).

Der zweite Typ von Genitiv-Vorkommen (*verhamlosender Klischees*) ist durch die Präposition *aufgrund* zu erklären, die den Genitiv regiert (= fordert).

Dativ vs. Genitiv

Wenn man den vielzitierten Tod des Genitivs durch den Dativ genauer betrachtet, wird klar, dass der Dativ im Bereich der Präpositionsrektion „den stärksten Konkurrenten zum Genitiv" darstellt (Sahel 2010: 293). Das wohl prominenteste Beispiel dafür ist *wegen*:

(65) In München **musste** der Olympiapark wegen (Substantivgruppe im des großen Besucherandrangs Genitiv) zur Eröffnung der European Championships **geschlossen werden**.
(BR24, Olympiapark: 10.08.22)

(66) Ich **litt** unter einer ähnlichen Situation wie du wegen (Substantivgruppe im meinem direkten Vorgesetzten Dativ).
(Forum Rechtsreferendare: 23.08.22)

Insbesondere in der gesprochenen Sprache hat sich Variante (66) mit Dativ etabliert (vgl. Duden-Grammatik 2016: 624).

Genitivobjekt

Doch worum es im Folgenden gehen soll, sind nicht die genannten Typen von Genitivverwendungen (Attribut und Präpositionsrektion), sondern der grammatische Wert Genitivobjekt. Wir suchen also nach Satzgliedern, die valenzgefordert sind und im Genitiv stehen. Schauen wir uns einige Belege an:

Genitivobjekte heute

(67) Immer mehr **ließ** ich **mich** (Genitiv-meiner Individualitätobjekt) **berauben**.
(Gümüşay, Sprache: 84)

(68) Konservative Theologen **beschuldigen** Papst Franziskus (Genitiv- der Ketzerei objekt).
(Spiegel Online, Papst: 04.05.19)

(69) Tausende **gedenken** (Genitiv- des erstochenen Asylbewerbers objekt).
(Zeit Online, Dresden: 17.01.15)

Belege (67–69) stellen Vorkommen von Genitivobjekten im Gegenwartsdeutschen dar. Die Verben *berauben*, *beschuldigen* und *gedenken* stehen für eine Klasse von Verben, die in eher gehobensprachlicheren Registern vorkommen. Dass Genitivobjekte nach und nach weniger geworden sind, ist in eher alltagssprachlicheren Texten nachzuweisen, die der gesprochenen Sprache nahestehen. Wir können uns für alle drei Belege Varianten vorstellen, die auf das Genitivobjekt verzichten und eher in der Alltagssprache zu finden wären:

(67’) Immer mehr **ließ** ich **mich** von meiner Individualität **berauben**.
(68’) Konservative Theologen **beschuldigen** Papst Franziskus wegen Ketzerei.
(69’) Tausende **gedenken** dem erstochenen Asylbewerber.

Die Belege (67’–69’) zeigen die Varianz an Formen und Werten, die das Genitivobjekt ersetzen. In (67’) ist aus dem Genitivobjekt ein Präpositional$_{\text{von+DAT}}$-objekt in Form einer Präpositionalgruppe$_{\text{von+DAT}}$ geworden. In (68’) steht statt des Genitivobjekts ein Kausaladverbial, das in Form einer Präpositionalgruppe$_{\text{wegen+DAT}}$ vorliegt. Und in (69’) ist aus dem Genitivobjekt ein nominales Dativobjekt geworden.

Demgegenüber stehen Verben, bei denen das Genitivobjekt im Gegenwartsdeutschen keine Valenzstelle mehr besetzen kann, es aber im Verlauf des Neuhochdeutschen von 1650-1950 durchaus noch konnte. Schauen wir uns einige ältere Belege aus dem GiesKaNe-Korpus an:

Genitivobjekte früher

(70) Jetzt **spottete** ich vollends $_{\text{(Genitiv-}}$ seiner $_{\text{objekt)}}$.
(Bräker, 18. Jhd.)
(71) Es **sol** auch Meine Seele $_{\text{(Genitiv-}}$ deines lobes $_{\text{objekt)}}$ nicht **vergeßen**.
[= Es soll auch meine Seele deines Lobes nicht vergessen]
(Nehrlich, 18. Jhd.)

Die Verben *spotten* und *vergessen* können im 18. Jahrhundert noch problemlos mit Genitivobjekt stehen. Die Genitivvalenz dieser Verben scheint im Gegenwartsdeutschen jedoch ausgestorben. Doch wodurch wurden sie ersetzt? Schauen wir uns erneut Varianten an, die an die gegenwartsdeutsche Alltagssprache angepasst wurden:

(70’) Jetzt **spottete** ich vollends $_{\text{(Präpositional-über+AKK-}}$ über ihn $_{\text{objekt)}}$.
(71’) Es **soll** auch meine Seele $_{\text{(Akkusativ-}}$ dein Lob $_{\text{objekt)}}$ nicht **vergessen**.

Sprachwandel

Was hier passiert ist, ist Sprachwandel. Die Genitivvalenzen des 18. Jahrhunderts wurden abgelöst von den heutigen in (70’) und (71’). An die Stelle des Genitivobjekts ist in (70’) ein Präpositional$_{\text{über+AKK}}$-objekt getreten, was wir bereits beim Typen (67 vs. 67’) zeigen konnten. Ein weiterer Typ von Valenzwandel liegt beim Vergleich von (71 zu 71’) vor, wo aus dem Genitivobjekt ein Akkusativobjekt geworden ist. Dabei stellt der Wandel von Genitivobjekt zu Präpositionalobjekt und Akkusativobjekt den prototypischen Fall dar, während die Ablösung von Genitivobjekt durch ein Dativobjekt marginal ist (Ágel 2000: 1870).

Genitivobjekte gehören zur Klasse der Komplemente, da sie valenzgeforderte Satzglieder sind. Sie spielen im gegenwartssprachlichen System nur noch eine periphere Rolle. Das gilt allerdings nicht für den Kasus Genitiv als solchen. Für Genitivattribute lässt sich im diachronen Vergleich kein Rückgang feststellen. Genitivobjekte sind im Gegenwartsdeutschen häufig in gehobensprachlicheren Registern zu finden. Genitivobjekte wurden sprachhistorisch zumeist durch Präpositional- oder Akkusativobjekte ersetzt.

Übung 28: Genitivobjekt

Übersetzen Sie die folgenden Belege aus dem frühen Neuhochdeutsch ins Gegenwartsdeutsche. Was passiert mit den Genitivobjekten? Beschreiben Sie den Valenzwandel mithilfe der Ihnen bekannten Satzgliedbegriffe.

wir haben des feindes gewartet (Söldnerleben, 17. Jhd.)

Die Teutschen sprechen: Ich kenne weder seiner Gänß/ noch seiner Endten/ weiß nicht/ ob er Fleisch oder Fisch sey. (Freyberger, 17. Jhd.)

Liebster Bruder, ich bin deines Gespöttes nunmehr fast gewohnt, welches mich zwar schmerzet, und doch aus Hoffnung, dich der eins zu gewinnen, es gerne gedulde; (Bucholtz, 17. Jhd.)

In diesem Kapitel 3.2 wurden die Komplemente des Gegenwartsdeutschen ausführlich dargestellt: das Subjekt, Akkusativobjekt, Dativobjekt, die Präpositionalobjekte, das Direktivum und das Genitivobjekt. Es wurde gezeigt, dass diese Satzglieder in genuinen oder recycelten Formen realisiert werden. Genuine Mesoformen haben ihren Ursprung auf der Mesoebene, während recycelte Formen die Formen und Werte der Makroebene (Textebene) sind, die auf Mesoebene ‚wiederverwendet' werden. Mesoformen können außerdem kontinuierlich oder diskontinuierlich auftreten, d.h. unterbrochen oder *un*unterbrochen. Es lassen sich darüber hinaus statische und dynamische Komplemente unterscheiden. Sie sind immer dann dynamisch, wenn sie in der Grundvalenz eines Ausgangsvalenzträgers nicht verankert sind. Manche Komplemente kommen als Mikro- oder Makrosatzglieder vor, je nachdem ob sie jeweils als eigenes Sprachzeichen realisiert oder im Prädikat enthalten sind.

Tab. 19: Komplemente

	Komplement	**Form**	**Beleg**
statische Komplemente	Subjekt	genuin	(Sub- Der Mensch jekt) **hatte** seinen ärgsten Feind **domestiziert**.
		recycelt	Nun **ist** etwa aus der Union, aber auch aus der FDP **zu hören**, (Subjekt- dass gar nicht die stärkste Partei den Kanzler stellen müsse nebensatz).

	Komplement	Form	Beleg
		Gegenstandsparaphrase	(Subjekt- Wer gerne und viel lacht paraphrase), **stärkt** sein Immunsystem
	Akkusativobjekt	genuin	Rüdi von Lieberbaum **verfolgt** (Akkusativ- die Spur objekt).
		recycelt	Als er einmal so hinter einem Baum stand, **sah** er, (Akkusativobjekt- dass eine Zauberin herankam nebensatz),
		Gegenstandsparaphrase	ich **denke**, (Akkusativobjekt- was ich will paraphrase).
	Dativobjekt	genuin	Bobo **gibt** (Dativ- dem Elefanten objekt) eine Erdnuss.
		Gegenstandsparaphrase	(Dativ- Wem ich helfen kann objektparaphrase), (Dativobjekts- dem korrelat) **helfe** ich gerne.
	Präpositionalobjekt	genuin	solange du nichts sagst, **gehe** ich (Präpositional- von zwei möglichkeiten objekt) **aus**:
	Direktivum (Richtung)	genuin	Eine Mitarbeiterin **stellt** einen Korb voller Süßigkeiten (Richtungs- auf den Schreibtisch des Präsidenten direktivum).
	Direktivum (Weg)	genuin	Ich **ziehe** (Weg- durch die Straßen direktivum) bis nach Mitternacht.
	Direktivum (Herkunft)	genuin	(Herkunfts- Von oben direktivum) **drang** der Klang der Billardbälle.
	Genitivobjekt	genuin	Konservative Theologen **beschuldigen** Papst Franziskus (Genitiv- der Ketzerei objekt).
dynamische Komplemente	Subjekt		**Gib** mir meine Dosis Horror.
	Akkusativobjekt		**Nutz** jede Lücke, Mücke, **box** (dynamisches dich Akkusativobjekt) **groß** und **bück** (dynamisches dich Akkusativobjekt) **klein**.
	Dativobjekt		Diese Seite **hat** (dynamisches mir Dativobjekt) einfach den Abend **gerettet**!
	Präpositionalobjekt		Ich **vergeudete** das College (dynamisches auf einen Abschluss in Englisch Präpositionalobjekt).
	Direktivum		Das Wiehnachts-Drämmli **rattert** wieder (dynamisches durch Basel Direktivum).

Übung 29: Prädikate und Komplemente

In dem Artikel *Alge gut, alles gut* wird eine Utopie über den mannigfaltigen Einsatz von Algen in der Zukunft erzählt. Identifizieren Sie alle Prädikate und Komplemente und klassifizieren Sie letztere.

Wer sich beim Zubereiten in die Hand schneidet, kann die Blutung mit einem Algenpflaster stoppen. Für die Fahrt zur Arbeit steht ein Roller aus Algencarbon bereit, der mit Algentreibstoff vorandüst. Wir passieren Litfaßsäulen, darin blubbern grüne Mikroalgen, die sich das CO_2 aus der Luft ziehen. Eine Säule kann so viel Kohlenstoffdioxid binden wie 112 Bäume. Die entstandene Algenmasse wird in die Kläranlage geleitet und produziert Biogas. Das wiederum fließt in Ihr Haus fürs Heizen. Eine Kollegin erzählt, sie habe ihre bakterielle Infektion mit einem neuen Algenmedikament behandelt, ein Antibiotikum war nicht nötig. Darauf eine Portion Meeresspaghetti und ein Bier mit Kombu. Willkommen in der Algenutopie. Für viele von uns sind Algen eher ein Grund zum Ärgern: Als giftige Blaualge vermiest sie uns das Baden im See und kann Meereszonen den Sauerstoff nehmen, sodass kein Leben mehr möglich ist. (Bahn mobil, Alge)

3.3 Supplemente

Wir haben uns bis zu diesem Punkt den Aufbau von grammatischen Sätzen auf Satzgliedebene im Detail angeschaut. Dabei ging es bisher um die Aufgaben des Prädikats und der Komplemente. Erinnern wir uns: Das Prädikat entwirft ein Szenario. Dieses wird von den bisher vorgestellten Satzgliedern vervollständigt bzw. komplementiert. Es handelt sich gewissermaßen um das Grundgerüst, das nun mit beliebigem Baumaterial erweitert werden kann. Für die Satzglieder bedeutet das: Zum Prädikat und zu seinen Komplementen kommen die *Supplemente* (auch: *Angaben*) hinzu. Bei den Supplementen handelt es sich mit Ausnahme des Freien Prädikativs um Adverbiale. Klären wir die Rolle der Supplemente, indem wir die Aufgaben der Mesoglieder erneut betrachten:

(a) *Szenierung*
= Kraft seiner Valenz entwirft das Prädikat ein Szenario.

(b) *Szenariokomplementierung*
= Als valenzgeforderte Satzglieder ergänzen bzw. vervollständigen Komplemente diesen Szenarioentwurf.

(c) *Szenariokontextualisierung*
= Als nicht-valenzgeforderte Satzglieder ordnen Supplemente das Szenario näher ein.

(d) *Szenariokommentierung*
= Kommentarglieder stehen außerhalb des Szenarios und drücken Sprechereinstellungen aus.

Supplemente haben also die Funktion, das Szenario zu kontextualisieren. Erinnern wir uns an das bereits besprochene Zitat von Tesnière:

> Der verbale Nexus [= Knoten, ÁGGS], der bei den meisten europäischen Sprachen im Zentrum steht, läßt sich mit einem kleinen Drama vergleichen. Wie das Drama umfaßt er notwendig ein Geschehen und meist auch noch Akteure und Umstände. (Tesnière 1980: 93)

Während das Geschehen vom Prädikat und die Akteure von den Komplementen ausgedrückt werden, kommt nun den Supplementen die Funktion zu, die *Umstände* zu beschreiben.

Formen von Supplementen

Wir haben zu Beginn von Kap. 3 und in den zugehörigen Unterkapiteln zu den Komplementen gesehen, dass Satzglieder in verschiedenen Formen vorkommen. Die genuine Form von Subjekten und Objekten ist nominal (= Substantiv- oder Präpositionalgruppe), exemplarisch dafür steht das Subjekt in (1). Zu den recycelten Formen gehören z.B. Nebensätze wie das Akkusativobjekt in (2):

(1) Rings um zusammengewachsene Städte **bedeckt** $_{\text{(nominales}}$ Wald $_{\text{Subjekt)}}$ die Hügelketten.

(2) Als er einmal so hinter einem Baum stand, **sah** er, $_{\text{(recyceltes}}$ dass eine Zauberin herankam $_{\text{Akkusativobjekt)}}$.

Diese Vorkommen verschiedener Formen sind bei Adverbialen ähnlich. Allerdings kommt bei den Adverbialen eine neue genuine Form ins Spiel: die Adverbgruppe. Recycelte Adverbiale können ebenfalls z.B. satz- oder nebensatzförmig sein.

3.3.1 Adverbiale

Beginnen wir mit der Klasse der *Adverbiale*, bevor wir uns danach den *Freien Prädikativa* zuwenden.

Adverbiale stellen in der Regel Supplemente dar. Es gibt allerdings einige wenige Fälle, in denen Adverbiale als Komplemente auftreten, also vom Prädikat gefordert werden. Diesen wenden wir uns in Kap. 3.3.1.4 zu.

Szenariokontextualisierung

Wir wissen, dass Adverbiale als Supplemente das Szenario kontextualisieren. Das bedeutet aus grammatischer Perspektive erst einmal, dass theoretisch jedem Szenario verschiedene Adverbiale hinzugefügt werden können, und zwar unabhängig davon, mit welchem Prädikat und welcher Grundvalenz wir es zu tun haben:

1 Leerstelle

(3) Meine Beine **zitterten**.
(3') Meine Beine **zitterten** (Ad- am Montagmorgen verbial).

2 Leerstellen

(4) Bobo **winkt** Fatima **zu**.
(Osterwalder, Bobo Neuigkeit: 21)
(4') Bobo **winkt** Fatima (Ad- am Montagmorgen verbial) **zu**.

3 Leerstellen

(5) **Haben** sie dir das Gleiche **gesagt**?
(Mahlke, Archipel: 55)
(5') **Haben** sie dir (Ad- am Montagmorgen verbial) das Gleiche **gesagt**?

Natürlich passt inhaltlich nicht jedes beliebige Adverbial in jeden Satz, das ist aber keine grammatische Einschränkung, sondern eine, die den Textsinn betrifft.

Situativ- und Verhältnisadverbiale

Für die Szenariokontextualisierung durch Adverbiale existieren zwei Varianten. Daraus ergibt sich ein zentrales Unterscheidungskriterium bei der Klasse der Adverbiale. Schauen wir uns einmal die unterschiedlichen Adverbialvorkommen an:

(6) Ich **presse** mir die rechte Hand (Situativ- flach adverbial) aufs Ohr, (Verhältnis- so dass ich nur noch das Pfeifen höre von links adverbial).
(Zeh, Adler: 67)

Die beiden Adverbialarten *Situativadverbial* und *Verhältnisadverbial* kontextualisieren ein Szenario. Sie tun es jedoch, wie in (6) sichtbar ist, auf unterschiedliche Weise. Während Situativadverbiale ein Szenario *situieren*, also meistens in Bezug auf Zeit, Raum oder Art und Weise einordnen, wird beim Verhältnisadverbial ein neues, untergeordnetes Szenario zum Hauptszenario *in Beziehung gesetzt*.

genuin vs. recycelt

Diese Unterscheidung Situativ- vs. Verhältnisadverbial lässt sich vor dem Hintergrund des bereits bekannten Konzepts des Recyclings betrachten: Wir haben bereits bei den Komplementen zwischen genuinen und recycelten Formen unterschieden. Beim Recycling findet sich ein Szenario als Satzglied in einem anderen Szenario wieder und Adverbiale können ebenso entweder genuin oder recycelt vorliegen. Wie stehen nun genuin vs. recycelt zu Situativ- und Verhältnisadverbial in Relation? Die Antwort ist: Situativadverbiale enthalten kein eigenes Szenario, sie kommen immer in Wortgruppenform vor.

Verhältnisadverbiale enthalten hingegen immer ein eigenes Szenario, dies kann wortgruppen- oder (neben)satzförmig realisiert sein.

Deutlich wird das, wenn wir uns noch einmal das Situativadverbial *flach* aus (6) anschauen:

(6) Ich **presse** mir die rechte Hand (Situativ- flach adverbial) aufs Ohr.

Es fällt schwer, *flach* in ein ganzes Szenario umzudenken. Hier findet also kein *in Beziehung setzen*, sondern ein *Situieren* des PRESSEN-Szenarios statt.

Ein Verhältnisadverbial in Wortgruppenform können wir hingegen umformulieren und so das enthaltene Szenario zeigen. Das ist bei *aufgrund von Entscheidungen* in (7) der Fall. Dieses wortgruppenförmige Verhältnisadverbial lässt sich in die Nebensatzform *weil etwas entschieden wurde* umformulieren (7'):

(7) Das Leben **geschieht** nicht zufällig. Es geschieht (wortgruppenförmiges aufgrund von Entscheidungen Verhältnisadverbial).
(Strelecky, Orangen: 92)

(7') Das Leben **geschieht** nicht zufällig. Es geschieht, (nebensatzförmiges weil etwas entschieden wurde Verhältnisadverbial).

Andersherum lässt sich das nebensatzförmige Verhältnisadverbial *nur wenn ich es weiterhin versuche* in (8) in ein wortgruppenförmiges Adverbial *nur im Falle weiterer Versuche* (8') umformulieren:

(8) (nebensatzförmiges Nur wenn ich es weiterhin versuche Verhältnisadverbial), **kann** ich **erfolgreich sein**.
(Strelecky, Orangen: 70)

(8') (wortgruppenförmiges Nur im Falle weiterer Versuche Verhältnisadverbial) **kann** ich **erfolgreich sein**.

Situativ-adverbiale

Situativadverbiale stellen im Gegensatz zu den Verhältnisadverbialen wie gesagt immer den genuinen Adverbialtypus dar, kommen also genau wie genuine Komplemente als Wortgruppen vor. Schauen wir uns einige Beispiele im folgenden Auszug eines Songtextes an:

(9) Ach, Aurélie, (Situativ- in Deutschland adverbial) **braucht** die Liebe Zeit
(Situativ- Hier adverbial) **ist** man nach Tagen erst zum ersten Schritt **bereit**
(Situativ- Die nächsten Wochen adverbial) **wird gesprochen**
Sich (Situativ- aufs Gründlichste adverbial) **berochen**
Und erst dann **trifft** man **sich** (Situativ- irgendwo adverbial) (Situativ- zu zweit adverbial).
(Wir Sind Helden, Aurélie)

Die Textstelle (9) enthält insgesamt sechs Situativadverbiale, die dazu dienen die jeweiligen Szenarios der fünf Hauptprädikate lokal (*in Deutschland, hier, irgendwo*), temporal (*die nächsten Wochen*) und modal (*aufs Gründlichste, zu zweit*) einzuordnen. Sie alle kontextualisieren das Geschehen, ohne dass zusätzliche Szenarios mit den Hauptszenarios in Verbindung gebracht werden.

Verhältnisadverbiale sind dahingegen immer recycelte Mesoformen, denn hier werden Szenarios in andere Szenarios eingebettet:

Verhältnisadverbiale

(10) $_{\text{(Verhältnis-}}$ wenn es klingelt $_{\text{adverbial)}}$, **bin** ich rasend schnell am Telefon.
(Gisbert zu Knyphausen, Sommertag)

(11) $_{\text{(Verhältnis-}}$ Als Wolf und Brigitte in die Baerwaldstraße zogen $_{\text{adverbial}}$, **dachten** alle dort, sie wären ein Paar.
(Wir sind Helden, Ballade)

Dabei können Verhältnisadverbiale wie oben besprochen sowohl in Form von Wortgruppen als auch nebensatzförmig auftreten. Sie müssen nur ein Szenario enthalten, das als Mesowert recycelt ist. Das Szenario des Hauptsatzes wird dann zu dem im Nebensatz (also im Adverbial) enthaltenen Szenario in Beziehung gesetzt. Diese Beziehung kann semantisch beschrieben werden, nämlich *konditional* in (10) und *temporal* in (11). Das untergeordnete Szenario kontextualisiert dabei immer das des Hauptsatzes, wie beispielsweise das ZIEHEN-Szenario in (11) das DENKEN-Szenario temporal kontextualisiert. Das untergeordnete Szenario nennen wir, wie zu Beginn von Kap. 3 eingeführt, Anszenario.

Anszenarios in Adverbialen

Für die Klassifikation der Adverbiale ist es wichtig, dass wir nicht von der Bedeutung auf die Form schließen können, d.h. nicht jeder Adverbialtypus, der im konkreten Beleg als Wortgruppe realisiert ist, ist damit automatisch immer Situativadverbial. Vielmehr gibt es bestimmte Adverbialklassen, die sowohl situierend wie auch anszenierend (ein recyceltes Szenario wird in Bezug zu einem anderen Szenario gesetzt) vorkommen können.

Die Adverbialklassen lassen sich entsprechend der vorgestellten Klassifikation aufteilen in solche, die nur als Situativadverbiale, solche, die sowohl als Situativ- wie auch als Verhältnisadverbiale und solche, die ausschließlich als Verhältnisadverbiale vorkommen. Wir besprechen sie in der genannten Reihenfolge und beginnen mit den Situativadverbialen.

Adverbialklassen

3.3.1.1 Situativadverbiale

Im Gegensatz zum Subjekt und den Objekten, die nach morphologisch-syntaktischen Kriterien wie Kasus (Akkusativobjekt, Dativobjekt usw.) oder Präposition+Kasus (Präpositionalobjekte) unterschieden werden, liegen der Unterscheidung der Adverbialklassen semantische Kriterien zugrunde.

Lokaladverbial

So wird die erste Adverbialklasse, die wir besprechen, das Lokaladverbial, dadurch gekennzeichnet, dass sie einen Ort benennt, z.B. *in der Saline Luisenhall* in (12):

(12) Seit 160 Jahren **wird** (Lokal- in der Saline Luisenhall adverbial) mit einem kaum veränderten Verfahren Salz **gewonnen.**
(Bio Gourmet Kräutersalz, Verpackungsbeschreibung)

Lokaladverbial-paraphrase

Lokaladverbiale können mit *wo* erfragt oder durch *da/dort* ersetzt werden. Sie lassen sich auch in Form von Nebensätzen ausdrücken:

(13) (Lokal- Wo die Liebe hinfällt adverbial), **schlägt** sie ihre Knie **auf.**
(Antje Schomaker, Bis mich)

Die Form erinnert an die Gegenstandsparaphrasen, die wir bereits bei den Subjekten und Akkusativ- bzw. Dativobjekten thematisiert haben. Ebenso wie bei den Komplementen hat das Lokaladverbial in (13) zwar Nebensatzform, enthält aber kein Anszenario und ist daher trotz seiner Form kein Verhältnisadverbial.

Frequenz-adverbial

Die zweite Adverbialklasse, die wir besprechen, ist das *Frequenzadverbial.* Frequenzadverbiale gehören zu den Temporaladverbialen im weiteren Sinne. Innerhalb dieser lassen sich *Temporaladverbiale im engeren Sinne, Frequenzadverbiale* und *Dilativadverbiale* unterscheiden. Frequenzadverbiale sind Situativadverbiale, während *Temporaladverbiale im engeren Sinne* und *Dilativadverbiale* sowohl als Situativ- wie auch als Verhältnisadverbiale vorkommen können (vgl. 3.3.2.1.).

Frequenzadverbiale kontextualisieren das Szenario im Hinblick auf dessen Häufigkeit. Wir finden eines in (14):

(14) An jedem Ende der Brücke **befindet sich** eine Laterne. Der alte Chuck **zündet** sie (Frequenz- jeden Abend adverbial) **an,** obwohl manche Leute sagen, dass er zu alt dazu ist.
(Brautigan, Wassermelonen: 27)

Das Anzünden der Laterne könnte auch *selten/stündlich/einmal im Monat* erfolgen. In (14) ist die Häufigkeit mit *jeden Abend* beschrieben.

Modal-adverbial

Die dritte Adverbialklasse, die wir besprechen, ist das *Modaladverbial.* Bei den Modaladverbialen handelt es sich um eine Adverbialklasse, die in der Fachliteratur besonders viel diskutiert wird, was oft mit der Frage verbunden ist, auf welche anderen Satzglieder Modaladverbiale Bezug nehmen. Wir sparen diese Problematik, die in der GTA (558–564) nachzuvollziehen ist, hier aus. Im Rahmen einer allgemeineren Beschreibung lässt sich sagen, dass

Modaladverbiale das Geschehen charakterisieren, das durch das Prädikat ausgedrückt wird:

(15) Die Deutschen **flirten** $_{\text{(Modal-}}$ sehr subtil $_{\text{adverbial)}}$.
(Wir sind Helden, Aurélie)

In (15) nimmt das Modaladverbial *sehr subtil* Bezug auf den Flirtcharakter und beschreibt ihn.

3.3.1.2 Situativ- und Verhältnisadverbiale

Wir besprechen insgesamt vier Adverbialklassen, die sowohl als Situativ- wie auch als Verhältnisadverbiale vorkommen können: Temporaladverbiale (im engeren Sinne), Dilativadverbiale, Instrumentaladverbiale und Komitativadverbiale.

Temporal-adverbial

Temporaladverbiale (im engeren Sinne) verorten ein Szenario an einem bestimmten Zeitpunkt. Sie können sowohl als situierende Adverbiale vorkommen wie auch als Verhältnisadverbiale, die dann ein Anszenario enthalten. Der Unterschied lässt sich in Beleg (16) erkennen, wo beides jeweils einmal vorkommt:

(16) Mir **schmerzen** die Füße, weil sie eine Million Meilen gegangen sind, und die Holzbretter **sind** $_{\text{(situatives}}$ jetzt $_{\text{Temporaladverbial)}}$ **verzogen** wie der Rumpf einer gestrandeten Galeone, und auch die Wiese **ist verwuchert**, $_{\text{(Verhältnis-}}$ während die Tage verstreichen und die Jahreszeiten kürzer werden $_{\text{temporaladverbial)}}$.
(Myers, See: 9)

Beide Temporaladverbiale nennen Zeitpunkte, zu denen Szenarien stattfinden. Dabei verortet *jetzt* das VERZOGEN-SEIN-Szenario situativ, während mit dem Verhältnistemporaladverbial ein VERSTREICHEN- und ein KÜRZER-WERDEN-Anszenario zum VERWUCHERT-SEIN-Szenario in Beziehung gesetzt werden. Bei Verhältnistemporaladverbialen geht es immer um relative Zeitpunkte, um Zeitpunkte also, die sich an der Zeit des Szenarios orientieren. Dabei können drei Sorten von relativen Zeitpunkten unterschieden werden: Gleichzeitigkeit (wie in (16) durch einen *während*-Nebensatz), Vorzeitigkeit (wie in (17) unten durch einen *nachdem*-Nebensatz) und Nachzeitigkeit (die man z.B. durch einen *bevor*-Nebensatz ausdrücken könnte).

Situativ- und Verhältnistemporaladverbiale müssen nicht in getrennten Sätzen realisiert werden, sie können auch in einem einzigen Satz vorkommen:

(17) Der liebe Siegmund **kam** (situatives den Donnerstag vor Pfingsten Temporaladverbial), (Verhältnis- nachdem er uns telegrafisch von seiner erfolgenden Ankunft verständigte temporaladverbial).
(Koralek, 19. Jhd.)

Einmaleins der Satzgliedlehre?

Das ist deshalb interessant, weil hier zunächst der Eindruck entstehen könnte, dass das Prinzip des *Einmaleins der Satzgliedlehre* verletzt wurde. Dieses besagt, zur Erinnerung, dass jedes Satzglied in einem Satz nur einmal vorkommen darf. Dabei unterscheiden wir aber u.a. gerade deshalb zwei Typen von adverbialen Satzgliedern (Situativ- und Verhältnisadverbiale), um die in der sprachlichen Realität vorkommende Dopplung von zwei Adverbialen derselben semantischen Klasse – einmal mit und einmal ohne Anszenario – theoretisch abzubilden.

Dilativadverbial

Sehen wir uns nun die dritte Adverbialklasse an, die sowohl als Situativ- wie auch als Verhältnisadverbial vorkommen kann: das *Dilativadverbial*. Dilativadverbiale beschreiben die Dauer eines Szenarios. Dabei können sowohl abgeschlossene (18) wie nicht abgeschlossene (12) Zeitabschnitte ausgedrückt werden, wie die beiden Belege zeigen, die situative Dilativadverbiale enthalten:

(18) Und (situatives innerhalb eines Wimpernschlags Dilativadverbial) **komm** ich unten in der Vinyl-Abteilung **an**.
(Betterov, Dussmann)

(12) (situatives Seit 160 Jahren Dilativadverbial) **wird** in der Saline Luisenhall mit einem kaum veränderten Verfahren Salz **gewonnen**, indem es in großen Pfannen aus einer Sole gesiedet und ohne jegliche Zusätze in Handarbeit verpackt wird.

Bei dem Dilativadverbial *bis es Weihnachten ist* in Beleg (19) handelt es sich um ein anszenierendes Verhältnisadverbial:

(19) (Verhältnis- bis es Weihnachten ist dilativadverbial), **dauert** es zwar noch eine Weile, aber die ersten Adventkalender **sind** längst schon da.
(Salzburger Nachrichten, Adventkalender: 30.10.17)

Dilativadverbiale können mit *wie lange?*, *von wann bis wann?* oder *in welchem Zeitraum?* erfragt werden. Es geht also immer darum, dass das Szenario hinsichtlich einer Dauer kontextualisiert wird.

Instrumentaladverbial und Komitativadverbial

Kommen wir nun zu den Klassen *Instrumental*- und *Komitativadverbial*. Diese haben gemeinsam, dass sie die Kopräsenz einer Person oder eines Gegenstands in einem Szenario anzeigen. Während es sich bei *Komitativadverbialen* um ‚reine Begleitumstände' handelt, verweisen *Instrumentaladverbiale* auf ‚Werkzeuge' (im konkreten wie im metaphorischen Sinne), mit oder ohne deren Hilfe etwas umgesetzt wird. Für die Betrachtung von Instrumentaladverbialen führen wir noch einmal Beleg (12) an, der sowohl ein situatives als auch ein Verhältnisadverbial enthält:

(12) Seit 160 Jahren **wird** in der Saline Luisenhall (situatives mit einem kaum veränderten Verfahren Instrumentaladverbial) Salz **gewonnen,** (Verhältnis- indem es in großen Pfannen aus einer Sole gesiedet und ohne jegliche Zusätze in Handarbeit verpackt wird instrumentaladverbial).

In (12) werden die ‚Werkzeuge', die das GEWONNEN-WERDEN-Szenario einordnen, in zweierlei Hinsicht ‚eingesetzt': Einerseits wird das Szenario mit Hilfe des situativen Instrumentaladverbials, das knapp auf ein Verfahren verweist, kontextualisiert. Andererseits wird das GEWONNEN-WERDEN-Szenario zu den GESIEDET- und VERPACKT-WERDEN-Anszenarios in Beziehung gesetzt, um das situativ nur knapp umrissene Verfahren zu spezifizieren.

Demgegenüber stehen die Komitativadverbiale, von denen eines situativ in (20) und eines als Verhältnisadverbial in (21) vorliegt. Es ist deutlich, dass die Komitativadverbiale anders als die Instrumentaladverbiale keine Mittel darstellen, mit (oder ohne) deren Hilfe etwas umsetzbar wird, wie etwa das Salzgewinnungsverfahren in (12), sondern dass hier die Kopräsenz, also das ‚mit-sein' einer weiteren Entität oder eines weiteren Sachverhalts versprachlicht wird. Zur Kopräsenz im weiteren Sinne gehört auch deren Negation, die Koabsenz (‚ohne-sein'):

(20) So **wartete** Pembe also (situatives mit ihrem Sohn Komitativadverbial). (Shafak, Ehre: 40)

(21) Das Tier **hob** den Kopf und **sah** ihn **an.** Humboldt **machte** einen Schritt zur Seite. (Verhältnis- Ohne sich zu bewegen komitativadverbial), **zog** das Tier eine Lefze **hinauf.** (Kehlmann, Vermessung: 107)

Betrachten wir die Belege (20) und (21) etwas genauer. Die Komitativadverbiale *mit ihrem Sohn* und *ohne sich zu bewegen* unterscheiden sich nicht nur darin, dass eines Situativ- und das andere Verhältnisadverbial ist, sondern auch darin, dass eines durch *mit* eingeleitet ist, das andere durch *ohne*. Dabei stellt *ohne* den entgegengesetzten Fall von *mit* dar, es geht eben um Koabsenz. Der Unterschied ließe sich auch als plus bzw. minus *mit* beschreiben: +/- *mit*. Wir können uns entsprechend entgegengesetzte Belegvarianten wie folgt vorstellen: *+/- mit*

(20') So **wartete** Pembe also (situatives ohne ihren Sohn Komitativadverbial).

(21') Das Tier **hob** den Kopf und **sah** ihn **an**. Humboldt **machte** einen Schritt zur Seite. (Verhältnis- Indem es sich lautlos bewegte komitativadverbial), **zog** das Tier eine Lefze **hinauf**.

formale Ähnlichkeit

Aufmerksamen Leser:innen wird bei der Gegenüberstellung von Instrumental- und Komitativadverbialen die formale Ähnlichkeit aufgefallen sein:

(12) Seit 160 Jahren **wird** in der Saline Luisenhall (situatives mit einem kaum veränderten Verfahren Instrumentaladverbial) Salz **gewonnen**.

(20) So **wartete** Pembe also (situatives mit ihrem Sohn Komitativadverbial).

Genau diese formale Ähnlichkeit ist es auch, die die Abgrenzung der beiden Adverbialklassen in der Analyse gelegentlich erschwert. Es kann in solchen Fällen helfen, sich zu vergegenwärtigen, dass Adverbialklassen eines Typus aufgrund des Einmaleins der Satzgliedlehre in der Regel nicht gemeinsam in einem Satz vorkommen sollten. Versucht man nun aber, ein Komitativadverbial und ein Instrumentaladverbial gemeinsam in einem Satz unterzubringen, sollte das gelingen:

(12') Seit 160 Jahren **wird** (Instrumental- mit einem kaum veränderten Verfahren adverbial) in der Saline Luisenhall (Komitativ- mit vielen Helfern adverbial) Salz **gewonnen**.

Übung 30: Situativadverbiale

Der folgende Textauszug enthält zwei mit+Dat-Präpositionalgruppen, die sich semantisch allerdings unterscheiden. Argumentieren Sie, welche Adverbialklasse im jeweiligen Fall vorliegt.

„Schöne Speise, diese Karte", sagte das Sams, als es die Karte in die Hand gedrückt bekam, und biß herzhaft zu. [...] „Was – was machst du denn da?" rief der Kellner fassungslos. Das – das darfst du doch nicht". „Oh, jetzt habe ich einen Fehler gemacht", sagte das Sams kleinlaut. „Ich weiß: Mit vollem Mund darf man nicht reden." „Ach was, voller Mund" rief der Kellner empört [...]. „Was ist denn dann falsch?" fragte das Sams. „Ach, jetzt fällt es mir wieder ein: Ich habe die Karte mit der Hand gespeist. Ich hätte Messer und Gabel nehmen sollen." (Maar, Sams: 53)

3.3.1.3 Verhältnisadverbiale

Konditional-, Kausal-, Konsekutiv-, Final- und Konzessivadverbial

Die im Folgenden vorgestellten Adverbialklassen sind reine Verhältnisadverbialklassen.

Die Klassen *konditional*, *kausal*, *konzessiv*, *konsekutiv* und *final* stehen in besonderem Verhältnis zueinander. Das *Konditionaladverbial* steht als eine Art Fundament zu den anderen Klassen. Konditionaladverbiale drücken immer eine Bedingung aus:

(22) (Konditional- Wenn ich überlebe adverbial), **werde** ich es der ganzen Welt **erzählen.** (FAZ, Jesidinnen: 25.2.23)

Der Nebensatz *wenn ich überlebe* gilt also als Bedingung dafür, dass das ERZÄHLEN-Szenario des Hauptsatzes gelingen kann. Es liegt eine wenn-x-dann-y-Beziehung vor. Kausaladverbiale hingegen drücken eine Begründung aus, was der Beginn von Beleg (16) aufzeigt:

(16) Mir **schmerzen** die Füße, (Kausal- weil sie eine Million Meilen gegangen sind adverbial). Kausaladverbial

Dass nun die Konditionalität als Fundament für die weiteren Adverbialklassen gilt, lässt sich gut demonstrieren. Denn das Kausaladverbial lässt sich problemlos auf eine wenn-x-dann-y-Beziehung zurückführen (16'):

(16') (Konditional- Wenn die Füße eine Million Meilen gegangen sind adverbial), **schmerzen** sie mir.

Aus der konditionalen wenn-x-dann-y-Beziehung lässt sich aber nicht nur Kausalität ableiten, sondern auch die Folge von etwas (16''), also Konsekutivität, eine unerwartete Folge (16'''), also Konzessivität oder ein Ziel (16''''), oder Finalität:

(16'') Die Füße **sind** eine Million Meilen **gegangen,** (Konsekutiv- sodass sie mir schmerzen adverbial).
(16''') (Konzessiv- Obwohl sie eine Million Meilen gegangen sind adverbial), **schmerzen** mir die Füße nicht.
(16'''') Ich **bin** heute nicht so weit **gegangen,** (Final- damit mir die Füße nicht schmerzen adverbial).

Tab. 20 gibt eine Übersicht über die ausgedrückten semantischen Leistungen der Adverbialklassen:

Tab. 20: Adverbialklassen

Klasse	**Semantische Leistung**	**Beleg**
Konditionaladverbial	Bedingung	(Konditional- Wenn ich überlebe adverbial), **werde** ich es der ganzen Welt **erzählen.**
Kausaladverbial	Grund	Mir **schmerzen** die Füße, (Kausal- weil sie eine Million Meilen gegangen sind adverbial).

Klasse	Semantische Leistung	Beleg
Konsekutivadverbial	Folge	Die Füße **sind** eine Million Meilen **gegangen**, (Konsekutiv- sodass sie mir schmerzen adverbial).
Konzessivadverbial	unerwartete Folge	(Konzessiv- Obwohl sie eine Million Meilen gegangen sind adverbial), **schmerzen** mir die Füße nicht.
Finaladverbial	Ziel/Zweck	Ich **bin** heute nicht so weit **gegangen**, (Final- damit mir die Füße nicht schmerzen adverbial).

Die bisherigen Belege für Verhältnisadverbiale waren alle nebensatzförmig. Gerade das Finaladverbial, das ein Ziel oder einen Zweck ausdrückt, wird aber häufig als Infinitivkonstruktion, die durch *um zu* eingeleitet ist, realisiert:

(23) Aus der Stadt **waren** eine Menge Leute **heraufgekommen**, (Final- um zu sehen, was hier vorging adverbial).
(Brautigan, Wassermelonen: 140)

Irrelevanz-konditional-adverbial

Vom Konditionaladverbial und den damit in Beziehung stehenden Adverbialklassen kommen wir noch zu einem Sonderfall, dem *Irrelevanzkonditionaladverbial*:

(24) (Irrelevanzkonditional- Egal ob mit 21, 34 oder 41 und egal ob man zehn Jahre oder neun Monate auf das erste Kind wartet, adverbial): **Wirklich bereit für ein Baby ist** kaum jemand.
(Zeit Online, Familienplanung: 14.05.22)

Hier liegt eine besondere Art von Konditionalität vor. Denn aus der konditionalen wenn-x-dann-y-Beziehung ist hier eine egal-ob-x-(oder nicht)-dann-y-Beziehung geworden.

Das Irrelevanzkonditionaladverbial scheint auf den ersten Blick ein topologischer Sonderfall, d.h. markiert, zu sein. Denn im Gegensatz zu den anderen Adverbialtypen wird das Adverbial nicht im Vorfeld, sondern vor dem Vorfeld am linken Satzrand realisiert. Vergleichen wir (24) mit der konditional umgebauten und topologisch unmarkierten Variante (24'):

(24') (Konditional- Wenn man zehn Jahre oder neun Monate auf das erste Kind wartet adverbial), **ist** man kaum **bereit für ein Baby**.

Wir haben im Kap. 2.1.2.3 (an anderen Wortstellungsphänomenen) gezeigt, dass topologische Markiertheit nicht grundlos ist. Sowohl markierte als auch unmarkierte Strukturen sind Teil eines regelhaften und ikonischen Systems: Unmarkierte Formen stehen für unmarkierte Inhalte, markierte Formen für markierte Inhalte. Das bedeutet, dass die jeweiligen topologischen Strukturen nicht zufällig sind, sondern einen semantischen Differenzwert haben. Bezogen auf die Opposition von Konditionaladverbial und Irrelevanzkonditionaladverbial bedeutet das: Vorfeldbesetzung des Adverbials kodiert die konditionale Bedeutung, Adverbial am linken Satzrand kodiert die irrelevanzkonditionale Bedeutung.

Ikonizität

Soweit unsere Überlegungen zu den Adverbialklassen.

Das Kapitel abschließend wollen wir uns noch mit einem theoretisch und praktisch relevanten Thema beschäftigen, den *Korrelatverbindungen*. Denn ein für nebensatzförmige Adverbiale wichtiges formales Merkmal ist die Möglichkeit der Korrelatverbindung, die wir bereits in Bezug auf (neben)satzförmige Objekte an folgendem Beleg kennengelernt haben:

Formen von Verhältnisadverbialen: Korrelatverbindungen

(25) [so] **weiß** ich doch **zu errinern**, daß, sie, sich immer sehr wenig bemüht hat, uns auch nur das kleine Vergnügen eines Spazierganges zu bereiten.
(Koralek, 19. Jhd.)

(25') so **weiß** ich doch (Präpositional-an+AKK-objekts- daran korrelat) **zu erinnern**, daß sie, sich immer sehr wenig bemüht hat, uns auch nur das kleine Vergnügen eines Spazierganges zu bereiten.

(25") so **weiß** ich (Akkusativobjekts- es korrelat) doch **zu erinnern**, daß sie, sich immer sehr wenig bemüht hat, uns auch nur das kleine Vergnügen eines Spazierganges zu bereiten.

Die Korrelate *daran* in (25') und *es* in (25") sorgen dafür, dass die Nebensätze im Nachfeld jeweils eindeutig als Präpositional- oder Akkusativobjekt identifizierbar sind.

Korrelate finden wir auch bei nebensatzförmigen Adverbialen. Der im Gegenwartsdeutschen häufig anzutreffende Typ ist die Verbindung von wenn-Sätzen und dem Korrelat *dann*:

Adverbialkorrelate

(26) (Konditional- Wenn wir nicht genau wissen, wie wir eine Aufgabe bewältigen sollen adverbial), (Korre- dann lat) **führt** das leicht zu einem Abfall in der Konzentration.
(Psychotipps, Konzentration: 26.06.20)

Die Korrelatverbindung sorgt dafür, dass der Nebensatz ebenfalls in die Position des linken Satzrands rückt. Das Korrelat besetzt das Vorfeld allein.

Historisch sind Korrelate als Wiederaufnahme von Nebensätzen am linken Satzrand sehr häufig. Besonders das Korrelat *so* ist in Texten des 17. Jahrhunderts noch zahlreich u.a. in Verbindung mit Temporal-, Kausal- oder Konditionaladverbialen zu finden:

Korrelatverbindungen im früheren Neuhochdeutsch

(27) (Temporal- Als aber der Zingießer von andern seinen Gesellen erfuhr, wehr ich sey, adverbial) (Korre- so lat) **gab** er mihr den andern Tag Arbeidt.
[= Als aber der Zinngießer von seinen anderen Gesellen erfuhr, wer ich sei, so gab er mir den anderen Tag Arbeit.]
(Güntzer, 17. Jhd.)

(28) (Kausal- Dieweil wihr der Se nicht also gewonet sindt adverbial), (Korre- so lat) **wirdten** wihr alzumal **kranck**.
[= Weil wir die See nicht so gewöhnt sind, so wurden wir allzumal krank.]
(Güntzer, 17. Jhd.)

3.3.1.4 Adverbialkomplemente

Wir haben uns bisher darauf konzentriert, die Klassen der Adverbiale formal und semantisch zu beschreiben. Ob sie valenztheoretisch als Komplemente oder als Supplemente einzuordnen sind, stand bisher nicht im Fokus unserer Beschreibungen. Wie oben bereits erwähnt, sind Adverbialbestimmungen typischerweise Supplemente, also nicht valenzgefordert. In diesem Kapitel wollen wir uns dem markierten Fall zuwenden, nämlich wenn Adverbiale Komplemente, also valenzgefordert, sind.

valenzgeforderte Lokaladverbiale

Wenn wir die Belege (29–31) und ihre Varianten ohne die Lokaladverbiale betrachten, wird deutlich, dass es sich hier um Komplemente handelt, ohne die die Sätze ungrammatisch werden:

(29) Seine Eltern **wohnten** (Lokal- direkt neben der Werkstatt adverbial).
(Hansen, Land: 55)

(29') *Seine Eltern **wohnten**.

(30) Ana **lehnt** (Lokal- an der Arbeitsplatte adverbial).
(Mahlke, Archipel: 53)

(30') *Ana **lehnt**.

(31) Ich **liege** stockbesoffen (Lokal- in einem heruntergekommenen Bauernhaus adverbial).
(Hansen, Land: 100)

(31') *Ich **liege** stockbesoffen.

Die Nichtrealisierung von Lokaladverbialkomplementen ist nur in besonderen Kontexten möglich. So einen Kontext haben wir schon an früherer Stelle betrachtet, als wir in Kap. 3.1.2.1.1 hergeleitet haben, warum folgender Beleg dynamisch ist:

(32) **Wohnst** du noch oder **lebst** du schon?

In (32) kommt *wohnen* ohne Lokaladverbial vor, weil durch die grammatisch-semantische Parallelstruktur der Fokus auf den Kontrast zu dem zweiten Satz (*lebst du schon*), der kein Lokaladverbial enthält, gelegt wird. Mit anderen Worten, der Kontrast und dessen besonderer semantischer Effekt ließen sich nur um den Preis verwirklichen, das Lokaladverbialkomplement nicht zu realisieren. An der Grundvalenz von *wohnen* ändert dies jedoch nichts.

Wir können Fälle, in denen die Lokaladverbiale Komplemente sind, mit dem Standardfall vergleichen, in dem Adverbiale Supplementstatus habe, so etwa im hier wieder aufgenommenen Beleg (12):

Adverbiale als Supplemente im Vergleich

(12) Seit 160 Jahren **wird** (Lokal- in der Saline Luisenhall adverbial) mit einem kaum veränderten Verfahren Instrumentaladverbial) Salz **gewonnen,**

(12') Seit 160 Jahren **wird** mit einem kaum veränderten Verfahren Salz **gewonnen,**

Die Belegvariante (12') zeigt, dass der Beleg auch ohne Lokaladverbial grammatisch bleibt, was darauf zurückzuführen ist, dass in der Valenz von *gewinnen* keine Leerstelle für ein Lokaladverbial angelegt ist.

Bis auf wenige Ausnahmen handelt es sich bei Adverbialen um Supplemente, d.h., sie kontextualisieren ein Szenario und sind nicht von der Valenz abhängig. Ein Adverbial kann entweder das Szenario des Satzes *situieren* oder dieses zu einem zweiten, im Adverbial selbst enthaltenen Szenario *in Beziehung setzen*. Es handelt sich entsprechend entweder um ein *Situativ-* oder ein *Verhältnisadverbial*. Während Situativadverbiale immer in Wortgruppenform realisiert sind, können Verhältnisadverbiale sowohl wortgruppen- als auch nebensatzförmig auftreten. Einige Adverbialklassen kommen ausschließlich als Situativadverbiale vor (*lokal*, *frequenz* und *modal*), einige andere nur als Verhältnisadverbiale (*konditional*, *kausal*, *konsekutiv*, *final* und *konzessiv*). Manche können sowohl als das eine als auch das andere vorkommen (*temporal*, *dilativ*, *instrumental* und *komitativ*). Adverbiale können durch bestimmte Wörter erfragt oder ersetzt werden. So lassen sich Lokaladverbiale etwa mit *wo* erfragen oder durch *da*/*dort* ersetzen. Nur in Ausnahmefällen sind Adverbiale Komplemente, d.h. von der Valenz gefordert (z.B. *wohnen*).

Übung 31: Adverbiale und Lesarten

Identifizieren Sie die Adverbiale in den Belegen. Bestimmen Sie jeweils a) die Adverbialklasse (Lokal, Kausal...) und b) ob es sich um ein Situativ- oder Verhältnisadverbial handelt.

Ein oder zwei Mal kamen Leute von der Bezirksverwaltung wegen der Verstaatlichung des Besitzes zu ihm. (Tokarczuk, Ur: 201)

Obwohl wir uns automatisch Fische als schuppig vorstellen, haben einige deutlich reduzierte oder sogar quasi unsichtbare Schuppen. (Hird, Ozeanopädie: 45)

Aber trotz Müdigkeit, Finsternis und Schneetreiben schien der erstaunliche Vorrat an Elan und frohem Mut, den der Besuch bei den Dopamierern ihm verschafft hatte, noch nicht erschöpft. (Sorokin, Schneesturm: 134)

Der Baum erlebt den Wandel der vier Jahreszeiten, ohne sich darüber bewusst zu sein, dass es die Zeit gibt, und dass die Jahreszeiten aufeinander folgen. (Tokarczuk, Ur: 253)

In diesem ‚Witz' sind zwei Lesarten möglich. a) Erläutern Sie die zwei Lesarten zuerst jeweils inhaltlich und b) benennen Sie dann die Unterschiede, die sich je nach Lesart für die grammatische Analyse ergeben.

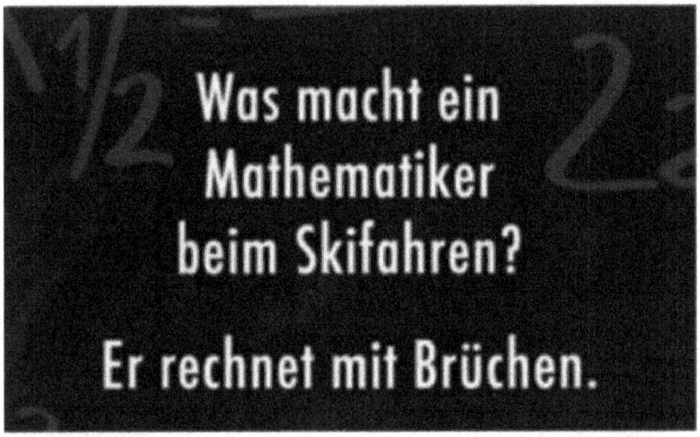

3.3.2 Freies Prädikativ

Nicht ad-verbial

Wie wir gesehen haben, zeichnen sich Adverbiale dadurch aus, dass sie sich auf das jeweilige Prädikat eines Satzes beziehen und das Szenario eines Satzes auf diese Weise kontextualisieren. So präzisieren beispielsweise Modaladverbiale die jeweilige Prädikatsaussage hinsichtlich der Art und Weise. Mit anderen Worten: Sie kontextualisieren das Szenario in Bezug darauf, *wie* es ist (s.o.).

Das *Freie Prädikativ* (auch: *prädikatives Attribut, depiktives Prädikativ*) leistet Ähnliches. Dabei charakterisiert es aber stets einen Szenariobeteiligten – das Subjekt oder Akkusativobjekt – näher. Anders als die bisher vorgestellten Adverbialtypen bezieht es sich also nicht auf das Prädikat des Satzes, sondern auf eines der Komplemente. Damit stellt es unter den Supplementen eine Ausnahme dar, denn es ist als einziges Supplement nicht *ad-verbial* im wörtlichen Sinne. Diese Tatsache lässt sich am besten an der Gegenüberstellung von Modaladverbial (33) und Freiem Prädikativ (34) verdeutlichen:

Freies Prädikativ vs. Modaladverbial

(33) Der Teig **muss** dabei $_{(\text{Modal-}}$ langsam $_{\text{adverbial})}$ **gehen.**
(Bäcker, Rezept: 27.03.08)

(34) Jeder Zweite **geht** (Freies krank Prädikativ) zur Arbeit
(Tagesschau, Studie: 10.11.21)

Während das GEHEN-MÜSSEN-Szenario aus Beleg (33) durch das Adjektiv *langsam* in Bezug auf die Art und Weise des Verarbeitungsverfahrens des Teigs näher bestimmt ist, charakterisiert das Adjektiv *krank* aus Beleg (34) nicht die Art der Fortbewegung jeder zweiten Person. *krank* bezieht sich also nicht auf den Szenarioentwurf, sondern auf einen Szenariobeteiligten. Mit anderen Worten: *langsam* beschreibt den Prozess des Gehen-Müssens und eben keine (temporäre) Eigenschaft des Teigs. Da es sich auf das Prädikat *muss gehen* bezieht, handelt es sich also um ein Modaladverbial; *krank* wiederum beschreibt eine (temporäre) Eigenschaft jeder zweiten Person der Studie. Da es sich auf das Subjekt (*jeder Zweite*) bezieht, handelt es sich daher um ein Freies Prädikativ.

Wie an der Gegenüberstellung der Belege (33) und (34) gezeigt, zeichnet sich das Freie Prädikativ dadurch aus, dass es nicht die Art des Szenarios näher beschreibt, sondern den Zustand eines konkreten Szenariobeteiligten. In der vielfältigen Textwelt kann es aber mitunter schwierig sein zu entscheiden, worauf sich eine in Frage stehende Wortgruppe bezieht:

(35) In Erwartung weißer Flocken, / **lächelt** Holle (Freies Prädikativ? unerschrocken Modaladverbial?).
(Ammann/Luchs, Frau Holle: 4)

Handelt es sich bei *unerschrocken* um eine Beschreibung der Art des Lächelns, also ein Modaladverbial, oder um eine Beschreibung des (Gemüts)Zustands von Frau Holle, also um ein Freies Prädikativ? Im Englischen würde sich diese Frage nicht stellen, da dort das Adverbsuffix *-ly* für eine klare formale Unterscheidbarkeit sorgt.

(36) George **left** the party (Freies angry Prädikativ).
(36') George **left** the party (Modal- angrily adverbial).
(Beispiele n. Schultze-Berndt/Himmelmann 2004: 60f.)

Für den deutschen Beleg (35) liegt die Antwort auf die Frage nach dem Satzgliedwert von *unerschrocken* nicht direkt auf der Hand, weil es im Gegenwartsdeutschen keine derartige Unterscheidung gibt und die entscheidenden Elemente (*lächelt*, *Holle*, *unerschrocken*) semantisch eng beieinander liegen, sodass beide Relationen denkbar wären. Mit anderen Worten: Weder *lächelt* noch *Holle* können als einzig mögliches Bezugselement von *unerschrocken* einwandfrei bestimmt werden. Eine Verstehenspräferenz ließe sich aber für die Lesart des Freien Prädikativs annehmen, da Sprecher:innen implizit wissen, dass sich der Gemütszustand einer Person auf ihre Handlungen auswirkt.

Für die analytische Unterscheidung von Modaladverbialen und Freien Prädikativen lässt sich daraus folgender Schluss ziehen: Während Modaladverbiale das Szenario charakterisieren, charakterisieren Freie Prädikative einen Szenariobeteiligten oder sie aktivieren hintergründiges (implizites) Wissen, das auf einen Szenariobeteiligten zu beziehen ist.

Formen, Funktionen und Bedeutung

Dass im Deutschen keine so eindeutige Unterscheidung wie im Englischen möglich ist, liegt daran, dass Adverbiale und Freie Prädikative formal identisch sein können. Um den Satzgliedwert einer in Frage stehenden Adjektivgruppe zu bestimmen, ist es daher wichtig, sich über den Zusammenhang von Formen, Funktionen und Bedeutung von Freien Prädikativen bewusst zu sein.

(37) $_{\text{(Freies}}$ Barfuß $_{\text{Prädikativ)}}$ **lief** $_{\text{(Sub-}}$ er $_{\text{jekt)}}$ in den Tischlerschuppen und zum Holzschuppen und zu den Hühnern.
(Nordqvist, Findus kam: 13)

(38) Die Post **stapelte sich** auch bei Karl Probst. Irgendwann **ließ** der Saarländer $_{\text{(Akkusativ-}}$ Briefe $_{\text{objekt)}}$ $_{\text{(Freies}}$ ungeöffnet $_{\text{Prädikativ)}}$ **liegen.**
(Saarbrücker Zeitung, Schuldenfalle: 21.07.15)

Die Belege (37) und (38) zeigen zwei typische Formen des Freien Prädikativ: Adjektiv (*barfuß*) oder Partizip (*ungeöffnet*). In beiden Belegen wird zudem die Funktion des Freien Prädikativs deutlich: es dient dazu, das jeweilige Subjekt ((37) = *er*) oder Akkusativobjekt ((48) = *Briefe*) näher zu charakterisieren, indem es Informationen über dessen Zustand gibt. Semantisch charakterisieren Freie Prädikative also den Zustand eines Szenariobeteiligten, auf den sie sich beziehen. Dabei lässt sich zwischen dem Freien Prädikativ und dem Komplement, auf das es sich bezieht, eine Art semantische Passung beobachten:

(38') Irgendwann **ließ** der Saarländer Briefe $_{\text{(Freies}}$ ungeöffnet $_{\text{Prädikativ (akkusativobjektbezogen))}}$ **liegen**

(38'') Irgendwann **ließ** der Saarländer Briefe $_{\text{(Freies}}$ verzweifelt $_{\text{Prädikativ (subjektbezogen))}}$ **liegen**

Die Belegvarianten (38') und 38'') zeigen, dass das Freie Prädikativ sich nur auf Szenariobeteiligte bezieht, die semantisch zu dessen Zustandsbeschreibung passen. Interpretationen, in denen beispielsweise *der Saarländer* als *ungeöffnet* oder *Briefe* als *verzweifelt* verstanden würden, sind unwahrscheinlich.

Freies Prädikativ vs. Prädikativgefüge

Nicht nur namentlich, sondern auch formal und semantisch gibt es Ähnlichkeiten zwischen dem Freien Prädikativ und dem Prädikativum, das wir als

Teil des Prädikats kennengelernt haben (vgl. Kap. 3.1.2.1.4). Vergleichen wir dazu die folgenden Belegvarianten:

(37') (Freies Barfuß Prädikativ) **lief** er in den Tischlerschuppen.
(37'') Er **war** (Prädikati- **barfuß** vum).

Die Gegenüberstellung verdeutlicht, dass die semantische Beziehung zwischen Freiem Prädikativ und Subjekt aus Beleg (37') der Relation zwischen Prädikat und Subjekt aus Beleg (37'') stark ähnelt, weil die Satzaussage von (37'') implizit in (37') enthalten ist. Grammatisch besteht jedoch ein wichtiger Unterschied zwischen beiden Sätzen: Während das Prädikativum in Beleg (37'') Teil des Prädikats (= Prädikativgefüge) ist, handelt es sich bei dem Freien Prädikativ der ersten Belegvariante um ein eigenständiges Satzglied.

Gibt es diese Ähnlichkeit nur bei adjektivischen bzw. partizipialen Prädikativa oder vielleicht auch bei substantivischen? Denn wir erinnern uns: In Kap. 3.1.2.1.4 zum Prädikativgefüge haben wir gezeigt, dass Prädikative auch Substantive sein können (*Kekse sind kleine Alleskönner*). Deshalb stellt sich die Frage, wie man substantivische Prädikative als freie Prädikative umsetzen kann.

Betrachten wir hierzu die folgende Parallele:

Freies als-Prädikativ

(39) (Freies als- Als Liebesbriefschreiber Prädikativ) **hatte** ich dieses Wort **aufgegriffen** (Kirchhoff, Dämmer: 271)
(39') Ich **war Liebesbriefschreiber**.

Wie wir sehen, entspricht dem substantivischen Prädikativ als Prädikatsbestandteil ein substantivisches Freies Prädikativ mit dem Adjunktor *als*.

Die Entsprechung von obligatorischen und freien prädikativen Informationen ist demnach formal regelhaft: Einem adjektivischen (*barfuß*) oder partizipialen (*ungeöffnet*) Freien Prädikativ entspricht ein adjektivisches (*x ist barfuß*) oder partizipiales (*x ist ungeöffnet*) Prädikativgefüge und einem substantivischen Freien als-Prädikativ (*Als Liebesbriefschreiber hatte ich...*) entspricht ein substantivisches Prädikativgefüge (*Ich war Liebesbriefschreiber*).

Freie Prädikative sind die einzigen Supplemente, die nicht *ad-verbial* sind. Bei ihren Bezugselementen handelt es sich nämlich immer um ein Komplement des Satzes, niemals um das Prädikat. Semantisch zeichnen sie sich dadurch aus, dass sie den Zustand des Komplements, auf das sie sich beziehen, charakterisieren. Dabei stellen sie eigenständige Satzglieder dar, die prototypisch in Form von Adjektiven oder Partizipien bzw. in Form von als-Gruppen realisiert sind.

Damit haben wir nun drei der bereits eingangs vorgestellten Funktionen von Satzgliedern im weiteren Sinne an konkreten Satzgliedtypen besprochen: Szenierung, Szenariokomplementierung und Szenariokontextualisierung. Im Folgenden wollen wir uns dem letzten Bereich der Mesoebene zuwenden – denjenigen Satzgliedern, die der Szenariokommentierung dienen.

Übung 32: Freies Prädikativ

Bestimmen Sie, ob in den Sätzen ein Freies Prädikativ, ein Prädikativ in einem Prädikativgefüge oder ein Modaladverbial vorliegt.

Fotosynthese ist entscheidend für das Leben. (Hird, Ozeanopädie: 40)

Leidenschaftslos und kühl betrachtete sie es, wie ein Ding, einen Gegenstand, und nicht wie einen Menschen. (Tokarczuk, Ur: 88)

Mann regelt betrunken Verkehr und landet hinter Gittern. (Südkurier, Betrunken: 09.09.22)

In Kap. 3.3 haben wir uns mit denjenigen Satzgliedern befasst, die das Szenario kontextualisieren. Wir haben gesehen, dass diese Aufgabe hauptsächlich von Adverbialen übernommen wird, die nur als Situativadverbiale, als Situativ- oder Verhältnisadverbiale oder nur als Verhältnisadverbiale auftreten können. Allen Adverbialen ist gemein, dass sie sich auf den Szenarioentwurf beziehen und das Geschehen auf diese Weise näher einordnen. Adverbiale sind in der Regel Supplemente, bei einigen wenigen Prädikaten kommen sie aber auch als Komplemente vor. Als letzten Satzgliedtyp haben wir im Supplement-Kapitel das Freie Prädikativ kennengelernt, das eine Sonderrolle unter den Supplementen einnimmt, da es sich als einziges nicht auf das Prädikat, sondern auf ein Komplement (Subjekt oder Akkusativobjekt) bezieht.

Tab. 21: Supplemente

	Supplementklasse	**Beleg**
Situativ-adverbiale	Lokaladverbial	Seit 160 Jahren **wird** (Lokal- in der Saline Luisenhall adverbial) mit einem kaum veränderten Verfahren Salz **gewonnen.**
	Frequenzadverbial	Der alte Chuck **zündet** sie (Frequenz- jeden Abend adverbial) **an.**
	Modaladverbial	Die Deutschen **flirten** (Modal- sehr subtil adverbial)
Situativ- wie Verhältnis-	Temporaladverbial (situativ)	die Holzbretter **sind** (situatives jetzt Temporaladverbial) **verzogen** wie der Rumpf einer gestrandeten Galeone,

	Supplementklasse	Beleg
adverbiale	Temporaladverbial (anszenierend)	auch die Wiese **ist verwuchert**, (Verhältnis- während die Tage verstreichen und die Jahreszeiten kürzer werden temporaladverbial).
	Dilativadverbial (situativ)	(situatives innerhalb eines Wimpernschlags Dilativadverbial) **komm** ich unten in der Vinyl-Abteilung **an**.
	Dilativadverbial (anszenierend)	(Verhältnis- bis es Weihnachten ist dilativadverbial), **dauert** es zwar noch eine Weile.
	Instrumental-adverbial (situativ)	Seit 160 Jahren **wird** in der Saline Luisenhall (situatives mit einem kaum veränderten Verfahren Instrumentaladverbial) Salz **gewonnen**,
	Instrumental-adverbial (anszenierend)	Seit 160 Jahren **wird** in der Saline Luisenhall mit einem kaum veränderten Verfahren Salz **gewonnen**, (Verhältnis- indem es in großen Pfannen aus einer Sole gesiedet und ohne jegliche Zusätze in Handarbeit verpackt wird instrumentaladverbial).
	Komitativadverbial (situativ)	So **wartete** Pembe also (situatives mit ihrem Sohn Komitativadverbial).
	Komitativadverbial (anszenierend)	(Verhältnis- Ohne sich zu bewegen komitativadverbial), **zog** das Tier eine Lefze **hinauf**.
Verhältnis-adverbiale	Konditionaladverbial	(Konditional- Wenn ich überlebe adverbial), **werde** ich es der ganzen Welt erzählen.
	Kausaladverbial	Mir **schmerzen** die Füße, (Kausal- weil sie eine Million Meilen gegangen sind adverbial).
	Konsekutivadverbial	Die Füße **sind** eine Million Meilen **gegangen**, (Konsekutiv- sodass sie mir schmerzen adverbial).
	Konzessivadverbial	(Konzessiv- Obwohl sie eine Million Meilen gegangen sind adverbial), **schmerzen** mir die Füße nicht.
	Finaladverbial	Ich **bin** heute nicht so weit **gegangen**, (Final- damit mir die Füße nicht schmerzen adverbial).
	Freies Prädikativ	(Freies Barfuß Prädikativ) **lief** (Sub- er jekt) in den Tischlerschuppen und zum Holzschuppen und zu den Hühnern.
	Freies als-Prädikativ	(Freies als- Als Liebesbriefschreiber Prädikativ) **hatte** ich dieses Wort **aufgegriffen**.

Übung 33: Supplemente

Bestimmen Sie alle Supplemente im folgenden leicht gekürzten Zeitungsartikel.

Gebrauchte Windeln könnten laut einer Studie künftig eine Rolle beim umweltfreundlicheren Bauen spielen. Gewaschen, desinfiziert und geschreddert könnten sie in tragenden Teilen eines einstöckigen Hauses bis zu 27 Prozent des Sands im Beton und bis zu 40 Prozent des Sands im Mörtel ersetzen. Baumaterialien sind oft der bedeutendste materielle Beitrag beim Bau von Wohnungen und können bis zu 80 Prozent des Gesamtwerts eines einfachen Wohnhauses ausmachen. Wegen des jährlichen Bevölkerungswachstums von 4,1 Prozent werden in Indonesien etwa 780.000 neue Wohneinheiten pro Jahr benötigt, die Bauindustrie schafft aber nur maximal 500.000. Zuraida und ihre Kollegen testeten mit den gebrauchten Windeln deshalb ein alternatives Baumaterial, was auch Mülldeponien entlasten würde. Dafür stellten sie Betonmischungen mit verschiedenen Anteilen an Windeln her. Sie ließen die Mischungen 28 Tage lang aushärten und prüften dann ihre Druckfestigkeit. Mithilfe der indonesischen Bauvorschriften ermittelten sie, welche Teile des Hauses welchen Anteil an Windeln aufnehmen könnten, ohne die nötigte Festigkeit zu verlieren. In gemauerten, nicht tragenden Wänden kann der Windelanteil im Mörtel dagegen bis auf 40 Prozent steigen. Im Mörtel für Bodenplatten, im Haus oder auf der Terrasse, können Windeln demnach bis zu neun Prozent des Sands ersetzen. Zuraida und Kollegen errechneten, dass für ein 36 Quadratmeter großes Haus mit einem Baumaterialbedarf von 22,79 Kubikmetern 1,73 Kubikmeter Windelabfall eingesetzt werden könne. Allerdings sei dies in Indonesien nicht einfach umzusetzen. (Zeit Online, Baumaterial: 21.05.23)

3.4 Kommentarglieder

Wie wir bereits wissen, bilden die *Kommentarglieder* eine der vier Klassen der Mesoglieder (= Satzglieder im weiteren Sinne). Wir erinnern uns:

(a) *Szenierung*
= Kraft seiner Valenz entwirft das Prädikat ein Szenario.

(b) *Szenariokomplementierung*
= Als valenzgeforderte Satzglieder ergänzen bzw. vervollständigen Komplemente diesen Szenarioentwurf.

(c) *Szenariokontextualisierung*
= Als nicht-valenzgeforderte Satzglieder ordnen Supplemente das Szenario näher ein.

(d) *Szenariokommentierung*
= Kommentarglieder stehen außerhalb des Szenarios und drücken Sprechereinstellungen aus.

Prädikat und Komplemente bilden die Grundstruktur eines Satzes und zeigen (signifikativ-semantisch) dessen Szenario an. Die Supplemente erweitern diese Grundstruktur, indem sie das Szenario ausgestalten. Die Kommentarglieder, die syntaktisch Ähnlichkeiten mit Adverbialen haben und deshalb traditionell auch als Satz- oder Kommentaradverbiale genannt werden, haben eine grundlegend andere Funktion als Supplemente. Metaphorisch gesprochen könnte man sagen, dass durch die Kommentarglieder die Erzählinstanz hör- oder sichtbar gemacht wird. Und um bei dieser narratologischen Metapher zu bleiben: Komplemente sind die Figuren eines Satzes, Kommentarglieder die Spuren des Erzählers (im weitesten Sinne), also Spuren von erzählenden, erklärenden, berichtenden oder erklärenden Instanzen.

Aber der Reihe nach. Zuerst gehen wir auf den Kommentargliedbegriff ein, dann stellen wir die wichtigsten Kommentargliedklassen vor. Dabei werden auch Abgrenzungsschwierigkeiten zu behandeln sein.

3.4.1 Kommentargliedbegriff

Das letzte Satzglied, das unser System der Mesoebene vervollständigt, ist das *Kommentarglied*. Anders als Komplemente und Supplemente gehört das Kommentarglied nicht zum Szenario, sondern blickt von einer Art Außenperspektive auf das Geschehen. Kommentarglieder drücken Sprechereinstellungen in Bezug auf die Geltung oder die Bewertung des Szenarios aus:

(1) Reminder: Du **bist gut genug**. (Kommentar- Wahrscheinlich glied) **bist** du sogar **überqualifiziert**, aber **lass uns** bescheiden in die Woche **starten**.
(Visual Statements, Lieblingskollegen)

(2) Ich **habe** (Kommentar- Gott sei Dank glied) noch ein paar Sonnenblumen aus dem Bauerngarten für einen Blumenstrauß **retten können**.
(wohnen_auf_dem_land, Instagram: 28.8.2020)

Beim Kommentarglied handelt es sich um einen relativ jungen grammatischen Satzgliedwert, der dennoch bereits ins Verzeichnis grundlegender grammatischer Fachausdrücke aufgenommen wurde (vgl. Verzeichnis 2020: 32) und demnach auch Einzug in den Schulunterricht erhält. Wichtig geworden ist diese Ergänzung des traditionellen Satzgliedbestands, um der grammatischen Realität von Sätzen gerecht zu werden. Denn auch wenn Kommentarglieder sich von Satzgliedern im engeren Sinne z.T. unterscheiden, kommen sie häufig in Sätzen vor und erfüllen wichtige kommunikative Funktionen auf Satzebene. Formal werden Kommentarglieder häufig von Adjektiven, Adverbien oder Präpositionalgruppen gebildet.

Grammatik und Semantik

Schauen wir uns die grammatische Beschaffenheit und die semantischen Leistungen von Kommentargliedern an einem Beispiel näher an:

(3) (Kommentar- Laut Polizeibericht glied) **fuhr** der 22-Jährige (Kommentar- augenscheinlich glied) zunächst mit den rechten Rädern in den Grünstreifen. Daraufhin **lenkte** der

junge Mann **gegen** und **verlor** dann (Kommentar- mutmaßlich glied) die Kontrolle über sein Fahrzeug. Anschließend **stürzte** er einen Abhang **hinunter** und **knallte** mit der Beifahrerseite gegen einen Baum. [...] Die Polizei **bittet** Zeugen um Mithilfe. (Kommentar- Eventuell glied) **gab** es vor dem Unfall Beobachtungen, welche in Zusammenhang mit dem Fahrzeug, der Fahrweise, oder dem Fahrer stehen.
(all-in.de, Autofahrer: 19.04.22)

Wie Beleg (3) zeigt, enthält dieser Zeitungsartikel vier Kommentarglieder, deren Aufgabe darin besteht, die einzelnen Satzaussagen aus der Perspektive der Textproduktion hinsichtlich möglicher Quellenangaben, Evidenzen und Gewissheitsgrade einzuordnen. Auch ohne Kommentarglieder käme es zu vollkommen natürlichen grammatischen Sätzen:

(3') Der 22-Jährige **fuhr** zunächst mit den rechten Rädern in den Grünstreifen. Daraufhin **lenkte** der junge Mann **gegen** und **verlor** dann die Kontrolle über sein Fahrzeug. Anschließend **stürzte** er einen Abhang **hinunter** und **knallte** mit der Beifahrerseite gegen einen Baum. [...] Die Polizei **bittet** Zeugen um Mithilfe. Es **gab** vor dem Unfall Beobachtungen, welche in Zusammenhang mit dem Fahrzeug, der Fahrweise, oder dem Fahrer stehen.

Aber die Belegvariante (3') offenbart, dass ohne Kommentarglieder der Eindruck entsteht, dass der Text an Tatsachengehalt gewinnt. Das liegt daran, dass drei der vier Kommentarglieder im Text *Sprechereinstellungen* ausdrücken. Sprechereinstellungen sind „Attitüden/Einstellungen des Sprechers/Verfassers [...], von Gewißheit und Vermutung über Distanzierung und Bewertung bis zu Wollen, Erwarten, Hoffen usw." (von Polenz 2008: 212). Deshalb finden wir Kommentarglieder häufig in Berichten jeglicher Art, in denen die berichtende Instanz eine gewisse reflektierte Distanz zu den geschilderten Szenarios einnimmt. Auch in Texten mit Erzählinstanz spielen Kommentarglieder eine wichtige Rolle. Dort drücken sie dann nicht die Einstellungen des Textproduzenten, sondern des Erzählers aus (z.B. beim *unzuverlässigen Erzählen*, vgl. Jacke 2020: 39ff.).

Wir können also festhalten, dass sich Kommentarglieder im Unterschied zu allen anderen Satzgliedern semantisch dadurch auszeichnen, dass sie außerhalb des Szenarios stehen, weil ihre Aufgabe darin besteht, Szenarios als Ganzes hinsichtlich möglicher Quellenangaben, Evidenzen und Gewissheitsgrade einzuordnen. Was folgt daraus nun für ihr syntaktisches Verhalten?

syntaktisches Verhalten

Als Satzglieder im weiteren Sinne verhalten sich Kommentarglieder ähnlich wie andere Satzglieder. So sind sie z.B. verschiebbar und in der Regel auch vorfeldfähig:

(4) Nisse **zog** sich (Kommentar- natürlich glied) auch **an.**
(Lindgren, Karlsson-Däumling: 103)

(4') (Kommentar- Natürlich glied) **zog** sich Nisse auch **an.**

(5) (Kommentar- Wahrscheinlich glied) **habe** ich **mich** in unseren Ferien **überfreut**.
(Härtling, Mirjam: 27)

(5') In unseren Ferien **habe** ich **mich** (Kommentar- wahrscheinlich glied) **überfreut.**

---

i Eine Ausnahme von dieser Regel bilden negierende Kommentarglieder (*nicht*, *gar nicht*, *überhaupt nicht*).

Im Unterschied zu den Satzgliedern im engeren Sinne (= Komplemente und Supplemente) sind Kommentarglieder allerdings weder mit Satzgliedfragen erfragbar noch durch (adverbiale oder pronominale) Leitformen (*so*, *dort*, *dann*, *er*, *es*, ihn, *ihm* usw.) ersetzbar:

→ ?? *Wie* zog sich Nisse auch an?
→ ?? Nisse zog sich *so* auch an?
→ ?? *Wie* habe ich mich in unseren Ferien überfreut?
→ ?? In unseren Ferien habe ich mich *so* überfreut?

Aufgrund ihrer semantischen Beschaffenheit können sie aber sehr wohl als Antwort auf Entscheidungsfragen fungieren:

→ Zog sich Nisse auch an? Natürlich.
→ Habe ich mich in unseren Ferien überfreut? Wahrscheinlich.

Dass Kommentarglieder nicht mit genuinen Satzgliedfragen erfragbar oder durch Leitformen ersetzbar sind, liegt daran, dass sie semantisch außerhalb der Szenario-Dimension liegen. Denn „ihr Gehalt betrifft ja nicht den sachlichen Gehalt der Mitteilung, sondern moduliert die Darstellung oder Übermittlung der Mitteilungsfunktion an sich" (Lötscher 1999: 306). Mit anderen Worten: Kommentarglieder können nicht mit Fragen zum Szenario ermittelt oder durch (adverbiale oder pronominale) Leitformen ausgetauscht werden, weil sie nicht Teil des Szenarios sind. Sie entziehen sich dieser Logik, weil ihr semantischer Ort nicht die Satzaussage selbst ist, sondern eine textproduzierende/erzählende Instanz.

Zusammenfassend lässt sich festhalten, dass das syntaktische Verhalten von Kommentargliedern also untrennbar mit ihrer semantischen Aufgabe verbunden ist. Ihre Vorfeldfähigkeit und Verschiebbarkeit sind dabei klare Argumente dafür, sie als Satzglieder im weiteren Sinne zu betrachten.

3.4.2 Kommentargliedklassen

Aufgrund ihrer leicht divergierenden semantischen Funktionen unterscheiden wir zwei große Klassen von Kommentargliedern:
(1) geltungsbezogene Kommentarglieder, kurz: *Geltungsglieder*
(2) wertungsbezogene Kommentarglieder, kurz: *Wertungsglieder*

Geltungsglieder

(1) Geltungsglieder beziehen sich – wie der Terminus bereits nahelegt – auf die Geltung eines Szenarios. Dabei unterscheiden wir drei Subklassen: *Epistemikglieder*, *Evidenzglieder* und *Bereichsglieder*. Die ersten beiden Subklassen finden wir bereits in unserem Beleg (3):

(3) (Evidenz- Laut Polizeibericht glied) **fuhr** der 22-Jährige (Epistemik- augenscheinlich glied) zunächst mit den rechten Rädern in den Grünstreifen. Daraufhin **lenkte** der junge Mann **gegen** und **verlor** dann (Epistemik.- mutmaßlich glied) die Kontrolle über sein Fahrzeug. Anschließend **stürzte** er einen Abhang **hinunter** und **knallte** mit der Beifahrerseite gegen einen Baum. [...] Die Polizei **bittet** Zeugen um Mithilfe. (Epistemik- Eventuell glied) **gab** es vor dem Unfall Beobachtungen, welche in Zusammenhang mit dem Fahrzeug, der Fahrweise, oder dem Fahrer stehen.
(all-in.de, Autofahrer: 19.04.22)

Epistemikglieder

Führen wir uns die Beispiele aus Beleg (3) vor Augen, fällt auf, dass Epistemikglieder (*augenscheinlich*, *mutmaßlich*, *eventuell*) sich auf den relativen Tatsachenstatus eines Szenarios beziehen. Zum semantischen Umfang von Epistemikgliedern gehört beispielsweise, dass mit ihnen Sprecher:innen Gewissheit in Bezug auf den Tatsachengehalt der Satzaussage signalisieren (z.B. *natürlich*), relative Sicherheit ausdrücken (z.B. *augenscheinlich, wahrscheinlich*), eine Vermutung äußern (z.B. *eventuell*) oder die Geltung eines Szenarios schlichtweg abstreiten (z.B. *nicht, gar nicht*) können.

Evidenzglieder

Evidenzglieder hingegen beziehen sich zwar ebenfalls auf die allgemeine Geltung eines Szenarios, heben aber nicht auf den epistemischen Status, sondern auf die Evidenzen ab. Mit anderen Worten: Mit Evidenzgliedern kommentieren die Sprecher:innen nicht den (Un)Gewissheitsstatus einer Satzaussage, sondern geben an, woher eine Information stammt.

Eine textproduzierende oder erzählende Instanz kann damit sozusagen den Ursprung der Satzaussage nachweisen. Folglich handelt es sich bei reportiven Wortgruppen, wie z.B. *laut Polizeibericht*, *meiner Meinung nach* oder *dem Gesundheitsminister zufolge* immer um Evidenzglieder.

Bereichsglieder

Die dritte Subklasse geltungsbezogener Kommentarglieder bilden die Bereichsglieder. Für diese haben wir noch kein Belegbeispiel gesehen, weshalb wir nun zwei anführen wollen:

(6) Weder Staat noch Kirche **sind** (Bereichs- in Religionssachen glied) **befugte Richter** (Mendelssohn, 18. Jhd.)

(7) Hendrik Teetz: „(Bereichs- Wirtschaftlich glied) **ist** das **eine Katastrophe**“ (Tageblatt, Wirtschaft: 20.04.20)

Wie die Belege (6) und (7) zeigen, drücken Bereichsglieder keinen Geltungs*grad*, sondern vielmehr einen Geltungs*bereich* aus. Sie geben an, für welche spezifische Domäne eine konkrete Satzaussage gültig ist. In (6) werden *weder Staat noch Kirche* nicht im Allgemeinen als befugte Richter angesehen, sondern in Bezug auf die Religion. In Beleg (7) wird *das* (gemeint sind Lokalschließungen unter Pandemiebedingungen) nicht generell als Katastrophe beschrieben, sondern nur im Hinblick auf die Domäne der Wirtschaft.

Wertungsglieder

(2) Die zweite Großklasse der Kommentarglieder bilden die Wertungsglieder. Im Gegensatz zu Geltungsgliedern beziehen sich Wertungsglieder nicht auf den Geltungsgrad oder -bereich eines Szenarios, sondern bewerten eine Satzaussage oder evaluieren sie hinsichtlich ihres Gelingens. Deshalb unterscheiden wir hier zwei Subklassen: *Bewertungs-* und *Evaluierungsglieder*.

Bewertungsglieder, wie wir sie in (8) oder (9) finden, verorten einen Satzinhalt in einer von zahlreichen möglichen „Bewertungsdimensionen“ (IDS-Grammatik 1997/2: 1129). In (8) wird das GUT-GEHEN-Szenario mit *zum Glück* kommentiert, was zunächst eine gewisse Erleichterung der Sprecherinstanz suggeriert. Ebenso scheint in (9) durch das Bewertungsglied *leider* nahe zu liegen, dass die Veranstalter:innen es bedauern, die mitgeteilte Veranstaltung abzusagen:

(8) »Es geht ihm (Bewertungs- zum Glück glied) gut, und die Spieler spielen die Begegnung für Christian«, **sagte** der Fußball-Direktor des dänischen Verbands DBU, Peter Møller, dem Rundfunksender DR. (Spiegel Online, EM 2021: 12.06.21)

(9) DIE VERANSTALTUNG AM 4. MÄRZ BEI DER FIRMA SCHUNK IN MENGEN **MUSS** (Bewertungs- LEIDER glied) AUF EINEN ANDEREN TERMIN **VERSCHOBEN WERDEN**! (Landkreis Sigmaringen, Podiumsgespräch, 04.03.20, Großschreibung im Original)

Obwohl angenommen werden könnte, dass Bewertungsglieder eine emotionale Perspektive ausdrücken, muss bedacht werden, dass es sich hierbei eher um Formulierungsroutinen handelt, die je nach Textsorte als mehr oder weniger obligatorische Floskeln einzuordnen sind. In (9) ist bei dieser offiziellen Absage einer Veranstaltung mit Sicherheit davon auszugehen, dass keine Emotionen ausgedrückt werden, sondern die Floskel *leider* vielmehr eine gesellschaftliche Erwartung im Text erfüllt. Anders könnte die Kommunikationssituation in (10) zu bewerten sein:

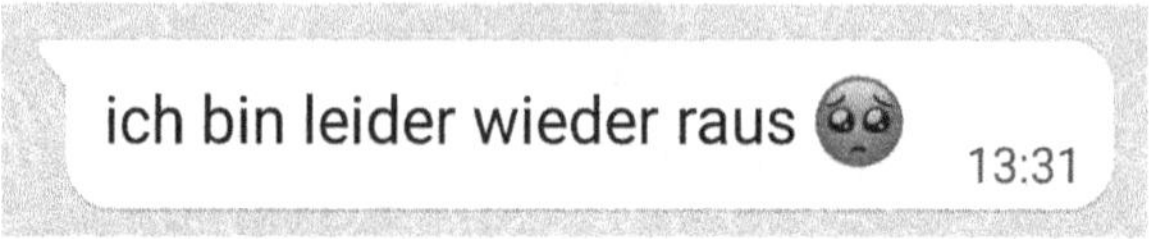
ich bin leider wieder raus
13:31

In diesem Beleg aus einer Messenger-Kommunikation legt der mitgesendete Emoji nahe, dass hinter dem Beitrag der Sprecherinstanz tatsächlich eine Emotion steckt und durch das Bewertungsglied in diesem Fall tatsächlich wiedergegeben wird, wie sich Sprecher/Erzähler mit Blick auf das Szenario fühlt. Eine generelle Aussage, dass mit Bewertungsgliedern immer Emotionen signalisiert werden sollen, kann jedoch nicht getroffen werden. Die Perspektive, dass es sich in vielen Fällen um eine reine Formulierungskonvention handelt, ist ernst zu nehmen und muss bedacht werden. Weitere Bewertungsglieder sind z.B. *Gott sei Dank, überraschenderweise* oder *zu meinem Erstaunen.*

Evaluierungsglieder

Evaluierungsglieder sind Bewertungsgliedern grundsätzlich darin ähnlich, dass sie Szenarios ebenfalls bewerten. Hier spielt allerdings das Gelingen bzw. Misslingen eines Szenarios eine zentrale Rolle:

(11) CDU-Politiker Wolfgang Bosbach **hat** beim Prominenten-Special von „Wer wird Millionär?“ (Bewertungs- vergeblich glied) **versucht,** die Kanzlerin als Telefonjoker anzurufen.
(Stuttgarter Zeitung, Telefonjoker: 03.06.14)

(12) Die Anschuldigungen Hagabimanas **konnte** die DW (= Deutsche Welle, ÁGGS) im Kern durch andere Quellen **bestätigen** und **wollte** dann auch eine Stellungnahme der burundischen Regierung **einholen** – (Bewertungs- ohne Erfolg glied).
(DW, Friedensgespräche: 24.05.16)

Sowohl in (11) als auch in (12) werden zwei Szenarios geschildert, die misslingen. Dieser Misserfolg spiegelt sich in den Bewertungsgliedern *vergeblich* und *ohne Erfolg* wider. Evaluierungsglieder werten Satzaussagen also dahingehend, ob sie aus Sprecher- bzw. Erzählperspektive erfolgreich sind (vgl. Boettcher 2009/2: 198). Weitere Evaluierungsglieder sind z.B. *umsonst, erfolgreich* oder *mit Erfolg.*

Abgrenzungsschwierigkeiten

Sowohl zwischen den einzelnen Subklassen als auch in Bezug auf andere grammatische Phänomene können Schwierigkeiten bei der Abgrenzung der Kommentarglieder auftreten. An ausgewählten Beispielen wollen wir daher nun auf diese Schwierigkeiten eingehen, um dadurch den Kommentargliedbegriff in Hinblick auf konkrete Analysen noch etwas zu schärfen.

Semantische Klassifikationen sind mindestens z.T. interpretationsabhängig und daher selten personenübergreifend trennscharf. Da auch die Subklassifizierung der Kommentarglieder auf semantischen Kriterien beruht, wollen wir nun an einem Beispiel theoretische wie analytische Entscheidungen illustrieren.

Abgrenzung der Subklassen untereinander

Rein auf Basis semantischer Überlegungen könnte man z.B. argumentieren, dass negierende Geltungsglieder (z.B. *nicht*) und Misserfolg verkündende Evaluierungsglieder (z.B. *vergeblich*) funktional eng beieinander liegen, da sie das Nicht-Zustandekommen eines Szenarios versprachlichen. Eine Sammelklasse ist dennoch ausgeschlossen, da es einen deutlichen Unterschied in der Gültigkeit der Negation gibt. Vergleichen wir dazu (11) mit der Belegvariante (11'):

(11) CDU-Politiker Wolfgang Bosbach **hat** beim Prominenten-Special von „Wer wird Millionär?" (Bewertungs- vergeblich glied) **versucht,** die Kanzlerin als Telefonjoker anzurufen

(11') CDU-Politiker Wolfgang Bosbach **hat** beim Prominenten-Special von „Wer wird Millionär?" (Geltungs- nicht glied) **versucht,** die Kanzlerin als Telefonjoker anzurufen

In der Gegenüberstellung der Belege wird sofort ersichtlich, dass das Ausbleiben eines Szenarios, das *vergeblich* andeutet, beim Evaluierungsglied außerhalb des Szenarios liegt, auf das sich dieses Wertungsglied bezieht. Das VERSUCHEN-Szenario in (11) ist gültig, d.h., es ist eine Tatsache, deren Folge (hier: ein Telefonat mit Kanzlerin Merkel) allerdings ausbleibt. In (11') bezieht sich *nicht* allerdings auf das unmittelbar vorliegende VERSUCHEN-Szenario, wodurch dieses seine Gültigkeit verliert. Es hat schlicht nicht stattgefunden. Eine klare theoretische wie analytische Trennung von negierenden Geltungsgliedern und negativ-evaluierenden Wertungsgliedern ist daher notwendig.

Abgrenzung zu anderen grammatischen Phänomenen

Neben Abgrenzungsfragen innerhalb der Satzgliedklasse der Kommentarglieder können bei der Analyse konkreter Texte zudem Fragen zur Abgrenzung der Kommentarglieder von anderen Werten aufkommen. Schauen wir uns daher zwei Belege an, die ggf. zu Analyseunsicherheiten führen können. Beide Belege sind zunächst unmarkiert, um die aus Sicht der GTA richtige Analyse nicht vorwegzunehmen.

(13) Afghanistan – war alles umsonst?
(Mission Lifeline, Afghanistan: 05.09.21)

(14) Einmal, das war klar, mußte ich es sagen, daß Joachim aus dem Leben geschieden ist
(Frisch, Homo: 175)

Rekapitulieren wir in Kürze ein paar wichtige Theoriebausteine: Kommentarglieder sind Satzglieder im weiteren Sinne und daher nicht valenzgefordert. Wie alle in der GTA vorgestellten grammatischen Werte werden Kommentarglieder als Zusammenspiel von Form und Funktion bestimmt. Da Formen unterschiedliche Funktionen innerhalb von Sätzen übernehmen können, sind rein lexikalische Bestimmungen nicht zielführend.

Aus diesen Überlegungen folgt unweigerlich, dass *umsonst* in Beleg (13) nicht als Kommentarglied bestimmt werden kann, obwohl es formal und semantisch durchaus denkbar wäre:

Kommentarglied vs. Prädikativgefüge

(13) *Afghanistan – **war** alles umsonst?
(13') Afghanistan – **war** alles **umsonst**?

Vielmehr handelt es sich bei *umsonst* um das Prädikativum des Satzes, wie die richtige Analysemarkierung in (13') verdeutlicht. Eine andere Analyse ist unzulässig, da *sein* (hier: *war*) in dem Beleg als Kopulaverb fungiert und nicht als Vollverb (vgl. Kap. 3.1.2.1.4). Folglich handelt es sich bei *umsonst* um das Prädikativum. Beide Prädikatsbestandteile zusammen bilden den Valenzträger des Satzes.

Kommen wir nun zu Beleg (14). Wie beschrieben, basiert der Kommentargliedbegriff auf formalen wie funktionalen Gesichtspunkten. Semantische Aspekte spielen insofern eine Rolle, als dass Kommentarglieder zu Kommentarmitteln gehören, also eben Sprechereinstellungen zum Ausdruck bringen. Dabei gilt aber: Nicht bei jeder Struktur, die Sprechereinstellungen zum Ausdruck bringt, handelt es sich zwangsläufig um ein Kommentarglied.

---

i Nicht alle Kommentarmittel sind Kommentarglieder, genauso wenig wie alle Kohäsionsmittel Kohäsionsglieder sind (vgl. Kap. 2.3.1).

Vergleichen wir dazu die analysierten Belege (14) und (14'):

(14) Einmal, (Paren- das **war klar** these), **mußte** ich es **sagen**, daß Joachim aus dem Leben geschieden ist.
(14') Einmal **mußte** ich es (Epistemik- natürlich glied) **sagen**, daß Joachim aus dem Leben geschieden ist.

Kommentarglied vs. Parenthese

In Beleg (14) ist eine typische Parenthesenstruktur enthalten, die dadurch gekennzeichnet ist, dass der einfache Satz mit dem Prädikat *war klar* in das Satzgefüge mit dem Prädikat *mußte sagen* zwar eingeschoben, aber eben nicht integriert ist, da es beim Einschub lediglich zu einer Unterbrechung der Trägerstruktur kommt (vgl. Hoffmann 1998: 317). Der Kommentar (das KLAR-

SEIN-Szenario) besetzt damit eine sog. *Parenthesennische* zwischen dem Vorfeld (*Einmal*) und der linken Satzklammer (*mußte*), steht also außerhalb der Stellungsfelderstruktur. Metaphorisch stellen wir uns die Parenthese als eine Art zweite Tonspur (= T^2) (GTA: 777) vor:

(T^1)	Einmal,		**mußte** ich es **sagen**, daß [...] geschieden ist
(T^2)		das **war klar**,	

Neben Parenthesen gibt es eine Reihe von Kommentarmitteln, denen allesamt gemein ist, dass sie Satzaussagen im weitesten Sinne kommentieren (z.B. Redeanzeige oder weiterführende Relativnebensätze (vgl. GTA: 679–687). Dennoch handelt es sich nicht bei allen diesen Kommentarmitteln um Kommentarglieder.

Kommentarglieder gehören anders als die Komplemente und Supplemente zu den Satzgliedern im weiteren Sinne. Sie sind nicht valenzgefordert, darin ähneln sie den Supplementen. Doch sie haben eine ganz andere Funktion, sie versprachlichen nämlich die szenarioexterne Perspektive der textproduzierenden/erzählenden Instanz. Deshalb sind sie weder mit Satzgliedfragen erfragbar noch durch (adverbiale oder pronominale) Leitformen ersetzbar. Es gibt zwei große Klassen unter den Kommentargliedern, die Geltungsglieder (*vielleicht, wahrscheinlich, definitiv, laut Polizeibericht*) und die Wertungsglieder (*leider, zum Glück, vergeblich*), die sich jeweils in weitere Subklassen aufteilen lassen.

Übung 34: Kommentarglieder

Schauen Sie sich die fettmarkierten Geltungsglieder im folgenden Auszug eines Online-Artikels zu Marc-Uwe Klings Regiedebüt *Känguru-Verschwörung* an und ordnen Sie sie nach Gewissheitsgrad in Bezug auf den Tatsachengehalt der Satzaussage.

Marc-Uwe Kling geht zwar ***nicht*** davon aus, dass sein Anti-Verschwörungs-Film, Verschwörungstheoretikerinnen und Verschwörungstheoretiker bekehren kann. „Schon klar. Die 'Känguru-Verschwörung' wird ***sehr wahrscheinlich*** niemanden aus dem Wunderland zurückholen." Aber: „Laut Studien, von denen ich einfach behaupte, dass es sie gibt, weil mir mal jemand davon erzählt hat, kann das Lächerlichmachen durchaus Leute, die schon am Kaninchenbau stehen, davon abhalten hineinzuspringen", so seine Hoffnung.
Und in typischer Kling-Manier fügt er hinzu: „Insofern könnte man ***eventuell***, ***möglicherweise***, ***vielleicht***, ***unter Umständen*** hoffen, dass der Film eine Art Impfung gegen Verschwörungstheorien darstellt. Oh. Ich habe Impfung gesagt. Verzeihung, ich wollte keine Kontroverse auslösen." (Goldene Kamera, Kinotipp)

Übung 35: Makro-Meso-Gesamtanalyse

Führen Sie eine vollständige Textanalyse der folgenden leicht gekürzten Textstelle durch, d.h. a) segmentieren Sie den Text nach Textgliedern und b) bestimmen Sie in den Sätzen alle Prädikate und ihre Prädikatsklassen und c) alle Ihnen bekannten Satzglieder. Denken Sie an integrierte Kohäsionsglieder (vgl. Kap 2.3.2.1), die keine Satzgliedwerte erhalten.

Beispielsweise habe ich «es» dir nie offiziell gesagt. Ich wusste oder nahm an, dass Mutter es dir gesagt hatte. «Es». Sie hatte «es» dir sagen müssen, weil ich «es» dir nicht sagen konnte. Das gehörte zu den Dingen, die mensch sich nicht sagen konnte. Ich hatte «es» Vater gesagt, Vater hatte «es» Mutter gesagt, Mutter muss «es» dir gesagt haben.
Wir sprachen nie über Politik oder Literatur oder die Klassengesellschaft oder Foucault. Vor einigen Wochen sassen wir auf dem Sofa, du hast mir eines der Fotoalben gezeigt. Ich habe mich gezwungen, dasselbe Interesse vorzutäuschen wie die letzten zehn Male, als du mir dieselben Fotos mit denselben Kommentaren erläutert hast.
Ich sitze hier an meinem Schreibtisch in Zürich, ich bin sechsundzwanzig, es wird langsam dunkel, es ist einer dieser Abende, die noch Winterabende sind, während mensch schon eine Vorahnung von Frühling riecht, ein samtiger Geruch: von Bodnant-Schneeballblüten, übertrieben süss und weissrosa.
Ich jogge nicht. Ich sitze hier und kaue meine Fingernägel, trotz des Ecrinal-Bitternagellacks, ich kaue, bis der weisse Rand abgekaut ist. Vor einem halben Jahr habe ich diesen ultralangweiligen Job im Staatsarchiv angenommen, ich stecke den ganzen Tag zwischen Regalen tief unter der Erde, katalogisiere Krankenakten längst verstorbener Patient*innen, ich spreche mit niemandem, bin zufrieden, bin unsichtbar, lasse meine Haare wachsen, gehe nach Hause und setze mich hierhin. (de l'Horizon, Blutbuch: 9ff.)

4 Mikroebene

Markierungskonventionen:
Hauptprädikate = **fett**
Kohäsionsglieder = unterstrichen
Nichtsätze = Punkt-Strich-unterstrichen

Die Grammatische Textanalyse (= GTA), in die das vorliegende Studienbuch einführt, ist eine deszendente Grammatik, die das grammatische System ‚von oben nach unten' – von der Text- (Textglieder) über die Satz- (Satzglieder) zur Wortgruppenebene (Wortgruppenglieder) – modelliert. Entsprechend der deszendenten Herangehensweise nennen wir die Ebene der Textglieder die *Makroebene*, die der Satzglieder (im weiteren Sinne) die *Mesoebene* und die der Wortgruppenglieder die *Mikroebene*. Was uns motiviert, deszendent zu arbeiten und was die Vorteile von Deszendenz gegenüber (traditioneller) Aszendenz (‚von unten nach oben') sind, wurde im Einleitungskapitel (insbesondere Kap. 1.2; vgl. auch Ágel 2019a) dargelegt. Die Struktur des Studienbuches folgt der Struktur des deszendenten Modells:

Im Makrokapitel (Kap. 2) wurden die drei Typen von Textgliedern (Sätze, Nichtsätze und Kohäsionsglieder) besprochen.

Im Mesokapitel haben wir uns mit der internen Struktur des Textgliedes ‚Satz' beschäftigt. Dabei konnten wir die Mesoglieder (= Satzglieder im

https://doi.org/10.1515/9783110669961-004

weiteren Sinne) vier Typen zuordnen: Prädikat, Komplemente, Supplemente, Kommentarglieder.

Im vorliegenden Mikrokapitel geht es um die Frage, wie sich die interne Struktur von Mesogliedern modellieren lässt. Dabei ist die Theoriebasis auf allen Ebenen, so auch auf der Mikroebene, dieselbe (vgl. Kap. 1.3): Es geht um grammatische Formen, Funktionen und Werte. Die zentralen grammatischen Formen von Mesogliedern sind Wortgruppen (z.B. Substantivgruppe, Adjektivgruppe). Mögliche Funktionen in Wortgruppen, sind die Kopf-, Kern- und die Attributfunktion. Entsprechend lassen sich (als grammatische Werte) zahlreiche Typen von Köpfen, Kernen und Attributen in den jeweiligen Wortgruppen feststellen. Besonderes Gewicht legen wir dabei auf die Attribute. Zwar enthält die GTA keine Wortebene, trotzdem wollen wir uns im letzten Mikrounterkapitel (Kap. 4.4) die Frage stellen, welche Auswirkungen die deszendente Herangehensweise auf die Ebene der Wortarten haben kann.

4.1 Von Satzgliedern zu Wortgruppen

Ein Vorteil einer deszendenten Syntax, also des ‚von oben nach unten'-Vorgehens, besteht darin, dass durch die Analyse auf Ebene x die Grenzen der Analyse auf der nächstniedrigeren Ebene x-1 bereits abgesteckt werden (Matroschka-Prinzip, vgl. Kap. 1.2):

1) Durch die Makroanalyse, d.h. durch die Einteilung in Textglieder (Sätze, Nichtsätze und Kohäsionsglieder), werden die Grenzen der Satzgliedanalyse auf Mesoebene abgesteckt.
2) Durch die Mesoanalyse, d.h. durch die Bestimmung der Satzglieder, werden die Grenzen der Wortgruppengliedanalyse auf Mikroebene abgesteckt.

Im vorliegenden Kapitel sind wir also in der komfortablen Situation, dass wir von Textauszügen ausgehen können, die auf Makro- und Mesoebene bereits voranalysiert worden sind.

Aufgabe und Ziel

Was aber sind Aufgabe und Ziel einer grammatischen Analyse auf der Mikroebene?

Wir erinnern: Die grammatischen Strukturen werden auf allen drei Ebenen analog, im Sinne der Funktion-Argument-Wert-Formel (F (A) = W) (vgl. Kap. 1.3), modelliert. Auf jeder Ebene haben wir es also mit grammatischen Formen, Funktionen und Werten zu tun. Wie oben erwähnt, ist die unmittelbare Bezugsebene für die Mikroebene die Mesoebene, die Ebene der Satzglieder. Deshalb sollten wir kurz in Erinnerung rufen, wie eine Mesoanalyse funktioniert. Betrachten wir hierzu den in Kap. 1.3 bereits analysierten Beleg und konzentrieren wir uns auf das Lokaladverbial:

(1) (Lokal- Vor dem Amtsgericht in Birglar adverbial) **fand** im Frühherbst des vorigen Jahres eine Verhandlung **statt.**
(Böll, Dienstfahrt: 5)

Der Satzgliedwert ‚Lokaladverbial' lässt sich mit Hilfe der Formel ‚F (A) = W' wie folgt herleiten:

Adverbial (Präpositional$_{\text{vor+DAT}}$-gruppe) = Lokaladverbial

Die grammatische Form, um die es geht, ist die Präpositional$_{\text{vor+DAT}}$-gruppe (= A(rgument)). Sie funktioniert in dem Beispiel als Adverbial (= F(unktion)). Wendet man im Sinne der Formel diese Funktion auf die Form ‚Präpositional$_{\text{vor+DAT}}$-gruppe' an, erhält man den grammatischen Wert (= W), im konkreten Fall den Satzgliedwert ‚Lokaladverbial'.

Satzglieder stellen also grammatische Werte auf der Mesoebene dar. Sie haben bestimmte Formen, die wiederum bestimmte Funktionen haben (vgl. Kap. 3). Es sind diese Formen, die wir uns auf der Mikroebene näher anschauen müssen. Denn die Mikro-Aufgabe besteht darin zu fragen, wie Satzglieder intern strukturiert sind: Was gibt es für grammatische Werte innerhalb von Satzgliedern und was sind deren Formen und Funktionen?

Ist man in der Lage, alle grammatischen Formen, Funktionen und Werte für alle Formen von Satzgliedern in einer Sprache zu beschreiben, ist man am Ziel einer exhaustiven (restlosen) Mikroanalyse angekommen. Dieses Ziel wurde in der GTA (Kap. IV) tatsächlich auch angestrebt.

Aufbau

Im vorliegenden Kapitel hingegen geht es nicht um Exhaustivität, sondern um die methodische Hinführung zur Mikroanalyse. Anschließend (Kap. 4.2) sollen die wichtigsten Formen der Mikroebene, die Wortgruppen, und deren Werte, die Wortgruppenglieder, vorgestellt werden. Besonderes Augenmerk wird dabei auf die Attribute zu richten sein (Kap. 4.3). Schließlich sollen einige Implikationen und Konsequenzen unserer Mikroanalysen für mögliche Wortartenfragen angesprochen werden (Kap. 4.4).

methodische Schritte

Wie erwähnt, setzt eine Mikroanalyse Voranalysen auf Makro- und Mesoebene voraus. Die methodischen Schritte der Mikroanalyse sollen nun an dem folgenden voranalysierten literarischen Textauszug exemplifiziert werden:

(A)

1. (Temporal- Vorigen Herbst adverbial) **hatte** (Sub- er jekt) (Akkusativ- den Reither-Verlag samt angeschlossener Miniaturbuchhandlung objekt) **liquidiert**
2. und
3. (Akkusativ- die Parterreetage in einem Frankfurter Altbau objekt) **verkauft;**
4. (Präpositional- mit dem Erlös objekt) **konnte** (Sub- er jekt) (Akkusativ- Schulden objekt) (Lokal- bei Druckereien adverbial) **bezahlen,**
5. (Dativ- der Großstadt objekt) **den Rücken kehren**
6. und
7. (Direkti- in die Wohnung mit Blick auf Wiesen und Berge vum) **ziehen,** (Konzessiv- auch wenn auf den Wiesen Ende April noch Schnee lag adverbial).
   (Kirchhoff, Widerfahrnis: 6)

Der Textauszug (A) besteht aus insgesamt sieben Textgliedern: aus fünf Sätzen und zwei Kohäsionsgliedern. Dabei bilden die fünf Sätze zwei Satzverbindungen: Verbunden (durch *und*) ist einerseits der reale Satz Nr. 1 mit dem virtuellen Satz Nr. 3, andererseits der reale Satz Nr. 4 mit den virtuellen Sätzen Nr. 5 und 7 (zur Unterscheidung von realen und virtuellen Sätzen vgl. Kap. 2.1.3.2).

Ausgangspunkt der Mikroanalyse sind, wie erwähnt, Satzglieder. In den fünf Sätzen wurden die Satzglieder bereits bestimmt.

erster Schritt: Angabe der Formen

Der erste methodische Schritt ist nun, die *grammatischen Formen der Satzglieder* anzugeben. Bei der Angabe der grammatischen Formen konzentrieren wir uns auf die Satzglieder im engeren Sinne (vgl. Abb. 1 zu Beginn von Kap. 3). Auf die grammatischen Formen der Prädikate kommen wir in Kap. 4.2 zu sprechen:

(A')

1. (Substantiv- Vorigen Herbst gruppe) **hatte** (Substantiv- er gruppe) (Substantiv- den Reither-Verlag samt angeschlossener Miniaturbuchhandlung gruppe) **liquidiert**
2.
3. (Substantiv- die Parterreetage in einem Frankfurter Altbau gruppe) **verkauft;**
4. (Präpositional- mit dem Erlös gruppe) **konnte** (Substantiv- er gruppe) (Substantiv- Schulden gruppe) (Präpositional- bei Druckereien gruppe) **bezahlen,**
5. (Substantiv- der Großstadt gruppe) **den Rücken kehren**
6.
7. (Präpositional- in die Wohnung mit Blick auf Wiesen und Berge gruppe) **ziehen,** (Neben- auch wenn auf den Wiesen Ende April noch Schnee lag satz).

Wie man sieht, haben wir hier nichts anderes gemacht, als die Satzgliedwerte in (A) durch deren grammatische Formen zu ersetzen. Dabei fällt auf, dass die grammatischen Formen der Satzglieder mit einer Ausnahme (= Nebensatz) *Wortgruppen* sind.

Statt ‚Wortgruppe' benutzt man mitunter auch den Terminus ‚Phrase'. Nach unserer Auffassung sind das allerdings keine terminologischen Alternativen, sondern zwei zwar verwandte, jedoch unterschiedliche Begriffe (GTA: 698, Anm. 4).

Deshalb wollen wir uns bei der weiteren Analyse auf die Struktur von Wortgruppen konzentrieren (zu Nebensätzen und anderen Formen, die keine Wortgruppen sind, vgl. GTA: 706–720).

der Prototyp

Die Mehrheit der Wortgruppen in unserem Textauszug sind Substantivgruppen. Substantivgruppen sind nicht nur die häufigsten Wortgruppen in Texten, sondern die Substantivgruppe stellt auch die prototypische Wortgruppe dar. Deshalb sollen die weiteren methodischen Schritte der Mikroanalyse an einer der obigen Substantivgruppen gezeigt werden:

(B) (Vorigen Herbst **hatte** er) $_{\text{(Substantiv-}}$ die Parterreetage in einem Frankfurter Altbau $_{\text{gruppe)}}$ (**verkauft**).

zweiter Schritt: Weglassproben

Der zweite methodische Schritt besteht darin, Formen mit bestimmten Funktionen innerhalb der Substantivgruppe zu identifizieren. Hierzu bedienen wir uns des methodischen Instruments der Weglassprobe, um ein Gefühl dafür zu bekommen, was passiert, wenn bestimmte Teile der Substantivgruppe nicht realisiert werden. Wichtig ist dabei, dass wir den Satzkontext, in dem die Substantivgruppe (mit ihrem Satzgliedwert) steht, nicht aus den Augen verlieren:

(B') (Vorigen Herbst **hatte** er) $_{\text{(Substantiv-}}$ die Parterreetage $_{\text{gruppe)}}$ (**verkauft**).

Attribut

Problemlos weglassbar ist die Präpositionalgruppe *in einem Frankfurter Altbau*, die das Substantiv *Parterreetage* näher spezifiziert: Es geht eben um eine ganz bestimmte Parterreetage, nämlich um die in einem Frankfurter Altbau. Solche näheren Spezifizierungen in Wortgruppen nennt man *Attribute*. Anders gesagt: Die Präpositionalgruppe *in einem Frankfurter Altbau* ist eine grammatische Form der Mikroebene, die in der Substantivgruppe im Originalsatz attributiv funktioniert.

Weglassbar ist auch das Substantiv *Parterreetage*:

(B'') (Vorigen Herbst **hatte** er) $_{\text{(Substantiv-}}$ die ☞ $_{\text{gruppe)}}$ (**verkauft**).

Doch diese Weglassung ist methodisch nicht unproblematisch, weil sie auch den grammatischen Status des übriggebliebenen Elements betrifft: Während *die* im Original bestimmter Artikel ist, ist es hier nämlich Demonstrativartikel, d.h. ein Artikel, der deiktisch ist.

---

i Unter Deixis (= ☞) wird das Zeigen auf jemanden/etwas im sprachlichen Kontext oder in der außersprachlichen Situation verstanden. Abzugrenzen ist die Deixis von der Phorik, die Bezugnahme auf den Vortext (Anaphorik ⇐) bzw. den Folgetext (Kataphorik ⇒). Phorisch im Satz ist das Personalpronomen *er*, das auf den männlichen Protagonisten der Novelle Bezug nimmt.

Z.B. könnte jemand, der vor einem Frankfurter Altbau steht, mit dem Zeigefinger auf dessen Parterreetage zeigen und dabei den obigen Satz sagen.

Was dem bestimmten Artikel *die* im Originalsatz und dem Demonstrativartikel *die* im abgeänderten Satz jedoch gemeinsam ist, sind die grammatischen Kategorien: Femininum, Singular und Akkusativ. Da die Originalsubstantivgruppe (*die Parterreetage in einem Frankfurter Altbau*) über dieselben Kategorien verfügt, schließen wir daraus, dass *die* die grammatischen Merkmale der gesamten Substantivgruppe bestimmt. Mit anderen Worten, da die grammatischen Eigenschaften des Artikels für die gesamte Gruppe gelten, bildet der Artikel *das grammatische Zentrum* der Substantivgruppe. Technisch gesprochen: Der Artikel ist *der Kopf* der Substantivgruppe. Der bestimmte Artikel im Originalsatz und der Demonstrativartikel im abgeänderten Satz stellen also grammatische Formen der Mikroebene dar, die als Köpfe funktionieren.

Kopf

Verständlicherweise ist der Kopf, der die grammatischen Merkmale der ganzen Gruppe trägt, nicht weglassbar (* = ungrammatisch):

(B''') (Vorigen Herbst **hatte** er) *$_{\text{(Substantiv-}}$ Parterreetage (in einem Frankfurter Altbau) $_{\text{gruppe)}}$ (**verkauft**).

Kern

Trotzdem ist es uns klar, dass die Hauptlast der Bedeutung der gesamten Substantivgruppe auf dem Substantiv *Parterreetage* liegt: Was man sagen will, ist ja, dass er vorigen Herbst eine bestimmte Parterreetage verkauft hatte. Technisch gesprochen: Das Substantiv ist *der Kern*, *das lexikalische Zentrum*, der Substantivgruppe. Das Substantiv *Parterreetage* stellt also eine grammatische Form der Mikroebene dar, die in der Substantivgruppe im Originalsatz als Kern funktioniert. (Zu Kopf und Kern vgl. Teuber 2005: 25ff. und Eisenberg 2006/2: 51ff.)

Arbeitsteilung zwischen Kopf und Kern

Die Tatsache, dass der Kern ohne Kopf nicht funktionstüchtig ist, bedeutet allerdings nicht, dass der Kern keinen Beitrag zu den grammatischen Merkmalen der gesamten Substantivgruppe leisten würde. Ganz im Gegenteil. Überlegen wir!

Warum ist der Kopf der Substantivgruppe *die* und nicht *den* (wie bei der Substantivgruppe *den Reither-Verlag samt angeschlossener Miniaturbuchhandlung*)? Weil das Substantiv *Parterreetage* ein Femininum ist.

Und warum interpretieren wir den Kopf *die* als Singular und nicht als Plural? Weil das Substantiv im Singular steht. Hätte der Autor geschrieben, dass er vorigen Herbst *die Parterreetagen in mehreren Frankfurter Altbauten* verkauft hatte, würden wir den Artikel *die* als Plural interpretieren.

Und warum ist der Kopf der Substantivgruppe *die* und nicht *der* (wie bei der ebenfalls femininen Substantivgruppe *der Großstadt*)? Weil die Valenz des Prädikats des dritten Satzes (*verkaufen*) ein Akkusativobjekt verlangt, während im fünften Satz (mit dem Prädikat *den Rücken kehren*) ein Dativobjekt erforderlich ist.

Mit anderen Worten, der Kopf der Originalsubstantivgruppe trägt zwar die grammatischen Kategorien Femininum, Singular und Akkusativ, *stellt diese Kategorien* gewissermaßen *zur Schau*, ist jedoch nicht deren Quelle: Singular und Femininum kommen vom Kern der Substantivgruppe, der Akkusativ von der Valenz des Prädikats. Der Kern ist also nicht nur lexikalisch, sondern auch grammatisch sehr wichtig.

Somit ist der zweite methodische Schritt erfolgt. Wir konnten innerhalb der Substantivgruppe *die Parterreetage in einem Frankfurter Altbau* drei verschiedene grammatische Formen (Artikel, Substantiv, Präpositionalgruppe) mit drei verschiedenen Funktionen (Kopf, Kern, Attribut) identifizieren.

dritter Schritt: Mikrowerte

Da wir nun die Mikroformen und die Mikrofunktionen in der Originalsubstantivgruppe identifiziert haben, bleibt als *dritter und letzter methodischer Schritt*, mithilfe der Funktion-Argument-Wert-Formel (F (A) = W) die Mikrowerte zu berechnen:

Kopf (Artikel *die*) = Substantivgruppenkopf
Kern (Substantiv *Parterreetage*) = Substantivgruppenkern
Attribut (Präpositionalgruppe *in einem Frankfurter Altbau*) = Lokalattribut

Die Anwendung der Kopffunktion auf den Artikel *die* ergibt den Mikrowert *Substantivgruppenkopf*, die Anwendung der Kernfunktion auf das Substantiv *Parterreetage* den Mikrowert *Substantivgruppenkern* und die Anwendung der Attributfunktion auf die Präpositionalgruppe *in einem Frankfurter Altbau* den Mikrowert *Lokalattribut*.

Hier das Ergebnis der Mikroanalyse (tiefgestellt die Formen, hochgestellt die Werte):

(B'''') $_{\text{(Substantiv-(Arti-}}$ $^{\text{Ko-}}$ die ^{pf} $_{\text{kel) (Subs-}}$ $^{\text{Ke-}}$ Parterreetage ^{rn} $_{\text{tantiv) (Präpositional-}}$ $^{\text{Lokal-}}$ in einem Frankfurter Altbau ^{attribut} $_{\text{gruppe) gruppe)}}$

Wortgruppenglieder

Mikrowerte in Wortgruppen heißen *Wortgruppenglieder*. Da wir uns, wie erwähnt, im vorliegenden Kap. 4 auf die Struktur von Wortgruppen konzentrieren, stellen alle Mikrowerte, mit denen wir uns beschäftigen, gleichzeitig auch Wortgruppenglieder dar.

Grundlagen und Vertiefung

Durch die Mikroanalyse der Substantivgruppe *die Parterreetage in einem Frankfurter Altbau* wurden die Grundlagen der Wortgruppenanalyse gelegt. Um Vertiefungsfragen zu formulieren, schauen wir uns noch einmal die restlichen Wortgruppen der Satzglieder des Originalbelegs an:

Vorigen Herbst:	Temporaladverbial >	Substantivgruppe
er:	Subjekt >	Substantivgruppe
den Reither-Verlag samt angeschlossener Miniaturbuchhandlung:	Akkusativobjekt >	Substantivgruppe
Schulden:	Akkusativobjekt >	Substantivgruppe
der Großstadt:	Dativobjekt >	Substantivgruppe
mit dem Erlös:	Präpositionalobjekt >	Präpositionalgruppe
bei Druckereien:	Lokaladverbial >	Präpositionalgruppe
in die Wohnung mit Blick auf Wiesen und Berge:	Direktivum >	Präpositionalgruppe

Die Fragen, die sich hier stellen, können speziell sein und Besonderheiten einer Wortgruppe betreffen, sie können aber auch genereller Natur sein und sich auf die Modellierung der Mikrostruktur beziehen:

spezielle Fragen

1) Wie ist die Struktur von Substantivgruppen im Singular wie *Vorigen Herbst*, die keinen Artikel enthalten, zu interpretieren?
2) Wie ist die Struktur von Substantivgruppen im Plural wie *Schulden*, die keinen Artikel enthalten, zu interpretieren?
3) Wie ist die Struktur von pronominalen Substantivgruppen wie *er* zu interpretieren?

generelle Fragen

4) Wie viele Wortgruppen gibt es überhaupt?
5) Wie sind die Wortgruppenglieder der einzelnen Typen von Wortgruppen, z.B. die der Präpositionalgruppen *mit dem Erlös* oder *bei Druckereien*, zu beschreiben?
6) Können beliebige Wörter Wortgruppen bilden?

7) Wie geht man mit dem Umstand um, dass Wortgruppen mitunter wie Matroschka-Puppen strukturiert sind: Eine Wortgruppe (z.B. die Präpositionalgruppe *in die Wohnung mit Blick auf Wiesen und Berge*) enthält eine andere Wortgruppe (= die Substantivgruppe *die Wohnung mit Blick auf Wiesen und Berge*), die wiederum eine Wortgruppe (= die Präpositionalgruppe *mit Blick auf Wiesen und Berge*) enthält, die wiederum...

Es sind diese Fragen, mit denen wir uns im nächsten Kapitel beschäftigen wollen:
- mit der *Anzahl der Wortgruppen* (= Frage Nr. 4) in Kap. 4.2.1,
- mit vertiefenden Fragen der Substantivgruppenstruktur (= Fragen Nr. 1-3) in Kap. 4.2.2,
- mit den Wortgruppengliedern in den einzelnen Wortgruppen (= Frage Nr. 5) in jedem Kapitel,
- mit dem *Wortgruppenbildungspotenzial von Wörtern* (= Frage Nr. 6) in Kap. 4.2.6 und schließlich
- mit der *Matroschka-Struktur von Wortgruppen* (= Frage Nr. 7) in Kap. 4.2.5.

Übung 36: Von Satzgliedern zu Wortgruppen

Im Folgenden finden Sie eine Satzgliedanalyse wie in Beleg (A) (s. Kap. 4.1). Wandeln Sie die Benennung der Satzglieder in Wortgruppenbezeichnungen um (wie in (A').

(Sub- Unbekannte jekt) **versenden** (Akkusativ- gefälschte Einladungen zur documenta objekt). (Lokal- Weltweit adverbial) **wurden** (Sub- Künstler jekt) (Direkti- zur berühmten Kunstausstellung in Kassel vum) **geladen** – (Kommentar- fälschlicherweise glied). (Temporal- Bislang adverbial) **sind** (Sub- 33 E-Mails jekt) **bekannt**. (Kausal- Da die Teilnahme an der documenta eine große Auszeichnung ist adverbial), **können** (Sub- die Fälschungen jekt) (Akkusativ- falsche Hoffnungen objekt) **wecken**.
(Zeit Online, documenta: 24.11.20)

4.2 Wortgruppen und Wortgruppenglieder

4.2.1 Wortgruppen im Überblick

Nach unserer Auffassung lassen sich folgende Wortgruppen unterscheiden:

Tab. 22: Wortgruppen im Überblick

Typ	Klasse	Beispiele
Kopf+Kern+ Attribut		
	Substantivgruppe	(Substantiv- Ko- Die pf Attri- außerordentliche but Ke- Wirkung rn Attri- einer absolut untödlichen Zigarette but gruppe) [1]
	Adjektiv-gruppe	Die (Adjektiv- Kopf+ außerordentliche Kern gruppe) Wirkung einer (Adjektiv- Attri- absolut but Kopf+ untödlichen Kern gruppe) Zigarette[2]
	Partizipial-gruppe (mit Partizip I und II)	Die (Partizipial- Attri- quer durch Deutschland but Kopf+ verlaufende Kern gruppe) luftmassengrenze [...][3] [...] die (Partizipial- Attri- aus Holzplatten but Kopf+ gefertigten Kern gruppe) Gestelle[4]
Kopf+Kern		
	Verbalkomplex	Vorigen Herbst (Ver- Ko- **hatte** pf bal-) er den Reither-Verlag samt angeschlossener Miniaturbuchhandlung Ke- (komp- **liquidiert** rn lex)[5]
	Präpositional-gruppe	(Präpositional- Ko- samt pf Ke- angeschlossener Miniaturbuchhandlung rn gruppe)[6]
Kern+Attribut		
	Adverbgruppe	(Adverb- Attri- Genau but Ke- so rn gruppe) sollte es laufen.[7]

Anzahl und Art der Wortgruppenglieder

In der Tabelle fällt insbesondere auf, dass Anzahl und Art der Wortgruppenglieder je nach Wortgruppe variieren:

- Die meisten Wortgruppen haben sowohl einen Kopf (= grammatisches Zentrum) wie auch einen Kern (= lexikalisches Zentrum). Die einzige Ausnahme ist die Adverbgruppe, die nur einen Kern hat.
- Die meisten Wortgruppen können Attribute haben. Ausgenommen sind der Verbalkomplex und die Präpositionalgruppe.
- Entsprechend gibt es Wortgruppen, die alle drei Typen von Wortgruppengliedern zulassen (Substantiv-, Adjektiv- und

1 Menzel, 55: 15
2 Menzel, 55: 15
3 Bienek, Gedichte: 25, Kleinschreibung im Original
4 Lenz, Landesbühne: 18
5 Kirchhoff, Widerfahrnis: 6
6 Kirchhoff, Widerfahrnis: 6
7 Hansen, Land: 104

Partizipialgruppe), während andere mit zwei Typen auskommen müssen (Verbalkomplex, Präpositionalgruppe, Adverbgruppe). Bei letzteren fehlt jedoch die Kombinationsmöglichkeit Kopf+Attribut.

Fragen

Entsprechend wirft dieser Befund einige Fragen auf, die wir versuchen, in den in Klammern angegebenen Unterkapiteln zu beantworten:
- Warum hat die Adverbgruppe nur einen Kern, aber keinen Kopf (Kap. 4.2.6)?
- Warum lassen der Verbalkomplex und die Präpositionalgruppe keine Attribute zu (Kap. 4.2.5)?
- Warum gibt es keine Wortgruppen mit Kopf und Attribut (Kap. 4.2.5)?

4.2.2 Substantivgruppe

Substantivgruppe: Vertiefung

In Kap. 4.1 wurden die methodischen Schritte der Mikroanalyse am Beispiel der prototypischen Wortgruppe, der Substantivgruppe, gezeigt. Dabei konnten zwar allgemeine Fragen der Substantivgruppenstruktur geklärt werden. Drei spezielle Fragen mussten jedoch offen bleiben:
1) Wie ist die Struktur von Substantivgruppen im Singular wie *Vorigen Herbst*, die keinen Artikel enthalten, zu interpretieren?
2) Wie ist die Struktur von Substantivgruppen im Plural wie *Schulden*, die keinen Artikel enthalten, zu interpretieren?
3) Wie ist die Struktur von pronominalen Substantivgruppen wie *er* zu interpretieren?

Im vorliegenden Kap. soll nun diesen Fragen nachgegangen werden:

Artikel und Artikelformen

In Kap. 4.1 haben wir den bestimmten Artikel *die* als Kopf einer Substantivgruppe bestimmt. Das war eine Vereinfachung. Denn *die* ist nur eine von insgesamt zehn (nach Genus, Kasus und Numerus flektierten) möglichen Formen des bestimmten Artikels: *die* (Lampe), *der* (Lampe), *der* (Tisch), *den* (Tisch), *das* (Buch), *des* (Tisches/Buches), *dem* (Tisch/Buch), *die* (Lampen/Tische/Bücher) *der* (Lampen/Tische/Bücher) *den* (Lampen/Tischen/Büchern). Der gemeinsame Nenner dieser zehn Artikelformen ist der Stamm *d-*. Die Artikelformen bestehen demnach jeweils aus dem bestimmten Artikel *d-* und einem der folgenden Flexive (Endungen): *-/ie/-er/-er/-en/-as/-es/-em/-ie/-er/-en.* Während die Bedeutung des bestimmten Artikels *d-* , der eben Bestimmtheit (Definitheit) ausdrückt, in allen zehn Artikelformen konstant bleibt, tragen die Flexive die grammatischen Kategorien (Genus, Numerus und Kasus) der jeweiligen Substantivgruppe.

Dieser Befund ist eigentlich nichts Überraschendes, denn auch bei anderen flektierbaren Wortarten gibt es eine vergleichbare Arbeitsteilung. Betrachten wir erneut Beleg (1):

(1) Vor dem Amtsgericht in Birglar **fand** im Frühherbst des vorigen Jahres eine Verhandlung **statt**.

Die genitivische Substantivgruppe *des vorigen Jahres* enthält gleich drei Wortformen: die Artikelform *des*, die Adjektivform *vorigen* und die Substantivform *Jahres*. Auch die Adjektiv- und die Substantivform enthalten jeweils einen konstanten Stamm (*vorig-* und *Jahr-*) und Flexive (*-en* und *-es*), die die grammatischen Kategorien tragen.

Kopf im engeren Sinne: Pronominalflexiv

Wir können nun die Definition des Substantivgruppenkopfes präzisieren: Der Kopf im engeren Sinne, das eigentliche grammatische Zentrum der Substantivgruppe, ist nicht die gesamte Artikelform, sondern nur das Flexiv. Denn es ist das Flexiv, das die grammatischen Eigenschaften der Gruppe (Genus, Numerus, Kasus) anzeigt. Alle zehn Flexive am Artikel sind sog. *Pronominalflexive*, auch starke Flexive genannt.

Pronominalflexiv: der Springer der Substantivgruppe

Eine wichtige Eigenschaft von Pronominalflexiven ist, dass sie nicht nur am Artikel realisiert werden können. Man betrachte etwa das Pronominalflexiv im Maskulinum, Singular und Nominativ (kursiviert):

bestimmter Artikel:	d-	*er*	Tisch
Demonstrativartikel:	dies-	*er*	Tisch
Adjektiv:	eckig-	*er*	Tisch
Personalpronomen:		*er*	

Oder das Pronominalflexiv im Femininum, Singular und Dativ:

bestimmter Artikel:	zu	d-	*er*	Freundin	gehen
Präposition:	zu-		*r*	Post	gehen

Wie man sieht, hängt die Verteilung der Pronominalflexive davon ab, ob der Artikel (in den Beispielen *d-* bzw. *dies-*) realisiert wird:

- Wenn dies der Fall ist (*der Tisch, dieser Tisch, zu der Freundin*) erscheint der Kopf der Substantivgruppe am Artikel.
- Wenn dagegen in der Substantivgruppe kein Artikel vorhanden ist (*eckiger Tisch, er, zur Post*), springt der Kopf auf einen anderen über (Adjektiv, Präposition) oder vertritt die Substantivgruppe gar allein (Personalpronomen).

Antwort auf die Frage Nr. 1

Es ist diese Erkenntnis, die wir brauchen, um die Struktur von Substantivgruppen im Singular wie *Vorigen Herbst*, die keinen Artikel, aber ein pronominal flektiertes Adjektiv enthalten, verstehen zu können. Die Mikrowerte der Substantivgruppe *Vorigen Herbst*, d.h. deren Wortgruppenglieder, sind wie folgt zu modellieren:

Kopf (Pronominalflexiv am Adjektiv *-en*) = Substantivgruppenkopf
Kern (Substantiv *Herbst*) = Substantivgruppenkern
Attribut (Adjektiv *Vorig-*) = Adjektivattribut

Antwort auf die Frage Nr. 3

Das Pronominalflexiv ist also der Springer der Substantivgruppe: Wenn kein Artikel da ist, wird er am Adjektiv, an der Präposition oder gar alleine, als Personalpronomen der dritten Person (*er, sie, es*), realisiert. In letzterer Erkenntnis steckt auch die Antwort auf die Frage Nr. 3 nach der Struktur von pronominalen Substantivgruppen wie *er*. Die drittpersonigen Personalpronomina (und deren flektierte Formen) sind Substantivgruppenköpfe in Reinkultur, d.h., sie brauchen keine Kerne und auch keine Attribute, um alleine als Substantivgruppen funktionieren zu können. Vergleichen wir noch einmal einige Realisierungsoptionen der Substantivgruppe im Maskulinum, Singular und Nominativ, diesmal aus der Sicht des Personalpronomens (☞ = Deixis):

	er	
d-	er	☞
d-	er	Tisch
eckig-	er	Tisch

Pro-Nomina

Wir sehen, dass das Pronomen *er* nicht für das Substantiv *Tisch* steht, es sich also nicht als ein Ersatz für ein Substantiv, als ein Pro-Nomen, interpretieren lässt. Es ist schlicht ein autonomer Substantivgruppenkopf, der also alleine eine Substantivgruppe bildet. Demnach könnte man es höchstens eine Pro-Substantivgruppe nennen.

Ersatz, Verweis oder Ausbau?

Was aber heißt „Pro"? Steht das Pronomen für andere Substantivgruppen, ersetzt es sie?

Die Antwort hängt davon ab, ob wir uns (a) für die Funktionen von Pronomina in Texten oder (b) für deren Ort (Status) im grammatischen System interessieren.

Pronomen in Texten

(a): In Texten fungieren drittpersonige Personalpronomina als *Kohäsionsmittel*, als Mittel der Textverknüpfung, in beiden Richtungen:

Anaphorisch (= ⇐) verweisen sie auf vorangehende Substantivgruppen:

(2) nein, (Substantiv- der Junge gruppe) **war** nicht **seltsam,** (Substantiv- ⇐ er gruppe) **war schrecklich, ein stummer Bote.**
(Kirchhoff, Widerfahrnis: 107)

Kataphorisch (= ⇒) verweisen sie auf nachfolgende Substantivgruppen (die übrigens selber auch Pronomina sein können).

Der folgende Beleg, die ersten Sätze eines Romans, zeigt, wie sich durch eine ganze Kette kataphorischer Verweise Spannung aufbauen lässt, bis diese durch die Einführung einer nominalen Substantivgruppe (hier: des Namens *Reither*) aufgelöst wird:

(3) Diese Geschichte, die (Substantiv- ihm ⇒ gruppe) noch immer das Herz zerreißt, wie man sagt, auch wenn (Substantiv- er ⇒ gruppe) es nicht sagen würde, nur hier aus nahmsweise, womit **hätte** (Substantiv- er ⇒ gruppe) sie **begonnen?** Vielleicht mit den Schritten vor (Substantiv- seiner ⇒ Tür gruppe) und den Zweifeln, ob das überhaupt Schritte waren oder nur wieder etwas aus einer Unruhe in (Substantiv- ihm ⇒ gruppe), seit (Substantiv- er ⇒ gruppe) nicht mehr das Chaos von anderen verbesserte, bis daraus ein Buch wurde. Also: **Waren** das **Schritte,** abends nach neun, wenn hier im Tal schon die Lichter ausgingen, oder war da etwas mit (Substantiv- ihm ⇒ gruppe)? Und dann **käme** die Zigarette, die (Substantiv- er ⇒ gruppe) sich angesteckt hatte; wenn nämlich (Substantiv- sein ⇒ ewiges Metallfeuerzeug gruppe) aufschnappte, **beendete** das Geräusch jeden Spuk, auch den von innen. Und mit der Zigarette im Mund **holte** (Substantiv- Reither gruppe) [...] eine Flasche von dem apulischen Roten aus einem Karton im Flur, die vorletzte.
(Kirchhoff, Widerfahrnis: 5)

Pronomen im grammatischen System

Wir sehen, dass es textlinguistisch inadäquat wäre zu sagen, dass Pronomen (= pronominale Substantivgruppen) nominale Substantivgruppen ersetzen. Denn bei Kataphorik wird das Pronomen ja als Erstes realisiert. Will man beiden Verknüpfungsrichtungen Rechnung tragen, sollte man lieber von der textlinguistischen *Verweisfunktion* von drittpersonigen Personalpronomina (und von Possessivartikeln wie *sein-*, siehe *seiner ⇒ Tür, sein ⇒ ewiges Metallfeuerzeug*) sprechen.

(b) Um den Status der drittpersonigen Personalpronomina im grammatischen System zu bestimmen, betrachten wir erneut die obigen

Realisierungsoptionen der Substantivgruppe im Maskulinum, Singular und Nominativ. Aus der Sicht des Personalpronomens, das ja als Substantivgruppenkopf alleine die Substantivgruppe bildet (*er*), stellen die anderen Realisierungsoptionen (*der ☞, der Tisch, eckiger Tisch*) mögliche *Ausbauten*, Erweiterungen der Grundstruktur dar. Sprachsystematisch sind also Pronomina nicht als Pronominalisierungen von Substantiven oder Substantivgruppen anzusehen, sondern genau umgekehrt als deren ausbaufähige Grundformen (Coseriu 1972/1987: 88), als nackte Köpfe eben (ohne Kern und Attribut).

Antwort auf die Frage Nr. 2

Kommen wir nun zu der letzten Frage im Bereich der Substantivgruppe, nämlich zu der Struktur von Substantivgruppen im Plural:

(C) mit dem Erlös **konnte** er (Substantivgruppe Schulden im Plural) bei (Substantivgruppe Druckereien im Plural) **bezahlen.**

(4) (Substantivgruppe Jahrzehnte im Plural) **würde** es **dauern,** bis sich ihm erschließt, wie sehr das Begehren das Sein verbraucht.
(Kirchhoff, Dämmer: 312)

Was auffällt, ist, dass Substantivgruppen im Plural (*Schulden, Druckereien, Jahrzehnte*) ohne Artikel und ohne Pronominalflexive auskommen. Würde man diese Gruppen in den Singular setzen, wären sie – ohne Pronominalflexive – alle grammatisch inkorrekt (= *):

(C') mit dem Erlös **konnte** er *(Substantivgruppe Schuld im Singular) bei *(Substantivgruppe Druckerei im Singular) **bezahlen.**

(4') *(Substantivgruppe Jahrzehnt im Singular) **würde** es **dauern,** bis sich ihm erschließt, wie sehr das Begehren das Sein verbraucht.

Wenn wir weiterhin davon ausgehen, dass Substantivgruppen Köpfe und Kerne brauchen, müssen wir zu dem Schluss kommen, dass Kopf und Kern im Plural in der Substantivform zusammenfallen.

Synthese vs. Analyse

Der Unterschied zum Singular besteht darin, dass der Kopf, das grammatische Zentrum, nicht an einem Begleiter des Substantivs, also *analytisch*, sondern am Substantiv selbst, also *synthetisch*, realisiert wird (Ágel 1996 und 2006).

i Die Begriffe analytisch und synthetisch haben wir im Zusammenhang mit Verbformen bereits in Kap. 2 kennengelernt. Eine Verbform, die mit Hilfe eines Hilfsverbs gebildet wird, ist analytisch, eine, die ohne Hilfsverb auskommt, ist synthetisch. Beispielsweise ist das Perfekt von *kommen* analytisch (*ist gekommen*), das Präteritum synthetisch (*kam*). Auch beim Konjunktiv II lassen sich synthetische (*käme*) und analytische (*würde kommen*) Formen unterscheiden.

Natürlich können auch Substantivgruppen im Plural Artikel und Pronominalflexive enthalten:

(C'') mit dem Erlös **konnte** er $_{\text{(Substantivgruppe}}$ alle Schulden $_{\text{im Plural)}}$ bei $_{\text{(Substantivgruppe}}$ den Druckereien $_{\text{im Plural)}}$ **bezahlen**.

(4'') $_{\text{(Substantivgruppe}}$ Einige Jahrzehnte $_{\text{im Plural)}}$ **würde** es **dauern**, bis sich ihm erschließt, wie sehr das Begehren das Sein verbraucht.

Diese sind aber, im Gegensatz zum Singular, fakultativ. Sie stellen lediglich eine analytische Verlängerung des synthetischen Kopfes dar.

Pronominalflexiv ≠ Pronominalflexiv

Dass Singular und Plural strukturell ganz anders ticken, sehen wir auch an der Rolle der Pronominalflexive: Im Singular sind sie Stammspieler (da Köpfe), im Plural sitzen sie nur auf der Ersatzbank. Entsprechend ist die Rangordnung von analytischen Flexiven (= Pronominalflexiven an Substantivbegleitern) und synthetischen Flexiven (= Endungen am Substantiv) spiegelbildlich: Während, wie erwähnt, analytische Flexive im Plural lediglich Verlängerungen des synthetischen Kopfes darstellen, stellen synthetische Flexive im Singular lediglich Verlängerungen des analytischen Kopfes dar.

Genitivflexiv ≠ Genitivflexiv

Nehmen wir als Beispiel die Substantivgruppe *des Käsekuchens*:

Zwar sind Endungen im Singular in der Regel nicht fakultativ, aber dass sie nur Ersatzspieler sind, zeigt die eindeutige Hierarchie beim Genitiv-*(e)s*. Obwohl es in einer Substantivgruppe wie *des Käsekuchens* zweimal realisiert wird, wird die versuchsweise Abschaffung dieses doppelt Gemoppelten unterschiedlich beurteilt:

(5) Leider **habe** ich nur die Hälfte des Käsekuchens **geschafft**.

(5') ?Leider **habe** ich nur die Hälfte des Käsekuchen **geschafft**.

(5'') *Leider **habe** ich nur die Hälfte (d) Käsekuchens **geschafft**.

Während die Nichtrealisierung der Genitivendung in einer natürlichen Gesprächssituation durchaus vorstellbar wäre (und auch immer wieder passiert), führt die Nichtrealisierung des analytischen Genitivflexivs, egal, ob mit oder ohne Artikel, auf jeden Fall zu einem ungrammatischen Satz. Diese

Erfahrung entspricht übrigens auch dem Sprachwandel: Während es mittlerweile etliche Substantivgruppen mit fakultativer Genitivendung gibt (*des Juni(s), des Lkw(s), des Blau(s)* usw.), gibt es keine Substantivgruppen mit fakultativem analytischen Genitivflexiv: *(*d*) *Junis*, *(*d*) *Lkws*, *(*d*) *Blaus* usw. (vgl. Duden 2016: 200–206).

Übung 37: Substantivgruppe

Bestimmen Sie alle Mikroglieder der unterstrichenen Substantivgruppen. Bestimmen Sie für die Köpfe, ob es sich um synthetische oder analytische handelt.

Für die Fahrt zur Arbeit steht ein Roller aus Algencarbon bereit, der mit Algentreibstoff vorandüst. Wir passieren Litfaßsäulen, darin blubbern grüne Mikroalgen, die sich das CO_2 aus der Luft ziehen. Eine Säule kann so viel Kohlenstoffdioxid binden wie 112 Bäume. Die entstandene Algenmasse wird in die Kläranlage geleitet und produziert Biogas. (Bahnmobil, Alge)

4.2.3 Adjektiv- und Partizipialgruppe

Da Adjektiv- und Partizipialgruppen strukturell verwandt sind, lassen sie sich in einem Kapitel behandeln. Wir erläutern deren Struktur an den Beispielen aus der Überblickstabelle zu Wortgruppen (vgl. Kap. 4.2.1):

(6) Die $_{\text{(Adjektiv-}}$ $^{\text{Kopf+}}$ außerordentliche ^{Kern} $_{\text{gruppe)}}$ Wirkung einer $_{\text{(Adjektiv-}}$ $^{\text{Attri-}}$ absolut $^{\text{but Kopf+}}$ untödlichen ^{Kern} $_{\text{gruppe)}}$ Zigarette

(7) Die $_{\text{(Partizipial-}}$ $^{\text{Attri-}}$ quer durch Deutschland $^{\text{but Kopf+}}$ verlaufende ^{Kern} $_{\text{gruppe)}}$ luftmassengrenze

(8) die $_{\text{(Partizipial-}}$ $^{\text{Attri-}}$ aus Holzplatten $^{\text{but Kopf+}}$ gefertigten ^{Kern} $_{\text{gruppe)}}$ Gestelle

synthetischer Kopf

Im Gegensatz zu Substantiven, die ähnlich den Verben über Hilfswörter – Artikel und Adjektive als Substantivbegleiter – verfügen, die die grammatischen Kategorien des Substantivs (Genus, Numerus, Kasus) anzeigen können, müssen Adjektive (*außerordentlich*) und Partizipien (Partizip I: *verlaufend*, Partizip II: *gefertigt*) ohne fremde Hilfe auskommen: Deren Flexive werden als Endungen realisiert (*außerordentlich-e*, *verlaufend-e*, *gefertigt-en*). Dies bedeutet, dass bei Adjektiven und Partizipien Kern (*außerordentlich-*, *verlaufend-*, *gefertigt-*) und Kopf (*-e*, *-e*, *-en*) in einer Wortform zusammenfallen. Mit anderen Worten, der Kopf ist synthetisch, somit ist die Struktur von adjektivischen und partizipialen Wortformen der von Substantiven im Plural ähnlich.

Ein wichtiger Theoriebaustein des vorliegenden Buches ist das Konzept des Recyclings (vgl. Kap. 3).

i Zur Erinnerung: Recycling ist das Prinzip im grammatischen System, das vertikale Transparenz (und Ökonomie) gewährleistet: Makroglieder lassen sich sekundär als Meso- oder Mikroglieder, Mesoglieder sekundär als Mikroglieder wiederverwerten.

Recycling

Stellen wir uns vor:

Klaus Schmidt ist ausgebildeter Alten- wie Krankenpfleger und arbeitet als Krankenpfleger. Plötzlich bekommt sein Chef einen Anruf aus dem benachbarten Altenheim, dass man da dringend einen Altenpfleger braucht. Es ist ein Notfall. Er schickt seinen Krankenpfleger hinüber, der sofort als Altenpfleger aushilft.

Wir versuchen nun, mit Hilfe der Funktion-Argument-Wert-Formel (F (A) = W) abzubilden, was hier passiert ist:

$F\ (A) = W_1$

im Beruf Krankenpfleger arbeitend (Klaus Schmidt) = der Krankenpfleger Klaus Schmidt

$F\ (A = W_1) = W_2$

aushilfsweise als Altenpfleger arbeitend (der Krankenpfleger Klaus Schmidt)
=
der aushilfsweise als Altenpfleger arbeitende Krankenpfleger Klaus Schmidt

Wir sehen, dass Herr Schmidt normalerweise den (Berufs-)Wert ‚Krankenpfleger' hat. Dieser ist also sein primärer Wert (= W_1). Nun wird er aber aushilfsweise in einer anderen Funktion verwendet, kraft deren sein primärer Wert (A = W_1) einen sekundären Wert (= W_2), den des als Altenpfleger arbeitenden Krankenpflegers, erhält. Der Krankenpfleger Herr Schmidt wurde also übergangsweise als Altenpfleger ‚wiederverwertet'.

Dieses Konzept des Recyclings, das wir zu Beginn von Kap. 3 und in Kap. 3.2.1 eingeführt und veranschaulicht haben, braucht man auch, um die Struktur von Adjektiv- und Partizipialgruppen zu verstehen. Betrachten wir hierzu einen Satz mit dem Prädikat *bin zufrieden*:

(9) Ich bin nicht glücklich, aber ich bin auch nicht unglücklich. Ich bin zufrieden, und das ist viel. <u>Und</u> (Sub- ich jekt) **bin** auch **zufrieden** (Präpositional- über diese wortlose Vereinbarung objekt).
(Hein, Freund: 200)

Der Satz enthält zwei Komplemente: ein Subjekt (*ich*) und ein Präpositionalobjekt (*über diese wortlose Vereinbarung*). Der Grund hierfür ist, dass das Prädikat ein adjektivisches Prädikativgefüge mit der Kopula *ist* und dem Adjektiv *zufrieden* darstellt, dessen Valenz eben diese beiden Komplemente verlangt.

---

i In Kap. 1.1 wurde Valenz am Beispiel der Wortart ‚Verb' eingeführt. Doch auch Adjektive und Substantive haben Valenz, z.B. *reich an Vitaminen* oder *Recht auf Freiheit*.

Diese Komplemente bringt es in das Prädikat ein:

»Wer ist worüber zufrieden?«

Recycelt man diese *Satzglieder* (Mesoebene) als *Wortgruppenglieder* (Mikroebene) erhält man die folgende Struktur (wobei das Pronomen *ich*, das für den ich-Erzähler steht, durch die Substantivgruppe *der... ich-Erzähler* ersetzt wurde):

→ (Substantiv Ko- der pf Attri- (Adjektiv- Attri- über diese wortlose Vereinbarung but Kopf+ zufriedene Kern gruppe) but Ke- ich-Erzähler rn gruppe)

Adjektivgruppe: genuin oder recycelt

Der Satz wird als Substantivgruppe mit einer Adjektivgruppe als Attribut recycelt. Innerhalb der Adjektivgruppe stellt das ehemalige prädikative Adjektiv Kopf+Kern dar, das ehemalige Präpositionalobjekt ist Attribut geworden.

Sobald Adjektive mindestens zweiwertig sind, also wenigstens zwei Valenzstellen haben (*x ist y* (Dativ) *teuer, x ist y* (Genitiv) *müde, x ist böse auf y, x ist reich an y* usw.), ist die Herleitung der Mikroglieder als recycelte Mesoglieder plausibel. Hingegen betrachten wir einwertige attributive Adjektive (*der (un)glückliche Erzähler, ein schönes Gemälde, der kranke Vogel*) als Köpfe und Kerne von genuinen (= nicht recycelten) Adjektivgruppen (mehr dazu in GTA: 763–765).

Partizipialgruppe: immer recycelt

Während Adjektivgruppen genuin oder recycelt sein können, sind Partizipialgruppen immer recycelt. Folglich lässt sich deren Struktur nur vor dem Hintergrund einer zugrunde liegenden Mesostruktur interpretieren:

(7') (Sub- Die luftmassengrenze jekt) **verläuft** (Lokal- quer durch Deutschland adverbial).
→ Die (Partizipial- Attri- quer durch Deutschland but Kopf+ verlaufende Kern gruppe) luftmassengrenze

(8') (Sub- Die Gestelle jekt) **wurden** (Präpositional- aus Holzplatten objekt) **gefertigt**.
→ die (Partizipial- Attri- aus Holzplatten but Kopf+ gefertigten Kern gruppe) Gestelle

Modelleisenbahn Attribut

Dass Attribute in Partizipialgruppen immer recycelt sind, bedeutet, dass deren Klassifikation nur vor dem Hintergrund der zugrunde liegenden Satzglieder möglich ist: Wenn ein *Lokaladverbial* wie *quer durch Deutschland* als Wortgruppenglied recycelt wird, dann ist das Ergebnis ein *Lokal(adverbial)attribut*. Und wenn ein *Präpositionalobjekt* wie *aus Holzplatten*, dann eben ein *Präpositional(objekt)attribut*. Das grammatische System ist an dieser Stelle also sehr ökonomisch, da es vertikal – von oben nach unten – transparent ist: Es müssen keine neuen Attributklassen erfunden, sondern lediglich die Satzgliedwerte um eine Ebene zurückgestuft werden. Es ist wie bei der Modelleisenbahn: Die große Eisenbahn wird in einem kleineren Maßstab nachgebaut.

Diese grundlegende Erkenntnis wird bei der Attributklassifikation zu berücksichtigen sein (vgl. Kap. 4.3.2 und 4.3.4).

Übung 38: Adjektiv- und Partizipialgruppen

Identifizieren Sie alle Adjektiv- und Partizipialgruppen. (Achtung: Diese können auch Teile von anderen Wortgruppen sein.) Welche sind genuin und welche recycelt? Überführen Sie die recycelten Gruppen in die zugrunde liegenden Mesostrukturen.

Gebrauchte Windeln könnten laut einer Studie künftig eine Rolle beim umweltfreundlicheren Bauen spielen. (Zeit Online, Baumaterial: 21.05.23)

Zuraida und ihre Kollegen testeten mit den gebrauchten Windeln deshalb ein alternatives Baumaterial, was auch Mülldeponien entlasten würde. (Zeit Online, Baumaterial: 21.05.23)

ich katalogisiere Krankenakten längst verstorbener Patient*innen
(de l'Horizon, Blutbuch: 11)

4.2.4 Verbalkomplex und Präpositionalgruppe

Verbalkomplex

Wir kommen nun auf die beiden Wortgruppen mit Kopf und Kern, aber ohne Attribute zu sprechen: Verbalkomplex und Präpositionalgruppe.

Wenn ein Prädikat nur aus Verbformen besteht, hat es die Form eines Verbalkomplexes, z.B.:

(10) Klaus
$^{\text{Ko-}}$**hat** $^{\text{pf Ke-}}$**gebau**t ^{m} / $^{\text{Ko-}}$**wird** $^{\text{pf Ke-}}$**bauen** ^{m} / $^{\text{Ko-}}$**würde** $^{\text{pf Ke-}}$**bauen** ^{m}
$^{\text{Ko-}}$**will** $^{\text{pf Ke-}}$**bauen** ^{m} / $^{\text{Ko-}}$**scheint** $^{\text{pf Ke-}}$**zu bauen** ^{m}.

keine Verbalkomplexe

Prädikate, die keine Verbalkomplexe sind, sind Prädikativgefüge (*Klaus ist zufrieden*), Funktionsverbgefüge (*Klaus kommt zur Ruhe*) und Idiome (= feste Wortverbindungen (*Klaus spricht durch die Blume*). Somit ist unser Begriff des

Verbalkomplexes enger als der der GTA (vgl. S. 727–730), in der Prädikativ- und Funktionsverbgefüge den Verbalkomplexen zugerechnet wurden.

Die Unterteilung oben markiert einen wichtigen Unterschied zwischen Verbalkomplexen (Teuber 2005: 40): Einerseits handelt es sich um *analytische Verbformen* (*hat gebaut, wird bauen, würde bauen*), d.h. um konjugierte Formen desselben Vollverbs (*bauen*). Andererseits geht es um *Verbalgruppen*, d.h. um die Kombination eines Vollverbs (*bauen*) mit Modalverben (*wollen*) oder Halbmodalverben (*scheinen*).

Verbalkomplex: zwei Unterklassen

Die Struktur von analytischen Verbformen und Verbalgruppen ähnelt der von Substantivgruppen im Singular, denn hier wie da sind Kopf und Kern auf zwei Wortformen (finites Verb + infinite Verbform) verteilt.

Kopf und Kern

Gibt es denn überhaupt keine Verbalkomplexe, deren Struktur der von Substantivgruppen im Plural, die ja synthetisch sind, ähneln würde?

Kopf+Kern

Doch. Analytische Bildungen stellen im verbalen Bereich zwar die Regel dar, im Tempussystem des Gegenwartsdeutschen gibt es jedoch auch zwei synthetische Tempora, nämlich Präsens und Präteritum:

(10') Klaus $^{\text{Kopf+}}$ **baut**(**e**) ^{Kern}.

Die Struktur dieser synthetischen Verbformen, bei denen Kopf und Kern in einer Wortform zusammenfallen, ähnelt also der von Substantivgruppen im Plural.

synthetisch, aber komplex

So wie synthetische Substantivformen alleine die Substantivgruppe bilden können (vgl. etwa *Schulden* oben in Kap. 4.2.2), können auch synthetische Verbformen alleine den Verbalkomplex bilden. Synthetische Verbformen wie *baut* und *baute*, die zwei grammatische Werte (Kopf und Kern) vereinen, sind also genauso komplex wie synthetische Substantivformen wie *Schulden*.

Unter ‚Verbalkomplex' subsumieren wir also neben Verbalgruppen *alle Verbformen*, also sowohl die analytischen wie auch die synthetischen. Das Komplexitätskriterium ist dabei die Anzahl der grammatischen Werte pro Wortform oder Verbalgruppe: Während einfache Wortformen (wie Substantive im Singular oder Artikel) nur einen grammatischen Wert haben (entweder Kopf oder Kern), haben komplexe Wortformen (wie synthetische Verb- oder Substantivformen) und Verbalgruppen zwei (sowohl Kopf als auch Kern).

Verbalkomplex: zwei Unterklassen, revidiert

Halten wir aber fest: Verbformen sind *Formen desselben Verbs*: synthetisch, also ohne Hilfsverb, gebildet (*baut, baute*) oder analytisch, also mit Hilfsverb (*hat gebaut, würde bauen, ist gebaut worden* usw.). Verbalgruppen hingegen stellen keine Formen desselben Verbs, sondern *Verbindungen von verschiedenen Verben* dar (*bauen* wollen, *zu bauen scheinen, bauen lassen, bauen lassen wollen*). Da jedoch nicht nur Verben, sondern auch

keine echten Klassen

Verbalgruppen flektiert werden müssen, wenn sie Prädikate bilden sollen, haben nicht nur Verben, sondern auch Verbalgruppen als Prädikate grammatische Formen, d.h., sie tragen die jeweiligen verbalen Kategorien:

Verbform = Aktiv, Indikativ, Präteritum, Singular, 3. Person:

(1) Vor dem Amtsgericht in Birglar **fand** im Frühherbst des vorigen Jahres eine Verhandlung **statt**.

Verbalgruppenform = Aktiv, Konjunktiv, Plusquamperfekt, Singular, 3. Person:

(1') Vor dem Amtsgericht in Birglar **hätte** im Frühherbst des vorigen Jahres eine Verhandlung **stattfinden sollen**.

grammatische Hierarchie und Bedeutung

Ob Verb oder Verbalgruppe, alles hat eine grammatische Form, wenn es als Prädikat realisiert wird. Kopf eines mehrgliedrigen Verbalkomplexes ist immer das finite Verb, Kern der Rest:

(10'') Klaus
$^{\text{Ko-}}$**hat** $^{\text{pf Ke-}}$**bauen wollen** ^{rm} /
$^{\text{Ko-}}$**will** $^{\text{pf Ke-}}$**gebaut haben** ^{rm}.

Auch an diesen Beispielen sieht man sehr gut, dass grammatische Strukturen bedeutungstragend sind. Je nachdem, ob die Formbildung (Perfekt) der Bildung des Modalkomplexes über- oder untergeordnet ist ((a) vs. (b)), hat der Verbalkomplex eine andere Bedeutung (mehr dazu in GTA: 323–327):

(a) Verb: *bauen* > Modalkomplex: *bauen wollen* > Perfektform: *hat bauen wollen*
(b) Verb: *bauen* > Perfektform: *gebaut haben* > Modalkomplex: *will gebaut haben*

komplexer Kern

Im Übrigen sehen wir, dass der Kern in beiden Fällen (*bauen wollen* und *gebaut haben*) komplex ist. Dieser besteht jeweils aus einem Kopf (*will* bzw. *hat*) und einem Kern (*bauen* bzw. ge*baut*) zweiten Grades. Eine vergleichbare Situation findet sich bei Präpositionalgruppen (s. unten).

Präpositionalgruppe

Soviel zum Verbalkomplex. Die andere Wortgruppe mit Kopf und Kern, aber ohne Attribute ist die Präpositionalgruppe. Betrachten wir hierzu erneut den Kirchhoff-Beleg aus Kap. 4.1:

(A)

1. (Temporal- Vorigen Herbst adverbial) **hatte** (Sub- er jekt) (Akkusativ- den Reither-Verlag samt angeschlossener Miniaturbuchhandlung objekt) **liquidiert**
2. und
3. (Akkusativ- die Parterreetage in einem Frankfurter Altbau objekt) **verkauft;**
4. (Präpositional- mit dem Erlös objekt) **konnte** (Sub- er jekt) (Akkusativ- Schulden objekt) (Lokal- bei Druckereien adverbial) **bezahlen,**
5. (Dativ- der Großstadt objekt) **den Rücken kehren**
6. und
7. (Direkti- in die Wohnung mit Blick auf Wiesen und Berge vum) **ziehen,** (Konzessiv- auch wenn auf den Wiesen Ende April noch Schnee lag adverbial).
(Kirchhoff, Widerfahrnis: 6)

In diesem Textauszug gibt es vier grammatische Werte – drei Satzglieder und ein Attribut –, die als Präpositionalgruppe realisiert wurden:

mit dem Erlös:	Präpositionalobjekt >	Präpositionalgruppe
bei Druckereien:	Lokaladverbial >	Präpositionalgruppe
in die Wohnung mit Blick auf Wiesen und Berge:	Direktivum >	Präpositionalgruppe
in einem Frankfurter Altbau:	Lokal(adverbial)attribut >	Präpositionalgruppe

Kopf und Kern

Kopf der jeweiligen Präpositionalgruppe ist die Präposition, Kern der Rest (Eisenberg 2006/2: 53):

(A'')

1. (Präpositional- (Präposi- Ko- mit pf tion) (Substantiv- Ke- dem Erlös rn gruppe) gruppe)
2. (Präpositional- (Präposi- Ko- bei pf tion) (Substantiv- Ke- Druckereien rn gruppe) gruppe)
3. (Präpositional- (Präposi- Ko- in pf tion) (Substantiv- Ke- die Wohnung mit Blick auf Wiesen und Berge rn gruppe) gruppe)
4. (Präpositional- (Präposi- Ko- in pf tion) (Substantiv- Ke- einem Frankfurter Altbau rn gruppe) gruppe)

Der Kern einer Präpositionalgruppe ist in der Regel eine Substantivgruppe, insofern sind diese Belege typisch. Er kann aber auch eine Adverbgruppe sein (*seit gestern früh, für heute Abend*).

aufgeschoben ist nicht aufgehoben

Im Zusammenhang mit Präposition und Präpositionalgruppe müssen wir uns noch mit zwei Themen auseinandersetzen:

1) Wie beschreibt man sog. Verschmelzungen wie *zur, zum, am, ans, vom, im, ins* usw., die jeweils eine Präposition enthalten?

2) Sind sog. Präpositionaladverbien wie *hiermit, darum* und *wovor* usw., die ebenfalls jeweils eine Präposition enthalten, wirklich Adverbien?

In beiden Fällen geht es also um *versteckte Präpositionen*, deren grammatischer Status noch zu klären ist. Mit versteckten Präpositionen werden wir uns in Kap. 4.4 befassen.

keine Attribute

Wie wir gesehen haben, ist das Verbindende zwischen Verbalkomplex und Präpositionalgruppe, dass es Wortgruppen mit Kopf und Kern, aber ohne Attribute sind. Entsprechend wurden bereits in Kap. 4.2.1 zwei Fragen gestellt:
– Warum lassen der Verbalkomplex und die Präpositionalgruppe keine Attribute zu?
– Warum gibt es keine Wortgruppen mit Kopf und Attribut?

Bevor diese Fragen beantwortet werden, müssen wir uns im nächsten Kapitel mit der in Kap. 4.1 formulierten generellen Frage Nr. 7 auseinandersetzen: Wie geht man mit dem Umstand um, dass Wortgruppen mitunter wie Matroschka-Puppen strukturiert sind: Eine Wortgruppe enthält eine andere Wortgruppe, die wiederum eine Wortgruppe enthält, die wiederum...

Übung 39: Verbalkomplex und Präpositionalgruppe

Finden Sie im folgenden Text alle Verbalkomplexe für die Hauptprädikate und alle Präpositionalgruppen. Bestimmen Sie die Köpfe und Kerne.

Seit 143 Jahren stellt das Familienunternehmen genau ein Produkt her: Eierlikör. Die Bonner arbeiten neuerdings mit Baristas und Influencern zusammen, um ihre Spirituose in die Zukunft zu retten. Das Familienunternehmen wurde nie aufgekauft, hat niemanden je übernommen. Verpoorten sieht, dass Eierlikörkäufer in so manchem Land immer älter werden. Eierlikör kann nie vegan sein. Von jeder Palette, die per Lkw an der Fabrik ankommt, gehen einige Eier als Stichprobe ins Labor. (Süddeutsche Online, Tante Irmgard: 15.04.19)

4.2.5 Die Matroschka-Struktur von Wortgruppen

Drei der Substantivgruppen-Kerne der Präpositionalgruppen in (A") (Kap. 4.2.4) sind relativ einfach, während die Präpositionalgruppe (= PGr) *in die Wohnung mit Blick auf Wiesen und Berge* einen recht komplexen Kern (die Substantivgruppe (= SGr) *die Wohnung mit Blick auf Wiesen und Berge*) enthält. Es bietet sich also an, der potenziellen Matroschka-Struktur von Wortgruppen, also deren Verschachtelung, am Beispiel dieser Präpositionalgruppe nachzugehen:

Tab. 23: Matroschka-Struktur von Wortgruppen

Ebene	*in die Wohnung mit Blick auf Wiesen und Berge*								
1 PGr	Kopf: *in*	Kern: *die Wohnung mit Blick auf Wiesen und Berge*							
2 SGr		Kopf: *die*	Kern: *Wohnung*	Attribut: *mit Blick auf Wiesen und Berge*					
3 PGr				Kopf: *mit*	Kern: *Blick auf Wiesen und Berge*				
4 SGr					Kern: *Blick*	Attribut: *auf Wiesen und Berge*			
5 PGr						Kopf: *auf*	Kern: *Wiesen und Berge*		
6 SGr							Kopf+Kern: *Wiesen*	Junk- tor: *und*	Kopf+Kern: *Berge*

Analysemethode

Die Methode ist, dass man mehrgliedrige Wortgruppenglieder solange in Wortgruppenglieder niedrigeren Grades zerlegt, bis man bei Wörtern und Wortformen angekommen ist, die weiter nicht mehr unterteilbar sind:

1) Die Präpositionalgruppe der höchsten Hierarchieebene besteht aus dem Kopf *in* und der Substantivgruppe *die Wohnung mit Blick auf Wiesen und Berge*. Eine weitere syntaktische Analyse der Präposition *in* ist nicht mehr möglich, für sie ist Ebene 1 Endstation. Dagegen ist die Substantivgruppe komplex, lässt sich also auf Ebene 2 weiter analysieren:
2) Kopf der Substantivgruppe ist die Artikelform *die*, Kern das Substantiv *Wohnung*, Attribut die Präpositionalgruppe *mit Blick auf Wiesen und Berge*. Eine weitere syntaktische Analyse der Artikelform *die* und des Substantivs *Wohnung* ist nicht mehr möglich, für sie ist Ebene 2 Endstation. Dagegen ist die Präpositionalgruppe komplex, lässt sich also auf Ebene 3 weiter analysieren:
3) Die Präpositionalgruppe der dritten Hierarchieebene besteht aus dem Kopf *mit* und der Substantivgruppe *Blick auf Wiesen und Berge*. Eine weitere syntaktische Analyse der Präposition *mit* ist nicht mehr möglich, für sie ist Ebene 3 Endstation. Dagegen ist die Substantivgruppe komplex, lässt sich also auf Ebene 4 weiter analysieren:
4) Diese Substantivgruppe hat keinen Kopf, Kern ist das Substantiv *Blick*, Attribut die Präpositionalgruppe *auf Wiesen und Berge*. Eine weitere syntaktische Analyse des Substantivs *Blick* ist nicht mehr möglich, für dieses Substantiv ist Ebene 4 Endstation. Dagegen ist die Präpositionalgruppe komplex, lässt sich also auf Ebene 5 weiter analysieren:

5) Die Präpositionalgruppe der fünften Hierarchieebene besteht aus dem Kopf *auf* und der Substantivgruppenverbindung *Wiesen und Berge*. Eine weitere syntaktische Analyse der Präposition *auf* ist nicht mehr möglich, für sie ist Ebene 5 Endstation. Dagegen lässt sich die Substantivgruppenverbindung auf Ebene 6 weiter analysieren:
6) Ebene 6 besteht aus der Verbindung zweier Substantivgruppen (*Wiesen, Berge*) durch einen Junktor (*und*). Die pluralischen Substantivgruppen bestehen, wie erwartbar, aus synthetischen Substantivformen (mit Kopf+Kern). Somit ist Ebene 6 Endstation der mikrosyntaktischen Analyse.

An dieser Stelle können wir uns den beiden Fragen, die in Kap. 4.2.4 offen geblieben sind, widmen.
- Warum lassen der Verbalkomplex und die Präpositionalgruppe keine Attribute zu?
- Warum gibt es keine Wortgruppen mit Kopf und Attribut?

keine Attribute in Präpositionalgruppen

Wie man an der obigen Matroschka-Struktur sieht, befinden sich die Attribute, die in Präpositionalgruppen vorkommen, alle innerhalb des Kerns der Präpositionalgruppe (= der Substantivgruppe), also nicht auf der obersten Hierarchieebene. Der strukturelle Befund ist derselbe, wenn wir die anderen drei Präpositionalgruppen des obigen Kirchhoff-Textauszugs (Kap. 4.2.4) attributiv erweitern:

mit dem Erlös >	mit dem üppigen Erlös seiner Bilder aus der Auktion gestern
bei Druckereien >	bei den bekannten Druckereien der Altstadt von Frankfurt
in einem Frankfurter Altbau >	in einem schönen Frankfurter Altbau in der Nähe des Bahnhofs

In der Tat fehlt einem die (semantische) Phantasie, wozu auch noch die Köpfe von Präpositionalgruppen attribuiert werden (können) sollten, wenn sich ihre Kerne attributiv sowieso vielfach ausbauen lassen (mehr dazu in GTA: 755f.). Salopp gesprochen: Das Substantiv stiehlt der Präposition die Show.

keine Attribute in Verbalkomplexen

Warum die Situation bei Verbalkomplexen vergleichbar ist, soll an dem folgenden Beleg gezeigt werden:

(11) AB SOFORT werden wir jeden Diebstahl unserer Milch strafrechtlich und ohne Ausnahme zur Anzeige bringen. Hiermit sprechen wir besonders den Abtransport unserer Milch in **Eimern, Gurkengläsern und Kanistern** an. **Eine Liste mit KFZ-Kennzeichen der Personen, die „versehentlich“ vergessen haben, unsere Milch zu bezahlen ist bereits vorhanden**. Alle Milchkunden, die ihre

Milch ehrlich bezahlen sollten sich hiervon nicht angesprochen fühlen, aber auch unsere Geduld hat einmal ein Ende.
(Beschriftung einer Milch-Zapfstelle auf einem Bauernhof [fehlende Kommas und Fettdruck im Original])

Wir lösen Verbalkomplexe mit adverbialen und kommentierenden Spezifizierungen aus dem Beleg heraus und formen diese in attribuierte Substantivgruppen um:

(a)
(Modal- strafrechtlich und ohne Ausnahme adverbial) zur Anzeige bringen
→ (Adjektiv- strafrechtliches und ausnahmsloses attribut) Zur-Anzeige-Bringen
(b)
(Kommentar- versehentlich glied) vergessen
→ (Adjektiv- versehentliches attribut) Vergessen
(c)
ihre Milch (Modal- ehrlich adverbial) bezahlen
→ (Adjektiv- ehrliche attribut) Bezahlung ihrer Milch

Umgekehrt lässt sich die folgende attribuierte Substantivierung auf einen Verbalkomplex mit einer adverbialen Spezifizierung zurückführen:

(d)
Abtransport unserer Milch (Lokal- in Eimern, Gurkengläsern und Kanistern attribut)
← unsere Milch (Lokal- in Eimern, Gurkengläsern und Kanistern adverbial) abtransportieren

Was wir in beiden Richtungen sehen, ist eine systematische Entsprechung von Adverbialen und Kommentargliedern, die Verbalkomplexe spezifizieren, und Attributen, die Substantive als Nominalisierungen von diesen Verbalkomplexen spezifizieren. Mit anderen Worten, das semantische Verhältnis von Adverbialen und Kommentargliedern zu Verbalkomplexen auf Satzgliedebene entspricht dem von Attributen zu deren (nominalisierten) substantivischen Kernen auf Wortgruppengliedebene. Salopp gesprochen: Was dem einen, dem Substantiv, sein Attribut ist, ist dem anderen, dem Verbalkomplex, sein Adverbial/Kommentarglied.

keine Wortgruppen mit Kopf und Kern

Die Begründungen, warum der Verbalkomplex und die Präpositionalgruppe keine Attribute zulassen, implizieren auch die Antwort auf die Frage, warum es generell keine Wortgruppen mit Kopf und Attribut gibt: Attribute beziehen sich auf Kerne, sie spezifizieren also das jeweilige lexikalische Zentrum einer Wortgruppe. Dasselbe gilt für Adverbiale/Kommentarglieder, die sich auf den Kern des Verbalkomplexes beziehen. Kurz: Sowohl Attribute wie auch Adverbiale/Kommentarglieder setzen Kerne voraus, aber keine Köpfe.

Übung 40: Die Matroschka-Struktur von Wortgruppen

Erstellen sie Sie für die unterstrichene Wortgruppe eine Übersicht der Verschachtelungsebenen wie in Tab. 23.

Gewaschen, desinfiziert und geschreddert **könnten** sie <u>in tragenden Teilen eines einstöckigen Hauses</u> bis zu 27 Prozent des Sands im Beton und bis zu 40 Prozent des Sands im Mörtel **ersetzen.** (Zeit Online, Baumaterial: 21.05.23

4.2.6 Wortgruppen und -kombinationen: Adverb und Partikel

Das Wortgruppenbildungspotential von Wörtern

Die theoretisch vielleicht interessanteste unter den in Kap. 4.2.1 formulierten generellen Fragen ist die nach dem *Wortgruppenbildungspotenzial von Wörtern* (= Frage Nr. 6): Können beliebige Wörter Wortgruppen bilden? Eine explizitere und präzisere Formulierung der Frage könnte lauten: Können beliebige Wörter beliebiger Wortarten Köpfe oder Kerne bilden?

Bisher haben wir auf einer sehr abstrakten, da *wortartbezogenen* Ebene argumentiert. Wir sprachen davon, dass Substantiv, (Personal-)Pronomen, Artikel, Adjektiv (inkl. Partizipien I und II), Verb und Präposition wortgruppenbildend seien. Dabei konnte diese Wortgruppenbildungsfähigkeit lediglich an einigen wenigen Elementen der jeweiligen Wortarten gezeigt werden. Von bestimmten Exemplaren haben wir also (induktiv) Schlüsse auf die Klassen gezogen.

Legt man das System der Wortarten des Dudens zugrunde (Duden 2016: 141), gibt es noch drei Wortarten, deren Wortgruppenbildungspotenzial wir bisher noch nicht überprüft haben: Adverb, Partikel und Junktion (= Junktor).

Junktoren stellen ein recht komplexes theoretisches Problem dar, mit dem wir uns an anderer Stelle auseinandergesetzt haben (GTA: 708–716). Auf polylexikalische (= zweiteilige) Junktoren wie *zwar...doch* kommen wir in Kap. 4.4 zu sprechen.

Im vorliegenden Kapitel widmen wir uns den Adverbien und den Partikeln.

Wortgruppen mit Kern und Attribut: Adverbgruppe

Bei den Wortgruppen mit Kern und Attribut können wir uns relativ kurz fassen, da nur die Adverbgruppe zu diesem Typus gehört. Im folgenden Textausschnitt gibt es gleich zwei Adverbiale (Temporal- und Frequenzadverbial), deren grammatische Formen Adverbgruppen (*so bald, nicht wieder*) sind:

(12) Burkhard Weißwerth **würde** $_{(Temporal\text{-}\ (Adverb\text{-}}$ $^{Attri\text{-}}$so^{but} $^{Ke\text{-}}$bald^{rm} $_{gruppe)\ adverbial)\ (Frequenz\text{-}\ (Adverb\text{-}}$ $^{Attri\text{-}}$nicht^{but} $^{Ke\text{-}}$wieder^{rm} $_{gruppe)\ adverbial)}$ in seiner affigen Kordhose auf seinem Traktor **sitzen.**
(Hansen, Land: 93)

Von den Adverbkernen (*bald, wieder*) wird der erste intensivierend (*so*), der zweite negierend (*nicht*) spezifiziert.

Allerdings ist es nicht einfach, solche Belege zu finden. Denn „[n]ur wenige Adverbien sind in einer ADVERBPHRASE kombinationsfähig." (IDS-Grammatik (1997/1: 82, Kapitälchen im Original) Anders gesagt: Nur wenige Adverbien bilden überhaupt Adverbgruppen. Beispielsweise lässt sich das Frequenzadverb *oft* intensivieren, kann also eine Adverbgruppe bilden, während dies beim Temporaladverb *jetzt* kaum möglich sein dürfte:

(13) Klaus **ist** $_{(Frequenz\text{-}\ (Adverb\text{-}}$ sehr oft $_{gruppe)\ adverbial)}$ zu Hause.
(13') Klaus **ist** $_{(Temporal\text{-}\ (Adverb\text{-}}$??sehr jetzt $_{gruppe)\ adverbial)}$ zu Hause.

Das Kernproblem der Kopflosigkeit

Wortgruppen mit Köpfen, also alle Wortgruppen mit Ausnahme der Adverbgruppe, verfügen über Flexionsmerkmale, die den grammatischen Rahmen für den (lexikalischen) Kern abstecken. Beim Adverb, das ja unflektierbar ist, entfällt diese grammatische Absicherung. Es stellt sich daher die Frage, wie man ohne Flexionsmerkmale überhaupt entscheiden kann, was Kern und was Attribut ist.

Endozentrik

Das diagnostische Kriterium, das uns zur Verfügung steht, ist die *Endozentrik* genannte Abhängigkeitsrelation (Bloomfield 1933: 195):

- +Endozentrik: Eine endozentrische Relation liegt vor, wenn das Vorkommen von A das Vorkommen von B voraussetzt, aber nicht umgekehrt. In diesem Falle stellt die Konstruktion eine Wortgruppe dar, in der B der Kern und A das Attribut ist.
- -Endozentrik: Keine endozentrische Relation liegt vor, wenn weder das Vorkommen von A das Vorkommen von B voraussetzt, noch umgekehrt. In diesem Falle stellt die Konstruktion keine Wortgruppe dar, sondern lediglich eine Kombination von Wörtern oder Wortgruppen. In solchen Fällen sprechen wir von *Wort(gruppen)kombinationen* (GTA: 704f.).

+Endozentrik

Ein Beispiel für eine endozentrische Relation (= +Endozentrik) ist die Adverbgruppe *sehr oft*:

(13) Klaus **ist** $_{(Frequenz\text{-}\ (Adverb\text{-}}$ sehr oft $_{gruppe)\ adverbial)}$ zu Hause.
→ Klaus **ist** $_{(Frequenz\text{-}\ (Adverb\text{-}}$ oft $_{gruppe)\ adverbial)}$ zu Hause.
→ Klaus **ist** $_{(Frequenz\text{-}\ (Adverb\text{-}}$ *sehr $_{gruppe)\ adverbial)}$ zu Hause.

Wir sehen an den beiden Weglassproben, dass die Intensitätspartikel *sehr* (= A) weglassbar ist, nicht jedoch das Adverb *oft* (= B). Demnach ist das Adverb Kern, die Intensitätspartikel Attribut in der Adverbgruppe.

-Endozentrik

Keine endozentrische Relation liegt dagegen innerhalb des Lokaladverbials im folgenden Beleg vor:

(14) (Lokal- (Ad- Da verb) (Ad- draußen verb) (Präpositional- auf dem Kopfsteinpflaster gruppe) adverbial) **standen** zwei Unbehauste.
(Hansen, Land: 95)

→ Lokal- (Ad- Da verb) (Präpositional- auf dem Kopfsteinpflaster gruppe) adverbial) standen zwei Unbehauste.

→ Lokal- (Ad- Draußen verb) (Präpositional- auf dem Kopfsteinpflaster gruppe) adverbial) standen zwei Unbehauste.

Weder das Vorkommen von *Da* (= A) setzt das Vorkommen von *draußen* (= B) voraus, noch umgekehrt. Dasselbe gilt übrigens auch für die Präpositionalgruppe *auf dem Kopfsteinpflaster*, die weder das Vorkommen des einen oder des anderen Adverbs voraussetzt, noch umgekehrt. Mit anderen Worten, alle drei grammatischen Formen, die das Lokaladverbial ausmachen – zwei Adverbien und eine Präpositionalgruppe – lassen sich beliebig weglassen und kombinieren:

→ Lokal- (Ad- Da verb) (Ad- draußen verb) adverbial) standen zwei Unbehauste.
→ Lokal- (Ad- Da verb) adverbial) standen zwei Unbehauste.
→ Lokal- (Ad- Draußen verb) adverbial) standen zwei Unbehauste.
→ Lokal- (Präpositional- Auf dem Kopfsteinpflaster gruppe) adverbial) standen zwei Unbehauste.

Gruppe von Wörtern ≠ Wortgruppe = Wort(gruppen)-kombination

Das Lokaladverbial in (14) stellt demnach keine Wortgruppe dar, sondern eine Dreierkombination aus zwei Wörtern (Adverb + Adverb) und einer Wortgruppe (Präpositionalgruppe), also eine *Wort(gruppen)kombination*. Entsprechend gibt es offensichtlich ‚Gruppen von Wörtern', die keine Wort-gruppen sind. Da Wort(gruppen)kombinationen keine Wortgruppenglieder enthalten, stellen sie eben keine Wortgruppen dar.

Kompositionalität

Wort(gruppen)kombinationen sind kompositionell, d.h., ihre Bedeutungen ergeben sich aus denen ihrer Bestandteile (zum Kompositionalitätsprinzip vgl. Kap. 3.1.2.1.2). Auf eine andere Sorte von ‚Gruppen von Wörtern', die ebenfalls keine Wortgruppen, aber nichtkompositionell sind, auf die *Ausdrücke*, kommen wir in Kap. 4.4 zu sprechen.

Partikeln

Was Partikeln anbelangt, unterscheidet der Duden insgesamt sieben Subklassen (Duden 2016: 600–611). Was Partikel-Kombinationen betrifft, am besten erforscht sind die Kombinationen von Modal-/Abtönungspartikeln (vgl. v.a. Thurmair 1989 und Müller 2018), z.B.:

(15) Du könntest (Abtönungspartikel- (Abtönungs- ja partikel) (Abtönungs- ruhig partikel) kombination) zum Essen dableiben. Komm (Abtönungspartikel- (Abtönungs- doch partikel) (Abtönungs- nur partikel) (Abtönungs- ruhig partikel) (Abtönungs- mal partikel) kombination) vorbei!
(Thurmair 1989: 214 und 228)

Auch wenn bei Abtönungspartikel-Kombinationen nicht alle Kombinationen und nicht alle Wortfolgen zulässig oder akzeptabel sind, haben Abtönungspartikel-Kombinationen keine Wortgruppenstruktur. Mit anderen Worten, sie haben weder Kerne noch Attribute. Ob sie kompositionell, d.h. Wort(gruppen)kombinationen, oder nicht kompositionell, d.h. Ausdrücke, sind, lässt sich nur im Einzelfall entscheiden.

4.3 Attribute

4.3.1 Wortgruppen mit Attributen

Während Köpfe und Kerne in den Kap. 4.1 und 4.2 hinreichend beschrieben werden konnten, wurde das dritte Wortgruppenglied, das Attribut, bisher nur sehr allgemein behandelt. Deshalb wenden wir uns im vorliegenden Kapitel den Attributen zu.

Wie sich der Tab. 22 (Wortgruppen im Überblick) in Kap. 4.2.1 entnehmen lässt, gibt es insgesamt vier Wortgruppen mit potenziellen Attributen:

Wortgruppen mit Attributen

Tab. 24: Wortgruppen mit Attributen im Überblick

Typ	Klasse	Beispiele
Kopf+Kern+Attribut		
	Substantivgruppe	(Substantiv- Ko- Die pf Attri- außerordentliche but Ke- Wirkung rn Attri- einer absolut untödlichen Zigarette but gruppe) [8]

8 Menzel, 55: 15

Kern+Attribut	Adjektivgruppe	Die (Adjektiv- $^{\text{Kopf+}}$außerordentliche^{Kern} $_{\text{gruppe)}}$ Wirkung einer (Adjektiv- $^{\text{Attri-}}$absolut^{but} $^{\text{Kopf+}}$untödlichen^{Kern} $_{\text{gruppe)}}$ Zigarette[9]
	Partizipialgruppe (mit Partizip I und II)	Die (Partizipial- $^{\text{Attri-}}$ quer durch Deutschland ^{but} $^{\text{Kopf+}}$verlaufende^{Kern} $_{\text{gruppe)}}$ luftmassengrenze [...][10] [...] die (Partizipial- $^{\text{Attri-}}$aus Holzplatten^{but} $^{\text{Kopf+}}$gefertigten^{Kern} $_{\text{gruppe)}}$ Gestelle[11]
	Adverbgruppe	(Adverb- $^{\text{Attri-}}$ Genau ^{but} $^{\text{Ke-}}$ so ^{rn} $_{\text{gruppe)}}$ sollte es laufen.[12]

Fragestellung

Im Zentrum des vorliegenden Kapitels steht die Frage nach der Vielfalt der Attribuierungsmöglichkeiten. Dabei lehrt uns der obige Überblick, dass Attribute strikt *wortgruppengebunden* sind, dass also die theoretisch präzise Fragestellung zu lauten hat: Welche Attribute gibt es *in der Wortgruppe X, Y oder Z*?

Wortgruppengebundenheit

Diese Wortgruppengebundenheit bedeutet zweierlei:

- Da Attribute Spezifizierungen, nähere Bestimmungen, von Kernen sind, hängt der *Attributtypus* von dem jeweiligen Kern und dessen Typus ab: Wenn der Kern recycelt ist, wird das Attribut ebenfalls recycelt sein und umgekehrt: Genuine (= nicht recycelte) Kerne haben in der Regel genuine Attribute. Lediglich genuine Substantivkerne lassen auch recycelte (Adjektiv- und Partizipial)attribute zu.
- Andererseits hängt auch die *Attributklasse* vom jeweiligen Kern ab. Denn es gibt Attribute, die nur in bestimmten Wortgruppen vorkommen oder eben nicht vorkommen. Beispielsweise bilden Partizipialgruppen (z.B. *besonders überkandidelt*) nur in der Substantivgruppe (*eine besonders überkandidelte Person*) Partizipial(gruppen)attribute, während Intensitätspartikeln (z.B. *besonders*) gerade in der Substantivgruppe keine Attribute bilden können (**eine besonders Person*).

Im Folgenden konzentrieren wir uns auf einen knappen Überblick über die wichtigsten Attributklassen in den einzelnen Wortgruppen (ausführlicher

9 Menzel, 55: 15
10 Bienek, Gedichte: 25, Kleinschreibung im Original
11 Lenz, Landesbühne: 18
12 Hansen, Land: 104

vgl. GTA: 743–789). Besonderes Gewicht soll dabei auf die Substantivgruppe gelegt werden (Kap. 4.3.2 und 4.3.3).

4.3.2 Attribute in der Substantivgruppe

Attributklassen

In der GTA (769f.) wurden in der Substantivgruppe insgesamt 15 Attributklassen unterschieden. Wir beschränken uns hier auf die sechs wohl wichtigsten von ihnen:

Tab. 25: Attribute in der Substantivgruppe

Attributklasse	Beispiele
Adjektiv- und Partizipial(gruppen) attribut	(Substantiv- Die Adjektiv(gruppen)- außerordentliche attribut Wirkung gruppe) (Substantiv- einer Adjektiv(gruppen)- absolut untödlichen attribut Zigarette gruppe) [...][13]; (Substantiv- die Partizipial(gruppen)- aus Holzplatten gefertigten attribut Gestelle gruppe)[14]
Genitivattribut	(Substantiv- Sonne Genitiv- unseres Reiches attribut gruppe), (Substantiv- Großmächtiger Herr Genitiv- der Länder und Meere attribut gruppe), (Substantiv- Höchster Schwertführer Genitiv- der todbereiten Armeen attribut gruppe), (Substantiv- Spiegel Genitiv- der Künste attribut und (Substantiv- Licht Genitiv- der Wissenschaften attribut gruppe)[15]
Adverbialattribut	Auf (Substantiv- unserer Rückfahrt Temporal(adverbial)- damals attribut gruppe) **machten** wir **überhaupt keinen Stop** [...].[16] Vor (Substantiv- dem Amtsgericht Lokal(adverbial)- in Birglar attribut gruppe) **fand** im Frühherbst des vorigen Jahres eine Verhandlung **statt.**
Präpositional(objekt)attribut	(Substantiv- die Freude Präpositional(objekt)- über die Beute attribut gruppe)[17]; (Substantiv- Hilfe Präpositional(objekt)- für Ratsuchende attribut gruppe)[18]; (Substantiv- ihre Liebe Präpositional(objekt)- zu Alain Delon attribut gruppe)[19]

13 Menzel, 55: 15
14 Lenz, Landesbühne: 18
15 Reinig, Bittschrift: 65
16 Frisch, Homo: 83
17 Frankfurter Rundschau, 09.07.1997, zit. n. Bassola 2012: 129
18 Frankfurter Rundschau, 11.08.1999, zit. n. Bassola 2012: 157
19 Vorarlberger Nachrichten, 09.02.1999, zit. n. Bassola 2012: 210

Attributklasse	Beispiele
Appositivattribut	Nippen an (Substantiv- einem Glas Appositiv- Sekt attribut gruppe)[20]

Stellung

Hinsichtlich der Stellung lassen sich zwei Typen unterscheiden: Pränominal, vor dem Kern, stehen die Adjektiv- und Partizipial(gruppen)attribute, postnominal, nach dem Kern, die anderen Klassen.

Wir fangen mit der Vorstellung der pränominalen Klasse an:

Adjektiv- und Partizipial(gruppen)attribut

Da Adjektiv- und Partizipialgruppen analog strukturiert sind (s. unten), können wir die Behandlung der Adjektiv- und Partizipial(gruppen)attribute zusammenziehen. Was den traditionellen Terminus ‚Adjektivattribut' anbelangt, ist eine kleine Korrektur angebracht:

(6) (Substantiv- Die Adjektiv(gruppen)- außerordentliche attribut Wirkung gruppe) (Substantiv- einer Adjektiv(gruppen)- absolut untödlichen attribut Zigarette gruppe)

Wie man dem Beleg entnehmen kann, ist die grammatische Form des Attributs, das sich zwischen Kopf und Kern der Substantivgruppe befindet, nicht das Wort, sondern die Wortgruppe. Dies ist an der Substantivgruppe *einer absolut untödlichen Zigarette* unmittelbar nachvollziehbar, da hier das Attribut (*absolut untödlichen*) zweigliedrig ist: Die Adjektivform (*untödlichen*) hat selber ein Attribut (*absolut*). Dasselbe gilt auch für das Partizipial(gruppen)attribut:

(8) (Substantiv- die Partizipial(gruppen)- aus Holzplatten gefertigten attribut Gestelle gruppe)
(Lenz, Landesbühne: 18)

Aber auch, wenn eine Adjektivgruppe (oder Partizipialgruppe) mitunter nur aus der Adjektivform (oder Partizipialform) besteht (*außerordentliche*), ist diese jederzeit erweiterbar (attribuierbar), was ihren Gruppenstatus unterstreicht:

→ (Substantiv- Die Adjektiv(gruppen)- mittelfristig auftretende außerordentliche attribut Wirkung gruppe)

Insofern stellen der Terminus ‚Adjektivattribut' wie auch der Terminus ‚Partizipialattribut' lediglich Kurzformen für ‚Adjektivgruppenattribut' bzw. ‚Partizipialgruppenattribut' dar.

20 Kirchhoff, Dämmer: 254

Genitivattribut

Unter ‚Genitivattribut' verstehen wir ausschließlich den postnominalen Genitiv. Mit dem sog. pränominalen Genitiv (*Wandas Buch*) haben wir uns an anderer Stelle auseinandergesetzt (vgl. GTA: 765–768).

Auch die Bezeichnung ‚Genitivattribut' stellt lediglich eine Kurzform für ‚genitivisches Substantivgruppenattribut' dar. Wie man dem Beleg entnehmen kann, ist die grammatische Form des jeweiligen Genitivattributs die Substantivgruppe im Genitiv:

(16) $_{\text{(Substantiv-}}$ Sonne $^{\text{Genitiv-}}$ unseres Reiches ^{attribut} $_{\text{gruppe)}}$, $_{\text{(Substantiv-}}$ Großmächtiger Herr $^{\text{Genitiv-}}$ der Länder und Meere ^{attribut} $_{\text{gruppe)}}$, $_{\text{(Substantiv-}}$ Höchster Schwertführer $^{\text{Genitiv-}}$ der todbereiten Armeen ^{attribut} $_{\text{gruppe)}}$, $_{\text{(Substantiv-}}$ Spiegel $^{\text{Genitiv-}}$ der Künste ^{attribut} und $_{\text{(Substantiv-}}$ Licht $^{\text{Genitiv-}}$ der Wissenschaften ^{attribut} $_{\text{gruppe)}}$
(Reinig, Bittschrift: 65)

Offenheit der Genitivattributstelle

Während im Falle der Reinig-Belege die Genitivattribute genuin sind, liegt im folgenden Beispiel Recycling vor:

(17) $_{\text{(Sub-}}$ Ein Esel $_{\text{jekt)}}$ **wiehert** in der Nacht.
→ $_{\text{(Substantiv-}}$ Das Wiehern $^{\text{Genitiv-}}$ eines Esels ^{attribut} in der Nacht $_{\text{gruppe)}}$
(Frisch, Homo: 185)

Da sich der Kern der Substantivgruppe (*Wiehern*) auf ein Prädikat (*wiehert*) zurückführen lässt, lässt sich das Genitivattribut (*eines Esels*) als das Subjekt jenes Prädikats rekonstruieren (*Ein Esel*). Die Substantivgruppe stellt die Nominalisierung eines kompletten Satzes dar. Da die Genitivattributstelle somit nicht auf genuine oder auf recycelte Attribute eingeschränkt ist, sprechen wir von einer offenen Attributstelle (GTA: 759–765).

Transparenz und Ökonomie zwischen Satzgliedern und Attributen

In Kap. 4.2.3 wurde bei den Attributen in Partizipialgruppen, die immer recycelt sind, bereits angemerkt, dass deren Klassifikation nur vor dem Hintergrund der zugrunde liegenden Satzglieder möglich ist, dass folglich das grammatische System sehr ökonomisch ist, da es vertikal – von oben nach unten – transparent ist. Mit anderen Worten, es müssen keine neuen Attributklassen erfunden, sondern lediglich die Satzgliedwerte um eine Ebene zurückgestuft werden. Wir haben diese wichtige Erkenntnis mit der Modelleisenbahn verglichen: Die große Eisenbahn wird in einem kleineren Maßstab nachgebaut.

Nominalisierungen eines kompletten Satzes wie der Frisch-Beleg in (17) lassen vermuten, dass sich dieser Gedanke weiterspinnen lässt und dass es regelhafte Beziehungen – genauer: Analogien (Czicza 2015) – zwischen Sätzen und Substantivgruppen gibt:

Adverbialattribut

(17) (Sub- Ein Esel jekt) **wiehert** (Temporal- in der Nacht adverbial).

→ (Substantiv- Das Wiehern Genitiv- eines Esels attribut Temporal(adverbial)- in der Nacht attribut gruppe)

Wir sehen, dass nicht nur das Subjekt, sondern auch das Temporaladverbial (*in der Nacht*) als Attribut recycelt wurde. Auch hier gilt, dass keine neue Attributklasse erfunden, sondern lediglich der Satzgliedwert (Temporaladverbial) um eine Ebene zurückgestuft werden muss (Temporal(adverbial)attribut).

Transparenz und Ökonomie gelten aber auch, wenn sich kein zugrunde liegender Satz rekonstruieren lässt:

(1) Vor (Substantiv- dem Amtsgericht Lokal(adverbial)- in Birglar attribut gruppe) **fand** im Frühherbst des vorigen Jahres eine Verhandlung **statt**.

→ Vor (Substantiv- dem Amtsgericht Lokal(adverbial)- dort / bei Köln / gleich um die Ecke attribut gruppe)

Ersatzprobe

Ein Attribut wie *in Birglar* lässt sich nämlich durch Adverbien (wie *dort*) und durch Präpositionalgruppen mit anderen lokalen Präpositionen (wie *bei Köln* oder *gleich um die Ecke*) ersetzen. Somit verhält sich dieses Attribut syntaktisch analog wie das entsprechende Adverbial auf Mesoebene:

(1') Das Amtsgericht **befindet sich** (Lokal- in Birglar / dort / bei Köln / gleich um die Ecke adverbial).

Folglich ist die Präpositionalgruppe *in Birglar* im Böll-Beleg als Lokal(adverbial)attribut einzustufen.

Bei einem Adverbial oder Adverbialattribut wie *in Birglar* ist die Präposition (*in*$_{\text{DAT}}$) nicht regiert. Mit anderen Worten, weder der substantivische Kern *Amtsgericht* noch das Prädikat *befindet sich* verlangt (regiert) eine Präposition *in*$_{\text{DAT}}$. Sie verlangen nicht einmal eine Präposition, wie die Ersetzbarkeit der Präpositionalgruppe durch Adverbien zeigt.

Ganz anders gelagert ist die Situation der Präposition *über*$_{\text{AKK}}$ in den folgenden Beispielen:

Präpositional(objekt)attribut

(18) X **freut sich** (Präpositional- über die Beute objekt).

→ (Substantiv- die Freude Präpositional(objekt)- über die Beute attribut gruppe)

(Frankfurter Rundschau, 09.07.1997, zit. n. Bassola 2012: 129)

Sowohl das Prädikat *freut sich* als auch der substantivische Kern *Freude* regieren *über*$_{\text{AKK}}$.

Ersatzprobe

Entsprechend lässt sich die Präpositionalgruppe *über die Beute* weder durch Adverbien (wie *dort*) noch durch Präpositionalgruppen mit anderen

Präpositionen (wie *um die Beute*), sondern nur durch das sog. Präpositionaladverb *darüber* mit derselben Präposition ersetzen:

→ X **freut sich** (Präpositional- darüber / *dort / *um die Beute objekt).
→ (Substantiv- die Freude Präpositional(objekt)-darüber / *dort / *um die Beute attribut gruppe)

Auch hier sieht man eine klare syntaktische Analogie zwischen Mesoebene (Satzglied) und Mikroebene (Attribut): Auf Mesoebene bekommt die Präpositionalgruppe (*X freut sich*) *über die Beute / darüber* den Satzgliedwert ‚Präpositionalobjekt'. Entsprechend bekommt dieselbe Präpositionalgruppe auf Mikroebene den Attributwert ‚Präpositional(objekt)attribut'. Auf sog. Präpositionaladverbien wie *darüber* kommen wir in Kap. 4.4 zu sprechen.

Ausnahmen?

Wie erklärt man aber die folgenden Fälle, in denen den Präpositional(objekt)attributen keine Präpositional-, sondern Kasusobjekte entsprechen?

(19) X **hilft** (Dativ- den Ratsuchenden objekt).
→ (Substantiv- Hilfe Präpositional(objekt)- für Ratsuchende attribut gruppe)
(Frankfurter Rundschau, 11.08.1999, zit. n. Bassola 2012: 157)
(20) Sie **liebt** (Akkusativ- Alain Delon objekt).
→ (Substantiv- ihre Liebe Präpositional(objekt)- zu Alain Delon attribut gruppe)
(Vorarlberger Nachrichten, 09.02.1999, zit. n. Bassola 2012: 210)

Während das Recycling eines Akkusativobjekts (*Alain Delon*) als Präpositional(objekt)attribut (*zu Alain Delon*) eher die Ausnahme darstellt, werden Dativobjekte (wie z.B. *den Ratsuchenden*) systematisch als Präpositional(objekt)attribute (wie z.B. *für Ratsuchende*) recycelt (Welke 2011: 305). Man vergleiche

(21) jmdm. danken, helfen, ähneln, befehlen, raten, jmdm. etw. anweisen, vorwerfen
→ Dank an jmdn., Hilfe für jmdn., Ähnlichkeit mit jmdm., Befehl an jmdn., Rat an jmdn., Anweisung an jmdn., Vorwurf an jmdn.
(Beispiele n. Welke 2011: 305)

Trennung der „Sphäre des Verbums und des Substantivs"

Die Gründe hierfür liegen in dem seit dem Althochdeutschen anhaltenden Prozess der zunehmenden grammatischen Trennung der „Sphäre des Verbums und des Substantivs" (Brinkmann 1971: 468). Dies äußert sich u.a. darin, dass sich Nominativ, Akkusativ und Dativ auf den Satz spezialisiert haben, während sich der Genitiv in der Substantivgruppe eingenistet hat. Diese Trennung der Verbalkasus (= Nominativ, Akkusativ und Dativ) vom Nominalkasus (= Genitiv) ist mittlerweile absolut zentral für das Sprachverstehen (Rezeption), denn sie gibt beim Hören/Lesen eine erste Orientierung hinsichtlich der grammatischen Werte von Substantivgruppen in Texten: Typischerweise deutet eine Substantivgruppe im Nominativ auf das Subjekt oder das Prädikativ, eine im Akkusativ auf das Akkusativobjekt und eine im Dativ auf das Dativobjekt hin. Demgegenüber weist eine Substantivgruppe im Genitiv typischerweise auf ein Genitivattribut hin.

Appositivattribut

Die letzte Attributklasse in der Substantivgruppe, die hier erwähnt werden soll, ist das Appositivattribut:

(22) Und womöglich **war** es auch **Absicht**, dem Sohn mit der überlassenen Wildlederjacke genau dieses Bild mitzugeben, (Substantiv- das einer Begehrten vor dem Nippen an einem Glas Appositiv- Sekt attribut gruppe).
(Kirchhoff, Dämmer: 254)

Appositivattribute, die man herkömmlicherweise enge Appositionen nennt, enthalten typischerweise eine Maßangabe (wie oben) oder einen Eigennamen (*Direktor Müller*) (Helbig 1992: 904).

Abgrenzung

Die andere Sorte von Appositionen, die man in der recht komplexen Fachliteratur zur Apposition (z.B. Schindler 1990, Helbig 1992 und Schmidt 1993: 103ff.) nennt, ist die lockere Apposition:

(23) Und Ida Eckhoff lockere ,Altländer Bäuerin in sechster Generation, Witwe und Mutter eines verwundeten Frontsoldaten, Apposition **hatte** sofort **zurückgefeuert**.
(Hansen, Land: 8)

Angesichts der großen strukturellen Ähnlichkeiten zwischen lockeren Appositionen und Satzrandgliedern (vgl. Kap. 2.2.2 bzw. Zifonun 2015: 39f.) fassen wir die lockere Apposition nicht als Attribut, sondern als Wortgruppenrandglied auf (GTA: 773ff.).

Wir erinnern: Satzrandglieder stellen ‚lockere' Verlängerungen möglicher Sätze durch Nichtsätze dar. Wir wiederholen hier einen Beleg aus Kap. 2.2.2:

(24) Wer **kann** sie **ahnen** die Kämpfe in meinem Innern.
(Koralek, 19. Jhd.)

So wie Satzrandglieder ‚lockere' Verlängerungen möglicher Sätze darstellen, stellen Wortgruppenrandglieder ‚lockere' Verlängerungen möglicher Wortgruppen – oben der Substantivgruppe *Ida Eckhoff* – dar. Da es sich bei Wortgruppenrandgliedern um Parenthese (Einschub) handelt, erfolgt diese Verlängerung in einer Art zweiter Dimension. Dieses Phänomen haben wir bereits für das Kommentarglied zeigen können. Man kann sich diese Art parenthetische Verlängerung, die eine eigene prosodische Einheit bildet, als eine Art zweite Tonspur (= T^2) vorstellen (GTA: 777):

(23)

(T^2)		‚Altländer Bäuerin in sechster Generation...,	
(T^1)	Und Ida Eckhoff		**hatte zurückgefeuert**

Es ist diese parenthetisch-prosodische Ausgliederung aus der Linearstruktur des Satzes, die wir als starkes Argument gegen den Attributstatus ansehen. Umgekehrt stellt das Appositivattribut keine parenthetische Verlängerung der Linearstruktur dar, weshalb eine Darstellung mithilfe einer zweiten Tonspur theoretisch nicht begründbar wäre:

(22)

*(T^2)		Sekt
(T^1)	...vor dem Nippen an einem Glas	

Soweit die Vorstellung der sechs Attributklassen in der Substantivgruppe.

4.3.3 Attribuierungskomplexität und -komplikation in der Substantivgruppe

‚Rechtslastigkeit' der Attribuierung

Abgesehen von den pränominalen Adjektiv- und Partizipial(gruppen)attributen sind alle weiteren oben vorgestellten Attributklassen postnominal. Deshalb sind interpretative Herausforderungen überwiegend im Falle attributiver Erweiterungen rechts vom substantivischen Kern zu erwarten.

Attribuierungskomplexität

Um die Attribuierungskomplexität zu entschlüsseln, unterscheidet Jürgen Erich Schmidt (1993: 80ff.) drei „Grundtypen von Mehrfacherweiterungen": Koordination, Unterordnung und Gleichstufigkeit (vgl. auch Hennig 2020: 151ff.).

Koordination

Koordination (Nebenordnung) bereitet in der Regel wenig Interpretationsprobleme. Betrachten wir hierzu einen Auszug aus dem aus Kap. 4.3.2 bereits bekannten Reinig-Beleg:

(16) $_{\text{(Substantiv-}}$ Großmächtiger Herr $^{\text{Genitiv-}}$ der Länder und Meere ^{attribut} $_{\text{gruppe)}}$

Das Genitivattribut *der Länder und Meere* stellt eine Verbindung der Genitivattribute *der Länder* und (*der*) *Meere* durch den Konjunktor *und* dar. Der Konjunktor *und* zeigt an, dass das Verhältnis der beiden Genitivattribute zum

Kern der Substantivgruppe (*Herr*) identisch ist. Entsprechend lassen sich die Genitivattribute auch vertauschen:

→ $_{\text{(Substantiv-}}$ Großmächtiger Herr $^{\text{Genitiv-}}$ der Meere und Länder ^{attribut} $_{\text{gruppe)}}$

Im Gegensatz zur Koordination stellen Unterordnung und Gleichstufigkeit mitunter große interpretative Herausforderungen dar. Dies wollen wir an je einem Kirchhoff-Beleg zeigen

Unterordnung

Im Falle der Unterordnung beziehen sich Attribute auf Kerne unterschiedlicher Hierarchieebenen. Betrachten wir hierzu den folgenden Beleg (einschlägige Substantivgruppe kursiviert):

(22) Und womöglich **war** es auch **Absicht**, dem Sohn mit der überlassenen Wildlederjacke genau dieses Bild mitzugeben, *das einer Begehrten vor dem Nippen an einem Glas Sekt.*

Analysemethode

Um die hierarchische Struktur der Substantivgruppe *das einer Begehrten vor dem Nippen an einem Glas Sekt* nachzuvollziehen, identifizieren wir die Wortgruppenglieder aller beteiligten Wortgruppen.

Dies machen wir solange, bis auch die hierarchieniedrigste Wortgruppe analysiert, d.h., der Wortgruppengliedstatus jeder einzelnen Wortform bestimmt worden ist (vgl. 4.2.5).

Tab. 26 zeigt die jeweiligen Hierarchieebenen mit den zugehörigen Wortgruppengliedern in schematischer Darstellung:

Tab. 26: Unterordnungsgrade und Attributebenen

	das einer Begehrten vor dem Nippen an einem Glas Sekt				
Attributebene 1 (Substantivgruppe ersten Grades)	Kopf: *das*	Genitivattribut: *einer Begehrten vor dem Nippen an einem Glas Sekt*			
Attributebene 2 (Substantivgruppe zweiten Grades)		Kopf: *einer*	Kern: *Begehrten*	Temporal(adverbial)attribut: *vor dem Nippen an einem Glas Sekt*	
keine Attributebene (Präpositionalgruppe dritten Grades)				Kopf: *vor*	Kern: *dem Nippen an einem Glas Sekt*

Attributebene 3 (Substantiv-gruppe vierten Grades)					Kopf: *dem*	Kern: *Nip-pen*	Präpositional-(objekt)attribut: *an einem Glas Sekt*	
keine Attribut-ebene (Präpositional-gruppe fünften Grades)							Kopf: *an*	Kern: *einem Glas Sekt*
Attributebene 4 (Substantiv-gruppe sechsten Grades)								Kopf: *einem* Kern: *Glas* Appositiv-attribut: *Sekt*

Erläuterungen zur Analyse

Die hierarchiehöchste Substantivgruppe (*das einer Begehrten vor dem Nippen an einem Glas Sekt*) besteht aus dem Kopf *das* und einem Genitivattribut (*einer Begehrten vor dem Nippen an einem Glas Sekt*).

Während der Kopf *das* eine einzelne Wortform darstellt und sich somit nicht weiter analysieren lässt, ist das Genitivattribut selbst eine Substantivgruppe mit eigenen Wortgruppengliedern. Da es sich hier nicht mehr um die hierarchiehöchste Substantivgruppe, sondern um die zweiten Grades handelt, sind ihre Glieder Wortgruppenglieder zweiten Grades: der Kopf *einer*, der Kern *Begehrten* und das Temporal(adverbial)attribut *vor dem Nippen an einem Glas Sekt*.

Während der Kopf *einer* und der Kern *Begehrten* einzelne Wortformen darstellen und sich somit nicht weiter analysieren lassen, stellt das Temporal(adverbial)attribut eine Präpositionalgruppe mit eigenen Wortgruppengliedern dar. Diese Präpositionalgruppe ist demnach die Wortgruppe dritten Grades in der Gesamtstruktur. Entsprechend stellen ihre Glieder Wortgruppenglieder dritten Grades dar: der Kopf *vor* und der Kern *dem Nippen an einem Glas Sekt*. Da Präpositionalgruppen keine Attribute haben, stellt die dritte Hierarchieebene keine Attributebene dar.

Während der Kopf *vor* eine einzelne Wortform darstellt und sich somit nicht weiter analysieren lässt, ist der Kern selbst eine Substantivgruppe mit eigenen Wortgruppengliedern (vierten Grades): der Kopf *dem*, der Kern *Nippen* und das Präpositional(objekt)attribut *an einem Glas Sekt*.

Hier stellen der Kopf *dem* und der Kern *Nippen* einzelne Wortformen dar und lassen sich somit nicht weiter analysieren. Hingegen ist das Präpositional(objekt)attribut *an einem Glas Sekt* eine Präpositionalgruppe, deren Glieder der fünften Hierarchieebene angehören: der Kopf *an* und der

Kern *einem Glas Sekt*. Da Präpositionalgruppen keine Attribute haben, stellt die fünfte Hierarchieebene keine Attributebene dar.

Während der Kopf *an* eine einzelne Wortform darstellt und sich somit nicht weiter analysieren lässt, ist der Kern selbst eine Substantivgruppe mit eigenen Wortgruppengliedern (sechsten Grades): der Kopf *einem*, der Kern *Glas* und das Appositivattribut *Sekt*. Da hier Endstation für die Wortgruppengliedanalyse ist, stellt das Appositivattribut das hierarchieniedrigste Attribut der Substantivgruppe *das einer Begehrten vor dem Nippen an einem Glas Sekt* dar.

Fazit und Frageproben

Insgesamt verteilen sich die Wortgruppen auf sechs Hierarchieebenen. Da die Ebenen 3 und 5 von Präpositionalgruppen besetzt werden, sind für die Attribuierung insgesamt vier Hierarchieebenen übrig geblieben. Diese wurden allesamt von dem Autor Bodo Kirchhoff auch genutzt, sodass alle vier möglichen Attributebenen besetzt sind.

Die Attribute lassen sich ebenenbezogen auch erfragen (wobei wir, da der Kopf *das* deiktisch auf das Substantiv *Bild* zeigt, [Bild] als das Bezugswort der hierarchiehöchsten Attributfrage rekonstruieren):

Attributebenen (= Ae) und -fragen:

(Ae 1) WESSEN [Bild]?
(Ae 2) [*das*] *einer Begehrten* WANN (VOR WELCHEM ZEITPUNKT)?
(Ae 3) [*vor*] *dem Nippen* WORAN?
(Ae 4) [*an*] *einem Glas* WAS?

Hierarchie und Verstehen

Durch die hierarchische Anordnung der Attribute wird sichergestellt, dass wir die Wortgruppe richtig interpretieren, dass es zu keinen Missverständnissen kommt. Entsprechend würde eine andere Hierarchie ein anderes Verständnis ergeben:

→ das [Bild] einer Begehrten an einem Glas Sekt vor dem Nippen

Hier wurden die Präpositionalgruppen *vor dem Nippen* und *an einem Glas Sekt* vertauscht. Das Ergebnis ist folgende Attributhierarchie:

(Ae 1) WESSEN [Bild]?
(Ae 2) [*das*] *einer Begehrten* WORAN?
(Ae 3) [*an*] *einem Glas* WAS?
(Ae 4) [*vor*] *dem Nippen* WANN (VOR WELCHEM ZEITPUNKT)?

Nun verstehen wir die große Substantivgruppe so, dass das Bild einer Begehrten das Sektglas schmückt und dass dieses Bild gewissermaßen vor dem Nippen ins Blickfeld des Betrachters gerät.

Gleichstufigkeit

Soweit die Unterordnung. Wir kommen nun auf die Gleichstufigkeit zu sprechen.

Im Falle der Gleichstufigkeit beziehen sich zwei oder mehrere Attribute auf denselben Kern, ohne dass sie koordiniert wären. Betrachten wir hierzu den folgenden Beleg:

(25) Jeden Morgen **ist** es **ein Ausschauhalten** Präpositional(objekt)- **nach ersten Wolken** attribut Temporal(adverbial)- **beim Hinaustreten auf den einzigen Balkon im zweiten Stock des alten Hotels** attribut.
(Kirchhoff, Dämmer: 22)

Hier beziehen sich das Präpositional(objekt)attribut (*nach ersten Wolken*) und das Temporal(adverbial)attribut (*beim Hinaustreten auf den einzigen Balkon im zweiten Stock des alten Hotels*) auf denselben Kern (*Ausschauhalten*), ohne dass sie koordiniert wären.

Koordinationsprobe

Deshalb führt die Koordinationsprobe, die Verbindung der beiden Attribute durch den Konjunktor *und*, zu einer äußerst fragwürdigen Struktur:

› ??Jeden Morgen ist es ein Ausschauhalten Präpositional(objekt)- nach ersten Wolken attribut und Temporal(adverbial)- beim Hinaustreten auf den einzigen Balkon im zweiten Stock des alten Hotels attribut.

Gegenprobe

Dagegen spricht nichts gegen eine Koordination des Präpositional(objekt)attributs mit einem anderen Präpositional(objekt)attribut oder des Temporal(adverbial)attributs mit einem anderen Temporal(adverbial)attribut:

→ Jeden Morgen ist es ein Ausschauhalten Präpositional(objekt)- nach ersten Wolken attribut und Präpositional(objekt)- nach besonderen Vögeln attribut.
→ Jeden Morgen ist es ein Ausschauhalten Temporal(adverbial)- beim Hinaustreten auf den einzigen Balkon im zweiten Stock des alten Hotels attribut und Temporal(adverbial)- beim Frühstücken auf ebendiesem Balkon attribut.

Unterordnung im Gleichgestuften

Der letzte Kirchhoff-Beleg ist auch deshalb interessant, weil er zeigt, dass sich Gleichstufigkeit und Unterordnung auch kombinieren lassen. Von den beiden gleichgestuften Attributen hat nämlich das zweite (*beim Hinaustreten auf den einzigen Balkon im zweiten Stock des alten Hotels*) eine interne Unterordnungsstruktur mit insgesamt drei untergeordneten postnominalen Attributen:

(25‘) ein Ausschauhalten $^{\text{Temporal(adverbial)-}}$ beim Hinaustreten [$^{\text{Direktional-}}$ auf den einzigen Balkon [$^{\text{Lokal(adverbial)-}}$ im zweiten Stock [$^{\text{Genitiv-}}$ des alten Hotels ^{attribut}]^{attribut}]^{attribut}]^{attribut}
(Kirchhoff, Dämmer: 22)

Somit gibt es auch hier insgesamt vier Attributebenen, denn in das Temporal(adverbial)attribut (= Ae 1) sind drei weitere Attribute eingebettet:

(Ae 1) [*ein*] *Ausschauhalten* WANN?
(Ae 2) [*beim*] *Hinaustreten* WOHIN?
(Ae 3) [*auf den einzigen*] *Balkon* WO?
(Ae 4) [*im zweiten*] *Stock* WOVON?

Gemeinsam den bisherigen Belegen nominaler Komplexität war, dass sich der Kern jedes einzelnen Attributs problemlos identifizieren ließ, sodass sich die interpretativen Herausforderungen nicht aus unklaren oder verwirrenden Kern-Attribut-Bezügen ergeben haben. Der folgende Beleg zeigt ein anderes Bild:

(26) ... **sagt** der Beauftragte gegen Kindesmissbrauch der Bundesregierung.
(ARD-Morgenmagazin, Marion von Haaren: 09.06.2020, ca. 8.14 Uhr)

Unterordnung statt Gleichstufikeit

Statt der erwartbaren gleichstufigen Struktur mit Genitivattribut an erster und Präpositional(objekt)attribut an zweiter Stelle (*der Beauftragte der Bundesregierung gegen Kindesmissbrauch*) wurde hier aus Versehen die Serialisierung (Reihenfolge) für Unterordnung gewählt, d.h., das Genitivattribut (an zweiter Stelle) wurde dem Präpositional(objekt)attribut (an erster Stelle) untergeordnet. Es ist die Diskrepanz zwischen erwartbarer und realisierter Serialisierung, die hier zur Verwirrung führt.

Attribuierungskomplikation

Solche Diskrepanzen zwischen erwartbarer und realisierter Serialisierung, die die Interpretation von Kern-Attribut-Bezügen erschweren, bezeichnet Schmidt (1993) Attribuierungskomplikationen (vgl. auch Kasper/Schmidt 2016 und Hennig 2020: 173ff.).

Nun ist es allerdings nicht immer so, dass sich Attribuierungskomplikationen ohne Weiteres vermeiden lassen. Betrachten wir dazu den folgenden Beleg:

(27) Seilbahn **scheitert** mit Klage gegen Verbot von nächtlichen Fahrten durch das Garmischer Landratsamt.
(Donaukurier, zit. n. Der Spiegel Nr. 27, 03.07.2021, Rubrik Hohlspiegel)

Zwar legt die Veröffentlichung des Belegs im „Hohlspiegel“ nahe, dass die Spiegel-Redaktion (zu Recht) von einer unglücklichen Serialisierung ausgeht, doch die Vertauschung der fraglichen Attribute wäre womöglich auch nicht viel besser:

(27') Seilbahn **scheitert** mit Klage gegen Verbot durch das Garmischer Landratsamt von nächtlichen Fahrten.

Die Quelle der Komplikation ist nämlich, dass man sich zwei wohl unterscheidbare zugrunde liegende VERBOTEN-WERDEN-Szenarios mit entsprechenden Lesarten (L1 und L2) vorstellen kann:

Recycling

(L1) Verbot von x (= *nächtliche Fahrten*) durch y (= *das Garmischer Landratsamt*)
← (Sub- Nächtliche Fahrten jekt) **werden** (Präpositional- durch das Garmischer Landratsamt objekt) **verboten.**
(L2) Verbot von x (= *nächtliche Fahrten durch das Garmischer Landratsamt*)
← (Sub- Nächtliche Fahrten durch das Garmischer Landratsamt jekt) **werden verboten.**

L1 basiert auf zwei zugrunde liegenden Satzgliedern (Subjekt und Präpositionalobjekt) und ist zweifelsohne die erwartbare Recycling-Basis.

Doch in Zeiten von e-Scootern ist L2 auch nicht ganz von der Hand zu weisen, wobei hier offen gelassen wird, durch wen die nächtlichen Fahrten durch die offensichtlich langen Flure des Garmischer Landratsamts verboten wurden. Grammatisch ist bei L2 die Präpositionalgruppe (*durch das Garmischer Landratsamt*) jedenfalls kein eigenes Satzglied, sondern Präpositional(objekt)attribut innerhalb des Subjekts.

Beim Recycling wird allerdings das Präpositionalobjekt von L1 ebenfalls zum Präpositional(objekt)attribut, sodass das Ergebnis eine notwendigerweise offene (ambigue) Attribuierung ist.

Soweit unsere Ausführungen zur Attribuierung in der Substantivgruppe.

4.3.4 Attribute in der Adjektiv-/Partizipialgruppe und der Adverbgruppe

In der Adjektiv- und Partizipialgruppe lassen sich folgende Klassen von Attributen identifizieren:

Tab. 27: Attribute in der Adjektiv- und Partizipialgruppe

Attributklasse	**Beispiele**
Intensitätsattribut	Die (Adjektiv- außerordentliche gruppe) Wirkung einer (Adjektiv- Intensitäts- absolut attribut untödlichen gruppe) Zigarette[21] (Adjektiv- Intensitäts- über alle Erwartung attribut sympathisch gruppe)[22] (Partizipial- Intensitäts- ungemein attribut belastend gruppe)[23]
Modalattribut	(Adjektiv- grau Modal- wie der Asphalt auf den Radrennbahnen attribut gruppe)[24] Einer **ist** (Partizipial- **geschiedener** Modal- **als der andere** attribut gruppe).[25]
Adverbialattribut	(Adjektiv- Mir Modal(adverbial)- weniger freundlich attribut gesonnene Kollegen gruppe)[26] (Partizipial- alle ihre Üppigkeit [...] Modal(adverbial)- sorgfältig attribut verschließendes Mädchen gruppe)[27]
Objektattribut	Der (Adjektiv- Präpositional(objekt)- auf Bewunderung attribut erpichte gruppe) Präsident[28] (Adjektiv- Genitiv(objekt)- aller Pflichten attribut ledig gruppe) [...][29] (Adjektiv- Dativ(objekt)- Mir attribut weniger freundlich gesonnene Kollegen gruppe)[30] (Partizipial- Akkusativ(objekt)- alle ihre Üppigkeit attribut [...] sorgfältig verschließendes Mädchen gruppe)[31] Das Pferd **knickste** und **dankte** für die (Partizipial- Dativ(objekt)- seiner Leistung attribut gezollte gruppe) Aufmerksamkeit.[32] Auf einer (Partizipial- Präpositional(objekt)- von der Sonne attribut beschienenen gruppe) Lichtung **weidete** ein Rudel Schaukelpferde.[33]
Kommentar(glied)-attribut	diese (Adjektiv- Kommentar(glied)- vermutlich attribut schöne gruppe) Einladung[34]

21 Menzel, 55: 15
22 Boettcher 2009/2: 256
23 IDS-Grammatik 1997/1: 81
24 Kästner, Fabian: 41
25 Brigitte 10/2001, zit. n. Eggs 2006: 147
26 Hein, Freund: 208
27 Robert Walser, zit. n. Menzel, 55: 16
28 Frankfurter Rundschau, 21.11.1998, zit. n. Matsekh-Ukrayinskyy 2015: 175
29 Reinig, Trinkgeld: 68
30 Hein, Freund: 208
31 Robert Walser, zit. n. Menzel 55: 16
32 Kästner, 35. Mai: 46
33 Kästner, 35. Mai: 67
34 Erweiterung des Belegs Nr. [21] von Jung, Lenz, zit. n. GTA: 62

Attributklasse	Beispiele
	Das Pferd **knickste** und **dankte** für die (Partizipial- Kommentar(glied)-vermutlich attribut Dativ(objekt)- seiner Leistung attribut gezollte gruppe) Aufmerksamkeit.[35]

Da wir uns in Kap. 4.2.3 mit den Wortgruppengliedern von Adjektiv- und Partizipialgruppen bereits relativ ausführlich beschäftigt haben – u.a., um das Konzept des Recyclings zu vertiefen – und da in Kap. 4.3.2 die Möglichkeiten des Recyclings von Objekten und Adverbialen in der Substantivgruppe bereits diskutiert wurden, muss an dieser Stelle lediglich die dritte recycelte Attributklasse, das Kommentar(glied)attribut, exemplifiziert werden:

Kommentar(glied)attribut

(28) die (Partizipial- Kommentar(glied)- vermutlich attribut Dativ(objekt)- seiner Leistung attribut gezollte gruppe) Aufmerksamkeit
← (Kommentar- Vermutlich glied) **wurde** seiner Leistung **Aufmerksamkeit gezollt.**

Recycelt man ein Kommentarglied wie *vermutlich*, bekommt man ein Kommentar(glied)attribut (zum Kommentarglied vgl. Kap. 3.4).

Die restlichen Attributklassen – Intensitätsattribut und Modalattribut – finden sich sowohl in der Adjektiv- und Partizipialgruppe wie auch in der Adverbgruppe, wo sie die ausschließlichen Attributklassen darstellen:

Adverbgruppe

Tab. 28: Attribute in der Adverbgruppe

Attributklasse	Beispiele
Intensitätsattribut	(Adverb- Intensitäts- furchtbar attribut gern gruppe)[36]
Modalattribut	(Adverb- anders Modal- als andere Kirchenchöre attribut gruppe)[37]

Intensitätsattribute haben typischerweise die Form von Intensitätspartikeln (z.B. *sehr, besonders, einigermaßen*). Wie man den beiden obigen Tabellen entnehmen kann, sind aber auch andere Formen möglich: Adjektive (*absolut, furchtbar*) oder Präpositionalgruppen (*über alle Erwartung*).

Intensitätsattribut

35 Ergänzung des Belegs Kästner, 35. Mai: 46
36 Fuhrhop/Thieroff 2005: 322
37 Frankfurter Rundschau, 31.05.1997, zit. n. Eggs 2006: 150

Modalattribut

Modalattribute drücken Vergleiche aus. Wenn der Kern komparierbar ist, sind sowohl Vergleiche mit *wie* (Positiv) als auch welche mit *als* (Komparativ) möglich:

(29) [grau] wie der Asphalt auf den Radrennbahnen
→ [grauer] als der Asphalt auf den Radrennbahnen
(30) [geschiedener] als der andere
→ [geschieden] wie der andere

Formen des Positiv (*grau, geschieden*) dienen dazu, Gleichheit darzustellen, die des Komparativ (*grauer, geschiedener*) drücken Ungleichheit aus.

anders als (/wie)

Das Adverb *anders* ist zwar nicht komparierbar, stellt jedoch qua seiner Bedeutung Ungleiches dar. Deshalb steht es in der Standardsprache mit *als*:

(31) [anders] als andere Kirchenchöre

Im Gegensatz zu den Beispielen mit *grau* und *geschieden* ist hier also die Variante mit *wie* weder grammatisch noch semantisch motivierbar. Sie ist jedoch in der regionalen Alltagssprache, besonders in Süddeutschland, üblich (vgl. die Karte „Vergleichspartikel nach Komparativ" im AdA):

Modalattribut nur mit Komparativ

Abschließend noch der folgende interessante Fall, bei dem der Kern der Adjektivgruppe kompariert sein muss (*später*), damit die Struktur grammatisch ist. Das Adjektiv im Positiv (*spät*) lässt hingegen das Modalattribut nicht zu:

(32) Fast $^{\text{Modal-}}$ ein Menschenleben ^{attribut} später [...] **starb** die Mutter im Alter von neunundachtzig.
(Kirchhoff, Dämmer: 16)
→ Fast *ein Menschenleben spät starb die Mutter im Alter von neunundachtzig.

Eine andere Interpretationsmöglichkeit wäre, *später* als ein eigenes Wort mit einer eigenen Wortart (Adverb) zu betrachten.

Übung 41: Attribute

Bestimmen Sie alle Attribute in den folgenden unterstrichenen Wortgruppen!

Ein schwacher Dunst wie von Auspuffgasen schlug ihnen entgegen. (Sorokin, Schneesturm: 98)

Das geräumige Rund mit den einheitlich filzgrauen Wänden atmete die Behaglichkeit eines Nomadenzeltes, geschwängert mit östlichen Aromen. (Sorokin, Schneesturm: 100)

Den Sindarin-Dialekt der Elben soll Tolkien klanglich an das von ihm sehr geschätzte Walisisch angelehnt haben. (Bahn mobil: Britische Orte)

Bei hoch entwickelten Arten wie der Würfelqualle kann das eine Geschwindigkeit von fast acht Kilometern pro Stunde bedeuten. (Hird, Ozeanopädie: 209)

4.4 Wortartenfragen

Wortartenfragen werden gewöhnlich in der Morphologie behandelt. In der Tat gehören sie nicht zum Gegenstand der Grammatischen Textanalyse, die ja eine deszendente Syntax und keine Morphologie ist. Trotzdem ergeben sich aus unserem Modell einige mögliche Konsequenzen für die morphologische Ebene.

Typen von Konsequenzen

Wir unterteilen diese, zugegebenermaßen etwas plakativ, in vier Typen:
1) andere Wortart (substantiviertes Adjektiv),
2) keine Wortart (Verschmelzung),
3) kein Wort (Präpositionaladverb),
4) keine Wörter (Ausdrücke).

1) andere Wortart

Mit der Struktur der Substantivgruppe haben wir uns in Kap. 4.2.2 beschäftigt. Zu den Realisierungsoptionen der Substantivgruppe gehören auch substantivierte Adjektive (*die Systemrelevanten, das Herzliche*) und Partizipien (*die Studierende, der Angeklagte*). Die Lehrmeinung dazu ist: „Bei der Substantivierung tritt die Flexionsform des Adjektivs nicht mehr als Attribut zu einem Substantiv auf *(dieser würdige alte Herr)*, sondern sie ist selbst Substantiv und kann selbst Attribute haben *(dieser würdige Alte)*." (Duden 2021: 913)

Die Visualisierung der Lehrmeinung ergibt folgendes Bild:

dies-	er	würdige	alte	Herr
dies-	er	würdige	Alte	

Die Lehrmeinung lässt sich sowohl von rechts nach links – als *Weglassung* – wie auch von links nach rechts – als *Hinzufügung* – interpretieren:

substantivierte Adjektive?

Die Interpretation von rechts nach links würde bedeuten, dass das Weglassen des Kerns der Substantivgruppe (*Herr*) das letzte Adjektiv automatisch zum Substantiv machen würde (deshalb die Großschreibung *Alte*).

Von links nach rechts würde aus der Lehrmeinung folgen, dass durch die sukzessive Erweiterung der Substantivgruppe immer das jeweils letzte Glied das Substantiv sein müsste. Und dies *unabhängig von der Wortart* (Artikel > erstes Adjektiv, zweites Adjektiv, Substantiv):

Dies-	er			
dies-	er	**W**ürdige		
dies-	er	würdige	**A**lte	
dies-	er	würdige	alte	**H**err

Keine dieser Interpretationen ist plausibel, denn: Wenn wir die verschiedenen Realisierungen vergleichen, sehen wir, dass die Weglassung oder Hinzufügung des Substantivs oder die Hinzufügung von weiteren Adjektiven den jeweiligen Rest der Substantivgruppe grammatisch überhaupt nicht verändert: Die Wortformen *Dieser, Alte* und *Würdige* stehen genau da in der Struktur, wo *dieser, alte* und *würdige* stehen, und alle drei werden immer auch identisch flektiert: der Artikel pronominal (= stark), die Adjektive nominal (= schwach). Dasselbe gilt übrigens auch für die entsprechenden Strukturen ohne Artikel (und deshalb mit pronominaler Adjektivflexion):

würdig-	er	alter	**H**err
würdig-	er	**A**lter	

Die Weglassung oder Hinzufügung des Substantivs oder die Hinzufügung eines weiteren Adjektivs verändert den jeweiligen Rest der Substantivgruppe grammatisch nicht.

Es gibt also keinerlei grammatischen Anzeichen dafür, dass die Weglassung des Substantivs *Herr* das Adjektiv *alte* zum Substantiv *Alte* machen würde oder umgekehrt, dass durch die Hinzufügung des Substantivs *Herr* das Substantiv *Alte* zum Adjektiv *alte* zurückgestuft würde.

fakultativer Kern

Durch eine andere Visualisierungsform lässt sich auch deutlich machen, dass die *Fakultativität* eines Kerns (= runde Klammern), d.h. dessen Weglassbarkeit bzw. Hinzufügbarkeit, den Rest der Substantivgruppe grammatisch nicht verändert:

dies-	er	würdige	alte	(**H**err)

Vergleichbares sehen wir auch bei Partizipien:

Es duftet nach	d-	em	(gebackenen) (**K**äsekuchen)
Es duftet nach	gebacken-	em	(**K**äsekuchen)

Der Unterschied zwischen der Lehrmeinung und unserer Auffassung besteht also darin, dass die Lehrmeinung mit einem Kernwechsel – Adjektivgruppe wird zur Substantivgruppe – rechnet, während wir vorsichtiger sind und lediglich davon ausgehen, dass Kerne mitunter fakultativ sind (vgl. auch Kap. 4.1).

substantivierte Adjektive

Unsere Analyse gilt für Adjektive und Partizipien in Substantivgruppen mit *fakultativem* Kern. Ein Partizip wie etwa (*die*) *Angestellten*, das bereits fester Bestandteil des Wortschatzes (= lexikalisiert) ist, interpretieren wir nicht als eine Substantivgruppe mit weggelassenem/hinzufügbarem Substantivkern, sondern als eine tatsächliche Substantivierung. Entsprechend würde für uns ein Satz wie *Angestellte Personen sollen im Homeoffice bleiben* keine Alternative für *Angestellte sollen im Homeoffice bleiben* darstellen.

Während Adjektive wie *alt* und *würdig* bzw. Partizipien wie *gebacken* also offensichtlich nicht substantiviert werden, wenn kein Substantivkern realisiert wird, sondern eben Adjektive bzw. Partizipien bleiben, sieht es bei Infinitiven anders aus:

Rechtschreibung: Großschreibung?

(4) Jahrzehnte **würde** es **dauern**, bis sich ihm erschließt, wie sehr das Begehren das Sein verbraucht.

Damit die Substantive *Begehren* und *Sein* als Kerne der jeweiligen Substantivgruppen (*das Begehren, das Sein*) fungieren können, mussten die zugrunde liegenden Verben (*begehren, sein*) zu Substantiven konvertiert und dabei auch mit einem Genus (Neutrum) versehen werden.

Der Schluss aus diesem Vergleich ist, dass Adjektive und Partizipien in Substantivgruppen mit fakultativem Kern kleingeschrieben werden müssten, während substantivierte Infinitive zu Recht großgeschrieben werden. Soviel zu unserem ersten Konsequenztyp.

In Kap. 4.2.4, wo wir uns u.a. mit Präpositionalgruppen beschäftigt haben, haben wir versprochen, dass wir uns im vorliegenden Kapitel mit zwei weiteren Themen auseinandersetzen wollen, die beide mit *versteckten Präpositionen* zu tun haben. Betrachten wir erneut den Beleg, den wir aus Kap. 4.2.5 bereits kennen:

versteckte Präpositionen

(11) AB SOFORT werden wir jeden Diebstahl unserer Milch strafrechtlich und ohne Ausnahme *zur* Anzeige bringen. *Hiermit* sprechen wir besonders den Abtransport unserer Milch in Eimern, Gurkengläsern und Kanistern an. Eine Liste mit KFZ-Kennzeichen der Personen, die „versehentlich" vergessen haben, unsere Milch zu bezahlen ist bereits vorhanden. Alle Milchkunden, die ihre Milch ehrlich bezahlen sollten sich *hiervon* nicht angesprochen fühlen, aber auch unsere Geduld hat einmal ein Ende.

Ausnahmen?

Der Text enthält drei Wörter, die Präpositionen enthalten (kursiviert): einerseits *zur*, andererseits *hiermit* und *hiervon*. Aus Kap. 4.2.4 wissen wir, dass Präpositionen Köpfe von Präpositionalgruppen sind. Sind das hier Ausnahmen? Stellen diese Präpositionen, die in anderen Wörtern ‚versteckt' sind, keine Köpfe von Präpositionalgruppen dar? Und wenn dem so wäre: Was hätten die Wörter, die diese Präpositionen enthalten, für eine Wortart?

grammatisches vs. orthografisches Wort

Unsere Antwort ist, dass Formtypen wie *zur* einerseits und *hiermit* bzw. *hiervon* andererseits *zwar (ortho-)grafische, jedoch keine grammatischen Wörter* sind und dass diese Formtypen deshalb keine syntaktischen Ausnahmen darstellen. Denn so wie beim Satz müssen wir auch beim Wort damit rechnen, dass sich Schriftbild und syntaktische Struktur nicht 1:1 aufeinander abbilden lassen.

Wir müssen uns mit den beiden Typen von versteckten Präpositionen allerdings getrennt befassen, weil sie zwei verschiedene Typen von Konsequenzen repräsentieren: 2) keine Wortart und 3) kein Wort.

2) keine Wortart

Fangen wir mit dem ersten Formtyp an:

Verschmelzungen

Bei Formen wie *zur, zum, am, ans, vom, im, ins* usw. spricht man von Verschmelzungen von Präposition und bestimmtem Artikel: „Im Dativ und/oder Akkusativ (nicht im Genitiv) verschmelzen bestimmte Präpositionen mit dem definitem Artikel zu einer einzigen Wortform: *im* aus *in + dem, ins* aus *in + das, zum* aus *zu + dem, beim* aus *bei + dem* usw. (der indefinite Artikel ist davon in der Standardsprache ausgenommen)." (Duden 2016: 627)

Diese Formulierung ist unglücklich, weil hier der Eindruck entstehen kann, als wäre Verschmelzung eine Art Kontraktion, also ein rein phonetischer Vorgang. Dabei betont der Duden selbst, dass es zahlreiche Sorten von obligatorischen Verschmelzungen gibt (Duden 2016: 628f.) – Verschmelzungen also, zu denen es keine Vollformen als syntaktische Alternativen gibt. Auch unser Beispiel gehört zu dieser Sorte, da der Ersatz der Verschmelzung (*zur*) durch die Vollform (*zu der*) nicht funktioniert:

→ AB SOFORT werden wir jeden Diebstahl unserer Milch strafrechtlich und ohne Ausnahme **zu der* Anzeige bringen.

Offensichtlich gibt es hier also einen funktionalen Unterschied zwischen Verschmelzung und Vollform, die Verschmelzung *zur* ist hier als eigener Formtyp *grammatikalisiert.*

+/- grammatikalisierte Verschmelzungen

Nicht grammatikalisiert ist die Verschmelzung *zur* hingegen im folgenden Beleg:

(33) Der Türke **zögerte, griff** dann *zur* Hacke.
(Timm, Sommer: 49)
→ Der Türke zögerte, griff dann *zu der* Hacke

Denn, wie wir sehen, lässt die Verschmelzung sich hier durch die Vollform *zu der* ersetzen. In diesem Falle ist die Verschmelzung tatsächlich eine phonetische Reduktionsform der Vollform, da es eben keinen funktionalen Unterschied zwischen Verschmelzung und Vollform gibt (Nübling 2005, Eisenberg 2006/2: 198–202, Augustin 2018).

zur Wortgruppenstruktur mit Verschmelzungen

Aufmerksamen Leser:innen ist gewiss nicht entgangen, dass wir die Frage, wie ein Formtyp wie *zur* syntaktisch einzuordnen ist, eigentlich bereits bei der Behandlung des Pronominalflexivs in Kap. 4.2.2 beantwortet haben. Wir wiederholen unsere dortige Analyse zum Pronominalflexiv (als Springer der Substantivgruppe) im Femininum, Singular und Dativ:

bestimmter Artikel:	zu	d-	er	Freundin	gehen
Präposition:	zu-		r	Post	gehen

In beiden Fällen liegen ganz normale Präpositionalgruppen vor. Wenn das Pronominalflexiv ohne Artikel realisiert ist, besteht die Substantivgruppe als Kern der Präpositionalgruppe eben nur aus Pronominalflexiv + Substantiv. Andernfalls aus Artikel + Pronominalflexiv + Substantiv:

(33)

(Präpositional- (Präposi- Ko- zu- pf tion) (Substantiv- Ke- r Anzeige rn gruppe) gruppe)
(Präpositional- (Präposi- Ko- zu- pf tion) (Substantiv- Ke- r Hacke rn gruppe) gruppe)
(Präpositional- (Präposi- Ko- zu pf tion) (Substantiv- Ke- der Hacke rn gruppe) gruppe)

Ob die Verschmelzung grammatikalisiert ist, sich also durch die Vollform nicht ersetzen lässt (Typ: *zur Anzeige*), oder nur eine phonetische Reduktionsform der Vollform darstellt (Typ: *zur Hacke*), wurde zwar nicht auf die Wortgruppenanalyse abgebildet. Denn für beide Fälle gilt, dass die Präpositionalgruppe faktisch keinen Artikel enthält, sondern lediglich aus Präposition + Pronominalflexiv + Substantiv besteht. Trotzdem stellt sich die Frage, wie man den Unterschied zwischen ‚+/-Grammatikalisierung', d.h. den zwischen

Verschmelzung und Verschmolzenes

einer ‚echten', da grammatisch alternativlosen, *Verschmelzung* und einem ‚nur', (phonetisch) *Verschmolzenen*, modelliert.

Wortartenfrage

Überlegen wir uns, was wir als Lehrende machen würden, wenn ein Schüler oder eine Schülerin die Frage nach der Wortart von *zur* stellen würde. Möglicherweise würden wir antworten, dass *zur* eigentlich aus zwei Wörtern, der Präposition *zu* und der Artikelform *der*, bestehe.

Bei dieser Antwort hätten wir allerdings vermutlich ein schlechtes Gewissen, und das aus mehreren Gründen:

- Irgendetwas stimmt nicht mit unserem Wortbegriff, wenn wir eine Frage nach der Wortart eines Wortes beantworten, indem wir behaupten, dass unser Wort eigentlich aus zwei Wörtern mit jeweils eigener Wortart bestehe.
- Wenn bei der Bestimmung der Art eines Wortes methodisch zulässig sein soll, das Wort *vor der Bestimmung* in zwei Wörter zu spalten, stellt sich die Frage, ob das auch in anderen Fällen möglich ist und wie man die methodisch zulässigen von den methodisch unzulässigen Fällen unterscheidet. Sollten wir z.B. das Wort *irgendetwas*, bevor wir dessen Art bestimmen, lieber in zwei Wörter, *irgend* und *etwas*, spalten und anschließend deren (zwei) Arten bestimmen? Oder eher bei einem Wort mit einer Art bleiben?
- Und wie würden wir mit der anderen Sorte von versteckten Präpositionen wie *hiermit* und *hiervon* (die wir ja noch besprechen wollen) verfahren? Dasselbe Problem oder ein anderes?
- Das schlechte Gewissen könnte sich aber schlicht auch aus unserem Wissen um den grundlegenden funktionalen Unterschied zwischen Verschmelzung (*zur Post, zur Schule, zum Bäcker, zum Arzt, ins Kino gehen*) und Verschmolzenem (*zur Hacke, vorm Fenster, überm Haus*) speisen.

Verschmelzung als eigene syntaktische Grundform

Denn beim Verschmolzenen, d.h. bei den phonetischen Reduktionsformen, ist es methodisch zulässig, von zwei grammatischen Wörtern, Präposition und Artikelform, auszugehen. So, wie es auch bei *Wie geht's dir?* oder bei *Was gibt's?* methodisch zulässig ist, von phonetischer Reduktion und von zwei grammatischen Wörtern, Verbform (*geht, gibt*) und Pronomen (*es*), auszugehen. Das Pronominalflexiv beim Verschmolzenen ist also tatsächlich ein *Artikelrest*, eine phonetisch reduzierte Artikelform.

Wortart vs. Verschmelzungsart

Ganz anders bei der Verschmelzung: *Sie ist eine syntaktische Grundform eigenen Rechts* – so wie auch das (grammatische) Wort eine syntaktische Grundform eigenen Rechts ist (Eisenberg 2006/2: 23). Folglich lassen sich Verschmelzungen genauso wenig auf Wörter zurückführen wie umgekehrt. Und wenn Verschmelzungen Verschmelzungen sind (und keine Wörter), dann ist auch die Frage nach deren Wortart unzulässig. Ein Fahrrad hat eben eine Fahrradmarke, ein Auto eine Automarke.

Natürlich ist und bleibt das Wort die wichtigste syntaktische Grundform. Insofern ist es nicht verwunderlich, dass es eine lange Tradition von Wortartenklassifikationen gibt, während wir aktuell nur hoffen können, dass es irgendwann auch eine in der Schule verwendbare Klassifikation der *Verschmelzungsarten* geben wird. Bis dahin würde es reichen, darauf hinzuweisen, dass Verschmelzungen keine Wörter sind. Soviel zum Formtyp ‚Verschmelzung' und zu unserem Konsequenztyp Nr. 2 (kein Wortart).

Nun wollen wir uns dem anderen Typus mit versteckten Präpositionen zuwenden, die man traditionell der Wortart ‚Präpositional-/Pronominaladverb' zuordnet (zum Nachfolgenden vgl. Ágel 2019b). 3) kein Wort

Präpositionaladverbien bestehen „aus einem der drei Adverbien *da-*, *hier-* oder *wo-* und einer einfachen Präposition" (Duden 2016: 591). In dem Beispiel (11) oben gab es ja bereits zwei Präpositionaladverbien mit *hier-* (*hiermit* und *hiervon*). Es folgen nun drei Beispiele mit *da-* und *wo-* (*daneben*, *darum* bzw. *wovor*), mit Angabe der jeweiligen Satzgliedwerte und möglicher bzw. nicht möglicher Ersatzformen: sog. Präpositionaladverbien

(33) Der Türke **zögerte**, **griff** dann zur Hacke und **begann** neben der rotweißen Stange den Boden aufzubrechen. Gert **stand** (Lokal- *daneben* adverbial).

→ Gert stand (Lokal- neben der Stelle / dort adverbial).

(34) Aber Squirrel **kümmerte sich** wenig (Präpositional- *darum* objekt) und **küßte** Barbara. (Penzoldt, Squirrel: 92)

→ Aber Squirrel kümmerte sich wenig (Präpositional- um die Sache / *dort/*deshalb objekt).

(35) (Präpositional- *Wovor* objekt) **hast** du **Angst**?
(Duden 2016: 595)

→ Ich habe Angst (Präpositional- vor dem Wolf / *dort/*deshalb objekt)

Während Adverbiale sowohl Präpositionalgruppen (*neben der Stelle*) wie auch Adverbien (*dort*) sein können, müssen Präpositionalobjekte

a) Präpositionalgruppen sein (*um die Sache, vor dem Wolf*), da deren Präpositionen von dem jeweiligen Prädikat regiert (festgelegt) werden (*sich kümmern um*$_{AKK}$, *Angst haben vor*$_{DAT}$).
b) Entsprechend dürfen die regierten Präpositionen in den orthografischen Wörtern auch nicht fehlen (*d**ar**um**, wo**vor***).
c) Die Wortarteinordnung ‚(Präpositional-)Adverb' kann nicht stimmen, weil Adverbien auf Satzebene zwar Adverbiale, nicht jedoch Objekte sein können.

Die Fehleinschätzung, dass Präpositionaladverbien grammatisch Wörter (= Adverbien) seien, ergibt sich daraus, dass der Blick auf die Grammatik Aszendenz vs. Deszendenz traditionell aszendent, ‚von unten nach oben' gerichtet, ist: Wort > Satz (evtl. > Text). Mit anderen Worten, die Wortarten werden zuerst ‚fertig analysiert', bevor man in die Satzanalyse einsteigt. Dagegen fungiert in unserer deszendenten ‚von oben nach unten' gerichteten, Analyse die Mesoebene als Kontrollinstanz der Mikroebene (vgl. Kap. 4.1). Erst der deszendente Blick, der von den Satzgliedwerten ausgeht, ermöglicht die Entdeckung des theoretischen Widerspruchs der traditionellen Wortartanalyse:

Minimalpaar

Um diesen Widerspruch deutlich zu machen und die Lösung nahezulegen, bilden wir ein Quasi-Minimalpaar mit demselben Verb und zwei verschiedenen Satzgliedwerten (Lokaladverbial und Präpositionalobjekt), deren grammatische Form identisch ist (= Präpositional$_{\text{über+DAT}}$-gruppe):

(36) Die Sonne **brütet** $_{\text{(Lokal-}}$ *über dem Land* $_{\text{adverbial)}}$.
(Duden 2003)
→ Die Sonne brütet $_{\text{(Lokal-}}$ *darüber/dort* $_{\text{adverbial)}}$.
→ $_{\text{(Lokal-}}$ *Worüber/Wo* $_{\text{adverbial)}}$ brütet die Sonne?
(37) Die Juristen **brüten** $_{\text{(Präpositional-}}$ *über der Genehmigung für das Kohlekraftwerk* $_{\text{objekt)}}$.
(Hamburger Morgenpost, 13.08.20008, zit. n. Höllein 2019: 251)
→ Die Juristen brüten $_{\text{(Präpositional-}}$ *darüber/*dort* $_{\text{objekt)}}$.
→ $_{\text{(Präpositional-}}$ *Worüber/*Wo* $_{\text{objekt)}}$ brüten die Juristen?

Ersatzprobe

Wie wir sehen, funktioniert die Ersatzprobe nicht über die grammatischen Formen, sondern ausschließlich über die grammatischen Werte: Das Lokaladverbial lässt sich durch Adverbien (*dort, wo*) ersetzen, das Präpositionalobjekt jedoch nicht, obwohl, wie erwähnt, beide Satzglieder dieselbe grammatische Form haben (= Präpositional$_{\text{über+DAT}}$-gruppe). Die grammatische Form, die beide Satzgliedwerte verbindet, ist also die Präpositionalgruppe.

Auch die sog. Präpositionaladverbien, die ja ebenfalls beide Satzgliedwerte verbinden, müssen demnach grammatisch Präpositionalgruppen sein: Sie enthalten einen präpositionalen Kopf und ein deiktisch (= ☞) zeigendes oder ein phorisch (= ⇔), d.h. anaphorisch (= ⇐) oder kataphorisch (= ⇒), verweisendes Element (*wo-*, *da-*, *hier-*), das für den Kern der Präpositionalgruppe steht:

(36'–37')
$_{\text{(Präpositional-}}$ $^{\text{Ke-}}$Wor-☞/⇔ $^{\text{rn Ko-}}$-über ^{pf} $_{\text{gruppe)}}$?
$_{\text{(Präpositional-}}$ $^{\text{Ke-}}$Dar-☞/⇔$^{\text{rn Ko-}}$ über ^{pf} $_{\text{gruppe)}}$.
$_{\text{(Präpositional-}}$ $^{\text{Ko-}}$ Über $^{\text{pf Ke-}}$ dem Land ^{rn} / $^{\text{Ke-}}$ der Genehmigung für das Kohlekraftwerk ^{rn} $_{\text{gruppe)}}$.

die ‚synthetische' Präpositionalgruppe

Präpositionaladverbien sind orthografisch (und wortbildungsmorphologisch) zwar Wörter, grammatisch (syntaktisch) jedoch Wortgruppen. Sie stellen also, genauso wenig wie die Verschmelzungen, eine grammatische

Ausnahme dar. Sie sind syntaktisch ‚synthetische' Präpositionalgruppen – oder einfacher: Mikro-Präpositionalgruppen –, deren Köpfe und Kerne wortbildungsmorphologisch komplexe Wörter (= „Komposita mit Präpositionaladverb", Fleischer 1974: 299f.) bilden.

So wie bei den Verschmelzungen scheitert auch hier die Wortartfrage, aber eben aus anderen Gründen: Nicht, weil Präpositionaladverbien eine andere syntaktische Grundform darstellen als Wörter, sondern, weil sie gar keine syntaktische Grundform darstellen. Sie lassen sich keiner Wortart, sondern nur einer *Wortgruppenart* zuordnen. Sie sind keine Adverbien, sondern stellen Pro-Präpositionalgruppen, deiktische bzw. phorische Minimalformen von Präpositionalgruppen, dar, deren grammatischer Wert – Adverbial oder Objekt – sich erst auf Satzebene entscheidet. Die traditionelle aszendente Wortartentscheidung ‚Präpositionaladverb' ist syntaktisch falsch, da sie die Objektverwendung auf Satzebene ausschließt (ausführlicher vgl. Ágel 2019b). Soviel zum Konsequenztyp Nr. 3 (kein Wort).

Wortart vs. Wortgruppenart

Abschließend wollen wir uns unserem Typ Nr. 4 (keine Wörter) zuwenden.

4) keine Wörter

Wir wissen aus Kap. 4.2.6 (Adverb und Partikel), dass nicht alle ‚Gruppen von Wörtern' Wortgruppen sind. Kennengelernt haben wir auch die Wort(gruppen)kombinationen, also Gruppen von Wörtern, bei denen sich (a) keine Wortgruppenglieder ausmachen lassen, die jedoch (b) kompositionell sind, d.h., ihre Bedeutungen sich aus denen ihrer Bestandteile ergeben.

Wort(gruppen)kombinationen sind allerdings nicht die einzigen Gruppen von Wörtern, die keine Wortgruppen sind. Gruppen von Wörtern stellen mitunter feste Wortverbindungen (Idiome) dar, die wir in Anlehnung an Helmuth Feilke (1994, 1996 und 1998) *Ausdrücke* nennen:

Gruppe von Wörtern ≠ Wortgruppe = Ausdruck

(38) (Frequenz- (Adverb- Hin und wieder ausdruck) adverbial) **legte** jemand seine Mütze auf dem Fensterbrett **ab, rauchte** in den Frühling **hinaus** <u>und</u> **ließ** seinen Blick in Richtung Kahlenberg **schweifen.**
(Seethaler, Trafikant: 181)

→ (Frequenz- (Ad- Manchmal verb) adverbial) legte jemand seine Mütze auf dem Fensterbrett ab, rauchte in den Frühling hinaus und ließ seinen Blick in Richtung Kahlenberg schweifen Unbehauste.

Die Wortkette *Hin und wieder*, die sich durch das Adverb *Manchmal* ersetzen lässt, funktioniert zwar analog der Wortart ‚Adverb', ist aber selbst kein Wort, keine Wortgruppe und v.a. auch keine Wortverbindung aus Adverb (*hin*) + Konjunktor (*und*) + Adverb (*wieder*). Denn sie ist, im Gegensatz zu Wort(gruppen)kombinationen, *nicht kompositionell*, d.h., sie hat nur *als Ganzes* einen grammatischen Wert (= Frequenzadverbial). Im Gegensatz zu Wortgruppen haben Ausdrücke wie der Adverbausdruck *hin und wieder* keine Köpfe, keine

Nicht-kompositionalität: Adverbausdruck

Kerne und keine Attribute. Obwohl sie polylexikalisch sind, d.h. aus mehreren Wörtern bestehen, sind sie also nicht Wortgruppen, sondern Wörtern analog.

Ausdrucksarten

Entsprechend lassen sie sich keinen Wortarten, sondern nur *Ausdrucksarten* wie z.B. ‚(Frequenz-)Adverbausdruck' zuordnen (Hennig/Buchwald-Wargenau 2010).

Junktionsausdrücke

Ein weiteres Beispiel für eine Ausdrucksart sind polylexikalische Junktoren (Ágel/Diegelmann 2010: 359–361; Duden 2016: 632), z.B.:

(39) $_{\text{(Kon-}}$ *Zwar* $_{\text{junktions-)}}$ **werden** [...] die Zielsetzungen der Betriebe **unterschiedlich sein** [...], $_{\text{(aus-}}$ *doch* $_{\text{druck)}}$ **wird** jede dieser Zielsetzungen [...] **realisiert werden**.
(Wöhe, Betriebswirtschaftslehre: 63, zit. n. Diegelmann 2008: 24)

(40) Dieser Hauptman Widmarckter, $_{\text{(Sub-}}$ *ob* $_{\text{junktions-)}}$ er nuhn $_{\text{(aus-}}$ *gleich* $_{\text{druck)}}$ höchstgedachter Ihrer Majestät in vielen Occasionen sein tapferes, treues Gemüt [...] bezeuget.
(Söldnerleben Widmarckters 1617: 70, zit. n. Ágel/Diegelmann 2010: 374)

Je nachdem, ob sie koordinierend (nebenordnend) wie *zwar...doch* oder subordinierend (unterordnend) wie *ob...wohl* sind, lassen sie sich in Konjunktions- und Subjunktionsausdrücke unterteilen (Hennig/Buchwald-Wargenau 2010: 18).

Fazit

Auch wenn Wortartenfragen kein Gegenstand der Grammatischen Textanalyse sind, hat jedes syntaktische Modell Konsequenzen für die Wortartanalyse. Dies gilt gewiss verschärft für eine deszendente Syntax. Solche Konsequenzen können dabei recht vielfältig sein: Man kann zu dem Schluss kommen,

- dass die bisherige Wortartbestimmung nicht stimmig ist (substantiviertes Adjektiv) oder
- dass es sich um gar keine Wortart, sondern um eine andere syntaktische Grundform handelt (Verschmelzung) oder
- dass die aszendente Wortartanalyse im Widerspruch zu der Modellierung der Satzglieder steht (Präpositionaladverb) oder
- dass es Idiome (feste Wortverbindungen) bereits auf der Ebene der syntaktischen Grundformen gibt, sodass es sich bei bei nichtkompositionellen Gruppen von Wörtern um keine Wörter, sondern um Ausdrücke handelt, die sich keinen Wortarten, sondern nur Ausdrucksarten zuordnen lassen.

Im Blickpunkt des Kapitels stand die unterste Analyseebene der GTA, die Mikroebene. Analog zur Makro- und Mesoebene ging es auch hier um grammatische Formen, Funktionen und Werte. Ausgegangen sind wir dabei von den Satzgliedern, um deren interne Struktur es sich auf der Mikroebene handelt (Kap. 4.1). Da Satzglieder prototypischerweise als Wortgruppen in Erscheinung treten, wurden im zentralen Unterkapitel (Kap. 4.2) die einzelnen Wortgruppen (Substantivgruppe, Adjektiv- und Partizipialgruppe, Verbalkomplex und Präpositionalgruppe), deren interne Struktur (Köpfe, Kerne und Attribute) und Verschachtelungen (Matroschka-Struktur) unter die Lupe genommen. Da die Attribute traditionell im Zentrum des Interesses stehen, wurde ihnen ein eigenes Unterkapitel gewidmet (Kap. 4.3). Abschließend (Kap. 4.4) wurde an vier Phänomenbereichen (substantiviertes Adjektiv, Verschmelzungen, Präpositionaladverbien und Ausdrücke) der Frage nachgegangen, welche Auswirkungen die deszendente Herangehensweise auf die Ebene der Wortarten haben kann.

Übung 42: Mikro-Gesamtanalyse

Bestimmen Sie in den voranalysierten Satzgliedern jeweils a) um welche Wortgruppe es sich handelt und b) welche Wortgruppenglieder (Kopf, Kern, Attribute) sie enthält.

Sultanahmed. (Sub- Wir jekt) **stehen** (Lokal- zwischen den Moscheen adverbial). Riesige Bauten. (Sub- Wir jekt) **sitzen** (Lokal- auf Bänken im alten Hippodrom adverbial). (Sub- Ein alter Mann mit Zigarette im Mundwinkel jekt) **schlurft** (Komitativ- mit ansteckender Gelassenheit adverbial) (Lokal- zwischen den Bänken adverbial) (Direk- hin und her tivum) und **bietet** (Dativ- den Touristen objekt) (Akkusativ- Tee objekt) **an.** (Modal- Mit kleinen, unaufgeregten Schritten adverbial) **zuckelt** (Sub- er jekt) (Direk- hin und her tivum), **balanciert** (Akkusativ- den Tee objekt) (Modal- lässig adverbial) (Direk- über den Platz tivum) und **sieht sich um.** (Heinrich, Räuberhände: 51)

Literaturverzeichnis

1 Primärquellen

a) Literatur

Aepli, Denkst du = Aepli, Isa (2021): Denkst du noch oder lebst du wieder? Glücklich mit den 3 Prinzipien. BoD – Books on Demand.
Ammann/Luchs, Frau Holle = Ammann, René/Luchs, Anna (2003): Frau Holle verlor die Kontrolle. Zürich: Pro Juventute.
Aydemir, Dschinns = Aydemir, Fatma (2022): Dschinns. München: Hanser.
Bakos, Mehlspeisen = Bakos, Eva (1975): Mehlspeisen aus Österreich. Wien/Heidelberg: Carl Ueberreuter.
Baum, Hotel = Baum, Vicki (1929/2008): Menschen im Hotel. 3. Auflage. Köln: Kiepenheuer & Witsch.
Berg, GRM = Berg, Sibylle (2020): GRM. 8. Auflage. Köln: Kiepenheuer & Witsch.
Bienek, Gedichte = Bienek, Horst (1969): Vorgefundene Gedichte. München: Hanser.
Boie, Dinge = Boie, Kirsten (2013): Es gibt Dinge, die kann man nicht erzählen. Illustriert von Regina Kehn. Hamburg: Oetinger.
Böll, Dienstfahrt = Böll, Heinrich (1969): Ende einer Dienstfahrt. München: dtv (dtv 566).
Boyne, Junge = Boyne, John (2009): Der Junge im gestreiften Pyjama. 23. Auflage. Frankfurt am Main: Fischer.
Brautigan, Wassermelonen = Brautigan, Richard (1968/2019): In Wassermelonen Zucker. Zürich/Berlin: Kein & Aber.
Brückner, Lesebuch = Brückner, Christine (1985): Lachen, um nicht zu weinen: ein Lesebuch. Frankfurt am Main/Berlin/Wien: Ullstein.
Büscher, Smoothies = Büscher, Astrid (2015): Smoothies für alle Jahreszeiten. Stiftung Warentest: Berlin.
Carroll, Wunderland = Carroll, Lewis (1981): Alice im Wunderland. 7. Auflage. Frankfurt am Main: insel taschenbuch.
de l'Horizon, Blutbuch = de l'Horizon, Kim (2022): Blutbuch. Köln: DuMont.
Ditlevsen, Kindheit = Ditlevsen, Tove (2022): Kindheit, Teil 1 der Kopenhagen-Trilogie. Berlin: aufbau taschenbuch.
Fischler, Schnitzelparadies = Fischler, Joe (2019): Der Tote im Schnitzelparadies. Ein Fall für Arno Bussi. Köln: Kiepenheuer & Witsch.
Galindo, Mama = Galindo, Renata (2017): Meine neue Mama und ich. Zürich: NordSüd.
Genazino, Liebe = Genazino, Wilhelm (2012): Die Liebe zur Einfalt. München: dtv.
Glattauer, Geschenkt = Glattauer, Daniel (2016): Geschenkt. München: Wilhelm Goldmann.
Glattauer, Nordwind = Glattauer, Daniel (2008): Gut gegen Nordwind. München: Goldmann.
Goethe, Faust = Goethe, Johann Wolfgang von (2011/1829): Faust. Eine Tragödie. Darmstadt: Lambert Schneider.
Goldt, Ä = Goldt, Max (2004): Ä. 7. Auflage. Reinbek bei Hamburg: Rowohlt.
Grimm, Rapunzel = Grimm, Jacob/Grimm, Wilhelm (2003): Grimm. Die illustrierten Märchen der Brüder Grimm. Berlin: Die Gestalten Verlag GmbH & Co. KG.
Grundgesetz, Artikel 29(7) = Bundeszentrale für politische Bildung (2006): Grundgesetz für die Bundesrepublik Deutschland. Leck: Clausen & Bosse.
Gümüşay, Sprache = Gümüşay, Kübra (2020): Sprache und Sein. 5. Auflage. München: Hanser.
Frisch, Homo = Frisch, Max (1975/1972): Homo faber. Ein Bericht. Frankfurt am Main: Suhrkamp

https://doi.org/10.1515/9783110669961-005

(BS 87).
Hansen, Land = Hansen, Dörte (2015): Altes Land. Roman. 19. Aufl. München: Knaus.
Härtling, Mirjam = Härtling, Peter (2013): Hallo Opa – Liebe Mirjam: eine Geschichte in E-Mails. Weinheim: Beltz & Gelberg.
Hein, Freund = Hein, Christoph (1982/1987): Der fremde Freund. Novelle. 5. Aufl. Berlin/Weimar: Aufbau.
Heinrich, Gedanke = Heinrich, Finn-Ole (2010): Sein längster Gedanke. In: Heinrich, Finn-Ole: die taschen voll wasser. erzählungen. 9. Auflage. Hamburg: mairisch, 8–66.
Heinrich, Gummistiefel = Heinrich, Finn-Ole (2010): Gummistiefel. In: Heinrich, Finn-Ole: die taschen voll wasser. erzählungen. 9. Auflage. Hamburg: mairisch, 5–8.
Heinrich, Herbst = Heinrich, Finn-Ole (2016): Sie hat den Herbst gewonnen. In: Heinrich, Finn-Ole: Gestern war auch schon ein Tag. Erzählungen. München: btb, 39–45.
Heinrich, Marta = Heinrich, Finn-Ole (2016): Marta. In: Heinrich, Finn-Ole: Gestern war auch schon ein Tag. Erzählungen. München: btb, 59–114.
Heinrich, Soweit = Heinrich, Finn-Ole (2010): Soweit kein ungewohntes Wort. In: Heinrich, Finn-Ole: die taschen voll wasser. erzählungen. 9. Auflage. Hamburg: mairisch, 67–70.
Heinrich, Räuberhände = Heinrich, Finn-Ole (2010): Räuberhände. 12. Auflage. München: btb.
Herrndorf, Tschick = Herrndorf, Wolfgang (2012): tschick. 9. Auflage. Reinbek bei Hamburg: Rowohlt.
Hesse, Narziß = Hesse, Hermann (1930/1975): Narziß und Goldmund. Berlin: Suhrkamp.
Hildebrandt, achtzig = Hildebrandt, Dieter (2007): Nie wieder achtzig! München: Blessing.
Hird, Ozeanopädie = Hird, Tom (2017): Ozeanopädie. 291 unglaubliche Geschichten vom Meer. Salzburg/München: Terra Mater.
Hoffer, Bieresch = Hoffer, Klaus (2007): Bei den Bieresch. 2. Auflage. Wien: Droschl Graz.
Janesch, Sibir = Janesch, Sabrina (2023): Sibir. Berlin: Rowohlt.
Janosch, Oh = Janosch (1978): Oh wie schön ist Panama. In: Ach, so schön ist Panama. Alle Tiger und Bär-Geschichten in einem Band. Weinheim/Basel: Beltz&Gelberg, 9–54.
Janosch, Wörterbuch = Janosch (1995): Das Wörterbuch der Lebenskunst. 3. Auflage. München: Wilhelm Goldmann.
Janosch, Grünbär = Janosch (1990): Emil Grünbär und seine Bande. Vom Autor genehmigte Sonderausgabe. Zürich: Diogenes.
Lenz, Landesbühne = Jung, Jochen (2009): Siegfried Lenz. Total entspannt. Mit seiner grundsympathischen Novelle »Landesbühne« hat sich Siegfried Lenz einen Spaß erlaubt. In: DIE ZEIT 40 (24.09.2009). Online: http://www.zeit.de/2009/40/L-B-Lenz.
Kafka, Verwandlung = Kafka, Franz (1915/2005): Die Verwandlung. Köln: Anaconda.
Kaiser, Mutter = Kaiser, Mareice (2021): Das Unwohlsein der modernen Mutter. Hamburg: Rowohlt Polaris.
Kästner, 35. Mai = Kästner, Erich (1931): Der 35. Mai oder Konrad reitet in die Südsee. Berlin: Dressler.
Kästner, Eisenbahngleichnis = Kästner, Erich (1949): Eisenbahngleichnis. In: Kästner, Erich: Doktor Erich Kästners Lyrische Hausapotheke. Berlin: Atrium, 13–14.
Kästner, Fabian = Kästner, Erich (1931): Fabian. Die Geschichte eines Moralisten. 3. Auflage. Zürich: Atrium.
Kästner, Emil = Kästner, Erich (1935): Emil und die Detektive. 142. Auflage. Hamburg/Zürich: Dressler Verlag/Atrium.
Kästner, Lokal = Kästner, Erich (1949): Gefährliches Lokal. In: Kästner, Erich: Doktor Erich Kästners Lyrische Hausapotheke. Berlin: Atrium, 164–165.
Kaut, Pumuckl = Kaut, Ellis (1981): Pumuckl und das Schloßgespenst. Bayreuth: Loewes.
Kehlmann, F = Kehlmann, Daniel (2015): F. 3. Auflage. Reinbek bei Hamburg: Rowohlt.
Kehlmann, Ruhm = Kehlmann, Daniel (2009): Ruhm. Ein Roman in neun Geschichten. Reinbek bei Hamburg: Rowohlt.

Kehlmann, Vermessung = Kehlmann, Daniel (2008): Die Vermessung der Welt. Reinbek bei Hamburg: Rowohlt.

Kirchhoff, Dämmer = Kirchhoff, Bodo (2018): Dämmer und Aufruhr: Roman der frühen Jahre. Frankfurt am Main: Frankfurter Verlagsanstalt.

Kirchhoff, Widerfahrnis = Kirchhoff, Bodo (2016): Widerfahrnis. Eine Novelle. 4. Aufl. Frankfurt am Main: Frankfurter Verlagsanstalt.

Kling, Känguru-Chroniken = Kling, Marc-Uwe (2014): Die Känguru-Chroniken. 28. Auflage. Berlin: Ullstein.

Lenz, Überläufer = Lenz, Siegfried (2016): Der Überläufer. Roman. 7. Aufl. Hamburg: Hoffmann und Campe.

Lestrade/Docampo, Wörterfabrik = Lestrade, Agnès de/Docampo, Valeria (2016): Die große Wörterfabrik. 8. Auflage. München: mixtvision Verlag.

Lieblings Plätzchen = Voigtländer, Julia (Hg.): Lieblings Plätzchen. Köln: Naumann & Göbel Verlagsgesellschaft mbH.

Lindgren, Karlsson-Däumling = Lindgren, Astrid (2010): Nils Karlsson-Däumling. In: Von Bullerbü bis Lönneberga. Die schönsten Geschichten von Astrid Lindgren. 15. Auflage. Hamburg: Oetinger, 91–104.

Maar, Eisenbahn-Oma = Maar, Paul (1981): Die Eisenbahn-Oma. Hamburg: Oetinger.

Maar, Sams = Maar, Paul (1980): Am Samstag kam das Sams zurück. Hamburg: Oetinger.

Mahlke, Archipel = Mahlke, Inger-Maria (2018): Archipel. 3. Auflage. Reinbek bei Hamburg: Rowohlt.

Meckel, Suchbild = Meckel, Christoph (1980): Suchbild: über meinen Vater. Düsseldorf: Claassen.

Melle, Leben = Melle, Thomas (2022): Das leichte Leben. Roman. Köln: Kiepenheuer & Witsch.

Menasse, Hauptstadt = Menasse, Robert (2017): Die Hauptstadt. Berlin: Suhrkamp.

Menzel, 55 = Menzel, Wolfgang (2004): 55 Texte erzählter Grammatik. Braunschweig: Westermann.

Moers, Stadt = Moers, Walter (2007): Die Stadt der träumenden Bücher: Ein Roman aus Zamonien. München: Piper.

Myers, See = Myers, Benjamin (2020): Offene See. 6. Auflage. Köln: DuMont.

Nabi, Schande = Nabi, Widad (2017): Jemand muss über diese Schande berichten... In: Frauenkulturbüro NRW e.V. (Hg.): Mit anderen Worten. Texte von exilierten Autorinnen aus dem arabischen Sprachraum. Druckhaus Köthen GmbH & Co. KG, 52–55.

Nordqvist, Findus kam= Nordqvist, Sven (2001): Wie Findus zu Pettersson kam. Hamburg: Oetinger.

O'Meara, Kitty (2020): Und die Menschen blieben zu Hause. 1. Auflage. Berlin: Goldblatt.

Osterwalder, Bobo Neuigkeit = Osterwalder, Markus (2021): Eine große Neuigkeit. In: Bobo Siebenschläfer bekommt ein Geschwisterchen. Reinbek bei Hamburg: Rowohlt Taschenbuch. 7. Auflage. 8–29.

Osterwalder, Bobo Zoo = Osterwalder, Markus (2019): Bobo im Zoo. In: Bobo Siebenschläfer. Bildgeschichten für ganz Kleine. Reinbek bei Hamburg: Rowohlt Taschenbuch. 42. Auflage. 40–55.

Penzoldt, Squirrel = Penzoldt, Ernst (1954/1992): Squirrel. Erzählung. 9. Aufl. Berlin/Frankfurt am Main: Suhrkamp (Bibliothek Suhrkamp 46)

Pieper, Leben = Pieper, Carla (2022): Was mein Leben reicher macht. In: DIE ZEIT 4 (20.01.22).

Reinig, Bittschrift = Reinig, Christa (1986): Japanische Bittschrift. In: Christa Reinig. Gesammelte Erzählungen. Darmstadt/Neuwied: Luchterhand (SL 656), 65–66.

Reinig, Trinkgeld = Reinig, Christa (1986): Das Trinkgeld. In: Christa Reinig. Gesammelte Erzählungen. Darmstadt/Neuwied: Luchterhand (SL 656), 66–71.

Rowling, Quidditch = Rowling, Joanne K. (2001): Quidditch im Wandel der Zeiten. Hamburg: Carlsen.

Roy, Gott = Roy, Arundhati (1999): Der Gott der kleinen Dinge. 4. Auflage. München: Goldmann.

Ruppel, Waldfee = Ruppel, Lars (2014): Holger, die Waldfee. 2. Auflage. Berlin: Surmann.

Schalansky, Giraffe = Schalansky, Judith (2012): Der Hals der Giraffe. Bildungsroman. 2. Auflage. Berlin: Suhrkamp.
Schenkel, Tannöd = Schenkel, Andrea Maria (2006): Tannöd. München: btb.
Scheub, Leben = Scheub, Ute (2006): Das falsche Leben. München: Piper.
Schnitzler, Else = Schnitzler, Arthur (1923/1961): Fräulein Else. In: Schnitzler, Arthur: Traumnovelle und andere Erzählungen. Frankfurt am Main: Fischer, 7–73.
Seethaler, Trafikant = Seethaler, Robert (2012): Der Trafikant. Berlin: Kein und Aber.
Shafak, Ehre = Shafak, Elif (2014/2015): Ehre. Zürich/Berlin: Kein und Aber.
Shafak, Schau = Shafak, Elif (2020): Schau mich an. Zürich/Berlin: Kein und Aber.
Sorokin, Schneesturm = Sorokin, Vladimir (2014). Der Schneesturm. 2. Auflage. Köln: Kiepenheuer & Witsch.
Steinhöfel, Anders = Steinhöfel, Andreas (2014): Anders. Hamburg: Carlsen.
Steinhöfel, Welt = Steinhöfel, Andreas (2004): Die Mitte der Welt. Hamburg: Carlsen.
Stokowski, Untenrum = Stokowski, Margarete (2018): Untenrum frei. 5. Auflage. Reinbek bei Hamburg: Rowohlt Taschenbuch.
Strelecky, Orangen = Strelecky, John (2022): Wenn du Orangen willst, such nicht im Blaubeerfeld. 6. Auflage. München: dtv.
Timm, Johannisnacht = Timm, Uwe (2007): Johannisnacht. 9. Aufl. München: dtv (dtv 12592).
Timm, Sommer = Timm, Uwe (1985): Heißer Sommer. 10. Auflage. München: dtv.
Timm, Vogelweide = Timm, Uwe (2013): Vogelweide. 2. Auflage. Köln: Kiepenheuer & Witsch.
Tokarczuk, Fledermäuse = Tokarczuk, Olga (2020): Gesang der Fledermäuse. Zürich: Kampa.
Torkarczuk, Unrast = Tokarczuk, Olga (2019): Unrast. Zürich: Kampa.
Tokarczuk, Ur = Tokarczuk, Olga (2019): Ur und andere Zeiten. Zürich: Kampa.
Vaid-Menon, Mehr = Vaid-Menon, Alok (2022): Mehr als binär. Berlin: Katalyst.
Varatharajah, Zunahme = Varatharajah, Senthuran (2016): Vor der Zunahme der Zeichen. 2. Auflage. Frankfurt am Main: Fischer.
Vuong, Auf Erden = Vuong, Ocean (2021): Auf Erden sind wir kurz grandios. München: btb.
von Rönne, Ende = von Rönne, Ronja (2022): Ende in Sicht. München, dtv.
von Törne, Frage = von Törne, Volker (1974): Frage. In: Wiemer, Rudolf Otto (Hg.): bundesdeutsch lyrik zur sache grammatik. Wuppertal: Hammer
Werfel, Blassblau = Werfel, Franz (2016): Eine blassblaue Frauenschrift. Berlin: Insel Verlag.
Weyand, Applaus = Weyand, Kai (2017): Applaus für Bronikowski. Göttingen: Wallstein.
Wöhe, Betriebswirtschaftslehre = Wöhe, Günter (2002): Einführung in die Allgemeine Betriebswirtschaftslehre. 21., neubearb. Auflage. München: Vahlen (Vahlens Handbücher der Wirtschafts- und Sozialwissenschaften).
Wolitzer, Interessanten = Wolitzer, Meg (2018): Die Interessanten. Köln: DuMont.
Zeh, Adler = Zeh, Juli (2009): Adler und Engel. München: btb.
Zeh, Delicti = Zeh, Juli (2010): Corpus Delicti. Ein Prozess. München: btb.

b) **GiesKaNe-Korpus** (https://gieskane.com/)

Birken, 17. Jhd. = Birken, Sigmund von (1652): Die Fried-erfreuete Teutonje. Nürnberg: Dümmler.
Bräker, 18. Jhd. = Bräker, Ulrich (1789): Lebensgeschichte und Natürliche Ebentheuer des Armen Mannes im Tockenburg. Hg. Johann Heinrich Füssli. Zürich: Orell, Gessner, Füssli.
Bucholtz, 17. Jhd. = Bucholtz, Andreas Heinrich (1659): Des Christlichen Teutschen Groß-Fürsten Herkules Und der Böhmischen Königlichen Fräulein Valjska Wunder-Geschichte. Bd.1. Braunschweig: Zilliger.

Freyberger, 17. Jhd. = Freyberger. (i.e. Wartmann, Sigismund Friedrich) (1650): Germania Pertubata et Restaurata: Das ist/ Unpartheyische/ wolmeynende/ Theologo-Historica Politische Discursus, [...] Frankfurt am Main: Schönwetter.

Güntzer, 17. Jhd. = Güntzer, Augustin (1657/2002): Kleines Biechlin von meinem gantzen Leben. Die Autobiographie eines Elsässer Kannengießers aus dem 17. Jahrhundert. Hg. v. Fabian Brändle und Dominik Sieber. Köln/Weimar: Böhlau 2002 (Selbstzeugnisse der Neuzeit 8).

Harenberg, 18. Jhd. = Harenberg, Johann Christoph (1733): Vernünftige und Christliche Gedancken Uber die VAMPIRS Oder Bluhtsaugende Todten. Wolfenbüttel: Johann Christoph Meißner, [0003].

Koralek, 19. Jhd. = Koralek, Ottilie (1889-1890): Lamentatio intermissa I. Tagebucharchiv Emmendingen. Unveröffentlichte Transkription (Hollmann).

Meister Dietz, 18. Jhd. = Meister Dietz (1915): Meister Johann Dietz des Großen Kurfürsten Feldscher und Königlicher Hofbarbier. Hg. Ernst Consentius. Ebenhausen, Niederschrift um 1730.

Mendelssohn, 18. Jhd. = Mendelssohn, Moses (1783): Jerusalem oder über religiöse Macht und Judenthum, Berlin: Maurer, [0009].

Nehrlich, 18. Jhd. = Nehrlich, Hans Ludwig (1723): Erlebnisse eines frommen Handwerkers im späten 17. Jahrhundert. Hg. v. Rainer Lächele. Tübingen: Niemeyer (Verlag der Franckeschen Stiftungen Halle im Max Niemeyer Verlag) 1997 (= Hallesche Quellenpublikationen und Repertorien 1).

Nietzsche, 19. Jhd. = Nietzsche, Friedrich (1872): Die Geburt der Tragödie aus dem Geiste der Musik. Leipzig: Fritzsch.

Söldnerleben, 17. Jhd. = Söldnerleben am Vorabend des Dreißigjährigen Krieges. Lebenslauf und Kriegstagebuch 1617 des hessischen Obristen Caspar von Widmarckter. Hg. und bearb. v. Holger Th. Gräf. Mit Beiträgen von Sven Externbrink und Ralf Pröve. Trautvetter & Fischer Nachf.: Marburg/Lahn 2000 (Beiträge zur Hessischen Geschichte 16).

c) Online-Quellen

all-in.de, Autofahrer: 19.04.22 = www.all-in.de/ravensburg/c-polizei/autofahrer-22-schwer-verletzt-abhang-hinunter-gestuerzt-und-mit-baum-zusammengestossen_a5156717 (letzter Aufruf: 18.04.23).

ARD extra, Die Corona-Lage: 15.11.21 = www.daserste.de/information/nachrichten-wetter/ard-extra/sendung/ard-extra-die-corona-lage-654.html (letzter Aufruf: 13.12.21).

Baerbock, Klimaschutzgesetz: 07.05.21 = www.gruene-bundestag.de/parlament/bundestagsreden/klima-1 (letzter Aufruf: 17.02.23).

Bahn mobil, Alge = www.dbmobil.de/nachhaltigkeit/mehr-nachhaltigkeit/alge-gut-alles-gut (letzter Aufruf: 21.05.23).

Bahn mobil, Britische Orte = www.dbmobil.de/reisen/mehr-reise/britische-orte-in-deutschland (letzter Aufruf: 21.05.23).

Bayerischer Rundfunk, Coronavirus-Entdeckerin: 03.06.21 = www.br.de/nachrichten/wissen/june-almeida-die-vergessene-coronavirus-entdeckerin,S014sCl (letzter Aufruf: 18.04.23).

Bäcker, Rezept: 27.03.08 = https://baeckersuepke.wordpress.com/2008/03/27/ddr-brotchen-rezept/ (letzter Aufruf: 18.04.23).

Blog, Leonie-Rachel: 09.08.18 = www.leonierachel.com/2018/08/09/selbstsabotage-warum-zerstoere-ich-mir-mein-eigenes-glueck/ (letzter Aufruf: 18.04.23).

Blog, Spielwiese: 22.12.20 = https://spielwiesebykgrief.com/2020/12/22/frohe-weihnachten-und-einen-guten-start-ins-neue-jahr/ (letzter Aufruf: 18.04.23) .

BRF Nachrichten, Regierungschef: 28.06.22 = https://brf.be/international/1618297/ (letzter Aufruf: 16.04.23).

BR24, Olympiapark: 10.08.22 = www.br.de/nachrichten/bayern/european-championships-polizei-schliesst-ueberfuellten-olympiapark,TE8RT2U (letzter Aufruf: 01.03.23).

Bundesregierung, Kanzler-Interview: 03.09.22 = www.bundesregierung.de/breg-de/suche/kanzler-interview-waz-2082468 (letzter Aufruf: 17.02.23).

BZ-Redaktion, Wiehnachts-Drämmli: 23.11.21 = www.badische-zeitung.de/das-wiehnachts-dra-emmli-rattert-wieder-durch-basel--206661469.html (letzter Aufruf: 17.02.23).

Deavita, Hausmittel: 16.08.21 = https://deavita.com/gesundes-leben/kreislauf-in-schwung-bringen-hausmittel-755250.html (letzter Aufruf: 20.05.23).

Deutschlandfunk, Stimmungsbild: 01.03.03 = www.deutschlandfunk.de/stimmungsbild-aus-der-provinz-100.html (letzter Aufruf: 07.05.23).

Deutschlandfunk Nova, Spukhäuser: 28.10.20 = www.deutschlandfunknova.de/nachrichten/psychologie-gib-mir-meine-dosis-horror (letzter Aufruf: 17.02.23).

DFG, Pandemiemüdigkeit: 21.04.23 = www.dfg.de/foerderung/corona_informationen/kommission/aktivitaeten/interview_betsch/index.html (letzter Aufruf: 18.05.23).

DW, Friedensgespräche: 24.05.16 = https://learngerman.dw.com/de/burundi-friedensge-spr%C3%A4che-unter-schwierigen-bedingungen/a-19278679 (letzter Aufruf: 18.04.23).

FAZ, Bundestagswahl: 01.03.22 = www.faz.net/aktuell/politik/bundestagswahl/f-a-z-machtfrage-kann-man-taktisch-waehlen-17547427-p2.html (letzter Aufruf: 17.02.23).

FAZ, Jesidinnen: 25.2.23 = www.faz.net/aktuell/feuilleton/buehne-und-konzert/jesidinnen-erzaehlen-licht-in-den-muenchner-kammerspielen-18703108/licht-die-geschichten-18703105.html (letzter Aufruf: 01.03.23).

FAZ, Kirschblüte: 26.04.23 = www.faz.net/aktuell/wissen/ab-in-die-botanik/april-wetter-kirschbluete-droht-opfer-einer-wetterlaune-zu-werden-18837827.html (letzter Aufruf: 27.04.23).

FC Hansa, Profis: 02.02.06 = www.fc-hansa.de/news/hand-in-hand-mit-den-hansa-profis.html (letzter Aufruf: 18.04.23).

Fcbinside, Leroy Sane: 07.12.22 = www.fcbinside.de/2022/12/07/er-wuerde-es-ernsthaft-in-erwaegung-ziehen-liebaeugelt-sane-mit-einem-wechsel-zum-fc-arsenal/ (letzter Aufruf: 24.03.22).

Flamme, Schimmel: 27.11.18 = www.flamme.de/magazin/tipps-tricks/schimmel-vermeiden-in-der-wohnung-so-schuetzen-sie-ihre-moebel (letzter Aufruf: 22.06.21).

Focus Online, Krabbe Gericht: 21.09.13 = www.focus.de/sport/mehrsport/die-sprinterin-im-auto-haus-katrin-krabbe-zum-40_id_1882394.html (letzter Aufruf: 18.04.23).

Forum Rechtsreferendare: 23.08.22 = www.forum-zur-letzten-instanz.de/showthread.php?tid=7468 (letzter Aufruf: 18.04.23).

Goldene Kamera, Kinotipp = www.goldenekamera.de/kino/article236246875/Die-Kaenguru-Verschwoerung-Kino-Tipp.html (letzter Aufruf: 30.05.23).

gutefrage.net, Zimmer unordentlich = https://www.gutefrage.net/frage/zimmer-immer-unordentlich-was-tun (letzter Aufruf: 05.09.23).

Handelsblatt, Energiesparen: 05.10.22 = www.handelsblatt.com/meinung/kommentare/kommentar-dax-konzerne-ueberraschen-der-druck-zum-energiesparen-ist-offenbar-noch-gering/28724662.html (letzter Aufruf: 17.02.23).

Hebamme Gästebuch = www.hebamme-melanie-gregor.de/gästebuch/ (letzter Aufruf: 18.04.23).

Helmstedter Nachrichten, Rosemarie: 01.12.20 = www.helmstedter-nachrichten.de/helmstedt/article231037742/Helmstedterin-Wem-ich-helfen-kann-dem-helfe-ich-gerne.html (letzter Aufruf: 17.02.23).

Helpster, Durak Kartenspielregeln = www.helpster.de/durak-anleitung-so-spielen-sie-regelkonform_81782 (letzter Aufruf: 18.04.23).

HNA, Betrogener Senior: 03.02.21 = www.hna.de/kassel/betrogener-senior-legt-10000-euro-vor-mehrfamilienhaus-90189954.html (letzter Aufruf: 18.04.23).

HNA, Bummel: 27.11.20 = www.hna.de/lokales/goettingen/goettingen-ort28741/bummel-ohne-weihnachtsmarkt-wegen-der-corona-pandemie-90113242.html (letzter Aufruf: 20.05.23).

HNA, Mond: 17.11.22 = www.hna.de/wissen/vollmond-mondkalender-2022-naechster-wann-mond-mondphasen-neumond-91156833.html (letzter Aufruf: 03.12.22).

HNA, Radfahrer: 06.12.21 = www.hna.de/lokales/kreis-kassel/kaufungen-ort43178/radler-in-stadt-und-kreis-kassel-werden-jetzt-gezaehlt-91159828.html (letzter Aufruf: 18.04.23).

horizonte, reden: 01.11.21 = www.horizonte-aargau.ch/reden-und-zuhoeren-balsam-fuer-die-seele/ (letzter Aufruf: 10.08.22).

Impfkampagne Land Hessen = https://impfen.hessen.de/hessen-impft/ (letzter Aufruf: 06.01.22)

Ketteler Hof, Ticketshop = www.kettelerhof.de/shop/ (letzter Aufruf: 26.05.23).

Kleine Zeitung, Turnen: 07.09.18 = www.kleinezeitung.at/sport/sommersport/5492616/Turnen_Trainer-pruegelt-Athletin-und-sie-nimmt-ihn-in-Schutz (letzter Aufruf: 24.03.23).

Landkreis Sigmaringen, Podiumsgespräch: 04.03.20 = www.landkreis-sigmaringen.de/de/Landratsamt/Kreisverwaltung/Fachbereiche/Stabsstelle-Kultur-Archiv/Veranstaltungen/Veranstaltung?view=publish&item=eventDate&id=2080 (letzter Aufruf: 18.04.23).

Mission Lifeline, Afghanistan: 05.09.21 = https://mission-lifeline.de/afghanistan-war-alles-umsonst/ (letzter Aufruf: 18.04.23).

Mittelbayerische, Zeitung: 14.08.13 = www.mittelbayerische.de/wirtschaft-nachrichten/wer-zeitung-liest-wird-schlau-und-gewinnt-21840-art949981.html (letzter Aufruf: 04.02.23).

Morgenpost, Grundschüler: 20.02.12 = www.morgenpost.de/schueler/article105999050/Grundschueler-zwischen-Vorfreude-und-Angst.html (letzter Aufruf: 13.09.22).

Motortalk, Roller: 23.10.13 = www.motor-talk.de/forum/roller-geklaut-wieder-da-geld-vonner-versicherung-bekomen-was-nu-t2788175.html (letzter Aufruf: 15.05.23).

Moviepilot, Rechtsstreit: 06.02.23 = www.moviepilot.de/news/skurriler-rechtsstreit-um-fantasy-saga-herr-der-ringe-droht-muellfirma-mit-klage-wenn-sie-ihren-namen-nicht-aendert-1140040 (letzter Aufruf: 26.5.23).

Neue Westfälische, E-Auto-Besitzer: 05.12.18 = www.nw.de/lokal/bielefeld/heepen/22316594_Deshalb-kassieren-E-Auto-Besitzer-Knoellchen-an-der-Ladestation.html (letzter Aufruf: 04.02.23).

Paketda, Schaden: 27.04.21 = www.paketda.de/status-ups-schaden-gemeldet.html (letzter Aufruf: 18.04.23).

Praxis Stange/Stegat, Akademische Lehrpraxis der Uni Münster: 03.12.21 = www.2-kinderaerzte.de/covid-impfung/ (letzter Aufruf: 18.04.23).

Psychotipps, Konzentration: 26.06.20 = www.psychotipps.com/konzentration.html (letzter Aufruf: 30.01.23).

R+V, Haftung = www.ruv.de/ratgeber/bauen-wohnen/geld-recht/warnung-vor-dem-hund (letzter Aufruf: 04.02.23).

Rollingstone, Lisa queer: 15.09.22 = www.rollingstone.de/the-simpsons-also-doch-lisa-ist-womoeglich-queer-2494755/ (letzter Aufruf: 23.02.23).

Saarbrücker Zeitung, Schuldenfalle: 21.07.15 = www.saarbruecker-zeitung.de/nachrichten/politik/wie-ein-saarlaender-in-die-schuldenfalle-kam_aid-1565917 (letzter Aufruf: 23.02.23).

Salzburger Nachrichten, Adventkalender: 30.10.17 = www.sn.at/leben/lifestyle/adventkalender-fuer-die-grossen-19909090 (letzter Aufruf: 17.02.23).

schlager.de, Carpendale: 20.12.22 = www.schlager.de/news/2022/12/20/howard-carpendale-weinte-bei-diesem-weihnachtsgeschenk/ (letzter Aufruf: 01.03.23).

socialmatch, Ben: 19.06.22 = https://socialmatch.de/blog/themen-zum-reden/ (letzter Aufruf: 16.03.22).

Spiegel Online, EM 2021: 12.06.21 = www.spiegel.de/sport/fussball/fussball-em-2021-christian-eriksen-zusammengebrochen-spiel-zwischen-daenemark-und-finnland-unterbrochen-a-d2e4b3e3-0f6a-49d4-9694-237673b54277 (letzter Aufruf: 30.05.23).

Spiegel Online, Feiern Corona: 13.10.20 = www.spiegel.de/kultur/feiern-trotz-corona-was-tun-wenn-nebenan-die-party-steigt-a-1882dca1-4d3f-416c-b0b6-d8f117d3bcce (letzter Aufruf: 20.05.23).

Spiegel Online, Jonas Mekas: 11.08.16 = www.spiegel.de/kultur/kino/jonas-mekas-leben-verfilmt-eine-begegnung-in-locarno-a-1106955.html (letzter Aufruf: 18.11.22).

Spiegel Online, Mick Jagger: 14.01.21 = www.spiegel.de/kultur/musik/mick-jagger-neue-lockdown-solo-single-eazy-sleazy-mit-dave-grohl-a-c53702a9-f989-4a00-bf56-47166d7e198e (letzter Aufruf: 18.04.23).

Spiegel Online, Papst: 04.05.19 = www.spiegel.de/panorama/gesellschaft/papst-franziskus-konservative-theologen-beschuldigen-ihn-der-ketzerei-a-1265780.html (letzter Aufruf: 23.08.22).

Spiegel Online, Sängerin Pink: 07.03.18 = www.spiegel.de/panorama/leute/saengerin-pink-hat-die-nase-voll-von-social-media-a-1196832.html (letzter Aufruf: 26.5.23).

Spiegel Online, Winnetou: 23.08.22 = www.spiegel.de/kultur/kino/ravensburger-zieht-kinderbuch-zurueck-und-erntet-dafuer-kritik-a-d301a47a-ffb7-4235-a39b-2bf3699d824d (letzter Aufruf: 30.05.23).

spox, Olympia: 22.04.22 = www.spox.com/de/sport/olympia/sommerspiele-2016/1609/News/paralympics-heinrich-popow-kritik-gelaber.html (letzter Aufruf: 17.02.23).

Stuttgarter Zeitung, Telefonjoker: 03.06.14 = www.stuttgarter-zeitung.de/inhalt.wer-wird-millionaer-telefonjoker-merkel-geht-nicht-ran.f5e5b439-ef9a-4d42-924e-08b064cd4b0f.html (letzter Aufruf: 18.04.23).

Süddeutsche Online, Eurovision: 23.05.21 = www.sueddeutsche.de/medien/esc-eurovision-song-contest-italien-maneskin-1.5301968 (letzter Aufruf: 18.04.23).

Süddeutsche Online, Tante Irmgard: 15.04.19 = www.sueddeutsche.de/wirtschaft/verpoorten-zurueck-zu-tante-irmgard-1.4410561 (letzter Aufruf: 20.05.23).

Südkurier, Betrunken: 09.09.22 = www.suedkurier.de/region/bodenseekreis/ueberlingen/mann-regelt-betrunken-verkehr-und-landet-hinter-gittern;art372495,11282598 (letzter Aufruf: 24.05.23).

Tageblatt, Wirtschaft: 20.04.20 = www.tageblatt.de/specials/pendler_artikel,-hendrik-teetz-wirtschaftlich-ist-das-eine-katastrophe-_arid,1505862.html (letzter Aufruf: 18.04.23).

Tagesschau, Kampfjets: 20.05.23 = www.tagesschau.de/ausland/g7-kampfjet-china-100.html (letzter Aufruf: 20.04.23).

Tagesschau, Sonnenstunden: 05.05.22 = https://wetter.tagesschau.de/wetterthema/2022/05/05/sonnenstunden-am-freitag (letzter Aufruf: 17.02.23).

Tagesschau, Studie: 10.11.21 = www.tagesschau.de/wirtschaft/konjunktur/techniker-krankenkasse-arbeitnehmer-krank-zur-arbeit-101.html (letzter Aufruf: 18.04.23).

Tagesspiegel, Forschungsdaten: 12.04.23 = https://background.tagesspiegel.de/digitalisierung/forschungsdatengesetz-kommt-in-gang (letzter Aufruf: 20.05.23).

taucher.net, Barrakuda: 27.04.13 = https://taucher.net/diveinside-der_grosse_barrakuda._ein_pfeilschneller_hecht-kaz47 (letzter Aufruf: 18.04.23).

Taz Online, Pinky Gloves: 15.04.21 = https://taz.de/Kritik-an-Pinky-Gloves/!5761099&SuchRahmen=Print/ (letzter Aufruf: 22.09.22).

Taz Online, Sandbatterie: 19.07.22 = https://taz.de/Speicher-fuer-erneuerbare-Energien/!5869044/ (letzter Aufruf: 19.05.23) .

Tierwelt, Eierlegen: 21.03.18 = www.tierwelt.ch/ratgeber/gefluegel/eierlegen-ist-nicht-selbstverstaendlich (letzter Aufruf: 18.04.23).

t-online, Virologin erklärt: 24.09.21 = www.t-online.de/gesundheit/krankheiten-symptome/id_90848690/corona-krise-virologin-jana-schroeder-macht-hoffnung-auf-ende-der-pandemie.html (letzter Aufruf: 19.01.23).

TU Darmstadt, FAQ = www.tu-darmstadt.de/studieren/studierende_tu/studienorganisation_und_tucan/hilfe_und_faq/artikel_details_de_en_31040.de.jsp (letzter Aufruf: 25.02.23).

wetter, Himmelfahrt: 15.05.23 = www.daswetter.com/nachrichten/vorhersage/wetterexperte-wetter-warm-heiss-himmelfahrt-vatertag.html (letzter Aufruf: 20.05.23).

Weltreisender, Irland = www.weltreisender.net/auf-und-davon-nach-irland-4797/#:~:text=Nur%20eins%20war%20von%20Anfang,besten%20mit%20Hund%20und%20Katze.

Westfalen-Blatt, Gütersloh: 29.02.20 = www.westfalen-blatt.de/owl/kreis-guetersloh/guetersloh/seine-heimatstadt-dankt-ihm-889094?&npg (letzter Aufruf: 18.04.23).

Woitschig, Themroc: 03.08.08 = www.textem.de/index.php?id=1554 (letzter Aufruf: 25.02.23).

Zeit Online, Baumaterial: 21.05.23 = www.zeit.de/wissen/2023-05/studie-indonesien-windeln-muell-baumaterial (letzter Aufruf: 21.05.23).

Zeit Online, Corona-Impfstoff: 26.04.21 = www.zeit.de/wissen/gesundheit/2021-04/funktionsweise-corona-impfstoff-mrna-impfung-immunitaet-immunsystem-vektor-proteinbasiert (letzter Aufruf: 02.12.21).

Zeit Online, documenta: 24.11.20 = www.zeit.de/kultur/kunst/2020-11/kunstausstellung-kassel-documenta-einladung-faelschung (letzter Aufruf: 24.05.23).

Zeit Online, Dresden: 17.01.15 = www.zeit.de/gesellschaft/zeitgeschehen/2015-01/dresden-mannheim-demonstration-khaled-toleranz-vielfalt-no-pegida?page=2 (letzter Aufruf: 23.08.22).

Zeit Online, Familienplanung: 14.05.22 = www.zeit.de/campus/2022-05/familienplanung-kinder-schwangerschaft-zeitpunkt/komplettansicht (letzter Aufruf: 18.04.23).

Zeit Online, Jagd: 25.05.21 = www.zeit.de/2021/21/jagd-namibia-tierschutz-kolonialimus-eu-verbot-zebra (letzter Aufruf: 18.04.23).

Zeit Online, Runtergefahren: 26.02.20 = www.zeit.de/2020/10/universitaet-giessen-hacker-angriff-it (letzter Aufruf: 19.05.23).

Zeit Online, Zauderkünstler: 20.09.21 = www.zeit.de/2021/38/gisbert-zu-knyphausen-lass-irre-hunde-heulen-winterreise-franz-schubert (letzter Aufruf: 21.09.21).

d) Musik

Antje Schomaker, Bis mich = Antje Schomaker (2018): Bis mich jemand findet. Album: Von Helden und Halunken, Sony BMG.

Betterov, Dussmann = Betterov (2021): Dussmann. Album: Olympia, Betterov Recordings.

Danger Dan, Kunstfreiheit = Danger Dan (2021): Das ist alles von der Kunstfreiheit gedeckt. Album: Das ist alles von der Kunstfreiheit gedeckt, Antilopen Geldwäsche.

Danger Dan, Lauf davon = Danger Dan (2021): Lauf davon. Album: Das ist alles von der Kunstfreiheit gedeckt, Antilopen Geldwäsche.

Gisbert zu Knyphausen, Sommertag = Gisbert zu Knyphausen (2008): Sommertag. Album: Gisbert zu Knyphausen, PIAS Germany.

Grauzone, Eisbär = Grauzone (1980): Eisbär. Album Swiss Wave – The Album, Mital-U.

Herbert Grönemeyer, Was soll das = Herbert Grönemeyer (1988): Was soll das. Album: Ö, EMI Music.

Judith Holofernes, Ich lass = Judith Holofernes (2018): Ich lass für dich das Licht an. Album: Sing mein Song Vol. 5, Music for Millions.

Jürgen Drews, Regenbogen = Jürgen Drews (2017): Und ich schenke dir einen Regenbogen. Album: Drews feat. Drews (Die ultimativen Hits), Universal Music GmbH.

Fynn Kliemann, morgen = Fynn Kliemann (2018): Morgen. Album: nie, two Finger Records.

Maybebop, Tanz alles was du hast. (2020): Tanz alles, was du hast. Album: Kinderkram, Ellenberger.
Matthias Reim, Verdammt = Matthias Reim (1990): Verdammt ich lieb dich. Album: Reim, Polydor.
Peter Schilling, Major Tom = Peter Schilling (1981): Major Tom. Album: Fehler im System, WEA.
Wir sind Helden, Aurélie = Wir sind Helden (2003): Aurélie. Album: Die Reklamation, EMI Music.
Wir sind Helden, Ballade = Wir sind Helden (2010): Die Ballade von Wolfgang und Brigitte. Album: Bring mich nach Hause, Columbia.
Wir sind Helden, Ist das so = Wir sind Helden (2003): Ist das so. Album: Die Reklamation, EMI Music.

e) Video

Alles was zählt, Folge 1696 = www.fernsehserien.de/alles-was-zaehlt/folgen/1696-ingo-ein-wahrer-freund-498380 (letzter Aufruf: 17.04.23)
ARD-Morgenmagazin, Marion von Haaren: 09.06.2020.
IRE-Sprinter: 22.07.22 = www.youtube.com/watch?v=yh2lTpKszOQ (letzter Aufruf: 25.02.23)
Kijufi, Landesverband Kinder- und Jugendfilm Berlin e.V. = www.youtube.com/watch?v=9QWoEh-tnSc (letzter Aufruf: 18.04.23)
Madagaskar, Dreamworks Animation Studios, 2005.
ZDF heute, Lanz: 05.04.22 = www.youtube.com/watch?v=GTC1ewJuJPI (letzter Aufruf: 18.04.23)

f) Werbung/Informationsmaterial/Produkte/Social Media

Bio Gourmet Kräutersalz, Verpackungsbeschreibung = https://bio-gourmet.com/biogourmet-produkte-wuerzmittel-kraeutersalz/
Brot für Welt, Werbeplakat = www.gute-botschafter.de/referenzen/brot-fuer-die-welt (letzter Aufruf: 01.02.23)
Caritasverband Katastrophenhilfe, Werbeplakat = www.vergessene-katastrophen.de/ (letzter Aufruf: 01.03.23)
CONTRAIN, PROCON GmbH, Kontinenz-Training, Werbebroschüre
Corona-Selbsttest, Hotgen Coronavirus (2019-nCoV)-Antigentest, Verpackungsbeschreibung.
Gesundheitsmagazin AOK Plus 3/2021
IKEA, Werbeplakat = www.basicthinking.de/blog/2022/02/23/10-unvergessliche-werbesprueche/8/ (letzter Aufruf: 01.02.23)
Lebenshilfe, Anreiseerklärung = www.lebenshilfe.de/fileadmin/Redaktion/PDF/Ueber_uns/Anreise-BGS-Berlin-vom-HBF-in-LS.pdf (letzter Aufruf: 04.02.23)
Modulprüfungsordnung, Universität Kassel, Deutsch Lehramt = www.uni-kassel.de/uni/index.php?eID=dumpFile&t=f&f=2001&token=bab62a6c0beee92f82dd146eaf8c8303eb106780 (letzter Aufruf: 19.01.23)
Parantatatam, Europa = Raidt, Marion (aka Parantatatam) (2020): schämt sich europa eigentlich nicht. Instagrampost.
Präventionsrat, Ratgeber zur Vermeidung von Straftaten = www.praeventionsrat.de/wp-content/uploads/2015/12/Flyer_Pr%C3%A4ventionsprojekt_Straftaten_gegen_%C3%A4ltere_Menschen_Pr%C3%A4vRatMTK.pdf (letzter Aufruf: 27.04.23)
Prüfungsfragen, Theorieprüfung PKW = https://docplayer.org/48809916-Pruefungsfragen-fuer-die-theoriepruefung-der-klasse-am-79-01-stand-jaenner-die-fuehrerschein-manufaktur.html (letzter Aufruf: 26.05.23)
SwissLife, Werbeplakat = https://cache.pressmailing.net/thumbnail/story_hires/86d25902-4136-4f7e-83f2-ce51a870c3bc/image.jpg (letzter Aufruf: 31.01.23)

Visual Statements, Lieblingskollegen = www.visualstatements.net/visuals/visualstatements/reminder-du-bist-gut-genug-wahrscheinlich-bist-du-sogar-ueberqualifiziert-aber-lass-uns-bescheiden-in-die-woche-starten/ (letzter Aufruf: 18.05.23)

VW Golf GTD 2013, Werbeplakat = www.horizont.net/news/media/10/--96386-detailnp.jpeg (letzter Aufruf: 19.01.23)

Weber, Interpretationen = Weber, Jule (2023): Alle Interpreationen von Schweigen. Gedicht. Instagrampost.

wohnen_auf_dem_land, Instagram: 28.8.2020 = www.instagram.com/p/CEclwVnqvY-/?short_redirect=1 (letzter Aufruf: 18.05.23)

Zahnärztliches Kinderuntersuchungsheft der Kassenzahnärztlichen Vereinigung Hessen/Landeszahnärztekammer Hessen 2019

Sekundärquellen

AdA = Elspaß, Stefan/Möller, Robert: Atlas zur deutschen Alltagssprache (www.atlas-alltagssprache.de).

Adamzik, Kirsten (2016): Textlinguistik. Grundlagen, Kontroversen, Perspektiven. 2., völlig neu bearbeitete aktualisierte und erweiterte Neuauflage. Berlin/Boston: De Gruyter.

Ágel, Vilmos (1996): Finites Substantiv. In: Zeitschrift für germanistische Linguistik 24, 16–57.

Ágel, Vilmos (2000): Syntax des Neuhochdeutschen bis zur Mitte des 20. Jahrhunderts. In: Besch, Werner/Betten, Anne/Reichmann, Oskar/Sonderegger, Stefan (Hg.): Sprachgeschichte. Ein Handbuch zur Geschichte der deutschen Sprache und ihrer Erforschung. 2. Aufl. Bd. 2. Berlin/New York: De Gruyter (Handbücher zur Sprach- und Kommunikationswissenschaft 2.2), 1855-1903.

Ágel, Vilmos (2006): (Nicht)Flexion des Substantiv(s). Neue Überlegungen zum finiten Substantiv. In: Zeitschrift für germanistische Linguistik 34, 286–327.

Ágel, Vilmos (2015): Grammatik und Literatur. Grammatische Eigentlichkeit bei Kehlmann, Timm, Liebmann, Handke, Strittmatter und Ruge. In: Brinker-von der Heyde, Claudia/Kalwa, Nina/Klug, Nina-Maria/Reszke, Paul (Hg.): Eigentlichkeit. Zum Verhältnis von Sprache, Sprechern und Welt. Berlin/München/Boston: De Gruyter, 159–174.

Ágel, Vilmos (2016): *Obwohl (.) fährt der eigentlich auch am Sonntag?* Der Verbzweit-Mythos. In: Handwerker, Brigitte/Bäuerle, Rainer/Sieberg, Bernd (Hg.): Gesprochene Fremdsprache Deutsch. Forschung und Vermittlung. Baltmannsweiler: Schneider Verlag Hohengehren, 75–100.

Ágel, Vilmos (2019a): Grammatische Textanalyse (GTA) – eine deszendente Syntax des Deutschen. In: Eichinger, Ludwig M./Plewnia, Albrecht (Hg.): Neues vom heutigen Deutsch. Empirisch – methodisch – theoretisch. Jahrbuch des Instituts für Deutsche Sprache 2018. Berlin/Boston: De Gruyter, 265–291.

Ágel, Vilmos (2019b): Wörter ohne Wortart. Präpositionaladverbien, die keine sind. In: Drewnowska-Vargáné, Ewa/Kappel, Péter/Modrián-Horváth, Bernadett/Rauzs, Orsolya (Hg.): „Vnd der gieng treulich, weislich vnd mēndlich mit den sachen vmb." Festschrift für Péter Bassola zum 75. Geburtstag. Szeged: Institut für Germanistik, 289–300.

Ágel, Vilmos/Diegelmann, Carmen (2010): Theorie und Praxis der expliziten Junktion. In: Ágel, Vilmos/Hennig, Mathilde (Hg.): Nähe und Distanz im Kontext variationslinguistischer Forschung. Berlin/New York: De Gruyter, 347–396.

Ágel, Vilmos/Höllein, Dagobert (2021): Satzbaupläne als Zeichen: die semantischen Rollen des Deutschen in Theorie und Praxis. In: Binanzer, Anja/Gamper, Jana /Wecker, Verena (Hg.): Prototypen

– Schemata – Konstruktionen. Untersuchungen zur deutschen Morphologie und Syntax. Berlin/Boston: De Gruyter (Germanistische Linguistik 325), 125–251.
Ágel, Vilmos/Kehrein, Roland (2013): Sogenannte Koordinationsellipsen: von der Prosodie zur Theorie. In: Ellipse 2013, 107–158.
Ágel, Vilmos/Sievers, Laura (2020): Markierte Vorfeldbesetzung im Neuhochdeutschen. Zur Grammatikalisierung einer neuen Vorfeldstrukur. In: Pasques, Delphine/Wich-Reif, Claudia (Hg.): Textkohärenz und Gesamtsatzstrukturen in der Geschichte der deutschen und französischen Sprache vom 8. bis zum 18. Jahrhundert. Akten zum Internationalen Kongress an der Universität Paris-Sorbonne vom 15. bis 17. November 2018. Berlin: Weidler (Berliner Sprachwissenschaftliche Studien 35), 461–491.
Allwood, Jens/Andersson, Lars-Gunnar/Dahl, Östen (1973): Logik für Linguisten. Tübingen: Niemeyer (Romanistische Arbeitshefte 8).
Augustin, Hagen (2018): Verschmelzung von Präposition und Artikel. Eine kontrastive Analyse zum Deutschen und Italienischen. Berlin/Boston: De Gruyter (Konvergenz und Divergenz 6).
Averintseva-Klisch, Maria (2013): Textkohärenz. (KEGLI, Band 14). Heidelberg: Winter.
Bassola, Péter (2012) (Hg.): Deutsch-ungarisches Wörterbuch zur Substantivvalenz. 2. Bd. Szeged: Grimm.
Behr, Irmtraud/Quintin, Hervé (1996): Verblose Sätze im Deutschen. Zur syntaktischen und semantischen Einbindung verbloser Konstruktionen in Textstrukturen. Tübingen: Stauffenburg (Eurogermanistik 4).
Bloomfield, Leonard (1933): Language. New York: Holt, Rinehart & Winston.
Boettcher, Wolfgang (2009/1–3): Grammatik verstehen. 3 Bde. Bd. 1: Wort. Bd. 2: Einfacher Satz. Bd. 3: Komplexer Satz. Tübingen: Niemeyer (Niemeyer Studienbuch).
Bouillon, Henri (1984): Zur deutschen Präposition *auf*. Tübingen: Narr (= Studien zur deutschen Grammatik 23).
Brinkmann, Hennig (1971): Die deutsche Sprache. Gestalt und Leistung. Düsseldorf: Schwann.
Christ, Rüdiger (2017): Niemand braucht das Prädikat. Zur Systematisierung der schulischen Satzgliedanalyse. In: Linguistische Berichte 250, 169–218.
Coseriu, Eugenio (1972/1987): Semantik und Grammatik. In: Ders.: Formen und Funktionen. Studien zur Grammatik. (Konzepte der Sprach- und Literaturwissenschaft 33). Tübingen: Niemeyer, 85–95. [Orig. in: Moser, Hugo (Hg.): Neue Grammatiktheorien und ihre Anwendung auf das heutige Deutsch. Jahrbuch 1971 des Instituts für deutsche Sprache].
Czicza, Dániel (2015): Zu Analogien zwischen verbaler und nominaler Organisation. In: Hennig, Mathilde/Niemann, Robert (Hg.): Junktion in der Attribution. Ein Komplexitätsphänomen aus grammatischer, psycholinguistischer und praxistheoretischer Perspektive. Berlin/Boston: De Gruyter (Linguistik – Impulse & Tendenzen 62), 123–161.
Diegelmann, Carmen (2008): Junktion in Wirtschaftstexten. Ausdruck von Inhaltsrelationen zwischen Integration und Aggregation. Diplomarbeit. Universität Kassel.
Duden 2003 = Duden – Deutsches Universalwörterbuch, 5. Aufl. Mannheim: Dudenverlag 2003 [CD-ROM].
Duden 2009 = Duden. Die deutsche Rechtschreibung. 25., völlig neu bearbeitete und erweiterte Aufl. Hg. von der Dudenredaktion. Mannheim/Leipzig/Wien/Zürich: Dudenverlag (Der Duden 1).
Duden 2016 = Duden. Die Grammatik. 9., vollständig überarbeitete und aktualisierte Aufl. Hg. Von Angelika Wöllstein und der Dudenredaktion. Berlin: Dudenverlag (Der Duden 4).
Duden 2021 = Duden. Sprachliche Zweifelsfälle. Das Wörterbuch für richtiges und gutes Deutsch. 9., überarbeitete und erweiterte Auflage. Hg. von der Dudenredaktion. Mannheim/Leipzig/Wien/Zürich: Dudenverlag (Der Duden 9).
Duden 2022 = Duden. Die Grammatik. 10. völlig neu verfasste Aufl. Hg. von Angelika Wöllstein und der Dudenredaktion. Berlin: Dudenverlag (Der Duden 10).

Eisenberg, Peter (2006/1–2): Grundriss der deutschen Grammatik. Bd. 1: Das Wort. Bd. 2: Der Satz. 3., durchgesehene Aufl. Stuttgart/Weimar: Metzler.

Eisenberg, Peter (2020/2): Eisenberg, Peter (2020): Grundriss der deutschen Grammatik. Bd. 2: Der Satz. 5., aktualisierte und überarbeitete Auflage. Stuttgart/Weimar: Metzler.

Eggs, Frederike (2006): Die Grammatik von *als* und *wie*. Tübingen: Narr (Tübinger Beiträge zur Linguistik 496).

Ellipse 2013 = Hennig, Mathilde (2013) (Hg.): Die Ellipse. Neue Perspektiven auf ein altes Phänomen. Berlin/Boston: De Gruyter (Linguistik – Impulse & Tendenzen 52).

Eroms, Hans-Werner (2000): Syntax der deutschen Sprache. Berlin/New York: De Gruyter.

Eroms, Hans-Werner (2010): Eroms, Hans-Werner (2010): Valenz und Inkorporation In: Kolehmainen, Leena/Lenk, Hartmut E. H./ Liimatainen, Annikki (Hg.): Infinite kontrastive Hypothesen. Beiträge des Festsymposiums zum 60. Geburtstag von Irma Hyvärinen. Frankfurt am Main et al.: Lang, 27–40.

eVALBU = Leibniz-Institut für Deutsche Sprache (Hg.): „Wörterbuch zur Verbvalenz". Grammatisches Informationssystem grammis. Online unter: https://grammis.ids-mannheim.de/verbvalenz (06.01.2023)

Feilke, Helmuth (1994): Common sense-Kompetenz. Überlegungen zu einer Theorie „sympathischen" und „natürlichen" Meinens und Verstehens. Frankfurt am Main: Suhrkamp.

Feilke, Helmuth (1996): Sprache als soziale Gestalt. Ausdruck, Prägung Der Adverbausdruck und die Ordnung der sprachlichen Typik. Frankfurt am Main: Suhrkamp.

Feilke, Helmuth (1998): Idiomatische Prägung. In: Barz, Ingrid/Öhlschläger, Günther (Hg.): Zwischen Grammatik und Lexikon. Tübingen: Niemeyer (Linguistische Arbeiten 390), 69–80.

Felfe, Marc (2018). Marcello lächelt sein Mastroianni-Lächeln. Kognate Objekte konstruktionsgrammatisch analysiert. Zeitschrift für Germanisitische Linguistik 46 (3), 355–416.

Fischer, Klaus (2003): Verb, Aussage, Valenzdefinition und Valenzrealisierung: auf dem Weg zu einer typologisch adäquaten Valenztheorie. In: Willems, Klaas/Coene, Ann/Van Pottelberge, Jeroen (Hg.): Valenztheorie. Neuere Perspektiven. Akademia Press: Gent (Studia Germanica Gandensia 2003/2), 14–64.

Fleischer, Wolfgang (1974): Wortbildung der deutschen Gegenwartssprache. 3., überarb. Aufl. Leipzig: VEB Bibliographisches Institut.

Fuhrhop, Nanna/Thieroff, Rolf (2005): Was ist ein Attribut? In: Zeitschrift für germanistische Linguistik 33, 306–342.

George, Kristin (2022): Grammatische Inszenierung von Erinnerungsprozessen. Eine empirische Untersuchung aggregativer Strukturen in Texten der NS-Väterliteratur. Dissertation Kassel.

grammis, Komplemente und Leitformen = Komplemente und ihre Leitformen. In: Leibniz-Institut für Deutsche Sprache: "Propädeutische Grammatik". Grammatisches Informationssystem grammis. Online unter: https://grammis.ids-mannheim.de/progr@mm/5250 (06.01.23)

GTA = Ágel, Vilmos (2017): Grammatische Textanalyse. Textglieder, Satzglieder, Wortgruppenglieder. Berlin/Boston: De Gruyter.

Helbig, Gerhard (1992): Was sind Appositionen? In: Helbig, Gerhard (2004): Kleinere Schriften zur Grammatik. Hg. von Sitta, Horst/Skibitzki, Bernd/Wenzel, Johannes/Wotjak, Barbara. München: iudicium, 899–909.

Helbig 2004 = Helbig, Gerhard (2004): Kleinere Schriften zur Grammatik. Hg. von Sitta, Horst/Skibitzki, Bernd/Wenzel, Johannes/Wotjak, Barbara. München: iudicium.

Henckel, Maria (2018): Schulische Grammatikvermittlung an Texten. Eine vergleichende Untersuchung von konzeptionell-didaktischen und literarischen Texten. Kassel: university press (Studium und Forschung 29). Online unter: https://kobra.uni-kassel.de/handle/123456789/2018053055579

Hennig, Mathilde (2009): Hennig, Mathilde (2009a): Syntaktische Relationen in Nichtsätzen. In: Bachmann-Stein, Andrea/Stein, Stephan (Hg.): Mediale Varietäten - Gesprochene und geschriebene Sprache und ihre fremdsprachendidaktischen Potenziale. Beiträge zur Fremdsprachenvermittlung. Sonderheft 15. Landau: Verlag Empirische Pädagogik, 211–238.

Hennig, Mathilde (2016): Ist ‚fragmentarischer Satz' eine grammatische Kategorie? In: Fragmentarische Äußerungen 2016, 107–135.

Hennig, Mathilde (2020): Nominalstil. Möglichkeiten, Grenzen, Perspektiven. Tübingen: Narr Francke Attempto (Narr Studienbücher).

Hennig, Mathilde/Buchwald-Wargenau, Isabel (2010): Ausdrucksarten – ein neuer Zugang zur Wortschatzvermittlung im DaF-Unterricht? In: Kresić, Marijana/Ferraresi, Gisela (Hg.): Neue Perspektiven auf das Verhältnis zwischen linguistischer und didaktischer Grammatik. In: Linguistik Online 41, 7–23.

Heringer, Hans Jürgen (1984): Neues von der Verbszene. In: Stickel, Gerhard (Hg.): Pragmatik in der Grammatik. Jahrbuch 1983 des Instituts für deutsche Sprache. Düsseldorf: Schwann (Sprache der Gegenwart 60), 34–64.

Höllein, Dagobert (2017): Gibt es Handlungs-, Tätigkeits-, Vorgangs- und Zustandsverben? Ein Vorschlag für signifikativ-semantische Rollen von Prädikaten. Zeitschrift für germanistische Linguistik 45 (2), 286–305.

Höllein, Dagobert (2019): Präpositionalobjekt vs. Adverbial. Die semantischen Rollen der Präpositionalobjekte. Berlin/Boston: De Gruyter (Linguistik –Impulse & Tendenzen, Band 82).

Huesmann, Ilka/Kirchhoff, Frank (2021): Interpunktion und Intonation bei Interjektionen im Deutschen. In: Evertz, Martin/Kirchhoff, Frank (Hg.). Geschriebene und gesprochene Sprache als Modalitäten eines Sprachsystems. Berlin: De Gruyter.

IDS-Grammatik (1997/1–3) = Zifonun, Gisela/Hoffmann, Ludger/Strecker, Bruno (1997): Grammatik der deutschen Sprache. 3 Bde. Berlin/New York: De Gruyter (Schriften des Instituts für deutsche Sprache 7).

Imo, Wolfgang (2017): Diskursmarker im gesprochenen und geschriebenen Deutsch. In: Blühdorn, Hardarik/Deppermann, Arnulf/Helmer, Henrike/Spranz-Fogasy, Thomas (Hg.): Diskursmarker im Deutschen. Reflexionen und Analysen. Göttingen: Verlag für Gesprächsforschung, 49–72.

Jacke, Janina (2020): Systematik unzuverlässigen Erzählens. Analytische Aufarbeitung und Explikation einer problematischen Kategorie. Berlin/Boston: De Gruyter (Narratologia 66).

Kasper, Simon/Schmidt, Jürgen Erich (2016): Instruktionsgrammatische Reanalyse der Attribuierungskomplikationen. In: Hennig, Mathilde (Hg.): Komplexe Attribution. Ein Nominalstilphänomen aus sprachhistorischer, grammatischer, typologischer und funktionalstilistischer Perspektive. Berlin/Boston: De Gruyter (Linguistik – Impulse & Tendenzen 63), 97–133.

Keller, Rudi (2018): Zeichentheorie. Eine pragmatische Theorie semiotischen Wissens. 2., durchgesehene Auflage. Tübingen: Narr.

Kim, Sarah/Wall, Christine/Wardenga, Kristina (2014): Sequenzielle Muster und Frageformate im Kontext von SMS-Verabredungen. In: König, Katharina/Bahlo, Nils (Hg.): SMS, WhatsApp & Co. Gattungsanalytische, kontrastive und variationslinguistische Perspektiven zur Analyse mobiler Kommunikation. (Wissenschaftliche Schriften der WWU Münster, Reihe XII, Band 12). Münster: Verlagshaus Monsenstein und Vannerdat, 59–80.

Koch, Peter/Oesterreicher, Wulf (1985): Sprache der Nahe - Sprache der Distanz. Mündlichkeit im Spannungsfeld von Sprachtheorie und Sprachgeschichte. In: Romanisches Jahrbuch 36, 15– 43.

Krieg-Holz, Ulrike (2018): Werbesprache. In: Deppermann, Arnulf/Reineke, Silke (Hg.): Sprache im kommunikativen, interaktiven und kulturellen Kontext. Germanistische Sprachwissenschaft um 2020. Berlin/Boston: De Gruyter, 295–319.

Matsekh-Ukrayinskyy, Lyubomyr (2015): Adjektivvalenz und präpositionale Komplemente. Eine framebasierte Untersuchung zu Syntax und Semantik der präpositionalen Komplemente bei Adjektiven. Frankfurt am Main et al.: Lang (Sprache – System und Tätigkeit 66).

Meiner, Johann Werner (1781/1971): Versuch einer an der menschlichen Sprache abgebildeten Vernunftlehre oder Philosophische und allgemeine Sprachlehre. Stuttgart-Bad Cannstatt: Frommann (Grammatica universalis 6) [Faksimile-Neudruck der Ausgabe Leipzig 1781].

Müller, Sonja (2018): Distribution und Interpretation von Modalpartikel-Kombinationen. Berlin: Language Science Press (Topics at the Grammar-Discourse Interface 2).

Nübling, Damaris (2005): Von *in die* über *in'n* und *ins* bis *im*. Die Klitisierung von Präposition und Artikel als „Grammatikalisierungsbaustelle". In: Leuschner, Torsten/Mortelmans, Tanja/De Groodt, Sarah (Hg.): Grammatikalisierung im Deutschen. Berlin/New York: De Gruyter (Linguistik – Impulse & Tendenzen 9), 105–131.

Rinas, Karsten (2021): Wandlungen der Sprachkultur und der Sytnax. Das Beispiel der Inversion nach *und*. In: Sprachwissenschaft 46 (1), 1–34.

Sahel, Said (2010): Kasusrektion durch das Lexem *voll*. Kasusvariation, aber kein Genitivschwund. In: Zeitschrift für Germanistische Linguistik 38 (2), 291–313.

Saussure, Ferdinand de (2003): Wissenschaft der Sprache. Neue Texte aus dem Nachlass. Frankfurt am Main: Suhrkamp (Suhrkamp Taschenbuch Wissenschaft 1677).

Schindler, Wolfgang (1990): Untersuchungen zur Grammatik appositionsverdächtiger Einheiten im Deutschen. Tübingen: Niemeyer (Linguistische Arbeiten 246).

Schmidt, Jürgen Erich (1993): Die deutsche Substantivgruppe und die Attribuierungskomplikation. Tübingen: Niemeyer (Reihe Germanistische Linguistik 138).

Schultze-Berndt, Eva/Himmelmann, Nikolaus P. (2004): Depictive secondary predicates in crosslinguistic perspective. In: Linguistic Typology 8, 59–131.

Selting, Margret (1995): Der ‚mögliche Satz' als interaktiv relevante Kategorie. In: Linguistische Berichte 158, 298–325.

Speyer, Konstantin (2008): Doppelte Vorfeldbesetzung im heutigen Deutsch und im Frühneuhochdeutschen. In: Linguistische Berichte 216, 455–486.

Tesnière, Lucien (1980): Grundzüge der strukturalen Syntax. Hg. und übers. von Ulrich Engel. Stuttgart: Klett-Cotta.

Teuber, Oliver (2005): Analytische Verbformen im Deutschen. Syntax – Semantik – Grammatikalisierung. Hildesheim/Zürich/New York: Olms (Germanistische Linguistik 18).

Thurmair, Maria (1989): Modalpartikeln und ihre Kombinationen. Tübingen: Niemeyer (Linguistische Arbeiten 223)

Variantengrammatik (2018) = Variantengrammatik des Standarddeutschen (2018). Ein Online-Nachschlagewerk. Verfasst von einem Autorenteam unter der Leitung von Christa Dürscheid, Stephan Elspaß und Arne Ziegler. Wortstellung im Verbalkomplex. Open-Access-Publikation: http://mediawiki.ids-mannheim.de/VarGra/index.php/Wortstellung_im_Verbalkomplex (letzter Aufruf: 24.01.23)

Vater, Heinz (2010): *Möchten* als Modalverb. In: Kątny, Andrzej/Socka, Anna (Hg.) Modalität/Temporalität in kontrastiver und typologischer Sicht. Frankfurt am Main et al.: Lang (Danziger Beiträge zur Germanistik 30), 9–112.

Verzeichnis (2020) = Laut, Buchstabe, Wort und Satz. Verzeichnis grundlegender grammatischer Fachausdrücke. Hg. v. IDS Mannheim (von der Kultusministerkonferenz zustimmend zur Kenntnis genommen am 7. November 2019). Online unter: https://grammis.ids-mannheim.de/vggf (letzter Aufruf: 31.01.23)

WbdP 2013 = Müller, Wolfgang (2013): Das Wörterbuch deutscher Präpositionen. Die Verwendung als Anschluss an Verben, Substantive, Adjektive und Adverbien. Berlin/New York: De Gruyter.

Welke, Klaus (2005): Deutsche Syntax funktional. Perspektiviertheit syntaktischer Strukturen. 2. Aufl. Tübingen: Stauffenburg (Stauffenburg Linguistik 22).

Welke, Klaus (2007): Einführung in die Satzanalyse. Die Bestimmung der Satzglieder im Deutschen. Berlin/New York: De Gruyter (De Gruyter Studienbuch).

Welke, Klaus (2011): Valenzgrammatik des Deutschen. Eine Einführung. Berlin/New York: De Gruyter (De Gruyter Studium).

Welke, Klaus (2019): Konstruktionsgrammatik des Deutschen. Ein sprachgebrauchsbezogener Ansatz. Berlin/Boston: De Gruyter (LIT 77).

Zifonun, Gisela (2015): Der rechte Rand in der IDS-Grammatik. In: Vinckel-Roisin, Hélène (Hg.): Das Nachfeld im Deutschen. Theorie und Empirie. Berlin/Boston: De Gruyter (Reihe Germanistische Linguistik 303), 25–51.

Sachregister

https://doi.org/10.1515/9783110669961-006

Übungsverzeichnis

Makroebene

Mesoebene

https://doi.org/10.1515/9783110669961-007

Mikroebene

Lösungen

Übung 1

(grammatischer (orthographischer Es **gibt** Lücken. Satz 1) (orthographischer Zwischen der Sprache und der Welt Satz). Satz 2)
<u>= 2 orthographische Sätze; 1 grammatischer Satz</u>

(orthographischer (grammatischer Marta **stand** Satz 1), (grammatischer sie **wankte** Satz 2), (grammatischer **wischte** sich die Spucke aus den Mundwinkeln Satz 3), (grammatischer **guckte** mich **an** wie ein kleines Kind, das man mitten in der Nacht aus dem Schlaf gerissen hatte Satz 4). Satz)
<u>= 1 orthographischer Satz; 4 grammatische Sätze</u>

(orthographischer (grammatischer Die Suche nach ihrer Herkunft **endete** vor dem Schweigen unter dem Schnauzbart ihres Vaters und den unberechenbar tränenreichen und dann wieder wie erstarrten Phasen ihrer Mutter Satz). Satz)
<u>= 1 orthographischer Satz; 1 grammatischer Satz</u>

Übung 2

Vorfeld	LK	Mittelfeld	RK
Sanktionen gegen Iran verschärfen	**wollen**	mehrere EU-Staaten	
19 Mrd. für neue Züge	**will**	die DB bis 2030	**investieren.**
Vor Gericht wegen Verleumdung	**muss**	Sänger Gil Ofarim nach ... Hotelmitarbeiter.	
Bisher keine Reaktivierung stillgelegter Bahnstrecken in 2022	**bemängeln**	mehrere Verkehrsverbände.	

→ Alle Belege enthalten markierte Vorfelder in unterschiedlichen Dimensionen. Die Vorfelder sind in den Bildern jeweils größer gedruckt, sodass sie ins Auge stechen. Es ist auffällig, dass die Information, die die Aufmerksamkeit der Leser:innen erwecken soll, ins Vorfeld gerückt ist, auch wenn dieses dadurch überdehnt wird. Es handelt sich in allen Fällen um Topikalisierungen zur Betonung von wichtigen Informationen im Satz.
Beleg 1 enthält den topikalisierten rechten Klammerteil *verschärfen* sowie das Akkusativobjekt *Sanktionen gegen Iran* im Vorfeld.
Beleg 2 enthält das Akkusativobjekt *19 Mrd. für neue Züge* im Vorfeld.
Beleg 3 enthält zwei Satzglieder im Vorfeld, sodass es sich hier um mehrfache markierte Vorfeldbesetzung handelt. Im Vorfeld stehen das Direktivum *vor Gericht* sowie das Kausaladverbial *wegen Verleumdung.*
Beleg 4 enthält zwei Satzglieder im Vorfeld, es handelt sich also ebenfalls um mehrfache markierte Vorfeldbesetzung. Im Vorfeld stehen das Temporaladverbial *bisher* sowie das Akkusativobjekt *keine Reaktivierung stillgelegter Bahnstrecken in 2022.*

https://doi.org/10.1515/9783110669961-008

Übung 3

Komplexität: 1. Schritt

Wenn man am Wittenbergplatz auf den Autobus I (Neben- klettert prädikat), an der Potsdamer Brücke in eine Straßenbahn (Neben- umsteigt prädikat), ohne deren Nummer zu (Neben- lesen prädikat), und zwanzig Minuten später den Wagen (Neben- verläßt prädikat), weil plötzlich eine Frau (Neben- drinsitzt prädikat), die Friedrich dem Großen (Neben- ähnelt prädikat), kann man wirklich nicht wissen, wo man (Neben- ist prädikat):

Merkmale für Nebensätze sind die Subjunktoren *wenn* und *weil*. Merkmale für Infinitivkonstruktionen sind ‚*zu* + Infinitiv (hier: *lesen*)' sowie eine Prädikatsendstellung aller Prädikate.

Komplexität: 2. Schritt

(Neben- Als Gregor Samsa eines Morgens aus unruhigen Träumen erwachte satz), **fand** er **sich** in seinem Bett zu einem ungeheuren Ungeziefer **verwandelt.** Er **lag** auf seinem panzerartig harten Rücken und **sah,** (Neben- wenn er den Kopf ein wenig hob satz), seinen gewölbten, braunen, von bogenförmigen Versteifungen geteilten Bauch, (Neben- auf dessen Höhe sich die Bettdecke, zum gänzlichen Niedergleiten bereit, kaum noch erhalten konnte satz). Seine vielen, im Vergleich zu seinem sonstigen Umfang kläglich dünnen Beine **flimmerten** ihm hilflos vor den Augen.

Die Textstelle enthält vier grammatische Sätze, von denen zwei komplex und zwei einfach sind. Der erste grammatische Satz enthält einen Nebensatz 1. Grades *Als Gregor Samsa eines Morgens aus unruhigen Träumen erwachte*, der die Linearstruktur nicht unterbricht. Der dritte grammatische Satz enthält einen Nebensatz *wenn er den Kopf ein wenig hob*, der auf der 1. Einbettungsebene liegt und die Linearstruktur unterbricht, und einen zweiten Nebensatz *auf dessen Höhe sich die Bettdecke, zum gänzlichen Niedergleiten bereit, kaum noch erhalten konnte*, der ebenfalls auf der 1. Ebene liegt. Insgesamt wirkt die Textstelle aber durch Kafkas Schreibstil deutlich komplexer. Da aber nur drei Nebensätze vorliegen, sind es eben nicht nur die Komplexitätsmarker für Sätze, die den Text komplex wirken lassen. Kafka nutzt beispielsweise komplexe Attribution in der Substantivgruppe *seine vielen, im Vergleich zu seinem sonstigen Umfang kläglich dünnen Beine*.

Übung 4

Und (realer die Menschen blieben zu Hause Satz).
Und (realer sie hörten einander zu Satz) und (virtueller lasen Bücher Satz)
und (virtueller ruhten sich aus Satz)
und (virtueller machten Sport Satz)
und (virtueller wurden kreativ Satz)
und (virtueller spielten Spiele Satz)
und (realer sie lernten, auf eine neue Art zu leben Satz)
und (virtueller kamen zur Ruhe Satz).
Und (realer sie hörten genauer hin Satz).
(realer Manche meditierten, (realer manche tanzten Satz).
(realer Manche begegneten ihren Schatten Satz).
Und (realer die Menschen begannen, anders zu denken Satz).
Und (realer die Menschen heilten Satz).
Und (realer in Abwesenheit der rücksichtslosen, gefährlichen und herzlosen Lebensweisen der Menschen begann die Erde zu heilen Satz).
Und (realer als die Gefahr vorüber war und die Menschen wieder zusammenkamen,
betrauerten sie ihre Verluste Satz)
und (virtueller trafen neue Entscheidungen Satz)
und (virtueller träumten von neuen Ideen Satz)

und (virtueller schufen neue Lebensweisen, um die Erde vollständig zu heilen,
so wie auch sie geheilt worden waren Satz).

Der vorherrschende Satztyp dieser Textstelle ist der einfache, virtuelle Satz. Das Subjekt *die Menschen* wird lediglich im zweiten Satz durch das Pronomen *sie* noch einmal realisiert. Danach ist es virtuell für die Sätze 3-7 und 9 gültig. Durch die Aneinanderreihung der virtuellen Sätze wird die plötzliche Entschleunigung, teils auch Eintönigkeit, die mit der Corona-Pandemie einherging, abgebildet, denn auch die parallelen grammatischen Strukturen sind wenig abwechslungsreich. Das Kohäsionsglied, das die virtuellen Sätze verbindet, ist immer *und*, wodurch einerseits die fortschreitende Zeit, andererseits die gleichbleibende Monotonie ausgedrückt wird. Eine weitere Interpretationsmöglichkeit könnte sein, in der abgebildeten schleichenden Zeit den schrittweisen Heilungsprozess von einer (Corona-)Erkrankung oder der hektischen Welt der 2020er Jahre zu erkennen.

Übung 5

	Vorfeld	**LK**	**Mittelfeld**	**RK**	**Nachfeld**
Satz 1, real + einfach	Seit 143 Jahren	**stellt**	das ... Produkt	**her.**	
Satz 2 real + komplex	Die Bonner	**arbeiten**	neuerdings ... zusammen,		um ... zu retten.
Satz 3 real + einfach	Das Familienunternehmen	**stellt**	seit ... Eierlikör	**her,**	
Satz 4 virtuell + einfach		**wurde**	nie	**aufgekauft**	
Satz 5 virtuell + einfach		**hat**	niemanden je	**übernommen.**	
Satz 6 real + komplex	Verporten	**sieht,**			dass ... werden.
Satz 7 real + einfach	Eierlikör	**kann**	nie	**vegan sein.**	
Satz 8 real + komplex	Von ... ankommt,	**gehen**	einige ... Labor.		

Übung 6

Wie der Textausschnitt illustriert, werden Ereignisse durch die Verwendung von Nichtsätzen eher in kleinen Bildern skizziert. Das meint der Begriff *Impressio*. Im Gegensatz dazu werden mit Sätzen Szenarios ausgestaltet, die alle Informationen (im Sinne von Komplementen) enthalten, die ein Prädikat fordert.
Im vorliegenden Auszug tragen die Nichtsätze fragmentarisch verschiedene Sinneseindrücke zu einem Gesamtbild bei: Visuell (*Wolken*; *Grau*), gustatorisch (*Äpfel - würzig und süß*; *Gaumen voll Spätsommer*), haptisch (*Regen*; *Füße auf dem Tisch*).

Übung 7

ZS	LSR	VF	LK	MF	RK	NF	RSR
		Eine Weile	**beo-bachtete**	Juli,		wie ... dirigierte,	
		dann	**betätigte**	sie den FM-Suchlauf,			
		diesmal	**klappte**	es ... Versuch.			
		Bei ... Sender	**stoppte**	sie			
und			**drehte**	die Lautstärke	**auf.**		
Wolfgang Ambros.							
		Juli	**lehnte sich**		**zurück,**		
			lauschte	einen ... Text.			
		Juli	**lehnte**	den ... Hella,		die ... anblickte.	
	>> Hella Licht,		**ist**	das	**dein echter Name?<<**		

Übung 8

Der himmelblaue Plymouth fuhr am Tor vorbei auf die Einfahrt und knirschte über den Kies, zermalmte kleine Muscheln, verspritzte rote und gelbe Steinchen. Kinder torkelten heraus. (Existenzial-Zerknitterte gelbe Hosen mit Schlag nichtsatz) und (Existenzial- eine geliebte Handtasche nichtsatz).

Paraphrasen zum Existenzialnichtsatz:
{DA/DORT} ist/kommt vor/gibt es/befindet sich {X}
Da waren/befanden zerknitterte gelbe Hosen mit Schlag. / Da war/befand sich eine geliebte Handtasche.
Alternativ kann hier auch ein einziger Existenzialnichtsatz vorliegen:
Da waren zerknitterte gelbe Hosen mit Schlag und eine geliebte Handtasche.

Mammachi spielte eine WILLKOMMEN-ZU-HAUSE-UNSERE-SOPHIE-MOL-Melodie auf ihrer Geige. (externe Eine süßliche Schokoladenmelodie Prädikation). (externe Klebrigsüß Prädikation) und (externe schmelzbraun Prädikation). (externe Schokoladenwellen an einem Schokoladenstrand Prädikation). [...] Sie legte die Geige zurück in den schwarzen geigenförmigen Kasten. Er klappte zu wie ein Koffer. Und schloss die Musik ein. (fragmentarischer Klick Nichtsatz). Und (fragmentarischer Klick Nichtsatz). (Roy, Gott: 211f.)

Paraphrase zur externen Prädikation:
ist-Beziehung = {x} ist {y}

Die WILLKOMMEN-ZU-HAUSE-UNSERE-SOPHIE-MOL-Melodie war eine süßliche Schokoladenmelodie.
Die WILLKOMMEN-ZU-HAUSE-UNSERE-SOPHIE-MOL-Melodie war klebrigsüß.
Die WILLKOMMEN-ZU-HAUSE-UNSERE-SOPHIE-MOL-Melodie war schmelzbraun.
Die WILLKOMMEN-ZU-HAUSE-UNSERE-SOPHIE-MOL-Melodie war Schokoladenwellen an einem Schokoladenstrand.

Übung 9

(Existenzial- Babygetapse nichtsatz), (Existenzial- Kinderschreie nichtsatz), (Existenzial- Mädchenhaut nichtsatz), (Existenzial- Jungswaden nichtsatz), (Existenzial- Unfrisuren nichtsatz). Das Schwimmbecken strahlte hellblau im Gewimmel. Eine Aura lag über dem Bad, (externe feucht und licht Prädikation), (externe eine Glocke aus kleinen Tröpfchen Prädikation). Die Farben Magenta, Pink, Ultramarin und Knallrot standen in der Luft. Das Gras war grün und grau, darauf flitzten kleine Füße, drückten es platt und ins Braune. (Existenzial- Eine Bananenschale nichtsatz), (Existenzial- eine Leichtmetalldose nichtsatz), (externe flach gedrückt Prädikation). (Existenzial- Kippen nichtsatz), (Existenzial- Decken nichtsatz), (Existenzial- Polyester nichtsatz).

<u>Angewandte Paraphrasen zum Existenzialnichtsatz:</u>
Dort gab es Babygetapse/Kinderschreie/Mädchenhaut/Jungswaden/Unfrisuren.
Dort war eine Bananenschale/eine Leichtmetalldose.
Dort gab es Kippen/Decken/Polyester.

Alternativ könnte jeweils ein einziger Existenzialnichtsatz vorliegen, z.B.:
Dort gab es Babygetapse, Kinderschreie, Mädchenhaut, Jungswaden und Unfrisuren.

<u>Angewandte Paraphrasen zur externen Prädikation:</u>
Die Aura war feucht und licht.
Die Aura war eine Glocke aus kleinen Tröpfchen.
Die Leichtmetalldose war flach gedrückt.

Übung 10

ZS	LSR	VF	LK	MF	RK	NF	RSR
		Wenn ... schließen,	**feiern**	die ... privat.			
<u>Aber</u>		wie	**soll**	man ... anderen	**umgehen?**		
		Wenn ... feiern,	**verlagert sich**	aber ... innen,			
<u>sondern</u>		es	**verlagert sich**	auch ... Private.			
		In ... Pandemie	**kann**	eine Party	**richtig ... falsch sein**		
<u>und</u>		da	**geht**	der Ärger	**los.**		

Übung 11

dennoch =	vorfeldfähiger Adverbjunktor im Mittelfeld
doch =	vorfeldfähiger Adverbjunktor im Mittelfeld
jedenfalls =	vorfeldfähiger Adverbjunktor im Mittelfeld
aber =	integrierbarer Konjunktor in Nacherstposition
und =	nicht integrierbarer Konjunktor in der Zwischenstelle

Übung 12

Der Beleg enthält zwei grammatische Sätze *schämt sich europa eigentlich nicht* und *ich hab mich schon oft für viel weniger geschämt*. Diese werden durch den Konnektor, genauer: Parajunktor *weil* miteinander verknüpft. Das ist auf den ersten Blick vielleicht ungewöhnlich, da in der Schule gelernt wurde, dass *weil* nur die Verbletztstellung regiert und somit ein Subjunktor ist, der einen Nebensatz einleitet. *Weil* ist aber polyfunktional und hat in diesem Beleg gewiss nicht die Funktion eines kausalen Subjunktors. Der zweite Satz ist nämlich nicht die Begründung für den ersten. Der Parajunktor *weil* trägt hier lediglich zur Verkettung der Aussagen bei.

Übung 13

ZS	LSR	VF	LK	MF	RK	NF	RSR
Sul-tanahmed.		Wir	**stehen**	zwischen ... Moscheen.			Riesige Bauten.
		Wir	**sitzen**	auf ... Hippodrom.			
		Ein ... Mundwinkel	**schlurft**	mit ... her,			
und			**bietet**	den Touristen Tee	**an**		
		Mit...Schritten	**zuckelt**	er...her,			
			bal-anciert	den ... Platz			
und			**sieht sich**		**um.**		
		Im Laufen	**erzählt**	er ... Deutschland.			
		„Student?"	**fragt**	er.			
Dann:		Hier	**stehen**	wir ... Brunnen.			
Ein Schild.		Wir	**lesen,**			obwohl ... ist.	
		Währenddessen	**erzählt**	er ... Hippodrom, [in dem wir stehen.]		[in dem wir stehen.]	
		Er	**ist**		**ein ... gehen.**		

Sultanahmed. → Nichtsatz (fragmentarischer Nichtsatz/Existenzialnichtsatz)
Wir stehen zwischen den Moscheen. → einfacher, realer Satz
Riesige Bauten. → Nichtsatz (Externe Prädikation)
Wir sitzen auf Bänken im alten Hippodrom. → einfacher, realer Satz
Ein alter Mann mit Zigarette im Mundwinkel schlurft mit ansteckender Gelassenheit zwischen den Bänken hin und her → einfacher, realer Satz
und → Kohäsionsglied (nicht integrierbarer Konjunktor)
bietet den Touristen Tee an. → einfacher, virtueller Satz
Mit kleinen, unaufgeregten Schritten zuckelt er hin und her, → einfacher, realer Satz
balanciert den Tee lässig über den Platz → einfacher, virtueller Satz
und → Kohäsionsglied (nicht integrierbarer Konjunktor)
sieht sich um. → einfacher, virtueller Satz
Im Laufen erzählt er von insgesamt achtzehn Jahren Deutschland. → einfacher, realer Satz
„Student?" fragt er. → einfacher, realer Satz
Dann: → Kohäsionsglied (Konnektor)
Hier stehen wir vor einem Brunnen. → einfacher, realer Satz
Ein Schild. → Nichtsatz (Existenzialnichtsatz)
Wir lesen, obwohl es uns herzlich egal ist. → komplexer, realer Satz

Währenddessen erzählt er vom Hippodrom, in dem wir stehen. → komplexer, realer Satz
Er ist ein alter Mann, der vielleicht einfach keine Lust hat, an diesem frühen Abend nach Hause zu seiner nervigen Frau zu gehen. → komplexer, realer Satz

Übung 14

(Mitspieler Meine Mutter 1) **liebt** (Mitspieler Poesie 2).
(Mitspieler Die Lehrerin 1) **nickte.**
(Mitspieler Das Känguru 1) **nimmt** (Mitspieler den Stapel 2) **entgegen.**
Vor einiger Zeit **sandte** (Mitspeiler mir 1) (Mitspieler ein junger zamonischer Dichter von außerhalb der Lindwurmfeste2) (Mitspieler ein Manuskript 3).

Übung 15

*Clara **wirft** mir eine Zigarette **zu**.* → Partikelverb (diskontinuierliche Realisierung)
*In Gießen **hat sich** der bisher folgenschwerste Angriff auf das IT-Netz einer deutschen Bildungseinrichtung **ereignet**.*
→ sich-Verb (*sich* ist Teil des Szenarios und nicht ersetzbar)
*Seit dreizehn Jahren **arbeitete** sie in zwei Arztpraxen als Putzfrau.* → Simplexverb (bildet allein das Prädikat, keine Wortbildungsprozesse der Arten Partikelverbbildung oder Präfigierung)
*Um sicherzustellen, dass Fische möglichst viel Sauerstoff aus dem Wasser extrahieren können, **verläuft** der Blutfluss in ihren Kiemen entgegengesetzt dem Wasserfluss.* → Präfixverb (keine diskontinuierliche Realisierung möglich, Präfix ‚ver' +Verbstamm laufen)

Übung 16

Das Kompositionalitätsprinzip besagt, dass sich die Bedeutung einer komplexen Einheit aus den Einzelbedeutungen ihrer Bestandteile und den syntaktischen Regeln der Zusammenfügung ergibt. Im Liedzitat werden die Prädikate *steh auf* und *steh über den Dingen* miteinander kombiniert. Dabei handelt es sich bei *steh auf* um ein klassisches Partikelverb. Der Partikelverbstamm *stehen* wird bei *über den Dingen* virtuell mitgedacht. Damit wird hier gespielt, denn klassischerweise würden wir bei virtuellen Sätzen erwarten, dass ein Prädikat der gleichen Klasse koordiniert wird. Hier liegt allerdings ein Idiom vor, das nicht kompositional herleitbar ist. Die Bedeutung von *stehen + über den Dingen* ergibt **nicht** die Bedeutung des Idioms *über den Dingen stehen*, denn es geht nicht um Gegenstände, über denen jemand im lokalen Sinne positioniert ist. Diese Idiomatizität läge nicht mehr vor, wenn der Künstler beispielsweise geschrieben hätte: *Ah, guten Morgen, ich steh' jetzt auf. Ah, ich meine vor dem Bett*, denn die Phrase *vor dem Bett stehen* ist kompositional herleitbar.

Übung 17

→ Beide FVG könnten jeweils auch mit *kommen* und *bringen* gebildet werden. (in Schwung bringen/kommen); in Gang kommen/bringen).
→ Die Prädikate entwerfen als Gesamteinheit das Szenario. Es liegen keine BRINGEN- oder KOMMEN-Szenarios vor.
→ Die Kategorie ‚Aktionsart' kann zu Rate gezogen werden: Es liegen inchoative (kommt in Gang) und kausative (bringt in Schwung) Perspektivierung vor.

Subjekt	– Prädikat–	Akkusativobjekt
HANDLUNGSTRÄGER	– HANDLUNG–	HANDLUNGSGEGENSTAND

Sport	bringt in Schwung	den Kreislauf
Subjekt	– Prädikat–	
VORGANGSTRÄGER	– VORGANG –	
Forschungsdatengesetz	kommt in Gang	

Übung 18

Im Textauszug liegen neun Prädikativgefüge vor: *ist etwas sehr Vornehmes, werden arbeitslos, sind keine Sozialisten, ist schön, bin hässlich, ist klug, bin dumm, sind unumstößliche Wahrheiten, ist die beste Zeitung*. Prädikativgefüge drücken Klassen- und Eigenschaftszuweisungen aus. Klassenzuweisungen entstehen bei substantivischen Prädikativgefügen (bspw: *sind keine Sozialisten*), Eigenschaften werden in adjektivischen Prädikativgefügen (bspw.: *ist klug*) zugewiesen. Dadurch liegt in dieser Textstelle hauptsächlich die semantische Rolle ZUSTAND vor. Das führt zu einem Leseeindruck voll von allgemeingültigen Aussagen, die nicht kommentiert und abgewogen werden, sondern als solche feststehen, als ‚unumstößliche Wahrheiten'.

Übung 19

Verbarten: *will* (Modalverb); *speichern* (Vollverb-Simplexverb); *können* (Modalverb); *sein* (Kopulaverb); *wollten* (Modalverb); *reiten gehen* (Vollverb); *schwimmen* (Vollverb)
Prädikatsklassen: *will speichern* (Vollverb-Simplexverb im Modalkomplex); *können atemberaubend sein* (Subjektsprädikativgefüge im Modalkomplex); *wollten reiten gehen* (Vollverb-Komplexverb im Modalkomplex); *wollten schwimmen* (Vollverb-Simplexverb im Modalkomplex)

Übung 20

Wetterexperte ***verspricht*** *Schön-Wetter-Hoch über Christi Himmelfahrt* → Vollverb-Präfixverb (bildet allein das Szenario)
Das Wetter am langen Wochenende rund im Christi Himmelfahrt ***verspricht*** *in Deutschland* ***sehr schön zu werden***. → Halbmodalverb, das nicht allein das Szenario bildet, sondern zusammen mit *zu* + Infinitiv (hier: *zu* + Prädikativgefüge im Infinitiv)

Übung 21

Das sich wiederholende Muster des Liedtexts ist das Verb *tanzen* im Imperativ + Akkusativobjekt. Das Verb *tanzen* ist von der Grundvalenz her allerdings intransitiv, fordert also kein Akkusativobjekt als Mitspieler. Dadurch dass hier zahlreiche Kombinationen mit Akkusativobjekten (Tanz alles was du hast, tanz ihn, tanz sie, usw.) gebildet werden, entsteht Valenzerhöhung. Somit liegt als Prädikatsklasse das dynamische Simplexverb *Tanz'* vor.

Übung 22

Auch der Weihnachtsmarkt – „die" Attraktion der Innenstadt – (Partikel- **findet** aufgrund der Corona-Pandemie nicht **statt** verb). „Das Einkaufserlebnis (Partikel- **fällt weg** verb)." Susanne Heller (Komplex- **fasst** in einem Satz alles prägnant **zusammen** verb), Die Gründe (Idi- **liegen** für die Vorsitzende des Vereins Pro City **auf der Hand** om): Restaurants und Cafe's (Subjektsprädikativ- **bleiben** bis Weihnachten **zu** gefüge), zudem (Simplex- **fehle** verb) in diesem Jahr „die" Attraktion in der

Innenstadt. „Der Weihnachtsmarkt (Subjektsprädikativ- **ist der Magnet** gefüge)". Die Erfahrung im zweiten, nun leicht abgeschwächten aber gestern Abend verlängerten Lockdown (Halbmodal- **sei** für die Innenstadtakteure nicht **zu verallgemeinern** komplex).

Übung 23

Das Haus der Geschichte (in dem einst Vorfahren mit Landkartenatem und harten Zehennägeln wisperten) war vom Fluß aus nicht mehr zugänglich. (anaphorisches *Es* Subjekt) *hatte Ayemenem den Rücken gekehrt.*

→ rückbezügliches/anaphorisches *es* mit Bezug auf das Subjekt des vorangegangen Satzes

(formales *Es* Subjekt) *gibt absolut keine biologische Grundlage dafür, warum Jungen nicht ihre Nägel lackieren oder sensibel sein sollten, genauso wie es auch keine biologische Grundlage dafür gibt, warum Mädchen kein Fußball spielen oder für ihre Ideen ernst genommen werden sollten.*

→ inhaltsleeres, obligatorisches *es*, das nicht durch ein anderes Subjekt ausgetauscht werden kann

(Platzhalter- *Es* es) *irrt der Mensch, solang er strebt.*

→ Platzhalter für eigentliches Subjekt, das im Mittelfeld steht (*der Mensch*).

Übung 24

Eines Tages im August **sagten** die Russen zu Michał, (Akkusativobjekt- er solle alle Bewohner von Ur zusammentrommeln und in den Wald bringen hauptsatz). Sie sagten, (Akkusativobjekt- die Front könne jederzeit nach Ur vorrücken hauptsatz). Er tat, (Akkusativobjekt- was sie verlangten nebensatz). Er ging an allen Häusern vorbei und sagte überall: (Akkusativobjekt- »Die Front kann jederzeit nach Ur vorrücken.« text) Wie mechanisch ging er auch zu Florentynkas Haus, und erst als er die leeren Hundeschüsseln sah, fiel ihm ein, dass Florentynka nicht mehr lebte. (Tokarczuk, Ur: 175)

Übung 25

Vor ca. 1,5 jahren **wurde** (Dativ- mir objekt) mein Roller **geklaut** → *dynamisches Dativobjekt im Passivsatz*
Die **hätten** nämlich ihr Geld **zurückgefordert** und (Dativ- dir objekt) **wäre klar gewesen**: der Roller **ist meiner**. → *statisches Dativobjekt im Aktivsatz*
Unverständlich ist (Dativ- mir objekt) aber, wie ein aufgefundener Roller 1,5 jahre auf irgendeinem Verwahrplatz herumstehen kann → *statisches Dativobjekt im Aktivsatz*
und (Dativ- keinem auf dieser Dienststelle objekt) **fällt** dies **auf**. → *statisches Dativobjekt im Aktivsatz*

Übung 26

Das Prädikat *sterben* wird in diesem Gedicht in zwei Valenzrealisierungsmustern verwendet. In den ersten beiden Sätzen liegen Subjekt + Prädikat + Lokaladverbial vor, denn das STERBEN-Szenario wird hier lokal verortet, die Wortgruppen *an der Westfront* und *an der Ostfront* sind mit ‚wo' erfragbar. Im letzten Satz liegt der Satzbauplan Subjekt+Prädikat+Präpositional- an+Dat-objekt vor. Die Frageprobe für die Wortgruppe *an was* ist nun nicht mehr ‚wo', sondern ‚woran'. Es wird also nun nach der Ursache des Sterbens und nicht mehr nach dem Ort gefragt. Mit dieser Dreireihung der Sätze liegt interpretatorisch der Schluss nahe, dass die Lokalangaben *an der Westfront* und *an der Ostfront* mit einer Todesursache gleichgesetzt werden.

Übung 27

Die Pferde **liefen** (Weg- durch eine sauber ausgefegte hölzerne Rinne direktivum) und **formierten sich** in ihr zur Herde, **begrüßten** sich überschwänglich, **rappelten** und **zwackten** einander, **schlugen aus**. Die Rinne führte (Richtungs- zur Wand, hinter der das Mobil stand direktivum). Er **zog** den Schieber (Richtungs- zur Seite direktivum), **gab** somit den Weg ins Gestämme des Mobils **frei**.

→ Geräuschverben sind für zwei der drei Direktiva möglich:
*Die Pferde **klapperten** durch eine sauber ausgefegte hölzerne Rinne;*
*Er **ächzte** den Schieber zur Seite*

Übung 28

*wir **haben** des feindes **gewartet** → Wir **haben** auf den Feind **gewartet***
(Genitivobjekt → Präpositionalobjekt)
*Ich **kenne** weder seiner Gänß/ noch seiner Endten/ → Ich **kenne** weder seine Gänse noch seine Enten*
(Genitivobjekt → Akkusativobjekt)
*ich **bin** deines Gespöttes nunmehr fast **gewohnt** → Ich **bin** dein Gespött nun fast **gewohnt**.*
(Genitivobjekt → Akkusativobjekt)

Übung 29

(Subjekt- Wer sich beim Zubereiten in die Hand schneidet paraphrase), **kann** (nominales die Blutung Akkusativobjekt) mit einem Algenpflaster **stoppen**. Für die Fahrt zur Arbeit **steht** (nominales ein Roller aus Algencarbon Sub-) **bereit**, (je- der mit Algentreibstoff vorandüst kt). (nominales Wir Subjekt) **passieren** (nominales Litfaßsäulen Akkusativobjekt), darin **blubbern** (nominales grüne Mikroalgen, die sich das CO_2 aus der Luft ziehen Subjekt). (nominales Eine Säule Subjekt) **kann** (nominales so viel Kohlenstoffdioxid Akkusativobjekt) **binden** wie 112 Bäume. (nominales Die entstandene Algenmasse Subjekt) **wird** (Richtungs- in die Kläranlage direktivum) **geleitet** und **produziert** (nominales Biogas Akkusativobjekt). (nominales Das Subjekt) wiederum **fließt** (Richtungs- in Ihr Haus direktivum) fürs Heizen. (nominales Eine Kollegin Subjekt) **erzählt**, (Akkusativobjekt- sie habe ihre bakterielle Infektion mit einem neuen Algenmedikament behandelt hauptsatz), (nominales ein Antibiotikum Subjekt) **war** nicht **nötig**. Darauf eine Portion Meeresspaghetti und ein Bier mit Kombu. Willkommen in der Algenutopie. Für viele von uns **sind** (nominales Algen Subjekt) eher **ein Grund zum Ärgern**: Als giftige Blaualge **vermiest** (nominales sie Subjekt) (nominales uns Dativobjekt (nominales das Baden im See Akkusativobjekt) und **kann** (nominales Meereszonen Dativobjekt) (nominales den Sauerstoff Akkusativobjekt) **nehmen**, sodass kein Leben mehr möglich ist.

Übung 30

*Mit vollem Mund **darf** man nicht **reden**.* → Komitativadverbial, denn hier geht es nicht darum, dass der volle Mund das Instrument des Redens ist, sondern er beim Reden dabei (= kopräsent) ist.
*Ich **habe** die Karte mit der Hand **gespeist**.* → Instrumentaladverbial, denn die Hand ist das Instrument/Werkzeug des Speisens.

Übung 31

(situatives Ein oder zwei Mal Frequenzadverbial) **kamen** Leute von der Bezirksverwaltung (kausales wegen der Verstaatlichung des Besitzes Verhältnisadverbial) zu ihm.
(konzessives Obwohl wir uns automatisch Fische als schuppig vorstellen Verhältnisadverbial), **haben** einige deutlich reduzierte oder sogar quasi unsichtbare Schuppen.
Aber (konzessives trotz Müdigkeit, Finsternis und Schneetreiben Verhältnisadverbial) **schien** der erstaunliche Vorrat an Elan und frohem Mut, den der Besuch bei den Dopamierern ihm verschafft hatte, noch nicht **erschöpft**.
Der Baum **erlebt** den Wandel der vier Jahreszeiten, (komitatives ohne sich darüber bewusst zu sein, dass es die Zeit gibt, und dass die Jahreszeiten aufeinander folgen Verhältnisadverbial).

Der Witz erklärt sich durch verschiedene Lesarten des Prädikats *rechnen*, die sich aus den jeweiligen Mitspielern im Satz ergeben. Der Satz kann entweder bedeuten, dass ein Mathematiker mit Brüchen rechnet, wie ein Handwerker mit Nägeln arbeitet, oder – und das ist im Kontext wahrscheinlicher – der Mathematiker erwartet beim Skifahren Verletzungen, also Brüche. In der ersten Lesart wäre *mit Brüchen* ein Instrumentaladverbial, in der zweiten Lesart ein Präpositional$_{mit+Dat}$-Objekt, das in der Bedeutung von *erwarten* fest in der Valenz verankert ist (= Komplement).

Übung 32

Fotosynthese **ist** (Prädikativ- **entscheidend** im Prädikativgefüge) für das Leben.
(Modal- Leidenschaftslos und kühl adverbial) **betrachtete** sie es,
Mann **regelt** (Freies betrunken Prädikativ) Verkehr

Übung 33

Gebrauchte Windeln **könnten** laut einer Studie (Temporal- künftig adverbial) **eine Rolle** beim umweltfreundlicheren Bauen **spielen**. (Freies Gewaschen, desinfiziert und geschreddert Prädikativ) **könnten** sie (Lokal- in tragenden Teilen eines einstöckigen Hauses adverbial) bis zu 27 Prozent des Sands im Beton und bis zu 40 Prozent des Sands im Mörtel **ersetzen**. Baumaterialien **sind** (Frequen- oft adverbial) **der bedeutendste materielle Beitrag beim Bau von Wohnungen** und **können** bis zu 80 Prozent des Gesamtwerts eines einfachen Wohnhauses **ausmachen**. (Kausal- Wegen des jährlichen Bevölkerungswachstums von 4,1 Prozent adverbial) **werden** (Lokal- in Indonesien adverbial) etwa 780.000 neue Wohneinheiten (Frequenz- pro Jahr adverbial) **benötigt**, die Bauindustrie **schafft** aber nur maximal 500.000. Zuraida und ihre Kollegen **testeten** (Instrumental- mit den gebrauchten Windeln adverbial) (Kausal- deshalb adverbial) ein alternatives Baumaterial, was auch Mülldeponien entlasten würde. (Final- Dafür adverbial) **stellten** sie Betonmischungen mit verschiedenen Anteilen an Windeln **her**. Sie **ließen** die Mischungen (Dilativ- 28 Tage lang adverbial) **aushärten** und **prüften** (Temporal- dann adverbial) ihre Druckfestigkeit. (Instrumental- Mithilfe der indonesischen Bauvorschriften adverbial) **ermittelten** sie, welche Teile des Hauses welchen Anteil an Windeln aufnehmen könnten, ohne die nötigte Festigkeit zu verlieren. (Lokal- In gemauerten, nicht tragenden Wänden adverbial) **kann** der Windelanteil im Mörtel dagegen bis auf 40 Prozent **steigen**. (Lokal- Im Mörtel für Bodenplatten, im Haus oder auf der Terrasse adverbial), **können** Windeln demnach bis zu neun Prozent des Sands **ersetzen**. Zuraida und Kollegen **errechneten**, dass für ein 36 Quadratmeter großes Haus mit einem Baumaterialbedarf von 22,79

Kubikmetern 1,73 Kubikmeter Windelabfall eingesetzt werden könne. Allerdings **sei** dies (Lokal- in Indonesien adverbial) nicht (Modal- einfach adverbial) **umzusetzen.**

Übung 34

Gewissheitsgrad von ‚am wenigsten sicher' nach ‚sehr sicher':
nicht; eventuell, möglicherweise, vielleicht, unter Umständen; sehr wahrscheinlich

---

Übung 35

(Adverb- Beispielsweise junktor) (Vollverb- **habe** (Sub- ich jekt) » (Akkusativ- es objekt)» (Dativ- dir objekt) (Frequenz- nie adverbial) (Bereichs- offiziell glied) **gesagt** Simplex). | (Sub- Ich jekt) (Vollverb- **wusste** Simplex) | (nichtintegrierbarer oder Konjunktor) | (Vollverb- **nahm an** Partikelverb), (Akkusativ- dass Mutter es dir gesagt hatte objekt). | (Externe »Es«, Prädikation) | (Sub- Sie jekt) (Modal- **hatte** »Akkusativ- es objekt) » (Dativ- dir objekt) **sagen müssen** komplex), (Kausal- weil ich »es« dir nicht sagen konnte adverbial). | (Sub Das jekt) (Vollverb- **gehörte** Simplex) (Präpositional- zu den Dingen, die mensch sich nicht sagen konnte objekt). | (Sub- Ich jekt) (Vollverb- **hatte** » (Akkusativ- es objekt) » (Dativ- Vater objekt) **gesagt** simplex), | (Sub- Vater jekt) (Vollverb- **hatte** » (Akkusativ- es objekt) » (Dativ- Mutter objekt) **gesagt** Simplex), | (Sub- Mutter jekt) (Modal- **muss** (Akkusativ- es objekt) » (Dativ- dir objekt) **gesagt haben** komplex). |

(Sub- Wir jekt) (Vollverb- **sprachen** Simplex) (Frequenz- nie adverbial) (Präpositional- über Politik oder Literatur oder die Klassengesellschat oder Foucault objekt). | (Temporal- Vor einigen Wochen adverbial) (Vollverb- **sassen** Simplex) (Sub- wir jekt) (Lokal- auf dem Sofa adverbial), | (Sub- du jekt) (Vollverb- **hast** (Dativ- mir objekt) (Akkusativ- eines der Fotoalben objekt) **gezeigt** Simplex). | (Sub- Ich jekt) **habe** (Akkusativ- mich objekt) **gezwungen,** (Präpositional- dasselbe Interesse vorzutäuschen wie die letzten zehn Male, als du mir dieselben Fotos mit denselben Kommentaren erläutert hast objekt). |

(Sub- Ich jekt) (Vollverb- **sitze** Simplex) (Lokal- hier an meinem Schreibtisch in Zürich adverbial), | (Sub- ich jekt) (Subjekts- **bin sechsundzwanzig** prädikativgefüge), | (Sub- es jekt) (Subjekts- **wird** (Modal- langsam adverbial) **dunkel** prädikativgefüge), | (Sub- es jekt) (Subjekts- **ist einer dieser Abende, die noch Winterabende sind, während mensch schon eine Vorahnung von Frühling riecht** prädikativgefüge), | (Existenzial- ein samtiger Geruch: von Bodnant-Schneeballblüten nichtsatz), | (Externe übertrieben süss und weissrosa Prädikation). |

(Sub- Ich jekt) (Vollverb- **jogge** Simplex) (Geltungs- nicht glied). | (Sub- Ich jekt) (Vollverb- **sitze** Simplex) (Lokal- hier adverbial) | (nichtintegrierbarer und Konjunktor) | (Vollverb **kaue** Simplex) (Akkusativ- meine Fingernägel objekt), (Konzessiv- trotz des Ecrinal-Bitternagellacks adverbial), | (Sub- ich jekt) (Vollverb- **kaue** Simplex), (Dilativ- bis der weisse Rand abgekaut ist adverbial). | (Temporal- Vor einem halben Jahr adverbial) (Vollverb- **habe** (Sub- ich jekt) (Akkusativ- diesen ultralangweiligen Job im Staatsarchiv objekt) **angenommen** partikelverb), | (Sub- ich jekt) (Vollverb- **stecke** (Dilativ- den ganzen Tag adverbial) (Lokal- zwischen Regalen tief unter der Erde adverbial), | (Vollverb- **katalogisiere** Simplex) (Akkusativ- Krankenakten längst verstorbener Patient*innen objekt), | (Sub- ich jekt) (Vollverb- **spreche** Simplex) (Präpositional- mit niemandem objekt), | (Subjekts- **bin zufrieden** prädikativgefüge), | (Subjekts- **bin unsichtbar** prädikativgefüge), | (AcI- **lasse** (Akkusativ- meine Haare objekt) **wachsen** Prädikat), | (Vollverb- **gehe** Simplex) (Direkti- nach Hause vum) | (nichtintegrierbarer und Konjunktor) (Vollverb- **setze mich** sich-Verb) (Direkti- hierhin vum).

Übung 36

(Substantiv- Unbekannte gruppe) **versenden** (Substantiv- gefälschte Einladungen zur documenta gruppe). (Adjektiv- Weltweit gruppe) **wurden** (Substantiv- Künstler gruppe) (Präpositional- zur berühmten Kunstausstellung in Kassel gruppe) **geladen** – (Adverb- fälschlicherweise gruppe). (Adverb- Bislang gruppe) **sind** (Substantiv- 33 E-Mails gruppe) **bekannt.** (Neben- Da die Teilnahme an der documenta eine große Auszeichnung ist satz), **können** (Substantiv- die Fälschungen gruppe) (Substantiv- falsche Hoffnungen gruppe) **wecken.**

Übung 37

Für die Fahrt zur Arbeit steht (Ko- ein pf, analytisch) (Ke- Roller rn) (Attri- aus Algencarbon but) bereit, der mit Algentreibstoff vorandüst. Wir passieren (synthetischer Kopf+ Litfaßsäulen Kern), darin blubbern (Attri- grün but) (Kopf, e analytisch) (syntherischrer Kopf+- Mikroalgen Kern), (Attri- die sich das CO_2 aus der Luft ziehen but). (Kopf, Eine analytisch) (Ke- Säule rn) kann (Attri- so but) (Kopf, viel analytisch) (Ke-

<u>Kohlenstoffdioxid</u> rn) binden wie 112 Bäume. (Kopf- <u>Die</u> analytisch) (Attri- <u>entstandene</u> but) (Ke- <u>Algenmasse</u> rn) wird in die Kläranlage geleitet und produziert (Ke- <u>Biogas</u> rn). (Bahnmobil, Alge)

Übung 38

(Partizipialgruppe, Gebrauchte recycelt) Windeln → *gebrauchte Windeln* → *Windeln werden gebraucht*
[...] beim (Adjektivgruppe, umweltfreundlicheren genuin) Bauen

mit den (Partizipialgruppe, gebrauchten recycelt) Windeln → *gebrauchte Windeln* → *Windeln werden gebraucht*
ein (Adjektivgruppe, alternatives genuin) Baumaterial
(Partizipialgruppe, längst verstorbener recycelt) Patient*innen → *längst verstorbener Patient*innen* → *Patient*innen sind längst verstorben*

Übung 39

(Präpositional- (Ko- Seit pf) (Ke- 143 Jahren rn) gruppe) (Verbal- (Ko- **stellt** pf+ das Familienunternehmen genau ein Produkt Ke- **her** rn) komplex): Eierlikör. Die Bonner (Verbal- (Ko- **arbeiten** pf+ neuerdings (Präpositional- (Ko- mit pf) (Ke- Baristas und Influencern rn) gruppe) Ke- **zusammen** rn) komplex), um ihre Spirituose (Präpositional- (Ko- in pf) (Ke- die Zukunft rn) gruppe) zu retten. Das Familienunternehmen (Verbal (Ko- **wurde** pf) nie (Ke- **aufgekauft** rn) komplex), (Verbal- (Ko- **hat** pf) niemanden je (Ke- **übernommen** rn) komplex). Verpoorten (Verbal- (Kopf+ **sieht** Kern) komplex), dass Eierlikörkäufer (Präpositional- (Ko- in pf) (Ke- so manchem Land rn) gruppe) immer älter werden. Eierlikör (Ver- (Ko- **kann** pf) bal- nie kom- (Ke- **vegan sein** rn) plex). (Präpositional- (Ko- Von pf) (Ke- jeder Palette, die per Lkw an der Fabrik ankommt rn) gruppe), (Verbal- (Kopf+ **gehen** Kern) komplex) einige Eier als Stichprobe (Präpositional- (Ko- in pf) (Ke- s Labor rn) gruppe).

Partikelverben sind so wie Simplizia synthetisch. Entsprechend sind ihre Kerne die jeweiligen komplexen Stämme (*herstell-* und *zusammenarbeit-*), auch wenn diese im Gegensatz zu denen von Simplizia (*geh-*) diskontinuierlich realisiert werden.

Übung 40

<table>
<tr><th>Ebene</th><th colspan="6">in tragenden Teilen eines einstöckigen Hauses</th></tr>
<tr><td>1
PGr</td><td>Kopf:
in</td><td colspan="5">Kern: tragenden Teilen eines einstöckigen Hauses</td></tr>
<tr><td>2
SGr</td><td></td><td>Attribut (tragend)+ Kopf (en)</td><td>Kopf+Kern:
Teilen</td><td colspan="3">Attribut: eines einstöckigen Hauses</td></tr>
<tr><td>3
SGr</td><td></td><td></td><td></td><td>Kopf:
eines</td><td>Attribut:
einstöcki-
gen</td><td>Kern:
Hauses</td></tr>
</table>

Übung 41

Ein (Adjektiv- schwacher attribut) Dunst (Modal- wie von Auspuffgasen attribut) schlug ihnen entgegen.

Das (Adjektiv- geräumige attribut) Rund (Komitativ(adverbial)- mit den (Adjektiv- (Modal- einheitlich attribut) filzgrauen attribut) Wänden attribut) atmete die Behaglichkeit (Genitiv- eines Nomadenzeltes attribut), (Partizipial- geschwängert (Präpositional(objekt)- mit (Adjektiv- östlichen attribut) Aromen attribut) attribut).

Den Sindarin-Dialekt (Genitiv- der Elben attribut) soll Tolkien klanglich an das (Präpositional(objekt)- von ihm attribut) (Intensitäts- sehr attribut) (Partizipial- geschätzte attribut) Walisisch angelehnt haben.

Bei (Partizipial- (Intensitäts- hoch attribut) entwickelten attribut) Arten (Modal- wie der Würfelqualle attribut) kann das eine Geschwindigkeit (Präpositional(objekt)- von (Adjektiv- fast acht attribut) Kilometern (Modal- pro Stunde attribut) attribut) bedeuten.

Übung 42

Sultanahmed. (Substantiv- (Ko- Wir pf) gruppe) **stehen** (Präpositional- (Ko- zwischen pf) (Ke- den Moscheen rn) gruppe). Riesige Bauten. (Substantiv- (Ko- Wir pf) gruppe) **sitzen** (Präpositional- (Ko- auf pf) (Ke- Bänken im alten Hippodrom rn) gruppe). (Substantiv- (Ko- Ein pf) (Adjektiv- alter attribut) (Ke- Mann rn) (Präpositional- mit Zigarette im Mundwinkel attribut) gruppe) **schlurft** (Präpositional- (Ko- mit pf) (Ke- ansteckender Gelassenheit rn) gruppe) (Präpositional- (Ko- zwischen pf) (Ke- den Bänken rn) gruppe) (Adverb- hin und her ausdruck) und **bietet** (Substantiv- (Ko- den pf) (Ke- Touristen rn) gruppe) (Substantiv- (Ke- Tee rn) gruppe) **an.** (Präpositional- (Ko- Mit pf) (Ke- kleinen, unaufgeregten Schritten rn) gruppe) **zuckelt** (Substantiv- (Ko- er pf) gruppe) (Adverb- hin und her ausdruck), **balanciert** (Substantiv- (Ko- den pf) (Ke- Tee rn) gruppe) (Adjektiv- (Ke- lässig rn) gruppe) (Präpositional- (Ko- über pf) (Ke- den Platz rn) gruppe) und **sieht sich um.**

Kopiervorlage Stellungsfeldermodell

Zwischenstelle	Vorfeld	linker Klammerteil	Mittelfeld	rechter Klammerteil	Nachfeld

https://doi.org/10.1515/9783110669961-009

Zwischenstelle	linker Satzrand	Vorfeld	**linker Klammerteil**	Mittelfeld	**rechter Klammerteil**	Nachfeld	rechter Satzrand

www.ingramcontent.com/pod-product-compliance
Lightning Source LLC
Chambersburg PA
CBHW080222170426
43192CB00015B/2717
* 9 7 8 3 1 1 0 6 6 9 9 5 4 *